普通高等教育“十二五”规划教材

数 字 出 版

司占军　顾　翀　主编
司占军　顾　翀　刘瑞芳　贾兆阳　编著

中国轻工业出版社

图书在版编目（CIP）数据

数字出版/司占军，顾翀主编．—北京：中国轻工业出版社，2018.7
普通高等教育“十二五”规划教材
ISBN 978-7-5019-9067-2

Ⅰ.①数…　Ⅱ.①司…②顾…　Ⅲ.①电子出版物-出版工作-高等学校-教材　Ⅳ.①G237.6

中国版本图书馆CIP数据核字（2012）第265459号

责任编辑：杜宇芳
策划编辑：杜宇芳　责任终审：张乃柬　封面设计：锋尚设计
版式设计：宋振全　责任校对：燕　杰　责任监印：张　可

出版发行：中国轻工业出版社（北京东长安街6号，邮编：100740）
印　　刷：北京君升印刷有限公司
经　　销：各地新华书店
版　　次：2018年7月第1版第6次印刷
开　　本：787×1092　1/16　印张：15
字　　数：352千字
书　　号：ISBN 978-7-5019-9067-2　定价：38.00元
邮购电话：010-65241695
发行电话：010-85119835　传真：85113293
网　　址：http://www.chlip.com.cn
Email：club@chlip.com.cn
如发现图书残缺请与我社邮购联系调换
180809J1C106ZBW

前　　言

《数字出版“十二五”时期发展规划》指出，数字出版“已经成为新闻出版业的战略性新兴产业和出版业发展的主要方向，也是国民经济和社会信息化的重要组成部分。大力发展数字出版产业，已成为我国实现向新闻出版强国迈进的重要的战略任务”。“文化强国”首次上升为我国的国家战略，文化产业被列为国民经济的支柱型产业，数字出版更是成为“十二五”期间文化产业转型升级的主打产业，数字出版迎来了历史上最好的发展时机。《2011—2012 中国数字出版产业年度报告》中指出，我国数字出版继续保持强劲增长势头，其中，互联网广告、手机出版与网络游戏依然占据收入榜前三位，数字报纸、电子图书和互联网期刊均保持了高速的增长势头，平均增长幅度超过 25%。

数字出版作为出版业的一种新兴业态，它既包括传统出版业数字化的流程再造，同时也包括新兴的数字媒体形式的体现。数字出版的发展具有两大特点，一是以计算机技术、网络技术为支撑；二是多向的跨媒体交互。因此数字出版亟需具备多领域知识背景的专业复合型人才。同时，数字出版表现出很强的实践性和应用性，理论和实践相结合尤为重要。

本书章节以数字出版产业报告中的统计内容和数据作为依据，同时兼顾本科教学的实际。本书共分 9 章，可以划分为 3 大部分。第一章详细阐述了数字出版的基本内容、基本概念、特点及涉及的领域，介绍了国内外数字出版的发展现状和我国比较成熟的数字出版解决方案；第二章至第八章是数字出版技术在各领域中的应用和实例，涉及网络出版、电子书出版、数字报刊、音视频出版物、动画、虚拟现实和电子商务等，通过这七章的介绍，读者可以更好地理解数字出版的应用情况和相关技术；第九章阐述了数字出版的版权保护问题，介绍了现有的数字版权保护技术，并提出了目前版权保护存在的问题。

本书的构思和定稿由司占军老师完成；第一章和第八章由顾翀老师撰写，第二章和第三章由刘瑞芳老师撰写；第五章和第九章由贾兆阳老师撰写；第四、第六、第七章由司占军老师完成。王佳、李煜、李文霞、原菲四位研究生在本书的编撰中做了大量的工作。顾翀老师完成了全书的统稿。

本书有两个显著的特点，一是涵盖了数字出版的最新发展动态和技术，构建了全新的教材体系和内容；二是原理分析深入浅出，除了介绍必备的专业知识和理论基础外，还配以大量的插图，方便读者的学习。

本书适合数字出版专业及相关专业的教学使用，也可作为数字出版、跨媒体技术、计算机应用技术领域的学生和技术人员的参考用书。

由于时间仓促，对于本教材的错误和不妥之处敬请读者批评指正。

编者

2012 年 10 月

目　　录

第一章　数字出版技术概述

第一节　数字出版及其特点

数字出版（Digital Publishing）作为出版业的一种新兴业态，从问世以来，发展非常迅猛，规模迅速扩大，形态逐渐完备，产品日益丰富，技术不断创新，成为出版业新的增长点。数字出版产业地位不断提升，正如《数字出版“十二五”时期发展规划》指出，数字出版“已经成为新闻出版业的战略性新兴产业和出版业发展的主要方向，也是国民经济和社会信息化的重要组成部分。大力发展数字出版产业，已成为我国实现向新闻出版强国迈进的重要战略任务”。

一、数字出版界定

数字出版是建立在计算机技术、通讯技术、网络技术、流媒体技术、存储技术、显示技术等高新技术基础上，融合并超越了传统出版内容而发展起来的新兴出版产业。它在出版的整个过程中，将所有的信息都以统一的二进制代码的数字化形式存储于光盘、磁盘等介质中，信息的处理与接收则借助计算机或终端设备进行。它强调内容的数字化、生产模式和运作流程的数字化、传播载体的数字化和阅读消费、学习形态的数字化。

数字出版就其本质而言是传统出版的内容和计算机技术的结合，是传统出版受到新的计算机技术的冲击，两个融合而成的一种全新的出版形态，它既传承了传统出版的优点，又结合了计算机技术，用计算机技术去深度表现传统出版的内容。

内容和终端是数字出版产业链的两大构成要素。图 1 - 1 是数字出版产业链所涵盖的范围。从图中可以看出，数字出版产品形态主要包括电子图书、数字报纸、数字期刊、网络原创文学、网络教育出版物、网络地图、数字音乐、网络动漫、网络游戏、数据库出版物、手机出版物等；而数字出版的终端则包括了阅读终端及相关服务。

二、数字出版概念的发展历程

对数字出版下个定义是一个比较困难的事情，因为数字出版还属于一个新的事物，很多情况都还不明朗，它随着数字产品的形态也在不断变化。通过对目前现有的学术文献进行统计，对数字出版的定义大约有数十种。在 2006 年以前，有关数字出版的定义不多，有的称之为数字出版，更多的称之为电子出版或网络出版。一些学者、协会机构和权威的工具书对于数字出版做出如下几种定义：

（1）最早进行数字出版研究的是北京大学谢新洲教授，他认为，所谓数字出版是指在整个出版过程中，从编辑、制作到发行，所有信息都以统一的二进制代码的数字化形式存储于光、磁等介质中，信息的处理与传递，必须借助于计算机或类似设备来进行的一种出版形式。

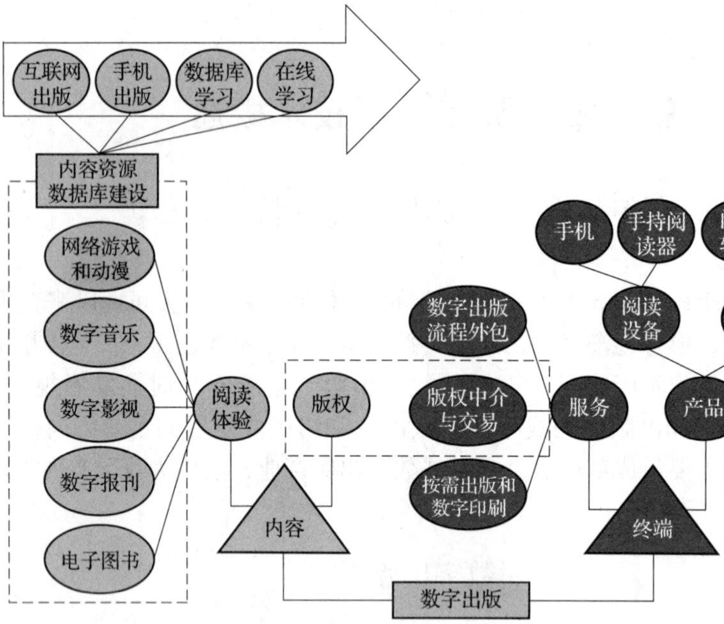

图 1－1　数字出版产业涉及的领域

（2）中国新闻出版研究院张立教授对数字出版的定义是，数字出版是指用数字化的技术从事的出版活动。广义上说，只要是用二进制这种技术手段对出版的任何环节进行的操作都是数字出版的一部分。它包括原创作品的数字化、编辑加工的数字化、印刷复制的数字化、发行销售的数字化和阅读消费的数字化。数字出版在这里强调的不只是介质，还包括出版流程。2008 年，张立又指出，数字出版实际上是出版业的流程再造，流程再造以后，出版单位将形成以内容为核心的业务管理模式，是一种全面的数字出版解决方案。

（3）《大英百科全书》中对于电子出版（数字出版）的定义是“计算机网络或磁盘上的出版。指以计算机可读的形式生产文献，并通过计算机网络或者其他载体如 CD－ROM 等发行”。它涵盖了数字出版发展过程中几种最为典型的数字出版形态。

（4）上海世纪出版集团董事长陈昕教授在 2007 年提出，数字出版是以数字化为支撑，以计算机网络为载体的、全新的文化生产与传播方式，是计算机和网络技术发展到一定阶段后出现的产物。它具有以下三个特点：具有记录、储存、呈现、检索、传播、交易数据化的特点；具有在网络上运营，实现即时互动、在线搜索等功能，具有创造、合作和分享的特性；能够满足大规模定制这一个性化服务的需要。

（5）中国新闻出版研究院在《2005—2006 中国数字出版产业年度报告》中将数字出版定位为出版活动，而非出版介质，提出：数字出版就是用数字化（二进制）的技术手段从事的出版活动。强调不论终端阅读介质是什么，只要是记录在介质上的内容是数字化的，并且记录方式是数字化的，这种出版活动就是数字出版。《2007—2008 中国数字出版产业年度报告》在进一步阐释了数字出版概念的同时，划定了数字出版的边界，“它包括传统出版业数字化的全部过程和结果，同时也包括新兴的数字媒体”，并指出传统出版业的数字化和新兴的数字媒体产业已开始出现相互渗透、相互融合的趋势。

（6）新闻出版总署《关于加快我国数字出版产业发展的若干意见（新出政发【2010】

7号)》指出："数字出版是指利用数字技术进行内容编辑加工，并通过网络传播数字内容产品的一种新型出版方式。"其主要特征为内容生产数字化、管理过程数字化、产品形态数字化和传播渠道网络化。

综上所述，数字出版的定义就是把以计算机技术为核心的数字信息技术应用于各类出版活动的一种方式。从广义上说，以数字技术为手段处理出版环节的过程都可称为数字出版，狭义上也可以仅指数字内容的出版以及为出版数字内容而采用的数字技术。

三、数字出版的传播模式

1. 传播方式

数字出版行业是不断进行技术创新和产业融合的过程。数字出版一定要跨媒体、跨产业、跨地域发展，以内容价值最大化为目标。数字出版使得相关内容产业融合不断加深，充分实现内容资源的多次利用，减少重复投入，降低生产成本，有效拓展了传统出版的阅读空间，延长了出版物的生命周期。如冯小刚的首部长篇小说《非诚勿扰》以全媒体方式同步出版，对于实现"任何人可以在任何时间、任何地点，以任何方式获得任何内容"的全新出版理念是一次极具创新意义的实践，实现了让每个人都能以自己最习惯、最便捷的方式进行阅读。《非诚勿扰》的出版采用传统图书、互联网、阅读器和手机阅读四种形式，实现了完全的同步出版发行，如图1－2所示。

由此可见，数字出版业是一个全生态的立体化产业链，涉及传统出版商、数字出版商、电信运营商、影视公司、终端设备制造商和电子商务运营商、IT业等众多角色。只有通过政府的明确引导和大力投入，并携手具备和掌握数字出版的综合IT服务能力、关注读者体验、延伸服务触角的IT技术厂商一起搭建集成运营平台，才能打通整个产业链，实现共享共赢。

2. 数字出版相关设备

数字出版制作设备，如图1－3所示。

图1－2　《非诚勿扰》全媒体出版示意图

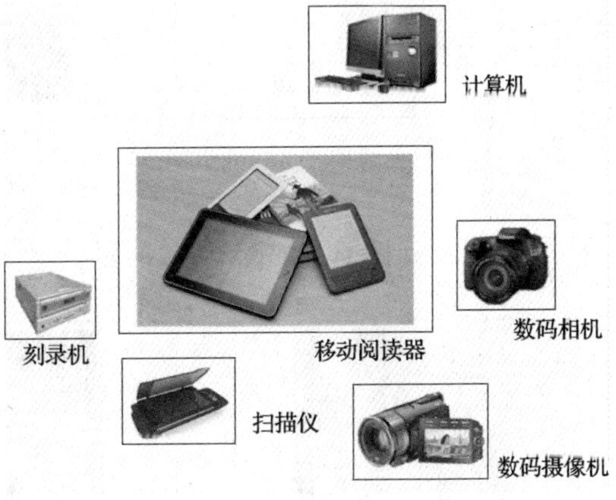

图1－3　数字出版制作设备

数字出版的介质类有以下几种

① 个人电脑，如图1－4所示。

图 1－4　个人电脑

② 平板电脑，如图 1－5 所示。

图 1－5　平板电脑

③ 手机，如图 1－6 所示。

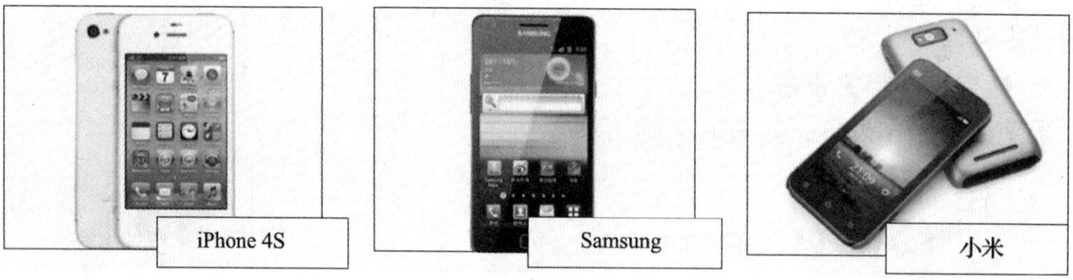

图 1－6　手机

④ 电子书阅读器，如图 1－7 所示。

图 1－7　电子书阅读器

四、数字出版的特点

与传统出版相比，数字出版以出色的快速查询、海量的存储、低廉的成本、方便的编辑以及更加环保等特点，具有广阔的市场前景。对此，甚至有人宣称：传统出版已经遭到无可匹敌的对手，未来的出版产业将不再是纸和墨的时代。数字出版的主要特点包括：

1. 数字出版极大地丰富了出版的内容与形式

传统出版最终都是以纸张的形式出现，而数字出版以计算机或其他终端为载体，它的表现形态更加丰富多彩，除了传统出版的文字形态外，还有图像、音频、视频、动画等，及它们之间的相互整合。数字出版可以用丰富、恰当的形式来表现相关内容。

2. 数字出版可以对信息进行检索、关联、重组和挖掘

利用计算机技术可以对信息进行检索、关联、重组，能够把某一领域内的信息搜集齐全以满足读者的需求。最重要的是可以挖掘内容中信息与信息之间的更深层次的关系，把本来看似孤立的信息整合在一起，方便读者使用。

3. 数字出版打破了按介质形态对出版行业划分的定势

出版行业按照介质形态可以划分为纸介质的出版、磁介质的出版、光介质的电子出版以及网络出版等。数字技术的发展创造了一些新兴的数字出版媒体，如网络游戏、手机小说、手机报纸、手机游戏、手机音乐、手机视频等。这样，跨越了介质形态的“跨媒体出版”就应运而生。出版单位将演变为内容提供商，传统的读者或受众将逐渐演变为内容消费者。

第二节　数字出版的现状及发展趋势

一、国外数字出版的现状

伴随着以移动互联网、云计算、物联网等为代表的新兴技术、新产品、新解决方案的不断问世，数字出版的浪潮来势汹涌，全球出版格局也因此发生了翻天覆地的变化，出版业的数字时代已经到来。

1. 国际数字出版环境

（1）传统出版业面临挑战

自金融危机以来，英国已有 70% 的地方报纸倒闭，80 多家报社裁员；意大利多达百家的报纸将面临倒闭的窘境；美国 4 大报业集团关闭了 61 家报纸，其中不乏《芝加哥论坛报》《洛杉矶新闻报》等老牌大报的身影。

网络书店的冲击和店面租金的增长，使实体书店在世界各地加速递减。2011 年 2 月，美国第二大连锁书店鲍德斯破产；澳大利亚的 RED 零售集团也宣布进入破产程序。

据尼尔森图书调查公司数据显示：美国 2011 年纸质图书销售总额同比下降 10. 2% ，英国同比下降 3% 。日本在“3. 11”大地震之后，报纸、杂志、漫画等纸质媒体销量急剧下滑：日本 2011 年的报纸发行量减少 78 万份左右。

（2）数字出版业进一步扩张

2011 年 5 月 19 日，亚马逊宣布电子书销量持续 3 个月超过纸质书，网站每卖出 100

本纸质书，可以卖出105本电子书。2011年全美实体书销售额下降19%，而电子书却实现了171%的增长，2012年预计电子书销售还会上升3%，占整个销售市场份额的20%。

2012年3月，大英百科全书公司宣布停止纸质印刷版，着重发展在线版和电子版的百科全书业务。2011年世界主要出版集团的数字出版收入都出现了较大增长：培生集团来自数字服务的收入增长18%，达到31.7亿美元；英国兰登书屋2011年电子书销售额占总体销售的15%。此外，传统出版发行业务也在不断尝试数字化运营模式：国际最大的科学出版集团斯普林格在2011年正式上线SpringerOpen，建成世界上最大的OA出版平台。

（3）数字终端推陈出新

微软与英特尔宣布合作推出带有触摸功能和更长待机时间的超级本（笔记本电脑）、苹果公司推出带有智能语音功能的iPhone5和装载iBooks Author，便于用户创建互动式电子教科书的iBooks2、亚马逊公司推出搭载云服务器的平板电脑Kindle Fire等。

（4）行业巨头渐成趋势

2012年4月，微软宣布向全美第一大书店巴诺公司注资3亿美元，双方共同组建一个子公司，旨在"加速向数字阅读转变"，新公司将开发基于Windows8系统平台的阅读应用程序，并在大众消费和教育领域开拓市场。互联网巨头雅虎也在借Livestand介入移动阅读领域，众多IT巨头纷纷将触角伸向数字出版领域。

2. 国外数字出版的模式

国外数字出版呈现出市场整合的趋势，其竞争边界逐渐模糊，更多IT技术提供商也参与到数字出版内容的整合、加工及创造中来，他们将内容资源整合，根据市场需求创造出有效的商业模式，为读者提供多样性、个性化的服务。

（1）亚马逊（Amazon）模式：资源整合平台+Kindle终端

亚马逊在开辟网上书店、搭建电子书库的同时，开发出Kindle系列电子书阅读器，将内容生产、运营平台、终端阅读器集于一体，如图1-8所示。这种模式可以实现从软件和硬件两方面给运营商以利润回报，并且可通过源源不断的内容服务来维持与读者的客户关系，不断提升用户忠诚度。

图1-8　亚马逊模式

2011年9月，亚马逊推出电子书订阅服务，每年只需付年费79美元，用户可以进入亚马逊的线上图书馆，免费阅读一定数量的著作，也可以访问数字电视和电影库。

（2）苹果（Apple）终端+ibooks

苹果公司实现了电子书阅读智能终端iPad、电子书制作软件iWorks、电子书阅读软件iBooks、电子书商店iBooks Store、数字媒体交易管理平台iTunes的一体化有机整合，如图1-9所示。

图 1－9　苹果（Apple）模式

2011 年苹果面向特定用户推出了一项新的“书报亭”应用程序，如图 1－10 所示，用户可以通过该应用程序订阅和购买杂志。

图 1－10　“书报亭”应用程序

（3）谷歌（Google）模式

2010 年 12 月 6 日，谷歌（Google）电子书店正式在美国上线，提供近 300 万种电子书供用户购买或下载，其中 200 余万种为免费的公共版权图书，约 4000 家出版商的电子书也在其中供付费阅读与下载，从而使谷歌成为世界最大的电子书提供商，如图 1－11 所示。2011 年，谷歌电子书店分别在加拿大、澳大利亚上线。

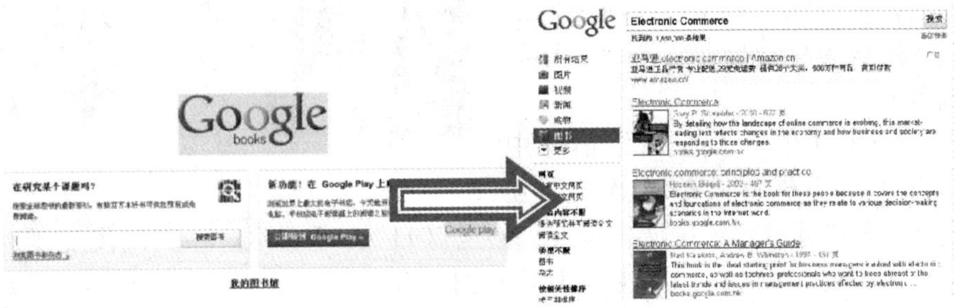

图 1－11　谷歌（Google）模式

（4）三星＋安卓（Android）操作系统

三星电子（Samsung Electronics）不仅是全球最大的智能手机制造商，还是谷歌推出的安卓（Android）操作系统的最大用户。目前，绝大多数三星智能手机使用安卓操作系统，如图 1－12 所示。

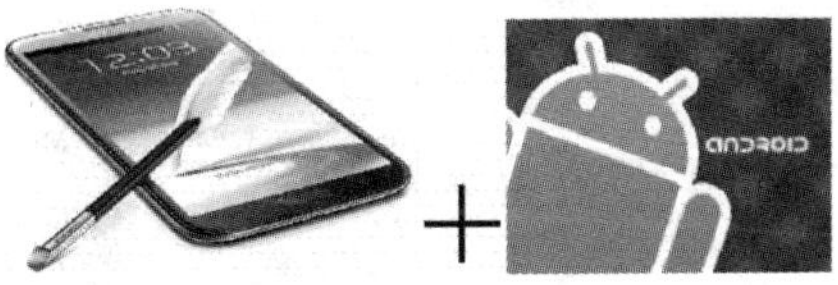

图 1－12　三星模式

二、国内数字出版的现状

1．数字出版国内环境

（1）数字出版政策环境趋好

2009 年国务院发布《文化产业振兴规划》，把发展数字出版、电子阅读提上重要日程。《文化产业振兴规划》中提出，要“加大对数字内容和动漫等重点文化产业的扶持力度，积极发展纸质有声读物、电子书、手机报和网络出版物等新兴出版发行业态。加强数字技术、数字内容、网络技术等核心技术的研发，加快关键技术设备改造更新”。

2010 年 1 月 4 日，新闻出版总署印发《关于进一步推动新闻出版产业发展的指导意见》，更加明确地对电子纸、阅读器的发展表示支持，即提出“发展数字出版等非纸介质战略性新兴出版产业”的任务和“运用高新技术促进产业升级，推进新闻出版产业发展方式转变和结构调整”的措施，“支持电子纸、阅读器等新闻出版新载体的技术开发、应用和产业化，提高数字阅读设备的质量、方便性以及版权保护水平”。

2011 年，中央政府、行业主管部门、地方政府集中推出一系列推动文化产业与数字出版产业大发展大繁荣的政策措施，大力推进经济的战略转型，为数字出版创造了前所未有的良好发展环境。

（2）数字出版文化环境不断改善

随着 3G 时代的到来，手机从单纯的通信工具向移动媒体发展，已是大势所趋。自 2010 年以来，智能手机成为整个业界关注的焦点。据测算，我国智能手机将以每年 50% 的速度提升，这意味着到 2014 年，我国将有一半以上的手机用户使用智能手机终端。

在候机、等车、上下班途中、会议的间隙用手机浏览手机报、登录微博查看留言等，无疑是利用零碎时间获得有效信息的最佳选择，如图 1 – 13 所示。快节奏的工作和生活，使方便携带、可随时随地使用的手机迅速成为见缝插针式的碎片化阅读的新载体。

图 1 – 13　手机阅读

根据 CNNIC（中国互联网络信息中心）2012 年 1 月公布的《第 29 次中国互联网络发展状况统计报告》中调查统计，截至 2011 年 12 月底，中国网民规模达到 5.13 亿，全年新增网民 5580 万。手机网民规模达到 3.56 亿，同比增长 17.5%。手机终端的使用率快速逼近传统台式电脑，为我国数字出版产业提供了潜在的用户基础。如图 1 – 14 所示为 2008—2011 年手机用户占有率走势。

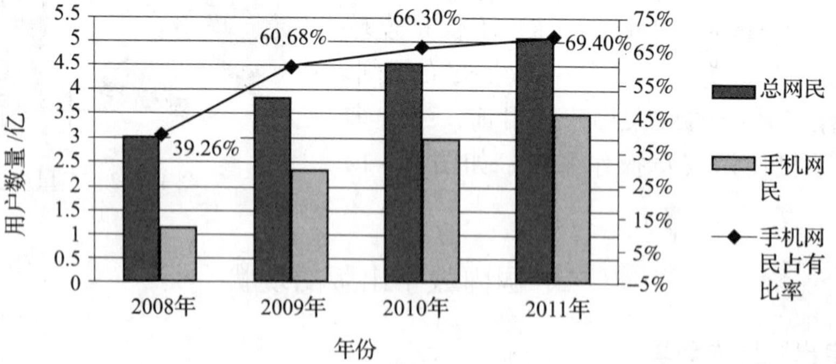

图 1 – 14　2008—2011 年手机用户占有率走势

2. 数字出版的产业规模

2006—2011 年，我国数字出版产业年度总体收入情况如下：

2006 年为 213 亿元，2007 年为 362.42 亿元，2008 年为 556.56 亿元，2009 年为 799.4 亿元。2010 年国内数字出版产业总体收入规模达到 1051.79 亿元，比 2009 年增长了 31.97%，约是 2006 年总收入的 5 倍。2011 年国内数字出版产业整体收入为 1377.88 亿元，比 2010 年整体收入增长了 31%，如图 1－15 所示。

2011 年，手机出版（含手机彩铃、铃音、手机游戏等）收入达 367.34 亿元，网络游戏为 428.5 亿元，互联网广告为 512.9 亿元，如图 1－16 所示。互联网广告、网络游戏和手机出版在数字出版年度总收入中所占比例分别为 37%、31% 和 27%，成为数字出版产业名副其实的三巨头。

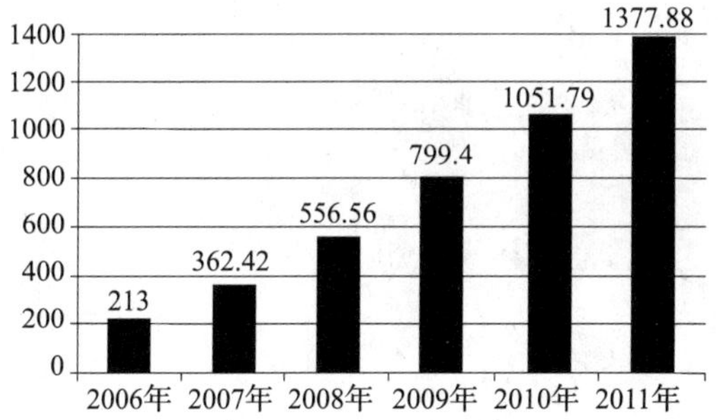

图 1－15　2006—2011 年数字出版产业收入

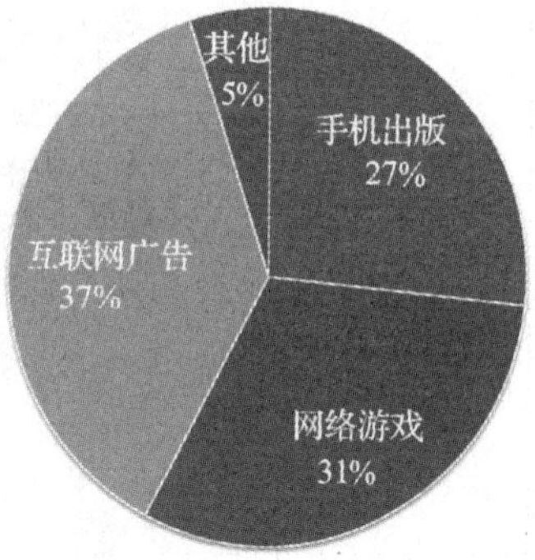

图 1－16　2011 年数字出版产业收入分布

目前，包括电子图书、数字报刊、网络游戏、数据库出版物、数字音像（音视频、多媒体出版物）在线、电子商务等在内的数字出版产品形态基本显现，如图 1－17 所示。

图 1－17　数字出版产品形态

3. 国家级数字出版产业基地初具规模

随着数字出版产业的迅猛发展，根据业界的需求，各部委和地方政府批复成立了多种类型的与数字出版相关的产业基地，集群式发展已初现端倪。

从 2008 年 7 月上海张江成立首个国家数字出版基地开始，截至 2012 年 4 月，新闻出版总署批复的国家数字出版基地已达到 9 家，基本完成了国家数字出版产业基地在全国的布局，如图 1－18 所示。

（1）上海张江国家数字出版产业基地

上海张江国家数字出版产业基地是新闻出版总署授牌的第一家国家数字出版产业基地，如图 1－19 所示。到 2011 年年底，张江基地聚集了 300 多家数字出版及相关企业，基地年产值突破 150 亿元，占据了上海市数字出版产业的半壁江山。张江高科技园区目前形成了比较完整的数字出版产业集群，入住企业覆盖了互联网文学出版、互联网游戏出版、网络动漫出版、网络教育、网络视频、数字印刷等多个领域。

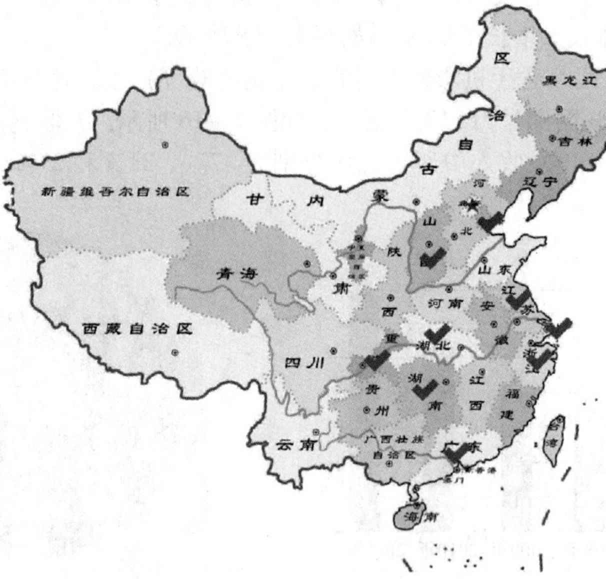

图1－18　国家级数字出版产业基地分布示意图

（2）重庆国家数字出版产业基地

重庆国家数字出版产业基地于2010年4月成立，是全国第二家国家级数字出版基地。重庆市的数字出版在西部地区处于领先地位，已入驻该基地的企业包括腾讯大渝网、维普资讯、享弘数字影视、环球数码等颇具影响力的企业。基地2010年核心层产值超过10亿元，相关产业产值80亿元。

图1－19　上海张江国家数字出版产业基地

（3）浙江杭州国家数字出版产业基地

杭州是新闻出版总署批准的第三家国家级数字出版基地，既可服务于杭州市，又将辐射东南沿海地区的数字出版产业带。在基地的带动下，杭州在手机出版、动漫出版、网络游戏出版、数字化内容投送平台和数字印刷等优势行业发展迅猛，并培育、涌现出了一批如中国电信天翼阅读平台、中国移动手机阅读基地、华数传媒、杭州日报报业集团、影天印业、淘花网等在全国数字出版领域具有重要影响的企业。

（4）中南国家数字出版产业基地

2010年7月，中南国家数字出版产业基地正式获批成立，成为第四个国家数字出版基地。2011年11月15日，中南国家数字出版产业基地揭牌仪式正式举行。湖南基地规划建立一个强大的数字内容生产、营销和服务的集成运营平台以及若干个强大的、各具特色的数字内容专业运营平台。用5～10年的努力，投资50亿元，引进数字出版及相关企业500家，到2020年力争实现年销售额500亿元，把中南国家数字出版基地打造成“数字湖南”的标志性工程。

（5）华中国家数字出版产业基地

2010 年 9 月，华中国家数字出版产业基地在武汉经济技术开发区揭牌。基地的基本功能是为数字出版提供一个高端人才平台，发挥数字出版基地的孵化和反哺功能，推进新闻出版项目的数字化建设。目前基地分为东部高新区域和创意产业园区，聚集了数字出版八十多家企业，形成了比较完整的产业链。基地的两个特色是重视本土原创和海外留学创建有鲜明特色的企业。长江出版集团也驻扎在产业园区。

（6）西安国家数字出版产业基地

西安国家数字出版产业基地于 2010 年 11 月成立，落地西安高新区。西安高新区在新闻出版、手机出版、动漫游戏等三大板块聚集了 300 多家知名和实力企业。

（7）广东国家数字出版产业基地

广东国家数字出版产业基地于 2011 年 2 月 28 日经新闻出版总署批复，在广州成立。广东基地突出技术研发特长，而且是广东特有的自主研发的技术，比如语义搜索技术等；广东基地同时发挥出独特的区位优势，面向港澳台，把港澳台的数字出版的资源能够整合进来发挥好。广东数字出版基地将动漫基地，国家音乐产业基地和数字出版基地三个基地进行融合和发展。

（8）天津空港国家数字出版产业基地

天津国家数字出版产业基地是 2010 年 12 月 16 日经新闻出版总署批准，坐落在天津滨海新区空港经济区，如图 1－20 所示。天津基地定位是依托京津两地文化和出版产业基础，聚焦自主创新，重点发展网络交易、网络出版、服务外包、研发制造，形成新兴数字文化和出版产业，带动产业发展。产业园区为研发企业量身定做写字楼环境，2011 年 7 月中旬全部投入运营。天津基地打造优质的公共平台，目前建设三个公共平台，创新体验中心，数字出版版权交易所，面向出版领域的云计算中心。

图 1－20　天津国家数字出版基地

（9）江苏国家数字出版产业基地

江苏国家数字出版产业基地采取“一基地多园区”的模式，以南京为中心，下设南京雨花经济开发区基地、无锡太湖园区、苏州阳澄湖园区、扬州瘦西湖园区四个园区。在发展思路上，基地以江苏省雨花经济开发区为基础，并发挥无锡、苏州、扬州等地的区域、产业优势，形成全省性、跨区域的整体发展格局。

4. 我国数字出版的发展模式

2010 年，国内一些企业开始涉足数字出版平台建设。下面介绍几个有影响力的发展模式。

（1）盛大模式——终端＋在线内容

2010 年 8 月 28 日盛大的 Bambook 开始正式发售。采用的是终端加在线内容的方式，其内容主要来源于其旗下的几大中文原创文学门户网站，如起点中文网、榕树下、红袖添香网、潇湘书院等，如图 1－21 所示。盛大为开拓市场和应用，其阅读器 Bambook 赔本销售，依靠内容支撑利润。起点等盛大旗下网站的用户可以直接通过 WiFi、3G 以及 PC 互联等方式直接登录盛大云中书城阅读订阅书籍。

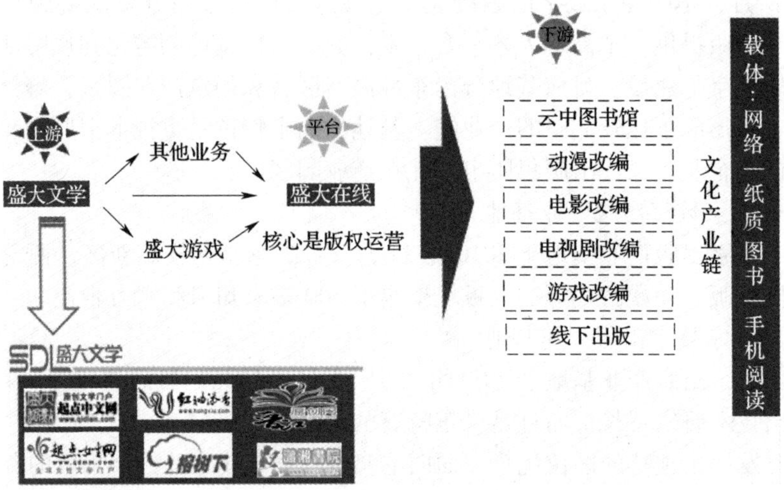

图1－21　盛大模式

（2）汉王模式——终端＋下载平台

亚马逊的成功也刺激到了国内的电子书阅读器厂家，其中的代表是汉王科技，从2008年开始，采用终端捆绑内容的模式，然后是大量投放广告。2009年，汉王科技调整了发展战略，由设备制造商转为服务提供商，上线汉王书城，逐步向“终端＋在线内容销售”模式转型，如图1－22所示。

图1－22　汉王模式

（3）方正模式

卓望信息与方正飞阅推出的3G平台“WeFound”（文房），可以提供报刊、书籍、图片、股票信息等功能，是中国首款支持个性化定制服务的3G移动终端，如图1－23所示。

图1－23　方正模式

三、困扰我国数字出版产业发展的问题

1. 缺乏优秀内容，同质化问题严重

目前，数字出版内容良莠不齐，并且严重缺乏优质内容。这不仅有碍于数字出版产品品牌的创建与打造，而且也很容易导致同质化现象发生。

以手机报为例，无论在内容、编辑、发行以及传播方式上，都呈现出同质化的现象，这使得手机报缺少特色、竞争力和不可替代性。除了少数全国性大报和各地主流都市报外，大多数同质化的手机报由于缺乏竞争优势而难以吸引足够多的用户订阅。无法令受众满意的手机报就难以逃脱被淘汰的命运。

2. 数字出版的版权保护机制尚未确立

现阶段，数字出版的版权保护机制（包括技术手段、授权模式和保护体系等）尚不完善。现有法律适用于数字出版明显滞后，有待进一步修改和补充，且版权授权不规范，著作权人的合法权利和出版社的出版权益都难以得到基本保障和有效维护。

数字期刊、网络原创文学、电子书等许多数字出版业务都存在着突出的版权问题。其中，网络原创文学面临的盗版侵权问题包括以下几个方面：① 网络未经授权使用他人作品；② 网站和网站之间未经许可的转发和盗用；③ 搜索引擎未经网站许可便无偿链接，或以某种如“贴吧”的形式转载原创网络作品。

3. 人才是制约数字出版发展的关键

在新媒体出版及制作单位中，数字出版流程及审读规范还不完善，缺乏适应数字出版要求的编辑人才。同时，出版单位的人才管理不规范，制度不健全，对人才的管理仍停留在传统的人事管理模式阶段，阻碍了优秀人才的引进，并造成人才流失。

目前，各高校开设数字出版专业师资力量不足，且人才培养与数字出版发展不同步。人才的缺乏，导致企业对技术含量高的数字出版新业态无法把握，最后形成恶性循环。

4. 数字出版标准建设滞后

数字出版标准化对于行业发展的重要性不言而喻，但当前我国的标准制定仍然严重滞后。业界对数字出版标准化的认识还不够深入，尚存在一定的盲目性，对于关键标准制定的意见还未达成一致。标准的滞后已成为制约我国数字出版发展进程的重要因素之一。

“十一五”期间，虽然完成了新闻出版、信息化、出版物发行等标准体系表的制定工作，但距离建设层次清晰、分类科学、完整适用的标准体系还有一定的差距，基础性标准和关键性标准缺位。手机出版、互联网出版、动漫出版、网络游戏出版、数据库出版等新型出版领域的标准化工作尚处于起步阶段。企业标准格式不一，难以协调，现阶段未能实现统一。

5. 数字出版的安全机制尚不完善

数字出版安全机制的发展并不像数字出版本身的发展这样迅速，各种数字出版应用安全问题也成为出版业急需应对的问题，互联网信息安全、手机信息安全首当其冲。其中，网络信息安全对数字出版的冲击更明显，有报告显示，六成以上的网民曾遭遇过网络安全事件。一旦发生安全问题，对用户造成的主要损失主要是时间成本，其次才是经济方面的损失。因此，完善的安全机制的建立刻不容缓。

四、我国数字出版的发展趋势

数字出版是集内容与技术于一体的复合型产业，数字技术的进步永无止境，技术应用于终端、应用于平台、应用于渠道，带动内容产业不断创新，从而推动整个产业链向前发展。

1. 电子书将迎来高速增长

我国电子书产业发展迅猛，新产品不断涌现，技术不断成熟，阅读人群不断增多，投资热点不断形成，我国已成为全球电子书的重要消费市场。

为推进电子书产业健康快速发展，2010年10月，新闻出版总署出台的《关于发展电子书产业的意见》中明确指出，将扶持具有自主知识产权的电子纸、终端阅读器等新产品、新载体的研发和应用。

未来几年，随着电子书各项技术的逐步完善和成熟，硬件成本将进一步降低；随着电子书原创内容及平台不断涌现，电子书内容资源将更加丰富与细化，内容质量将得到大幅度提升。随着电子书产业的升温，配以相关背景资料、音视频文件等的强化电子书也将成为数字内容生产的趋势，届时，阅读不仅仅是阅读，还将成为一种交互的、沉浸式的体验过程。

2. 4G助推移动互联跃上新高度

互联网的带宽决定了其向移动互联网迁移的速度。2012年3月，中国移动宣布将在国内7城筹建4G网络，3月30日，杭州成为第一个4G网络试点城市。据悉，4G的网速是3G的10~20倍，4G网络下载一部2.8G的《大英百科全书》，只需要8min，下载一部40G容量的蓝光3D影片，一般的家庭4M宽带需一天完成，移动4G只要2h。

4G时代，无线网络将会与有线互联网一样快捷，而手持、移动的便捷属性又使手机拥有PC终端所无法比拟的优势，传统的PC端商业模式将给移动互联网带来的强大挑战，数字出版走向移动化将得到更多体验。

3. 新技术带来新应用

智能语音技术将获得大范围应用。智能语音技术将在未来5年成为终端领域最为重要的应用技术。苹果继触摸技术之后，推出了智能手机的语音应用Siri，使手机能“听懂”并完成指令，如图1-24所示。智能语音可以应用于各种数字终端，进行对话，接受指令，如切换频道、提供翻译、讲故事、简单聊天等，其在数字终端中的应用使数字产品不再是冷冰冰的机器，更像人的“助手”。

MEMS传感技术有望成为“标配”。作为传感技术的商业应用选取，MEMS极大地改善了用户的游戏操控体验，如图1-25所示为任天堂的WII游戏机可以通过传感器感知操控者的动作。目前MEMS技术开发者正在尝试着将更多的传感应用加入到数字终端中，比如磁力、压力、温度、湿度传感器等，研发出更多的应用。智能手机、平板电脑、游戏、智能电视、个人健身等都将成为这一市场成长多元化的驱动力。

对于数字出版来说，进入云出版时代是大势所趋。通过云出版平台，出版单位可以对自有资源进行加密，可以选择发行渠道进行授权、安全分发；渠道运营商可以打通各种渠道的终端应用，方便获取出版单位授权的资源进行运营。一切的流程通过云出版服务平台进行，渠道的销售数据随时反映在平台上，出版单位可以随时掌握，甚至连读者的查询、点击、购买等行为，也可以通过该平台了解掌握，如图 1－26 所示为阿帕比云服务平台示意图。

图 1－24　安装 Siri 的 iPhone

图 1－25　任天堂 WII 中的 MEMS

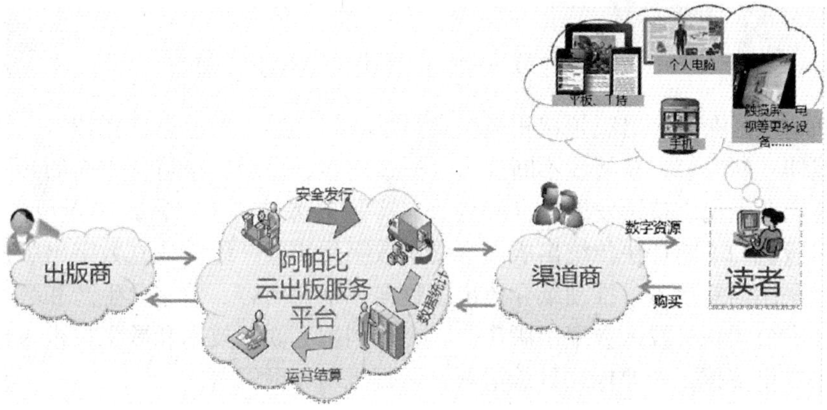

图 1－26　阿帕比云服务平台

4. 数字终端走向网络化、智能化、融合化

与网络相连，这一趋势正蔓延至整个消费电子产品领域。电视与网络相连已不再是新鲜事，苹果将在 2012 年年底推出第二代的 iTV 智能电视；三星也推出了基于 Android 平台的 Smart TV，如图 1－27 所示。智能电视在不久的未来，将成为走入家庭的数字出版终端。

未来，终端不再仅以键盘、屏幕和指令等传统形态存在，而开始向人工智能领域深入拓展。机器开始与人们互动，语音、语义、动作和面部识别将被广泛应用。智能终端还具备“学习功能”，它的自适应系统设计，能让其在交互过程中了解用户的需求与习惯。

图 1－27　三星推出的 Smart TV

由于数字终端的网络化和多功能化，终端性能融合已成为重要趋势，数字出版跨平台应用越来越普遍，智能手机、平板电脑及智能电视这三个产业将走向融合。在三网融合进程加快、4G 运营日渐推广的背景下，电视、电脑、手机，这些终端的内容可以互联互通、功能可以互换，融合的终端将拥有可视电话、视频点播、移动购物、电子书、有声读物等多重功能，如图 1－28 所示。数字时代是一个尊重个性化需求的时代，融合与并存必将长期存在。

图 1－28　智能电视 Smart TV 的功能演示

第三节　数字出版的整体解决方案

一、对数字出版解决方案的探索

近年来，我国在数字出版领域积极探索科学发展之路，新业态、新技术、新产品不断涌现，新载体、新内容、新阅读不断推出，通过内容、平台、渠道各方面的共同努力，我国数字出版产业表现出持续发展的良好势头，产品形态进一步丰富，产业规模逐步扩大，许多传统出版机构不断加快传统出版内容资源数字化步伐，纷纷成立数字出版公司或业务部门，积极采用高新技术、推动纸介质出版物向数字化内容、数字化生产和数字化传输方向；许多技术公司积极投入数字出版产业，充分利用互联网技术和数字技术为数字出版的生产、销售提供支撑，商业模式日趋清晰，运行机制逐渐完善。

二、数字出版解决方案典型案例

数字出版已成为出版业的发展趋势。从电子图书、互联网期刊、网络游戏、在线音乐，到手机出版、按需出版、在线数据库、在线教育等多样化的初步形态，给出版企业的传统业务带来冲击，也提供了基于内容资源的多元化的应用模式。很多数字出版企业进行了积极的探索和实践，建立数字出版平台，整合内容资源，实现跨介质发布及资源服务。

1. 方正数字出版解决方案

北大方正在数字出版领域不断探索创新，形成了完整的数字出版解决方案。该方案在通过资源加工、内容资源管理及产品发布与服务三个技术平台，帮助出版社对内容资源进行深度加工，构建以细粒度“碎片化”数字内容为核心的数字出版平台，实现个性化内容服务。

方正数字出版解决方案机构图如图 1－29 所示，方案既涵盖传统业务，又对传统业务流程进行再造，满足数字出版时代，出版社为读者大规模提供个性化数字产品服务的要求。

2. 拓尔思数字出版解决方案

北京拓尔思信息技术股份有限公司是国家规划布局内重点软件企业，主要从事非结构化信息处理为核心的软件研发、销售和技术服务。该公司构建的数字出版平台包括资源收集系统、资源管理系统、资源分装系统、资源发布与电子商务四大系统，如图 1－30 所示。其中资源收集系统主要完成出版社数字资源的采集、整理、加工，实现资源的标准

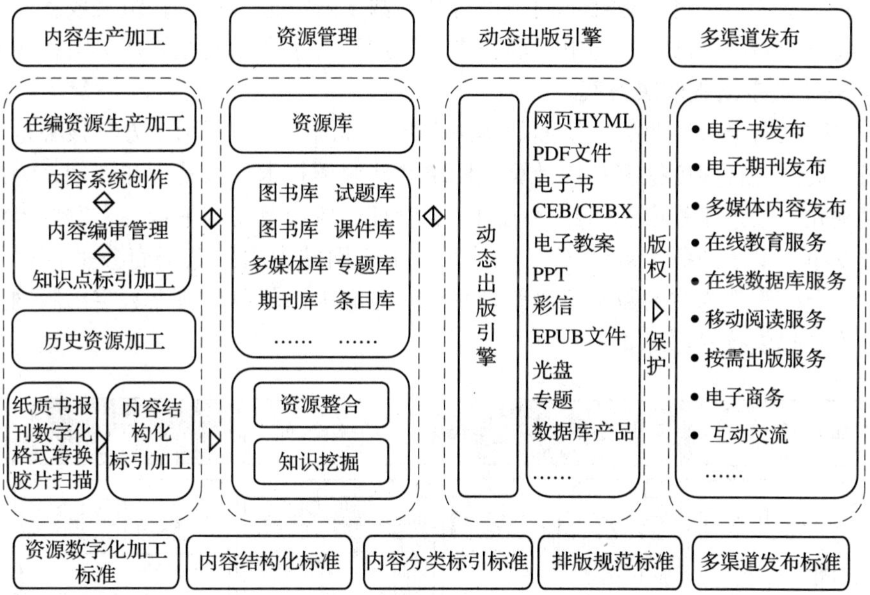

图 1－29　方正数字出版解决方案结构图

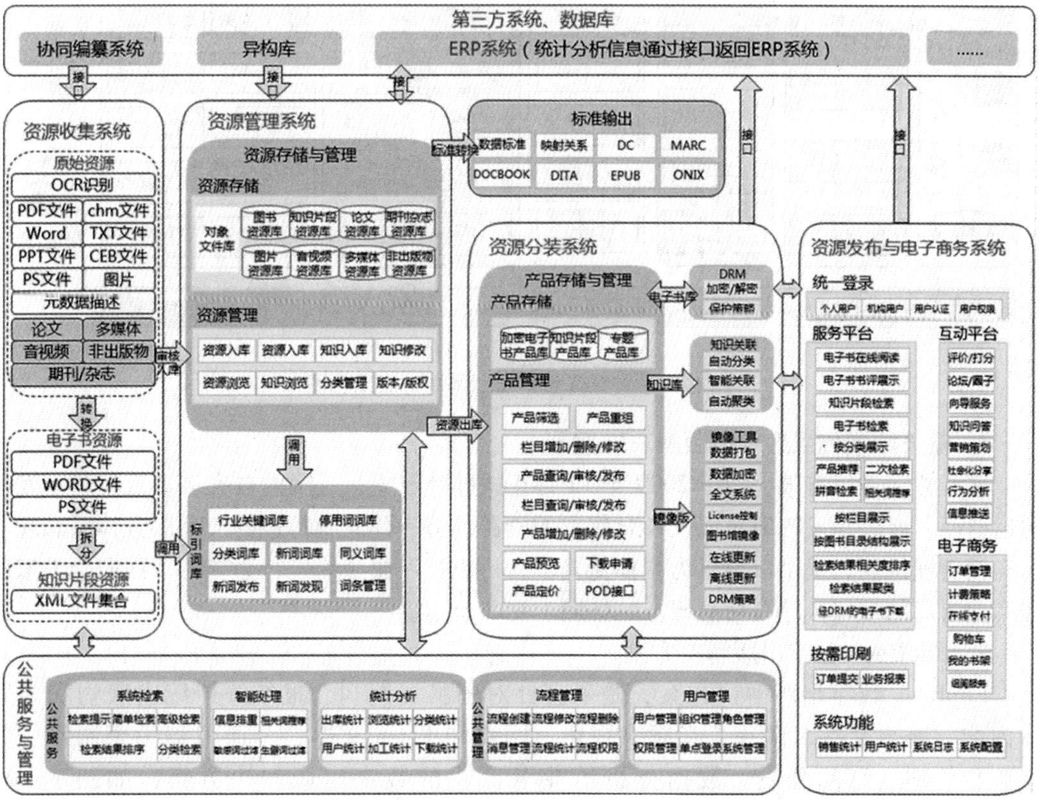

图 1－30　拓尔思数字出版解决方案框架图

化。资源管理系统用于实现出版社数字资源的统一存储，统一管理，以及词库的建设与维护。资源分装系统用于将出版社不同类型特征的数字资源进行打包，组装成各类可用于对外销售的数字产品。资源发布与电子商务系统则用于数字产品的在线购买与在线支付。

3. CNKI 数字出版解决方案

同方知网面向出版行业提供全面的解决方案，如图 1－31 所示，方案核心是针对出版单位的图书资源进行深度挖掘，用计算机网络和新媒体技术加以管理和应用，为出版单位构建技术领先、工艺流程成熟的数字化加工、管理、应用及发布平台。方案内容涵盖了以数据资源发布、电子商务、web2.0 互动社区、手机网站为主的电子商务平台和以数字资源加工、聚合、管理为主的数字资源管理平台。方案为出版单位建立数字出版网门户与运营的支撑体系提供技术保障。

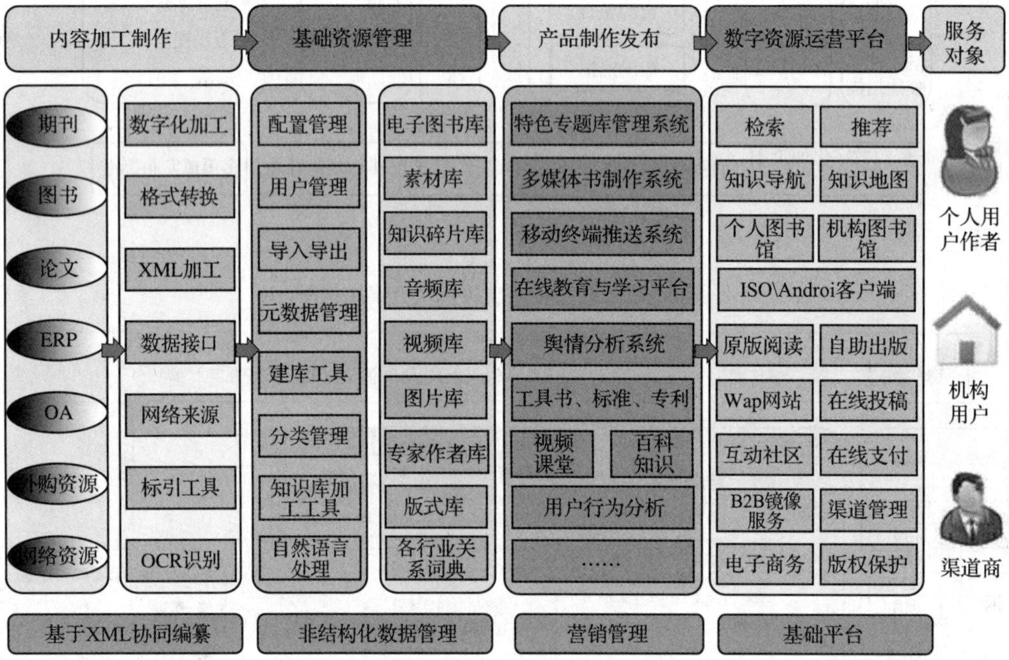

图 1－31　CNKI 数字出版解决方案结构图

4. 航天数字传媒数字出版解决方案

航天数字传媒有限公司于 2009 年 12 月正式挂牌成立，是国内首家从事卫星数字发行的运营商。该公司发挥卫星以及各合作方的资源优势，建立有特色的产品服务体系和晚上的经营管理机制，提供以卫星为主体传输平台、以数字出版物发行为核心、面向个人家庭和商业市场的多媒体综合信息服务，如图 1－32 所示。

5. FlipBook 数字出版解决方案

FlipBook 数字出版解决方案，是一套针对图书、期刊、报纸等传统出版物和多媒体内容，兼容文字、图片、音频、视频、网页和 Flash 文件，全面覆盖编辑制作、数字版权管理、订阅分发、数据分析等业务流程的数字出版解决方案，如图 1－33 所示。

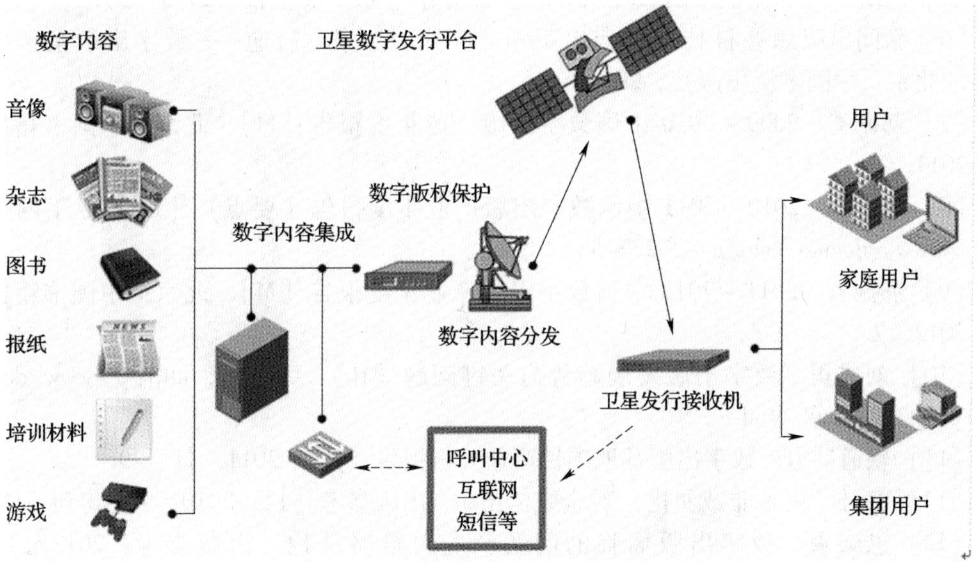

图1－32　航天数字传媒业务原理图

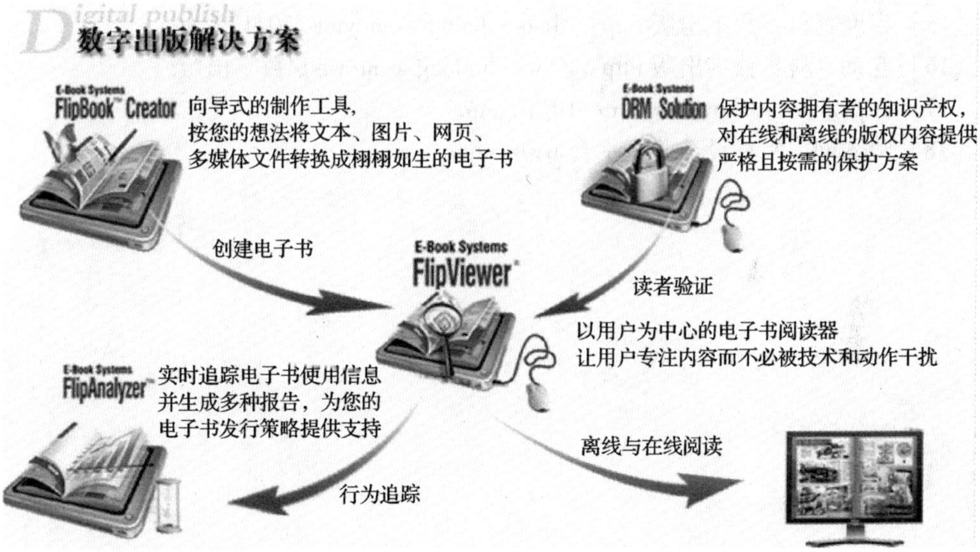

图1－33　FlipBook数字出版解决方案

参考文献

［1］黄孝章，张志林，陈丹．数字出版产业发展研究［M］．北京：知识产权出版社，2011．1.

［2］谢新洲．数字出版技术［M］．北京：北京大学出版社，2002.

［3］张立．数字出版相关概念的比较分析［M］．中国出版，2006（12）：11－14.

［4］张立．数字内容管理与出版流程再造［M］．出版参考，2007（21）：28.

［5］陈昕. 从美国数字出版现状看出版新趋势［N］. 文汇报，2008（1）.

［6］新闻出版总署科技与数字出版司. 实践. 探索. 启迪——数字出版案例选编［M］. 北京：中国书籍出版社，2011. 11.

［7］郝振省. 2009－2010 中国数字出版产业年度报告［M］. 北京：中国书籍出版社，2011. 7.

［8］郝振省. 2010－2011 中国数字出版产业年度报告（要点）［R］. 豆丁网，http：//www. docin. com/p－232274588. html.

［9］郝振省. 2011－2012 中国数字出版产业年度报告［M］. 北京：中国书籍出版社，2012. 7.

［10］刘成勇. 数字出版发展趋势与关键问题［R］. 豆丁网，http：//www. docin. com/p－232275168. html.

［11］软通动力. 数字出版基地项目产业分析报告［M］. 2011. 11. 29.

［12］郭丹. 从《非诚勿扰》看全媒体出版. 出版参考［J］，2010. 9 上旬刊：12.

［13］惠天灵. 数字出版面临的问题及应对策略［J］. 出版参考，2012. 3 下：14－15.

［14］陈丹. 技术是数字出版第一生产力［N］. 中国新闻出版报，2011. 7. 11（5）.

［15］百度百科：数字出版 http://baike. baidu. com/view/504129. htm.

［16］互动百科：数字出版 http://www. hudong. com/wiki/数字出版.

［17］http://www. flipviewer. cn/1DRM. php.

［18］昵图网_ 素材设计共享平台 www. nipic. com.

第二章　网络出版与网站设计

随着互联网技术的迅猛发展，网络出版作为一种新的出版形式随之而来，它是21世纪出版业关注的焦点。网站是网络出版的基础，可使出版单位扩大自身影响，更加开放，更能发挥资源的最大效用。

第一节　网 络 出 版

信息技术的迅速发展，带来了全球网络化、数字化的信息传播环境。因特网目前正以惊人的速度渗透到现代出版领域的各个方面，网络出版日益兴起。

一、网络出版的概念

由于网络出版正处于发展时期，学术界对网络出版的概念至今还没有一个统一、权威的界定。在国外，对网络出版有 Online Publishing，Web Publishing，Network Publishing，Internet Publishing 等几种称谓。在国内，许多学者又提出了不同的说法。下面列举几种目前比较流行的说法。

（1）从强调网络出版的主体合法化出发。如新闻出版总署和信息产业部联合发布的《互联网出版管理暂行规定》，其中明确指出：互联网出版机构，是指经新闻出版行政部门和电信管理机构批准，从事互联网出版业务的互联网信息服务提供者。

（2）从强调版权方面出发。认为只有有形物的发行才构成出版，如书、报刊、磁带、录像带、光盘等，无形物不构成出版。

（3）从信息传播的角度出发，把网络出版看成一种全新的信息传播方式，认为信息通过互联网向大众传播的过程都可以称为网络出版。

（4）从强调出版的商业交易出发。认为出版是将信息经过加工、整理，通过某种载体传播出去的过程，是具有商业意义的传播，而非公益活动。

综上所述，以上各种说法从不同的角度对网络出版进行界定，都有其可取之处。本书认为，网络出版是指以盈利为目的，将数字化作品通过网络（包含互联网、移动互联网、局域网等）向大众进行公开传播的过程。

二、网络出版的特点

网络出版以计算机通信网络为传输渠道，以计算机、手机、平板电脑等设备为阅读终端。它具有以下基本特点：

（1）时效性强，信息更新快，跨时空传播。网络出版物突出的特点就是其信息的新颖性，网络出版物的更正、修订、改版等易如反掌，不需要像传统印刷出版一样，经历重新出片、打样、输出、装订等繁琐过程。而且网络的传播速度快，读者无论在世界的哪个角落，只要有一台上网设备，就能获得网络出版物。

（2）信息量大，图文声像并茂。网络出版可将文本、图形、图像、音频、视频、动画等信息有机地组织在一起，给用户以视、听、读全方位的多种感官体验，用户直接从服务器接受信息，信息量远超传统出版。

（3）互动性强。在与读者的沟通互动方面，网络出版为读者提供了更多的反馈机会。通过 E－mail、QQ、微博等，传播者与读者的沟通更加充分、便捷，根据反馈意见，传播者可及时修改作品。

（4）检索快捷。读者可通过对关键词或检索词的查询，进行目录和全文检索，迅速找到所需内容，使得阅读过程更加快捷方便。

（5）复制与发行同时进行。用户通过网络使用网络出版物时，同时完成对该作品的复制和发行。

（6）成本低。与纸质出版相比，网络出版不需要进行制版、印刷、运输、仓储，且库存永远充足等，成本大大降低。此外，网络出版直接面向读者，这就减少了批发商、零售商等中间环节的费用。

（7）节约资源。网络出版不需要纸张、油墨，是绿色、环保的生产方式。而纸质出版物以纸为载体，离不开油墨和其他化学药品，消耗了大量的森林资源，造成了严重的环境污染。

（8）安全性成了突出的问题。虽然网络出版的信息由传播者集中管理，无需担心出版物的损坏与丢失。但是，由于网络出版物是全数字形式的，极易被复制，所以版权很容易受到侵犯，另外，网络服务器也易受到不法黑客或病毒的攻击。

三、网络出版流程

传统出版流程如图 2－1 所示。出版包括编辑、印刷、发行三个方面，以编辑为中心，以印刷为手段，以发行为桥梁，是一个不可分割的整体，编印发是按照时间顺序运行的。

在作品已经是数字文件的情况下，简单网络出版的流程如图 2－2 所示，这大大加强了作者和读者的互动沟通，更有一些作者直接将作品的部分章节放在网上，供读者免费阅读，并根据读者的反馈信息，修改作品以适合读者的口味，出版社在网络出版中显得可有可无。如图 2－3 所示为榕树下某小说的部分内容。

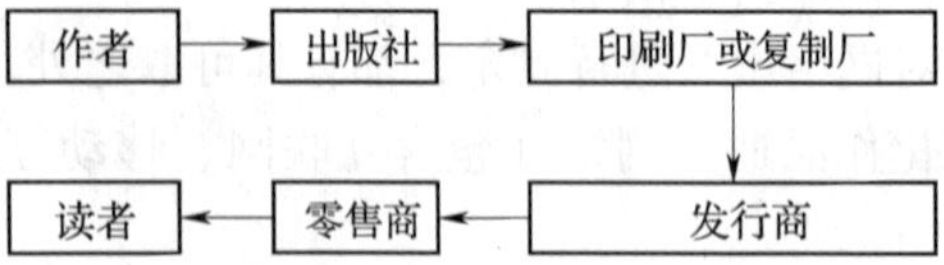

图 2－1　传统出版流程

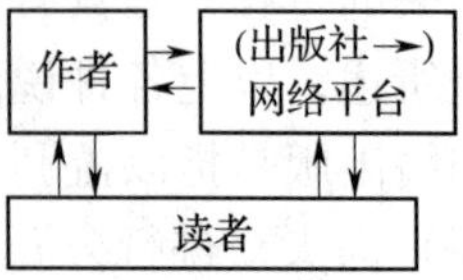

图 2－2　简单网络出版流程

从出版业的角度而言，完整的互联网出版流程包括六个阶段：选题策划、网上组稿、网上审稿、网络编辑加工、制作数字内容、网络发行。

1. 选题策划

网络出版选题策划应根据网络出版的特点进行，一般遵循以下几个原则：多平台综合考虑原则、信息有效管理和及时更新原则、资源整合原则。

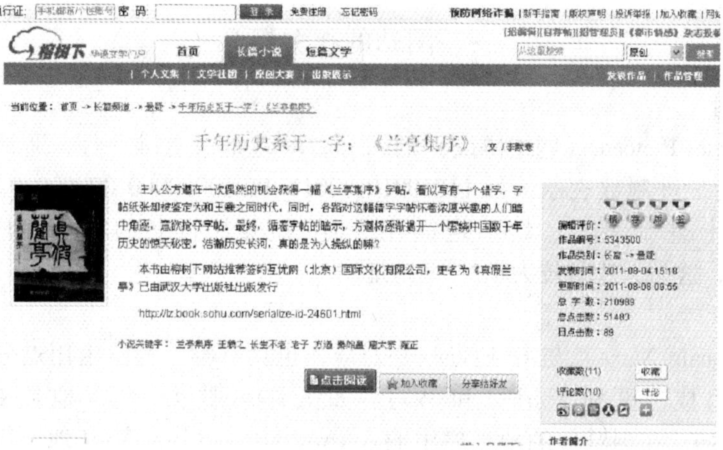

图 2－3　榕树下文学网

2. 网上组稿

网上的稿件主要有两种来源，第一种是作者自投稿；另一种是编辑有目的地对某一课题或专家进行组稿，一般通过稿件管理系统或 E－mail 等实施网上组稿。

3. 网上审稿

对于每天收到的稿件，编辑需要对其进行初步筛选，包括内容的广度和深度，学术价值如何，政治上、学术上或艺术上有无问题，结构是否合理，相关信息是否全面、可靠等，然后再对稿件进行审核。

4. 网络编辑加工

编辑可与作者通过网络密切联系，双方可就稿件的修改、定稿、校对等事宜通过 E－mail、网络聊天工具等方式交流，可节省大量时间。网络编辑加工，对编辑的计算机应用水平要求较高，编辑可借助专业软件、搜索引擎、数据库等，对书稿的内文、图表、新名词术语、外文、参考文献等做出修改，加快编辑工作效率、提高文稿加工质量。

5. 制作数字内容

在网络出版的整个过程中，信息以数字化形式保存和传播。网络出版的数字化内容不仅包含文本、图形图像，还包含音频、视频等，需将这些素材按出版物的结构框架进行总体集成。应根据不同类型的网络出版物选择相应的制作软件。

6. 网络发行

对于数字化内容而言，网上发行是最合理、最经济方便的发行方式。通过网络发行，数字化产品的流通不需要物流配送系统，而且无库存，交易流程大大简化，从而提高了出版物的时效性。

第二节　网站设计与制作

网站是出版单位开拓市场、发布产品的平台。网站设计的好坏，极大影响到用户对网站的访问量。网站访问量直接关系到网络出版的效果。因此，网站设计是网络出版的重要环节。

一、网站的相关概念

1. IP 地址

IP 是 Internet Protocol（网络协议）的缩写。IP 地址具有唯一性，通常用 4 个字节组成，由 32 位的二进制数表示，如 11010010 00011111 10000000 00000010。为方便使用，IP 地址常用十进制表示，数字之间用“.”分开，如上的 IP 地址可被表示为：210.31.128.2，这是天津科技大学的 IP 地址。

2. 域名

域名（Domain Name）与 IP 地址一一对应，也具有唯一性，由用点分隔的有一定意义的字符串组成，更利于记忆和书写。如天津科技大学 IP 地址对应的域名为 www.tust.edu.cn，在浏览器的地址栏中输入 www.tust.edu.cn 或 IP 地址均可链接到天津科技大学主页。但计算机只能处理 IP 地址，中间涉及域名到 IP 的自动转换，这是由域名解析系统 DNS（Domain Name System）完成的。

3. URL

URL（Uniform Resource Locator，统一资源定位符）是网页的链接地址。网络上的每一网页都具有唯一的名称标识，即 URL 地址，来为该资源定位，指出该文件在哪个服务器主机及这个主机上的哪个目录。用户只要在浏览器中输入该 URL 内容，即可找到特定主机的相关文件。

4. 超链接

超链接，是一个网页的重要组成部分，也是它与其他网页或站点间进行连接的元素。所谓的超链接是指从一个网页指向一个目标的连接关系，这个目标可以是网络上的一个站点、同一网站的不同网页、同一网页的不同位置等。超链接可划分为文本超链接、图像超链接、E-mail 超链接、多媒体超链接、空链接等。

5. 首页

首页，也称主页，是网站被打开后所看到的第一页，是网站的代表。当在浏览器中输入域名，如 http://www.tust.edu.cn，通常浏览器打开的就是网站的首页，如图 2-4 所示为天津科技大学的首页。一般而言，首页中会放置网站的主要栏目、logo、网站导航、重要信息、版权信息、常用链接等，通过超链接方式组织，引导用户点击自己感兴趣或需要的栏目。

6. HTML 语言

HTML 的英文全称为 HyperText Markup Language，即超文本标记语言，用它编写的文件的扩展名是 .html 或 .htm 的纯文本文件。HTML 语言负责告知浏览器以何种形式呈现网页中的文本和其他对象，如文本字体、字号、颜色、有无下划线、是否加粗、是左对齐还是右对齐或居中对齐等。

7. 服务器端与客户端

服务器端（Server）就是存放网页供使用者浏览的网站，是提供服务的一方，服务的内容包含内容服务、数据库服务、邮件服务等。客户端（Client）与服务器端相对应，是信息的接收者。

8. 静态网页与动态网页

网站由一个或多个网页组成。网页一般可分为静态网页和动态网页两大类。

图 2－4　天津科技大学首页

（1）静态网页

纯 HTML 格式的网页通常被称为静态网页，静态网页通常以 . htm、. html、. shtml、. xml 等为后缀，它是网站制作的基础。静态网页并不是说网页是“静止”的，像各种动画、滚动文字等视觉上的动态效果也是静态网页。静态是指网页内容通常不会发生变化，任何人看到的浏览结果都一样。静态网页没有数据库的支持。如图 2－5 所示为天津科技大学“管理机构”静态页面。

（2）动态网页

采用动态网站技术生成的网页都称为动态网页，通常以 . asp、. jsp、. php 等为后缀。它的显著特点之一就是与数据库的交互，可极大减少网络维护的工作量，并可实现更为丰富的功能，如用户注册登录、在线留言、信息搜索等。动态网页通常会随着不同人、不同行为、不同时间，实时对输入信息做出不同的响应。如图 2－6 所示为用百度搜索的动态页面，当输入不同内容，会输出不同结果。

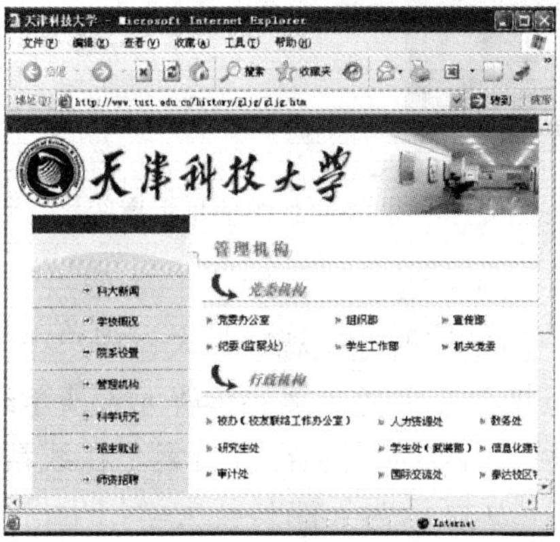

图 2－5　静态网页

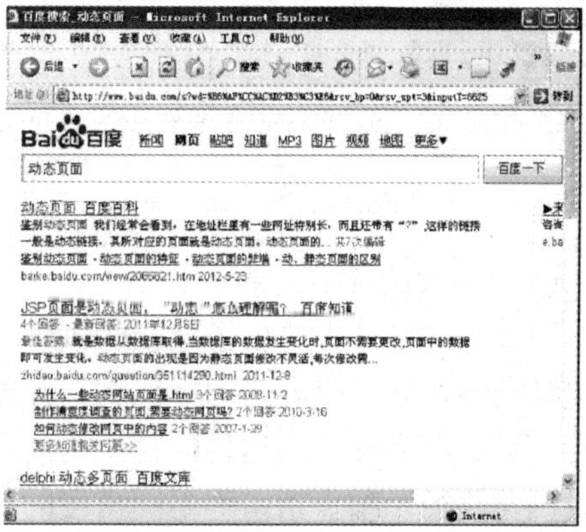

图 2－6　动态网页

二、网站设计

网站设计实质上是将技术与艺术有机统一，将感性思考与理性分析相结合的复杂过程。网站性质、风格不同，其设计要求也有所不同。

1. 网站的设计原则

一般而言，网站设计要遵循的基本原则：主题鲜明突出；形式与内容和谐统一；整体布局合理。

2. 网站的设计特点

（1）多媒体

在网页的版式设计中，会出现一些动态元素，如文字或图的循环运动、音频、视频和动画等。因此，多种媒体的综合运用是网页版式设计的特点之一。

（2）交互性

网站交互一般是发生在网站（计算机）与用户间的交互，即人机交互。如网页制作工具 DreamWeaver 提供多种交互方式，包括按钮交互、下拉列表交互、文本交互、图像交互等。友好的人机交互，可以提高网站的可视性、易用性和友好性，让用户能轻松快速找到所需信息。

（3）非线性组织信息

人的思维是发散的、跳跃的。大多数的网页就是通过内容间的某种关系，非线性地组织信息，以满足读者跳跃式的思维方式。网页信息的非线性组织是通过超链接和跳转来实现的。如图 2-7 和图 2-8 所示为网站非线性组织信息的简单示例，在图 2-7 中点击超链接，会跳转到图 2-8 的页面。

图 2-7　非线性组织信息示意图之一

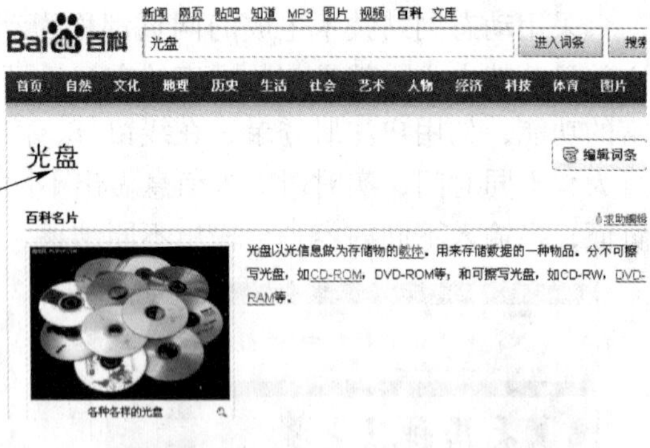

图 2-8　非线性组织信息示意图之二

（4）强大的导航功能

网页版式设计中提出了导航的概念，网页版式中的导航设计直观、强大，用户在任何位置都能够找到指引方向的标识物，并通过页面上的图标、颜色、多媒体等元素所承载的信息，顺利而准确地到达目的地。网站一般会提供栏目分类索引、在线搜索、在线帮助、预设浏览路径、站点指南等不同角度的导航。如图 2-9 所示为天津科技大学招生信息网的栏目导航示意图。

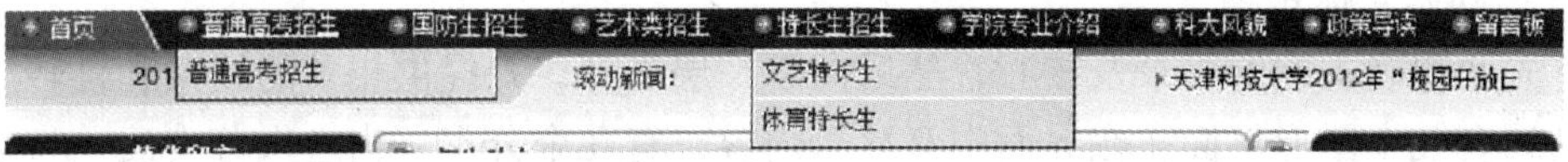

图 2－9　导航示意图

3. 网站页面的处理

网站是由若干页面组成的，所以对网站而言，页面内容、页面布局和页面颜色的设计就显得非常重要，好的页面设计能实现内容与形式的统一。

（1）页面内容的处理

现在的网站通常使用文本、图片、声音、动画、按钮等元素。文本作为传送信息的一种非常高效的方式，最为常用，要把文本部分放在页面上主要的位置，文本排版主要是设置文字的字体、字号和颜色等。图片作为直接、及时传递信息的重要手段，一般要求图片不能太大；避免使用过多的图片；图片的排布也很讲究，特别是多图的情况。至于网页中的其他素材，也可用来突出网站的主题，比如声音可使页面充满活力、生动有趣，动画可以增加网页的感染力。

（2）页面的布局设计

页面的布局设计要处理好页面间和页面内的秩序与内容的关系。所以在多页面布局时，首先将网站中可能出现的所有页面按其内容分为几大类，如主页面、次页面等，然后对每一类页面进行设计，明确该页面的表现主题，确定页面中将要包含的元素，最后对这些元素的分布、位置、大小、页面基色、功能键的位置、页面导航等做出细致的描述。这几类页面不仅布局要合理，而且风格要一致。

（3）页面颜色设计

对于网页的颜色应用，应该要在页面开始制作前，做好规划与设计，这样才不会到着手制作页面时难以搭配。页面的色系包含了页面的背景色、文字色、图片的色系等。页面中使用颜色时应该注意：先根据总体风格的要求定出一至两种主色调，然后再具体设计背景色、文字、图片颜色等；页面中活动对象颜色应鲜明，而非活动对象应暗淡；用颜色表达信息时，尽量使用读者能理解的方式，比如红色表示热情、奔放、警示，绿色表示生命、希望等。

4. 网站的制作流程

一般而言，网站的设计制作流程大致可以分为网站主题的确定、素材收集与编辑、网站总体规划、网站的细节设计、网站的制作、网站的测试、网站的发布与维护七部分。

（1）网站主题的确定

制作网站前，首先要确定网站的主题，尤其是要制作专题网站，如果主题不确定，那么以后的制作就毫无意义。

（2）素材收集与编辑

素材收集是指通过多方面渠道对网站制作所需的文本、图形图像、音频、视频等素材围绕主题进行有选择的收集和整理分类，这多方面渠道包括互联网、图书、报刊、光盘等。一般还需对搜集到的资料使用相应的软件进行编辑处理，才能为我所用。还有一点必须强调：使用网络资源，一定要注意版权，尊重原创。

（3）网站总体规划

首先要明确主题的目录及核心，然后向下一层展开，并提供相关的线索和跳转。比如确定网站有几个图形界面，在界面中有什么内容，有几个分支，当进入分支后，将运行哪个页面，分支程序结束后，将返回到哪个程序界面等。此外，还需规划网站的栏目、网站的目录结构、页面的布局、网站的配色等内容。

（4）网站的细节设计

网站的细节设计是在总体规划的基础上对页面的细节做出规划。细节设计要对页面的每一个元素都要做出细致的描述，最后形成的详细说明文档是下一步网站制作的指导。网站细节设计相当于建立了设计标准和基本框架，它在整个制作过程中占有举足轻重的地位。

（5）网站的制作

首先要明确选用什么制作工具，这一般在总体设计阶段就已经确定了。常用的有语言型工具（如 SGML、HTML、XML 等）和应用型工具（如 DreamWeaver 等），一般选用应用型工具居多。如要实现动态网页效果，还需选择动态服务器技术（如 ASP、ASP. net、PHP、JSP 等）及数据库技术（如 Access、SQL Server 或 MySql 等）。接下来，就是制作网站的前台、后台，其中包括首页、各个栏目的主页面、次页面等，还有数据库的开发。此步骤是整个网站制作过程中耗费时间最长的步骤，也是核心步骤。

（6）网站的测试

网站作为一种运行的软件产品，需要对其进行测试，对最终产品的测试是保证网站品质不可缺少的手段。一般先利用多种浏览器完成这项工作。首先是检测文字、图片、声音等素材内容是否达到预期效果，然后检测各个栏目的超链接，对鼠标动作、用户操作的交互反应、各种功能的实现等。本地测试完成后，还需将网站所有内容上传到服务器，再进行详细测试。

（7）网站的发布与维护

网站全部测试成功后，就可发布供广大用户浏览访问了。为使网站能长期稳定地运行，应及时地调整和更新内容，也需对网站漏洞进行及时修改，以防止出现网络或数据服务问题而导致网站瘫痪，保证网站在用户心中的满意度。

实际上，网站制作流程没有一个绝对的步骤，其中很多的步骤都是相互交叉、相互协调的。

三、网站制作

1. 网页制作语言

语言型网页制作工具有 SGML（Standard Generalized Markup Language，标准通用标记语言）、HTML 和 XML（eXtensible Markup Language，可扩展标记语言）三种。SGML 句法功能强大，但编程实现难度大，使用起来很复杂；HTML 语法简单易学易懂，是 SGML 在网络上的一个特殊应用；XML 功能强大，是 SGML 的一个简化但严格的子集，弥补了 HTML 的不完美，目前较受欢迎。

（1）SGML 语言

SGML 是 ISO（International Standard Organization，国际标准化组织）制定的定义电子

文档的结构和描述其内容、实现文档交换和共享的国际标准语言，SGML 的内容与样式分离，内容可被重复利用，同种资源可采取印刷版、在线版、光盘版等进行输出。

（2）HTML 语言

HTML 是 SGML 的一个应用，是用于 Web 页的标记语言，HTML 定义的是一套固定的标签。现在，HTML 已发展到 5.0 版本。

（3）XML 语言

XML 是 SGML 的一个子集，它继承了 SGML 自定义标记的优点，并且去除一些 SGML 复杂的部分。XML 自推出以来，获得了包括 IBM、Sun、Microsoft、Oracle、Adobe 等知名软件公司的支持。XML 灵活性很大，可用来描述任意类型的文档，从数学方程式、化学公式、到音乐乐谱等。XML 的设计宗旨是用来传输和存储数据，重在数据内容本身，将内容与显示方式分开描述，因此 XML 被广泛用来作为跨平台之间交互数据的形式，在数字出版领域常用于跨媒体或全媒体出版。

2. 网站的编程语言

随着网络技术的发展，制作动态网页的技术越来越多，目前主要有 ASP（Active Server Page，动态服务器页面）、ASP. NET、PHP（Hypertext Preprocessor，超文本预处理器）和 JSP（Java Server Page，Java 服务器页面）。

（1）ASP 技术

ASP 是微软公司开发的一种技术，用于创建和运行动态网页。ASP 运行于微软的 PWS 与 IIS（Internet Information Services，互联网信息服务）上，使用 VBScript 或 JavaScript 脚本语言，ASP 文件的后缀为 . asp。ASP 网页可操作多种数据库，能使用 ActiveX 控件在网页中插入多媒体效果、交互性对象等，充分支持 COM 组件和对象技术，是一种发展较为成熟的动态网页开发技术。ASP 适合中小型动态网站的开发。

本书的网页开发实例选择 ASP 技术作为开发工具。

（2）ASP. NET 技术

ASP. NET 是微软 . NET 框架的重要组成部分，其前身是 ASP，它不是 ASP 的简单升级，而是全新的服务器端脚本编程技术，ASP. NET 不能向后兼容 ASP，是统一的 Web 应用程序平台，是企业级的开发工具，ASP. NET 页面的后缀是 . aspx。

ASP. NET 与 ASP 相比，具有多语言支持、编译执行效率更高、可重用性更好、安全性更高等优点。另外，ASP. NET 采用全新的编程环境，代表了技术发展的主流方向。但是学习 ASP. NET 需要有一定的基础，需要系统地学习软件开发课程和程序开发知识。采用 ASP. NET 技术适合开发一些大型交互式系统，比如网上电子商务系统、电子政务系统等。

（3）PHP 技术

PHP 类似 ASP，也是一种开发动态页面的强大的服务器端脚本语言，其代码可直接嵌入在 HTML 代码中。PHP 语法混合了 C、Java 及 PERL 语言，PHP 文件通常以 . php、. php3 或 . phtml 为后缀名。

PHP 的特点：PHP 的源代码是公开的；支持目前的一些主流技术，比如 Ajax、XML 等；PHP 可跨操作系统使用；PHP 可与很多数据库相连接，如 MySQL、Sybase、SQL Server 等。PHP 也有一些缺点，如代码重用性较差、数据库接口不统一等。

（4）JSP 技术

JSP 是 Sun 公司开发的一种创建动态网页的技术，采用 Java 语言作为脚本语言，JSP 文件的后缀为 . jsp。JSP 具有一次编写，各处运行，执行效率高，将内容的生成和显示分离，与平台无关性，安全可靠，支持多种数据库等特点，是目前比较流行的一种动态网站技术。

以上四种动态网页技术，各有所长。制作者可根据它们各自特点、自己爱好、技术储备等选择一种适合的技术。

3. 网站数据库技术

现在的大多数网站都是动态网站，都离不开数据库的支持，网站数据库是用来存放动态网站数据的。数据库管理系统（DBMS）是允许用户在计算机上创建数据库、对数据进行增删改、排序和检索等操作的软件系统。Access、MySQL、SQL Server、Oracle 等就是这样的系统。

（1）Access 数据库

Access 数据库作为以标准 JET 为引擎的小型关系数据库管理系统，由于具有界面友好，开发技术简单，易学易用，易于管理，维护方便等特点，在很多地方应用较广泛。Access 也常被用于开发些简单的 Web 应用程序，使用 ASP 技术运行于 IIS Web 服务器之上，ASP + Access 是许多中小型网上应用系统的首选方案。

（2）MySQL 数据库

MySQL 数据库也是一个小型关系型数据库管理系统，它是跨平台的数据库管理软件，可在 Linux、Unix、Windows 等操作系统上运行。MySQL 是开源的，具有体积小、速度快、总成本低、可靠性好等优点。目前流行的开源软件组合 LAMP（Linux + Apache + MySQL + PHP/Perl/Python）中的 M 就是 MySQL。

（3）SQL Server 数据库

SQL Server 是由微软开发和推广的基于客户机/服务器模式的关系数据库管理系统。SQL Server 只能在 windows 平台上运行，是 Web 上很流行的用于存储数据的数据库，是一个可信任的、高效的、智能的数据平台。

（4）Oracle 数据库

Oracle 是美国 Orcale 公司研制的一种大型的关系型数据库管理系统。Oracle 在数据库领域一直处于领先地位，是世界上使用最广泛的关系数据库系统之一。Oracle 作为一个通用的数据库管理系统，不仅具有完整的数据管理功能，还是一个分布式数据库系统，支持各种分布式功能，特别是支持 Internet 应用。

4. 网站开发工具的选择

要开发网站，需要有一定的工具作支撑。目前开发网页程序的工具有很多，开发工具的选择，取决于开发者的背景、喜好、开发平台、开发的网站、开发工具各自特点等因素。下面介绍几类网站开发工具。

（1）文本编辑器

和 HTML 文件一样，ASP、ASP. NET、PHP 和 JSP 技术生成的文件也是纯文本文件，可直接用 Windows 的记事本制作，也可使用 UltraEdit、EditPlus 等文本编辑器制作。它们轻便小巧，界面友好，具有显示行号、内建程序语法高亮显示等功能，阅读源代码时会清晰很多，出错率会减少，开发效率有所提高，但不够高效，对开发者的要求很高，调试也不方便。

（2）集成开发环境的开发工具

集成开发环境的开发工具是专门针对某种技术的开发工具，如 Visual InterDev（简称 VI）是 ASP 的集成开发环境；Visual Studio. NET 是 ASP. NET 的集成开发环境；Zend Studio 是 PHP 语言集成开发环境；Jbuilder 是 JSP 的集成开发工具。这些工具功能强大、灵活高效、使用更方便。但它们也有些不足：如对静态页面的设计排版功能不强、在设计页面效果方面不能得心应手、安装使用较复杂、占用空间大、对计算机要求比较高、对开发者的要求高等。

（3）通用网页开发工具

DreamWeaver 是一款通用的网页开发工具，用于网页设计和网站管理，利用它可以轻而易举地制作出跨平台和跨浏览器的网页。使用 DreamWeaver 开发效率较高，对开发者要求较低，不易出错，灵活性好。但它也有一些缺点，如不能真正做到所见即所得，DreamWeaver 自动生成的代码比较复杂，安全性也一般。

本书的网页开发实例选择 DreamWeaver CS5 为开发工具。

四、网站开发技术概述

1. DreamWeaver 简介

DreamWeaver 是一款功能强大的网页制作软件，可与 Adobe 的 PhotoShop、Flash、Fireworks 完美融合，具有极佳的制作效率；它支持多种语言，如 ASP、ASP. NET、PHP、JSP 等，快速生成支持数据库的动态网页；它还可支持由 ODBC、JDBC 和 ADO 驱动的关系数据库管理系统，包括 Oracle、Sybase、SQL Server、MySQL 和 Access 等。下面以 DreamWeaver CS5 为例做一个简单介绍。

DreamWeaver CS5 工作区主要包括以下几个部分，如图 2－10 所示。

工作区各组成部分的作用如下：

（1）应用程序栏

位于窗口顶部，包含“文件”、“编辑”等 10 个菜单，一个工作区切换器及其他应用程序控件，用于完成 DreamWeaver 中的所有功能。

（2）插入栏

有两种显示方式，一种以菜单方式，即“插入”菜单；另一种以制表符方式，执行【窗口】>【插入】命令，即可打开插入栏。插入栏包含了用于创建和插入文本、表格、图像、媒体、脚本等对象的按钮。按类别分为“常用”、“布局”、“表单”、“数据”、“文本”等。

① 常用：包含网页设计中最常用的对象，如超链接、表格、Div 标签、图像、媒体、文件头、注释、脚本等。

② 布局：用于插入表格、Div 标签、层和框架等元素对象，还可在标准和扩展表格两种模式间进行切换。

③ 表单：是动态网页中最重要的元素对象之一，用于定义表单和创建表单对象，如表单中的文本域、单选钮、复选钮、按钮、文件域等。

图 2－10　DreamWeaver CS5 工作区

④ 文本：用于插入各种文本格式以对文本对象进行修饰，如粗斜体、几级标题、有序和无序列表、定义列表等。

（3）文档工具栏

包含各种文档视图、文档标题、文档预览选项等。其中文档视图有 3 种：“代码”视图用于手工编写和编辑源代码（包括 HTML、VBScript、服务器语言代码及任何其他类型代码）；“拆分”视图用于同时显示源代码和设计视图；“设计”视图用于可视化页面布局、可视化编辑和快速应用程序开发。

（4）标准工具栏

包括新建、打开、保存、全部保存、打印代码、剪切、复制、粘贴、还原、重做等命令。

（5）文档窗口

用于显示当前创建和编辑的文档。

（6）状态栏

用于显示当前文档的相关信息，依次为标签选择器、选取工具、手形工具、缩放工具、下载文件大小/下载时间。其中标签选择器显示环绕当前选定内容的标签的层次结构，单击该层次结构中的任何标签可选择该标签及其全部内容。

（7）属性面板

用于设置所选对象（如文本、图像、表格等）的各种属性。每个对象具有不同的属性。

（8）面板组

面板组由不同的面板自由组合而成。每个面板组都可折叠和展开，并可和其他面板组停靠在一起。通过“窗口”菜单的相应命令即可打开或关闭相应的面板，如 CSS 样式面板、数据库面板、文件面板等。

（9）文件面板

用于管理文件和文件夹。

2. HTML

（1）基本概念

HTML 标签通常成对出现：<标签名>欲控制内容</标签名>，标签对中的<标签名>是开始标签，</标签名>是结束标签，而某些元素没有结束标签，如
。

HTML 文件是由 HTML 元素定义的。HTML 元素指的是从开始标签到结束标签的所有代码。

HTML 标签可以通过属性进行更细微的控制，带有属性的标签的基本格式：

<标签名 属性 1 = “值 1” 属性 2 = “值 2” …>欲控制内容</标签名>

注：HTML 标签不区分大小写，属性值可放在双引号中，也可放在单引号中。

（2）HTML 文件整体结构

所有的 HTML 文件都有 3 个文件层次的标签：<html>、<head>、<body>，其中<html>位于页面最顶层，</html>位于页面最底层，整个 HTML 文件环绕其中，此标签对告诉 Web 浏览器文件从哪里开始、在哪里结束。<head>定义文件的头信息，如文件的标题、元信息及文件的脚本等。<body>定义文件的主要内容，所有 HTML 文件的整体结构如下：

<html>	文件开始标记
<head>	文件头开始的标记
…	文件头的内容
</head>	文件头结束的标记
<body>	文件主体开始的标记
…	文件主体的内容
</body>	文件主体结束的标记
</html>	文件结束标记

（3）块元素

块元素显示为一块内容，一般可包含其他块元素和内联元素，比如分区<Div>、段落<p>、表格<table>等。当在网页中使用块元素时，块元素都将另起一行显示。所以，块元素只适合文本块，而不能用于格式化文本块中的字符或单词。

① 段落标签<p></p>：<p>标签用于标识段落，浏览器会对不同段落文字添加一空行作为间隔，以便将文件分成若干段落。语法为：<p>段落文字</p>。以下代码将形成如图 2 - 11 的输出。

<p>若要修改某字段，只需将光标移到欲修改的字段上即可。若删除某字段，首先要选中整个欲修改的字段行，点击右键“删除行”即可。</p>

<p>表设计视图的保存。</p>

② 标题标签 <hn> </hn>：<hn>标签用于标识网页中的文字标题，共有 6 级，从 <h1> ~ <h6>，通常以粗体格式标识。6 级标题中，<h1>级别最高。以下代码将形成如图 2 – 12 的输出。

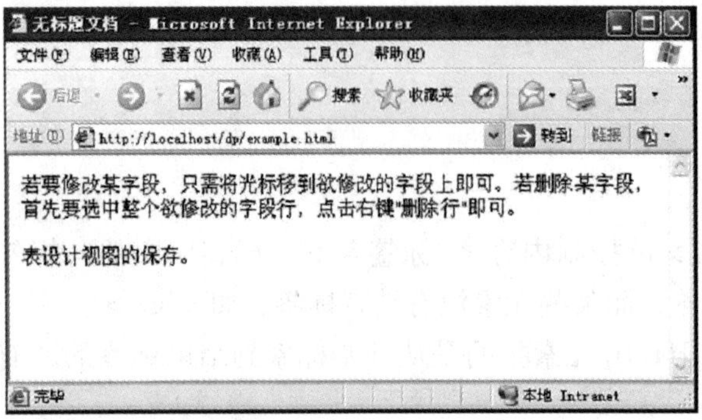

图 2 – 11　段落标签

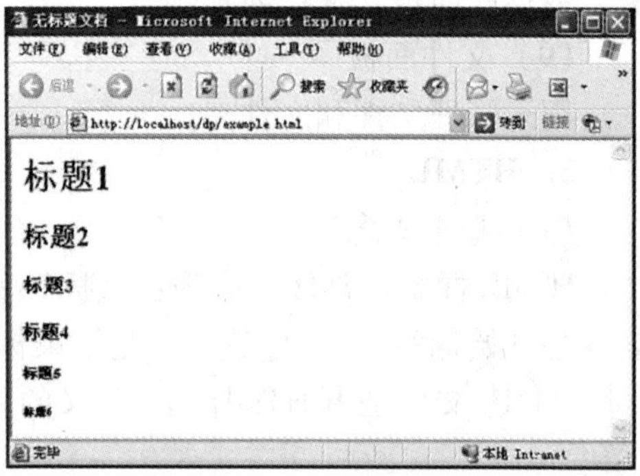

图 2 – 12　标题标签

<h1>标题 1 </h1>
<h2>标题 2 </h2>
<h3>标题 3 </h3>
<h4>标题 4 </h4>
<h5>标题 5 </h5>
<h6>标题 6 </h6>

③ 水平线标签 <hr/>：<hr/>标签用于在网页中创建水平线，通常可用于分隔不同的文字段落。

④ 居中对齐标签 <center> </center>：<center>标签用于将包含其中的内容以居中的方式显示在网页中。

⑤ 列表标签：将内容以列表形式显示，以达到清晰易读的效果。HTML 定义了 3 类列表：有序、无序和定义列表。有序列表始于 <ol>标签，列表项目通常使用数字进行标记；无序列表始于 <ul>标签，列表项目通常使用小黑圆圈进行标记。有序和无序列表均使用 <li>列表项标签限定每个列表项目。定义列表不仅仅是一列项目，始于 <dl>标签，而是每个列表有两个元素：列表项（使用 <dt>标签）和列表项的定义（使用 <dd>标签）。列表标签的语法格式如下：

<列表标签>
<项目标签>项目文本 </项目标签>
<项目标签>项目文本 </项目标签>
…
</列表标签>

注：定义列表的语法略有不同，它使用 <dt>标签和 <dd>标签。

以下代码将形成如图 2 – 13 所示的输出。

<ol> <li>列表 1 </li> <li>列表 2 </li> </ol>
<ul> <li>列表 1 </li> <li>列表 2 </li> </ul>

<dl><dt>列表 1</dt><dd>列表 1 的定义</dd><dt>列表 2</dt><dd>列表 2 的定义</dd></dl>

⑥ 分区标签<div></div>：<div>元素可用于定义文档中的区域。每个<div>都可包含任何元素，如标题、段落、图片、列表，甚至是 div 等。以下代码将形成如图 2－14所示的输出。

图 2－13　列表标签

图 2－14　分区标签

<div>春夏秋冬</div>

<div><p>东南西北</p></div>

⑦ 表格标签<table></table>：表格有 3 个基本标签：<table>、<tr>和<td>。其中<table>用于定义一个表格，<tr>用于定义行，<td>用于定义列或表格单元格。还有一个<th>标签用于定义表格的标题单元格，此单元格的字体居中粗体显示，<th>标签可有可无。以下代码将形成如图 2－15 所示的输出。

图 2－15　表格标签

```
<table width=" 200" border=" 1" >
  <tr><th width=" 91" >学号</th><th width=" 93" >姓名</th></tr>
  <tr><td>9500101</td><td>张三</td></tr>
  <tr><td>9500102</td><td>李四</td></tr>
  <tr><td>9500103</td><td>王五</td></tr>
</table>
```

表格在 HTML 中用途广泛，它既可以容纳数据，也可用于控制整个页面的布局。表格还能嵌套表格，表格标签中还包括其他标签，而且每个标签中还可包含很多属性，所以 HTML 的表格可能会非常复杂，但功能会很强大。

⑧ 表单标签<form></form>：<form>标签用于实现将网页中的数据传送给服务器，主要是为用户提供表单填写一些数据以传回到服务器，如用户注册、登录、搜索等。其基本语法如下：

<form action=“动态网页文件” method=“传送数据的方法” name=“表单名称”>表单中的控件</form>

a. action：决定将表单提交的数据传送给哪个动态网页文件，如 . asp 文件，以执行响应动作。

b. method：传递数据的方法，有 post 和 get 两种。post 方法将数据传递给服务器后，浏览器的网址栏不显示传递的信息，比较安全；而 get 方法则会显示。

c. 表单中的控件：主要有 input 类、textarea 类和 select 类三种。

（4）内联元素

也称行内元素，只能放在行内，如换行
、字形 <font>、跨越文本 <span>、超链接 <a>等，内联元素只能容纳文本或其他内联元素。

① 换行标签
：
标签用于换行，它没有结束标签。

② 字形标签 <font> </font>：<font>标签用于控制文字的字体、字号等，通过设定属性来完成。格式如下：

<font 属性 1 = “值 1” 属性 2 = “值 2” … >欲控制文字</font>

face 属性用于控制文字字体，size 属性用于控制字号，color 属性用于设定颜色。不过，在 HTML4. 01 和 XHTML 中，<font>标签已被 CSS 样式所取代，CSS 提供多个属性来控制文本，通过使用样式，文件会更加灵活，更符合标准。

③ 跨越文本标签 <span> </span>：<span>标签在行内定义一个或多个区域。若要产生特殊的视觉效果，必须对 <span>应用样式，否则 <span>中的文本与其他文本没有差异。一般为 <span>应用 class 或 id 属性。

④ 链接标签 <a> </a>：其语法格式：<a href = “链接目标位置” >超链接内容</a>

href 属性用于放置超链接的目标。链接目标位置可用“#”或 URL 指定，这是一种绝对链接，即当不同网页引用同一文件时，所用的路径是一样的。还有一种是相对链接，一般用于引用同一网站的其他页面，以引用文件所在位置为参考点建立出来的路径，这样，当不同网页引用同一文件时，所使用的路径有所不同。建立相对路径时，需使用以下符号：

【.】：代表目前所在的目录；【..】：代表上一层目录；【/】：代表根目录。

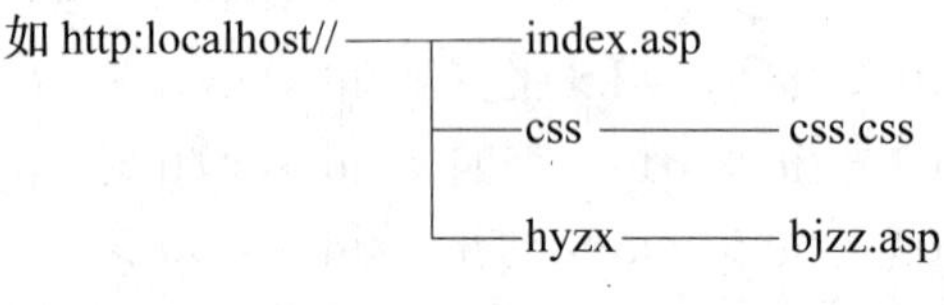

下面用表 2 - 1 说明一个文件被不同页面引用时，所使用的相对路径与绝对路径。

表 2 - 1　　同一文件被不同页面引用时的相对路径和绝对路径

引用文件	被引用文件	相对路径	绝对路径
index. asp	css. css	css/css. css	/css/css. css
bjzz. asp	css. css	. . /css/css. css	/css/css. css

⑤ 图像标签 <img/>：<img>标签用于向网页中插入图片。该标签有一个必需的属性：src 属性，用于指定图片的存储路径与名称。其语法：<img src = “图片的存储路径

与名称" / >。此标签没有结束标签。它还有一重要属性 alt 属性，alt 属性指图像无法显示时的替换文本。以下代码将形成如图 2－16所示的输出。

< img src = " images/image055. gif" alt =" 数字印刷机" / >

（5）注释

有时需在 HTML 页面中添加一些注释文字，用以提供信息说明或代码解释等。HTML 使用 <！ －－注释文字－－ >来定义注释，注释文字不会显示在浏览器中。

图 2－16　图像标签

3. CSS

CSS（Cascading Style Sheets，层叠样式表）样式实现了内容与表现形式的分离，决定了 Web 页的最终显示效果，通常将样式保存在外部的样式表文件中。其优点是：减小文件大小、节省网络带宽、保持多文档的样式一致及维护方便等。样式表只需修改一次，其改动会影响到网站中使用此样式的每个元素，而不像没有使用样式时需要对所有的元素单独修改，极大地提高了工作效率。

（1）CSS 样式语法

CSS 样式语法由选择器和一条或多条声明组成。选择器是指期望改变样式的 HTML 元素或标签，如 p，body，h1，table 等，用来与 HTML 文档中的特定元素进行匹配；声明实际上就是属性与值的配对组合，具体语法如下：

选择器｛属性：一个或多个值；属性：一个或多个值；…｝

需注意：若仅有一个属性或该属性是多个属性中的最后一个时，分号可省略。

如 p ｛color：#0F0;｝ 中，p 标签是一选择器，color 属性为一个十六进制的数，#0F0 表示绿色，其含义是：设定段落中的文字颜色为绿色。

（2）将 CSS 应用到网页的三种方法

将 CSS 样式应用到网页的方法有三种：内联样式、内部样式和外部样式。

① 内联样式：将样式应用于文件的特定标签中，即在特定标签内使用 style 属性定义其样式表属性，以下代码将形成如图 2－17 所示的输出。

<p>这里没有加样式。</p>

<p style =" color：#F00" >这是一个内联样式。</p>

在图 2－17 中，只有加样式的第二行文字变成红色，第一行仍为默认的黑色。

② 内部样式：在文件的头部添加一个样式块，即在文件的 <HTML> 和 <BODY> 标签间插入一个样式块对象 <style>… </style>，将所有样式定义在一起。以下代码将形成如图 2－18 所示的输出。

<html xmlns =" http：//www. w3. org/1999/xhtml" >

<head> <meta http－equiv =" Content－Type" content =" text/html；charset = utf－8" / > <title>无标题文档</title> </head>

<style type =" text/css" >p ｛color：#F00;｝ </style>

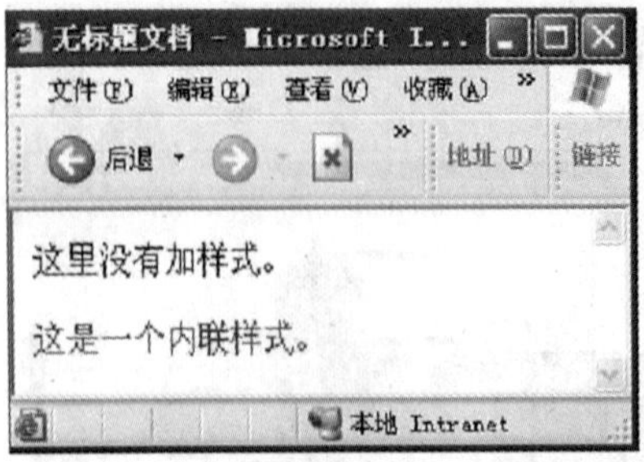

图 2-17 内联样式

图 2-18 内部样式

<body>

<p>这是第一段。</p>　<p>这是第二段。</p>

</body> </html>

在图 2-18 中，两段中的文本都受到影响，变为红色，即内部样式被应用到页面中所有的<p>段落标签上。

③ 外部样式：先定义一个外部样式表文件 .css，然后使用 HTML 的<link>标签将其链接到页面中，<link>标签位于头部。请看如下的代码：

<head> <link href = " css. css" rel = " stylesheet" type = " text/css" /> </head>

link 标签行代码告知浏览器找一个名为 css. css（包含必要的样式）的外部文件，这个文件与网页文件位于同一目录下。

如样式表 css. css 中的部分样式如下：

…

p {color：#F00;}

…

这样，只要外部样式表文件中的样式定义发生更改，链接到这个样式表的所有文件都会受到影响；一旦浏览器访问过某个样式表，它将被缓存而无需重新下载；文件标签中只含内容，不包含任何样式，从而使得文件较小。

将 CSS 样式应用到网页的三种方法中，外部样式是首选方法，因为它可供多个页面使用，修改方便；内部样式一般用于单页面的特殊样式；内联样式则用于单页面的个别地方。当然，这三种方法可混用，且不会造成混乱，这就是“层叠样式表”的由来。当网页中的某个元素存在多种样式时，浏览器在显示网页时是有执行顺序的，执行优先级为：内联样式、内部样式、外部样式，即内联样式具有最高的优先权。

(3) CSS 的核心概念

这部分主要介绍 CSS 的 ID 与类，分组，继承，派生选择器，伪类等。

① ID 与类选择器：普通元素选择器（如 P、td 标签等）是 CSS 中最容易理解的选择器。除此之外，CSS 还允许自定义选择器，如 ID 选择器与类选择器。一般而言，ID 选择器只用于页面的唯一元素，为标有特定 ID 的 HTML 元素指定特定的样式，而类选择器可被无限次地应用于页面中。

在网页文件中，为了将类选择器或 ID 选择器与某元素相关联，必须为某元素的 class 或 ID 属性设定一个类名或 ID 值，示例如下：

<p class =" dqwz" id =" zwbt" >您当前位置：</p>

上面的代码中，p 元素使用了一个类（dqwz）和一个 ID（zwbt）。

CSS 文件中，相应的 CSS 规则通过一个句点（.）来标识是类，用#标识是 ID。.类名作为 CSS 中类的起始，#ID 值作为 CSS 中 ID 的起始，然后便是属性声明部分，如：

. dqwz {color：#F00;}

#zwbt {background - color：#999;}

这样，就将灰背景红字的样式应用于段落元素中。

② 分组选择器：若多个选择器具有相同的声明，即定义的样式完全一样，则可将这些选择器分成一组，既缩减空间，又易于代码管理。只需用逗号分隔多个选择器即可，如：

h1，h2，h3 {line - height：150%；color：#000;}

即将行高与颜色的样式定义应用于 1 到 3 级标题标签中。

③ 继承选择器：继承是指子元素继承父元素属性的行为。若为子元素定义了特定的 CSS 样式，并指定了与父元素不同的属性值，则不再从父元素继承这些属性，但其他属性还将从父元素继承。如：

<p>对不起，请重新<em>登录</em>！</p>

假设为<p>定义了样式：p {color：#222;}，即将段落文字颜色定义为深灰色。若没有对<em>定义相应的样式规则，则<em>元素中的文本“登录”将从段落规则中继承颜色，也为深灰色。但若为了加以强调，对<em>也定义了样式：em {color：#F00;}，则<em>元素中的文字“登录”变成了红色。另外，需注意，CSS 中所有前景属性（字体、字号等）可被后代元素所继承，而背景属性（背景色、图片等）则不能从父元素中继承。

④ 派生选择器：从上面的继承示例可看出：整个网站中所有带<em>元素中的文字都变成了红色，不管其父元素是段落还是标题还是单元格等，若仅希望对段落中的<em>元素产生影响，则需对上面的规则进行修改，这就要用到派生选择器。派生选择器由两个或更多的选择器组成，选择器间用空格分隔。如定义新的 CSS 规则为：p em {color：#F00;}。

HTML 代码如下：

<p>对不起，请重新<em>登录</em>！</p>

<h3>对不起，请重新<em>登录</em>！</h3>

<p>所拥有的<em>元素中的文本为红色，而<h3>拥有的<em>中的文本为从<h3>继承来的默认的黑色。即这个新定义的样式仅对段落中的<em>起作用。

⑤ 伪类：CSS 伪类用于向某些选择器添加特殊效果。如超链接伪类可控制不同链接状态的文本颜色：:link（未访问状态，默认为深蓝色）、:visited（已访问状态，默认为紫色）、:hover（鼠标悬停状态）、:active（鼠标点击状态）。在 CSS 定义中，这 4 个伪类的定义顺序非常重要，:hover 一定要置于:link 和:visited 之后，而:active 又必须要置于:hover 之后。

若要将未被访问的链接颜色设为红色，CSS 样式应该这样定义：

:link {color：#F00;}

（4）CSS 常用属性

CSS 常用属性大致有以下几种：

① 框模型属性：规定了元素框处理元素内容、外边距、内边距和边框的方式。见表2－2所示。

表 2－2　　框模型属性列表

类别	属性	属性含义	备注
维度	width	元素宽度	
	height	元素高度	
外边距（HTML 元素边框和其外部元素间的距离）	margin	同时设置 4 个外边距	其顺序是上、右、下、左外边距，各属性值间用空格分隔；若 4 个属性值相同，则只写一个值
	margin－top	上外边距	
	margin－right	右外边距	
	margin－bottom	下外边距	
	margin－left	左外边距	
内边距（HTML 元素边框和元素内容间的距离）	padding	同时设置 4 个内边距	padding 属性取值同 margin
	padding－top	上内边距	
	padding－right	右内边距	
	padding－bottom	下内边距	
	padding－left	左内边距	
边框样式	border－style	元素边框样式	none（无边框）、dotted（点线）、dashed（虚线）、solid（实线）、double（双线）等
边框宽度	border－width	同时设置 4 个边框宽度	属性取值情况同 margin
	border－top－width	上边框宽	
	border－right－width	右边框宽	
	border－bottom－width	下边框宽	
	border－left－width	左边框宽	
边框颜色	border－color	同时设置 4 个边框色	属性取值同 margin
	border－top－color	上边框颜色	
	border－right－color	右边框颜色	
	border－bottom－color	下边框颜色	
	border－left－color	左边框颜色	
边框	border	边框样式	属性取值同 margin
	border－top	上边框	这 4 个属性可分别将给定的 border－style、border－width 和 border－color 属性的值集中到一个属性中，各属性值间以空格分隔，顺序任意
	border－right	右边框	
	border－bottom	下边框	
	border－left	左边框	

② 文本属性：用于设定文本的字体、字号、颜色、行距等。见表 2－3。

表 2－3　　文本属性列表

类别	属性	属性含义	备注
字体类型	font－family	字体系列	针对字体名称和字体系列名称的一个列表，列表按优先顺序排列，每个值间用逗号分开
字号	font－size	字体大小	度量单位有像素、em 和百分数
字体粗细	font－weight	字体粗细	属性值有：normal、bold、bolder、lighter 等
字体风格	font－style	字体风格	属性值有：normal、italic 和 oblique 等
字体	font	简写属性	把所有针对字体的属性设置在一个声明中
行高	line－height	行与行间的间距	属性值有：百分比、数字、normal、固定值等
颜色	color	文本颜色	属性值：颜色名称、十六进制数或 rgb 值
字符间距	letter－spacing	增减字符间的空白	
文本对齐	text－align	文本中元素的水平对齐方式	属性值有：左、中、右对齐等
文本修饰	text－decoration	为文本设置效果	属性值有：underline（下划线）、overline（底线）、blink（文本闪烁）等
段落缩进	text－indent	首行文本的缩进	

③ 背景属性：允许向某些元素，如文本或标题等，添加背景色或背景图。见表 2－4 所示。

表 2－4　　背景属性列表

类别	属性	属性含义	备注
背景色	background－color		
背景图	background－image		属性值有：none（无背景图）、url（图文件路径）
重复	background－repeat	设置图像的平铺方式	属性值有：no－repeat（不重复）、repeat（默认，水平和垂直方向都重复）、repeat－x（水平方向重复）、repeat－y（垂直方向重复）
定位	background－position	设置背景图的起始位置	
背景	background	简写属性	把所有针对背景的属性设置在一个声明中

④ 列表属性：允许放置、改变列表项目符，或者将图像作为列表项标志。

五、数码印刷专题网站制作实例

本小节将以开发数码印刷专题网站为实例，介绍网站开发相关技术细节，提供基本的网站制作的思路和方法，具备了这些基础知识，读者就可制作出更好的网站。

（一）准备工作

本专题网站基于 B/S（Browser/Server）模式，运行环境是 Windows XP_ SP3 + IIS，使用 Adobe DreamWeaver CS5 开发。

制作网站前，所需的准备工作主要有：ASP 运行环境的搭建与站点的创建。

1．ASP 运行环境的搭建

ASP 网页文件可以在目前流行的 Windows2003、Windows Server 2003、Windows XP、Windows 7、Windows Vista 等系统上运行。它并不是一种语言，而是由 Web 服务器提供的一个网页语言执行环境，这个 ASP 环境是由微软的 PWS 或 IIS 提供的。本书中使用的是 Windows XP 系统中的 IIS，下面介绍 Windows XP 系统下 IIS 的安装及配置过程。

（1）在控制面板中，单击“添加/删除程序”，进入如图 2－19 所示的对话框，双击红框中的图标，弹出如图 2－20 所示的“Windows 组件向导”对话框，勾选“Internet 信息服务（IIS）”前面的复选框，按提示进行 IIS 的安装。

图 2－19 “添加/删除程序”对话框

图 2－20 “Windows 组件向导”对话框

（2）IIS 安装完成后，打开管理工具，双击“Internet 信息服务”，就可看到如图 2－21所示的安装成功的 IIS 服务器了，以后可通过它来发布网站。

（3）在图 2－21 中，选中“默认网站”，点击右键，选中“新建” > “虚拟目录”，出现“虚拟目录创建向导”对话框，点击“下一步”，出现如图 2－22 所示的面板，在向导第二步的“别名”栏内，输入虚拟目录的别名，用来识别网站，此处填写“dp”，点击“下一步”。

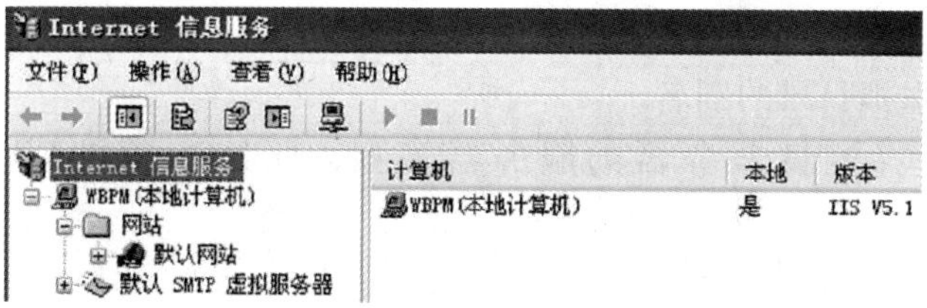

图 2－21　Internet 信息服务的界面

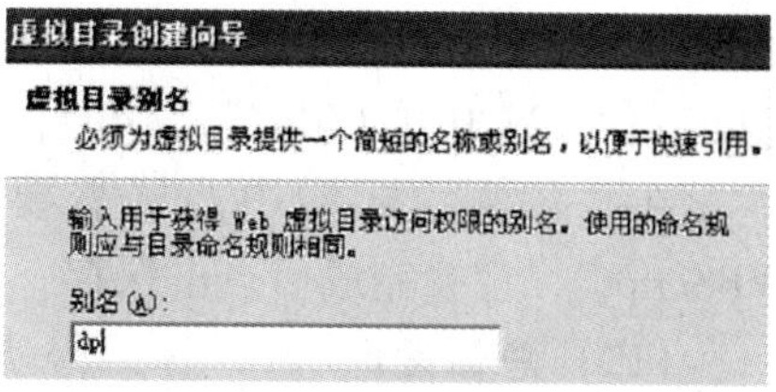

图 2－22　向导中“别名”的设置

（4）在向导第三步的“目录”栏内，输入虚拟目录对应目录的磁盘路径，点击“浏览”，选择一个路径作为 dp 网站的主目录，以后 dp 网站的程序文件都将放到此路径下，此处“目录”设置为：“C：\ Inetpub \ wwwroot \ dp”，其中“C：\ Inetpub \ wwwroot \ ”为 ASP 程序的默认保存路径，点击“下一步”。

（5）在向导第四步中设置虚拟目录的访问权限，默认选择后，按“下一步”按钮后，即可完成虚拟目录的创建。这样，在图 2－21 的“默认网站”中会出现刚创建好的 dp 虚拟目录。

2. 站点配置

站点是网站中所有文件和资源的集合。使用 DreamWeaver CS5 制作网页前，应先在本地计算机上创建一个站点，以便于很好地组织和管理网站中的每个文件。若要向 Web 服务器传输文件或开发 Web 应用程序，还必须添加远程站点和测试服务器信息。实例网站中的文件和资源都保存在 C：\ Inetpub \ wwwroot \ dp 下。配置站点的具体操作步骤如下：

（1）站点配置。点击菜单栏上【站点】＞【新建站点】命令，在弹出的对话框中进行如图 2－23 所示的设置。其中，“站点名称”为显示在文件面板和“管理站点”窗口中的名称，该名称不会显示在浏览器中，实例网站中将其设置为“dp”；将“本地站点文件夹”设置为“C：\ Inetpub \ wwwroot \ dp \ ”。

“站点设置对象”对话框左侧分为四类：站点、服务器、版本控制和高级设置，对于普通用户而言，只需配置站点和服务器即可。

（2）服务器配置。这一步是可选的，开发动态网页时，若用户不需要本地测试或编辑，而直接上传到 Web 服务器以便显示动态内容，可忽略这一步。

如要配置，在图 2－23 中，选中左侧的“服务器”选项卡，单击左下的图标 ＋ 添加服务器，在弹出的“基本”标签对话框，进行如图 2－24 所示的设置。其中“服务器名称”可任意输入；“连接方法”选择“本地/网络”；“服务器文件夹”用于存放动态网页的文件夹；“Web URL”被指定后才能使用测试服务器的服务来显示数据及连接到数据库，IIS 测试服务器的 Web URL 由域名和 Web 站点主目录的任意子目录或虚拟目录组成，如果 DreamWeaver 与 Web 服务器运行在同一计算机上，则可使用 localhost 来代替域名，

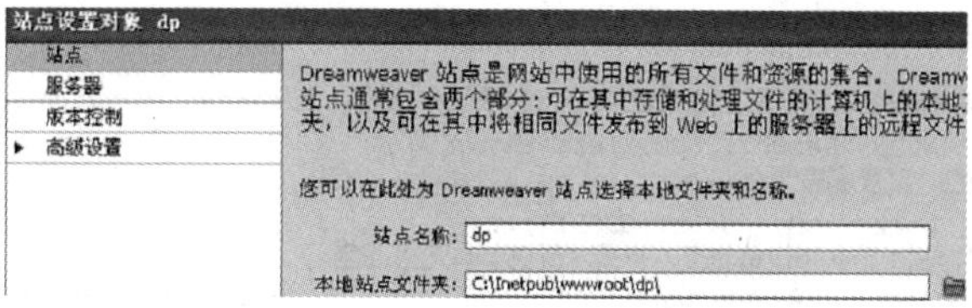

图 2－23“站点设置对象”对话框

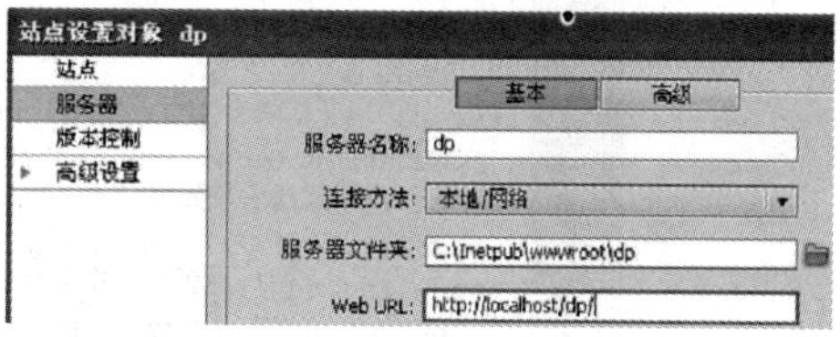

图 2－24“基本”标签对话框

此外，还可以使用本地机回送地址：127.0.0.1，图 2－24 中的“Web URL”还可写为：“http：//127.0.0.1/dp/”，“dp”是虚拟目录的别名。

在“高级”标签中，只需要选择测试服务器的服务器模型，此处选择“ASP VBScript”，设置完成后点击保存。

（二）总体设计

本网站的总体设计包括：系统功能结构设计、页面目录组织结构设计、CSS 样式表文件设计。

1. 系统功能结构设计

根据数码印刷专题网站的特点，确定设计目标：通过此网站，人们可以了解、学习该领域最前沿的理论与技术。这样可大致确定此网站的七大模块，详细结构如图 2－25 所示。

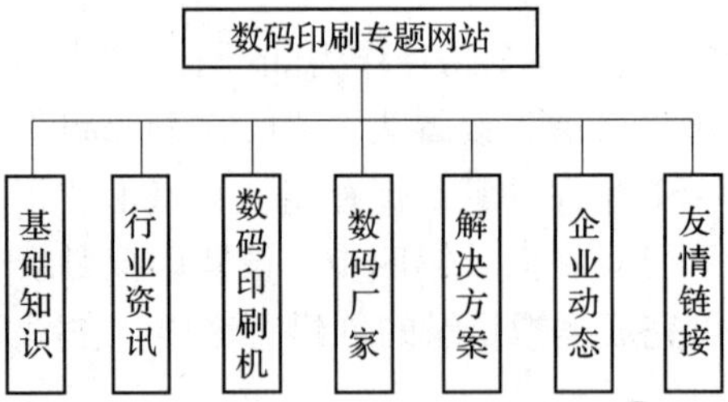

图 2－25 专题网站的结构

2. 页面目录组织结构设计

在进行网页制作前，先根据系统功能模块的划分，创建出网站中可能用到的文件夹，将文件归类，方便以后的开发工作，页面目录的组织结构如图 2－26 所示。

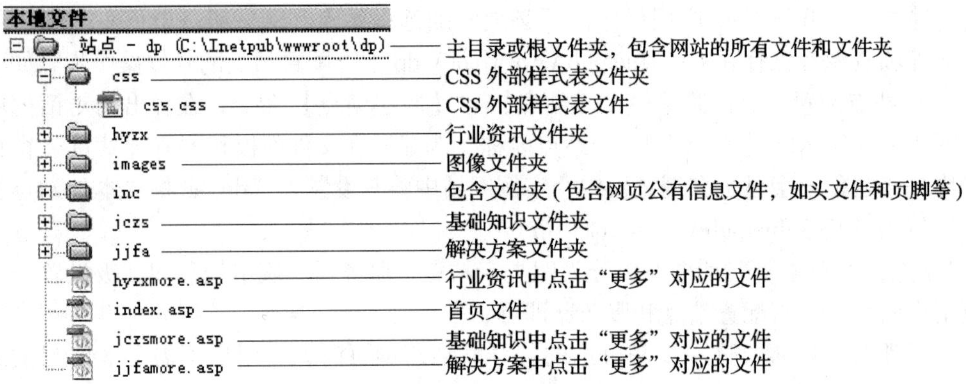

图 2－26 页面目录的组织结构

3. CSS 样式表文件设计

本网站尽可能把样式的定义放在外部样式表文件 css.css 中，既减少了代码，又便于维护。如图 2－27 所示为 css.css 文件中的部分代码和注释。

```
body  /* 页面主体样式：定义字号和背景色*/
{   font-size: 12px; background-color: #f9f9f9;}
p /*段落样式：定义段落缩进*/
{   text-indent:2em;}
td /*表格中单元格样式：定义字号*/
{   font-size: 12px; }
.zmk td /*子模块（如行业资讯）中的单元格样式：定义下边框宽度、样式、颜色；高度；左定位*/
{   border-bottom: 1px dashed #333333; height:25px; left:auto;  }
.dh td /*导航条中单元格样式：定义颜色、高度和背景色*/
{   color: #FFFFFF; height:25px; background-color:#0D0D11;}
.more-list td /*更多列表中的单元格样式：定义下边框宽度、样式、颜色；单元格高度*/
{   border-bottom: 1px dashed #CCCCCC;  height:24px;}
```

图 2－27 css.css 文件中的部分代码和注释

（三）网页模块文件

在网站总体规划之后，就是网页制作。首先制作模块文件以供其他网页调用，本实例中所有模块文件均位于主目录的 inc 文件夹下，文件名及其含义如表 2 - 5 所示。

表 2 - 5　　inc 文件夹下的模块文件名及其含义

模块文件名	含义
top. html	页面头文件（包括 logo 和导航条等），供主目录下的文件引用
top1. html	页面头文件（包括 logo 和导航条等），供主目录下子目录中的文件引用
hyzx. html	行业资讯模块文件，供主目录下的文件引用
hyzx1. html	行业资讯模块文件，供主目录下子目录中的文件引用
jczs. html	基础知识模块文件，供主目录下的文件引用
jczs1. html	基础知识模块文件，供主目录下子目录中的文件引用
jjfa. html	解决方案模块文件，供主目录下的文件引用
jjfa1. html	解决方案模块文件，供主目录下子目录中的文件引用
footer. html	页脚文件（版权信息）
yqlj. html	友情链接文件，供首页文件引用

1. 页面头文件（top. html）

页面头文件中主要包括网站 logo、导航条和院校链接。设计完成的页面头文件效果如图 2 - 28 所示。

图 2 - 28　页面头文件效果图

（1）新建页面头文件 top. html

① 点击菜单栏【编辑】>【首选参数】命令，弹出“首选参数”对话框，在“新建文档”的“默认编码”列表选择“简体中文（GB2312）”，单击“确定”。

② 点击菜单栏上【文件】>【新建】，弹出“新建文档”对话框，选择“页面类型”为“HTML”，在网站根目录下新建 inc 文件夹，并在 inc 下新建一个名为 top. html 的文件。

（2）添加网站 logo

① 切换到“代码”或“拆分”模式左侧并删除所有代码。一般多使用“拆分”模式，其左侧是代码区，右侧为设计区。注：如无特别说明，以下操作均在“拆分”模式的右侧进行。

② 点击菜单栏上【插入】>【表格】，在弹出的“表格”对话框中进行如图 2 - 29 所示的设置。单击“确定”按钮回到 DreamWeaver 窗口。

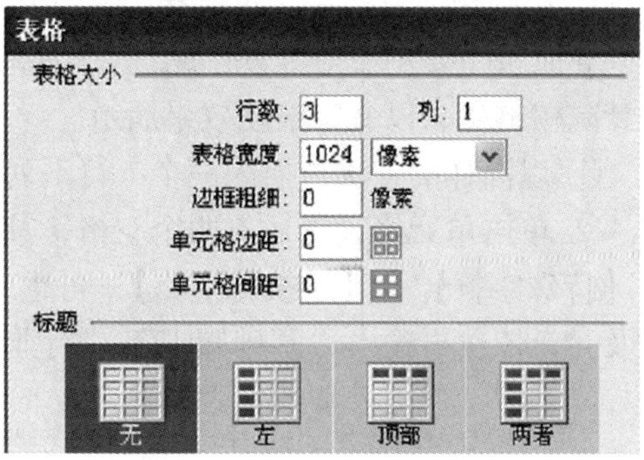

图 2 - 29　“表格”对话框

③ 单击表格，点击右键，选中“表格” > “选择表格”，在下面的属性面板的“对齐”下拉列表中选择“居中对齐”，如图2－30所示。

图2－30　表格的属性面板

④ 选中表格，点击鼠标右键的“编辑标签（shift＋F5）”，在弹出的“标签编辑器－table”对话框的左侧，点击“浏览器特定的”标签，如图2－31所示，在“背景图像”位置点击“浏览”，找到已在Photoshop中制作好的bg. gif插入即可。

⑤ 单击第1行，在属性面板中，设置“高”为“20”。第3行单元格也进行同样的设置，以使logo图片不至于太靠上或紧靠下面的导航条。

⑥ 单击第2行，在属性面板中，设置“水平”为“居中对齐”。然后点击菜单栏上【插入】>【图像】，在弹出的“选择图像源文件”对话框中进行如图2－32所示的设置，以选择制作好的logo. gif。单击“确定”，弹出“图像标签辅助功能属性”对话框，根据需要进行设置。

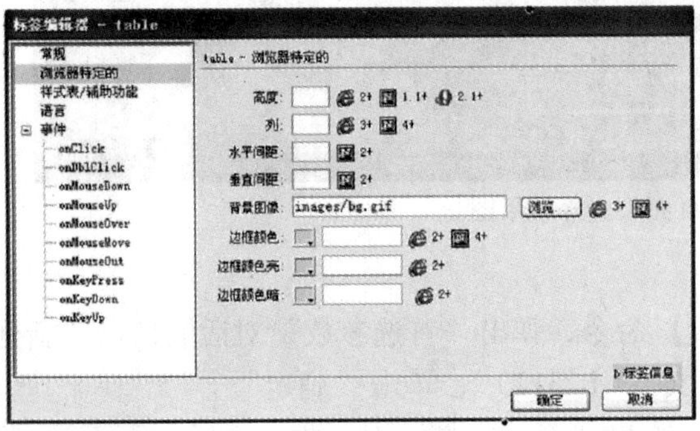

图2－31　“标签编辑器－table”对话框

图2－32　“选择图像源文件”对话框

（3）制作导航条＋院校链接

导航条主要用于对专题网站进行栏目分类并提供链接，方便用户查看信息。另外，还设计院校链接，以文字滚动效果展示。

① 以同样的方法再插入一个1行1列的表格，宽度为1024像素，居中显示。

② 单击单元格，先插入两个空格，具体步骤为：点击菜单栏上【插入】>【HTML】>【特殊字符】>【不换行空格】，再重复操作一次。接着输入“首页”，再插入两个空格及｜，依次再输入“基础知识”、“行业资讯”等。效果如图2－33所示。

首页　｜　基础知识　｜　行业资讯　｜　数码印刷机　｜数码厂家　｜　解决方案　｜　企业动态　｜

图2－33　导航条

③ 为“首页”、“基础知识”等栏目设置超链接。选中“首页”文字，在属性面板中，对“链接”进行设置，可拖拽直接指向右侧“文件”面板中的 index. asp，也可用选择相应的文件。此案例中仅为“首页”、“基础知识”、“行业资讯”、“解决方案”设置相应的链接，而其他模块的链接为#，即链接到本页面，读者可自行链接到相应页面。设置完超链接后的效果如图 2－34 所示，文字改变颜色并增加下划线。

首页　|　基础知识　|　行业资讯　|　数码印刷机　|　数码厂家　|　解决方案　|　企业动态　|

图 2－34　设置完超链接后的导航条

④ 制作院校链接滚动文字。院校链接位于导航条的右侧，若想让链接文字滚动，首先输入要滚动的文字，然后用编写 HTML 代码的方法实现。具体步骤：

a. 在图 2－34 的右侧，插入若干不换行空格，接着输入“院校链接：天津科技大学包装与印刷工程学院　武汉大学印刷与包装系　北京印刷学院　西安理工大学印刷包装工程学院”。

b. 选中“天津科技大学包装与印刷工程学院”，在属性面板中，设置“链接”为“http：//byxy. tust. edu. cn/”，“目标”为“_ blank”，其他三个以此类推。

c. 将鼠标切换到“拆分”模式的左侧代码区，在“院校链接：……”代码前输入：< marquee direction = " left" scrollamount = " 2" width = " 346" scrolldelay = " 58" >，在“……西安理工大学印刷包装工程学院 </a >”代码后输入 </marquee > 即可。

建立滚动效果的 marquee 标签语法：< marquee width = “宽度” height = “高度” behavior = “移动方式” direction = “移动方向” scrollamount = “滚动速度” scrolldelay = “延迟时间” loop = “循环次数” align = “对齐方式” >滚动内容 </marquee >。

其中 behavior 取值有 3 种：scroll（单向循环滚动）、slide（滚到另一边后停止）、alternate（来回往复滚动）。Direction 的取值有 4 种：left、right、up 和 down。

（4）插入 < Div > 标签

< Div > 元素在文件内定义一个区域。由于“导航条 + 院校链接”中的样式与普通样式不同，所以要使用 < div > 标签的 class 属性显示特定的效果。具体步骤：选中第 2 个表格，然后点击菜单栏上【插入】 >【布局对象】 >【Div 标签】，打开“插入 Div 标签”对话框，进行如图 2－35 所示的设置，在“类”中输入“dh”。

（5）定义样式并链接外部样式表文件

本实例中的样式均定义在 css. css 中。下面介绍 css. css 中定义样式的步骤。

① 点击菜单栏上【文件】 >【新建】，在“新建文档”对话框，选择“页面类型”为“CSS”，在 CSS 文件夹下创建名为 css. css 的文件。最好在着手制作网页前，先在 css. css 中定义一些基本样式，如定义页面的字号、段落缩进等。

② 点击菜单栏【窗口】 >【CSS 样式】，打开如图 2－36 所示的 CSS 样式面板。

③ 在 CSS 样式面板中，点击右下角的图标，打开“新建 CSS 规则”对话框，“选择器类型”列表中的选项如图 2－37 所示；“选择器名称”中的选项因“选择器类型”选项而有所不同。

④ 定义 td 单元格中字号为 12，即“选择器类型”为图 2－37 中列表的第三项，在

“选择器名称”列表中选择“td”，如图 2－38 所示。点击“确定”，打开“td 的 CSS 规则定义”对话框，将“类型”中的“Font－size”设置为 12px，如图 2－39 所示，单击“确定”，完成“td”项的设置。

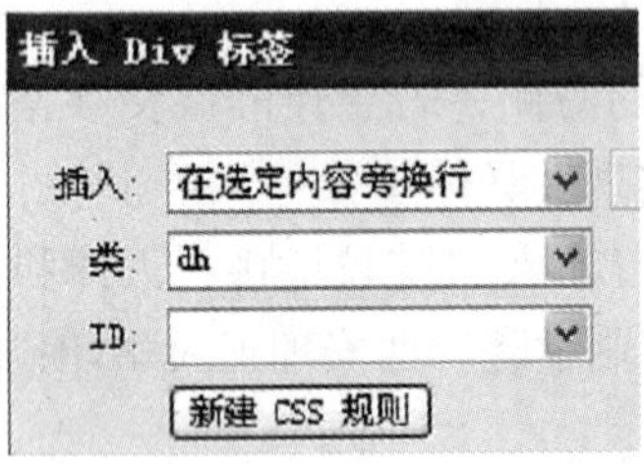

图 2－35　“插入 Div 标签”对话框

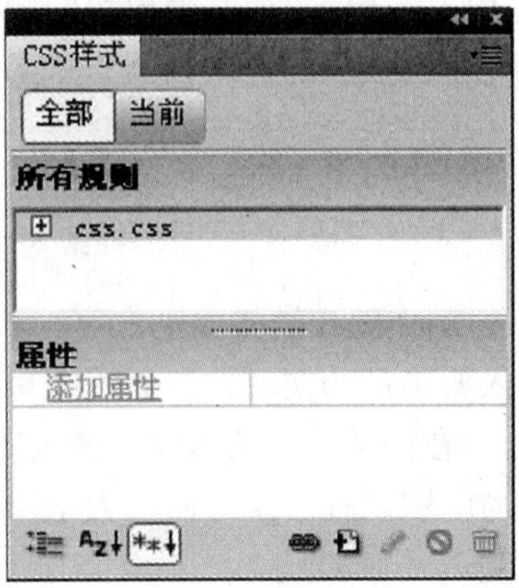

图 2－36　CSS 样式面板

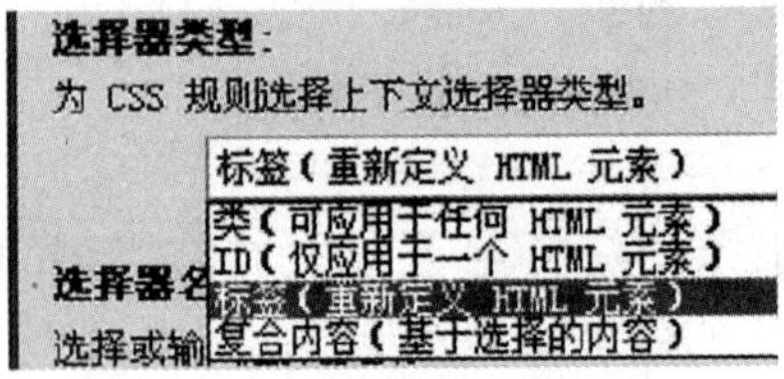

图 2－37　“选择器类型”列表

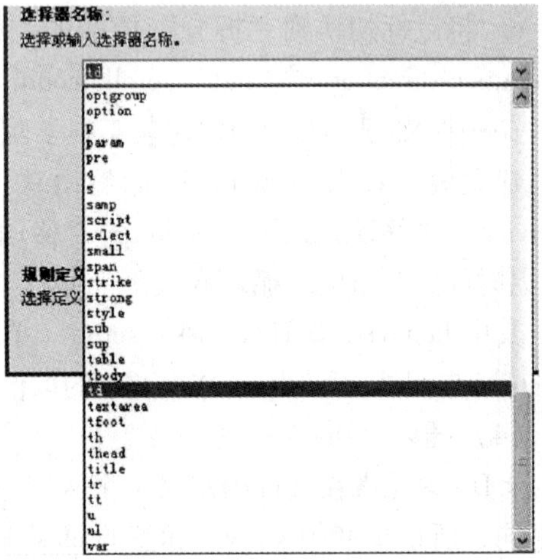

图 2－38　“td”选择器

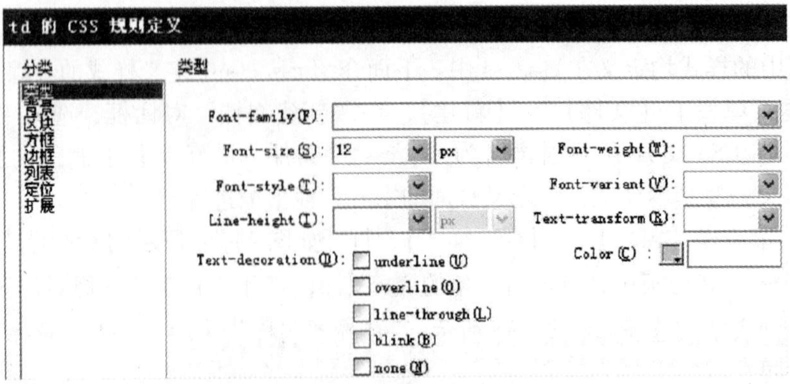

图 2－39　“td 的 CSS 规则定义”对话框

⑤ 链接外部样式表文件 css. css

在 top. html 中，点击“CSS 样式”面板右下角的附加样式表图标，在弹出的“链接外部样式表”对话框进行如图 2 – 40 所示的设置。

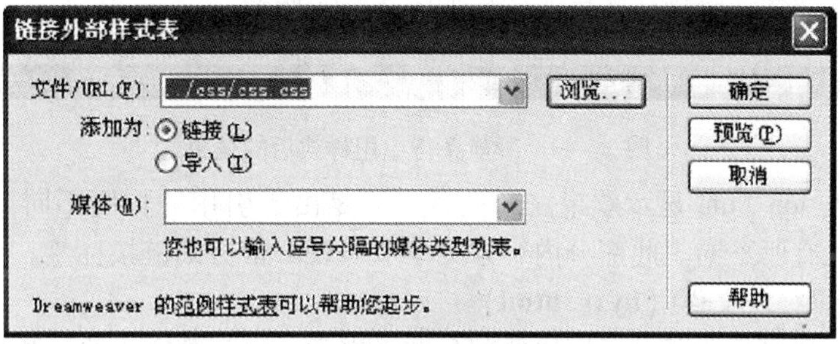

图 2 – 40　“链接外部样式表”对话框

⑥ 定义单元格高度、背景色和文本颜色样式。由于仅希望“dh”类下的单元格应用此样式，故需使用派生选择器，外层为类 dh，以 . dh 作为类的起始，内层为 td，之间用空格分隔，即在“新建 CSS 规则”对话框中，“选择器名称”输入“. dh td”，“选择器类型”为图 2 – 37 列表中的第四项，如图 2 – 41 所示。点击“确定”，打开“. dh td 的 CSS 规则定义”对话框，将“类型”中的“Color”设置为“#FFF”；将“背景”中的“Background – color”设置为“#0D0D11”；将“方框”中的“Height”设置为“25px”。单击“确定”，完成“. dh td”项的设置。

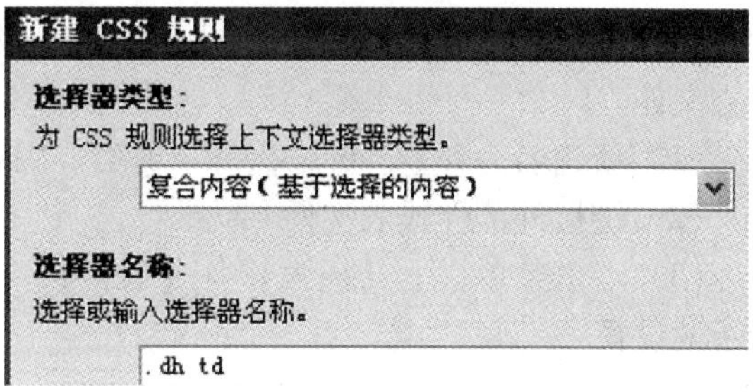

图 2 – 41　“. dh td”派生选择器

⑦ 定义链接样式，主要定义不同状态下的链接颜色和文本修饰。由于仅希望“dh”类下的导航条与院校链接应用此样式，故也需使用派生选择器，外层为 . dh，内层分别为“a：link”、“a：visited”、“a：hover”和“a：active”，之间用空格分隔，即“选择器名称”分别输入“. dh a：link”、“. dh a：visited”、“. dh a：hover”、“. dh a：active”，“选择器类型”均为图 2 – 37 列表中的第四项。点击“确定”，打开相应的“CSS 规则定义”对话框，将“类型”中的“Color”和“Text – decoration”设置为相应的值。以“. dh a：link”为例，设置选项如图 2 – 42 和图 2 – 43 所示。单击“确定”，完成“. dh a：link”项的设置。

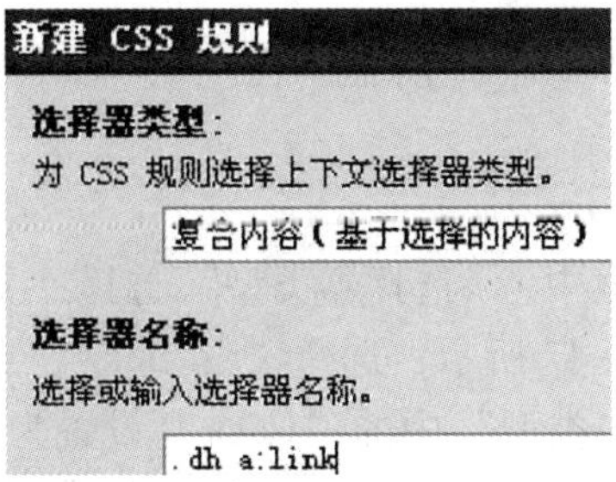

图 2 – 42　“. dh a：link”选择器

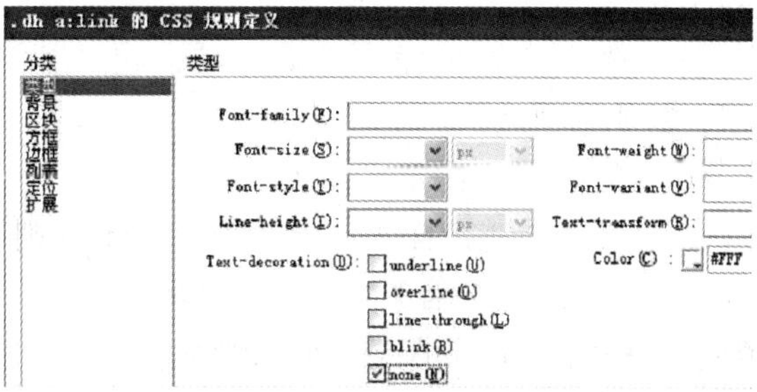

图 2 – 43　“. dh a：link 的 CSS 规则定义”对话框

其中“. dh a：visited”与“. dh a：link”的 CSS 定义相同，文字均为白色无下划线；“. dh a：hover”的 CSS 定义为：文字为#CCC（灰色）且有下划线；“. dh a：active”的文字颜色也为#CCC，但无下划线。

应用单元格样式和链接样式后的效果如图 2－44 所示。

图 2－44　导航条行应用样式后的效果

top1. html 与 top. html 显示效果完全一样，只是由于引用的页面不同，头文件中的图像或链接路径也有所不同。此部分内容详见本节 HTML 部分的链接标签。

2. 行业资讯模块文件（hyzx. html）

该文件用于列出行业资讯子模块的部分技术文章，由 7 篇文章的标题组成，这部分主要应用超链接标签来实现，鼠标放在文字上会显示完整的标题，点击后就链接到相应的文章，设计完成后的效果如图 2－45 所示。由于许多其他页面会引用该模块，故将其制作成独立文件。

（1）新建名为 hyzx. html 文件。切换到“拆分”模式左侧并删除所有代码。

（2）链接外部样式表文件 css. css。

（3）点击菜单栏上【插入】＞【表格】，在弹出的“表格”对话框中进行如图 2－46 所示的设置。

图 2－45　行业资讯模块

图 2－46　“表格”对话框

（4）单击第 1 列，输入“行业资讯”，在属性面板中，设置“水平”为“居中对齐”，“宽”为“70%”。单击第 2 列，输入“... 更多”，在属性面板中，设置“水平”为“右对齐”；选中“... 更多”，在属性面板的“链接”中，设置链接到目标文件 hyzx-more. asp。

（5）选中表格，插入 Div 标签，在“插入 Div 标签”对话框，在“类”中输入“bt”，其他选项默认。

（6）在 css. css 中定义样式

① 定义普通链接样式：在“新建 CSS 规则”对话框中，“选择器类型”选择“复合内容（基于选择的内容）”，“选择器名称”列表如图 2－47 所示，选择“a：link”，点击“确定”，打开“a：link 的 CSS 规则定义”对话框，将“类型”中的“Color”设置为“#000”、“Text－decoration”设置为”none”。同理设置“a：visited”、“a：hover”与“a：

active”，其中“a：visited”与“a：link”样式相同，文字均为黑色无下划线；“a：hover”样式为：文字为#999（灰色）且有下划线；“a：active”样式为：文字为#CCC（灰色）无下划线。应用普通链接前后的效果如图 2－48 和图 2－49 所示。

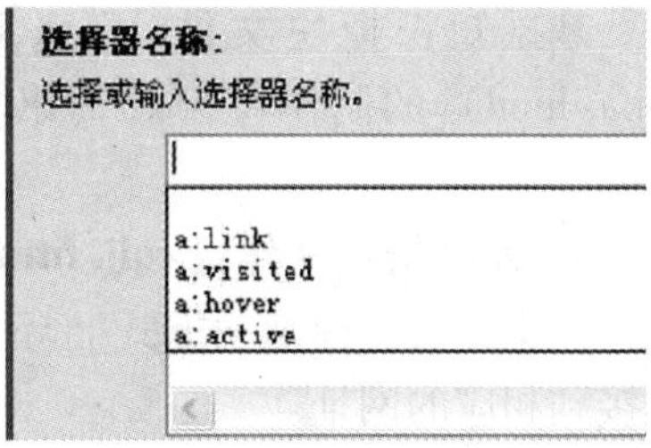

图 2－47　“选择器名称”列表

图 2－48　应用链接样式前

②定义单元格样式：在“新建 CSS 规则”对话框中，“选择器类型”选择“复合内容（基于选择的内容）”，“选择器名称”输入“. bt td”。点击“确定”，在“. bt td 的 CSS 规则定义”对话框，将“类型”中的“Color”设置为“#FFF”、“Font－weight”设置为“bold”；将“背景”中的“Background－color”设置为“#3398CC”；将“区块”中的“Text－align”设置为“center”；将“方框”中的“Height”设置为“25px”。应用单元格样式后的效果如图 2－50 所示。

图 2－49　应用链接样式后

图 2－50　应用单元格样式后

（7）hyzx. html 中，在“拆分”模式左侧的 </div> 代码后，插入一个 7 行 1 列的表格，宽度为 98%，居中对齐。

（8）该表格中主要放置 7 个文章标题，下面以制作一条标题为例。在刚插入的表格第 1 行，先插入一个项目符号：点击【插入】＞【HTML】＞【文本对象】＞【项目列表】，然后输入“印刷广告将在数字标牌时代...”，选中刚输入的文字，在属性面板，设置“链接”到目标文件 ysgg. asp，设置“标题”为“印刷广告将在数字标牌时代走向灭亡吗?”。

（9）选中第 2 个表格，插入 Div 标签，在“插入 Div 标签”对话框的“类”中输入“zmk”。

（10）在 css. css 中为 zmk 类下单元格定义样式。打开“新建 CSS 规则”对话框，“选择器类型”选择“复合内容（基于选择的内容）”，“选择器名称”输入“. zmk td”，点击“确定”，打开“. zmk td 的 CSS 规则定义”对话框，将“方框”中的“Height”设置为“25px”；在“定位”中，将“Placement”中的“Left”设置为“auto”；选中“边框”，进行如图 2－51 所示的设置。应用样式前后的效果如图 2－52 与图 2－53 所示。

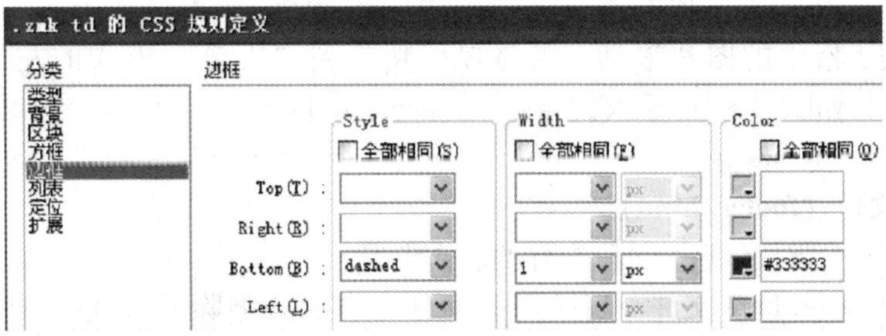

图 2－51　“. zmk td”的“边框”设置

基础知识模块文件（jczs. html）和解决方案模块文件（jjfa. html）的制作与行业资讯模块文件类似，在此不再赘述。

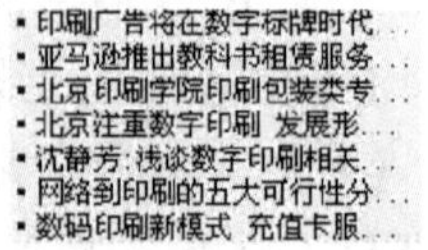

图 2 – 52　应用样式前

图 2 – 53　应用样式后

3. 友情链接文件（yqlj. html）

该文件以图标滚动方式循环，用户点击某一小图标，就会链接到相应的网址。

（1）新建名为 yqlj. html 文件。切换到“拆分”模式左侧并删除所有代码。

（2）链接外部样式表文件 css. css。

（3）插入一个 1 行 1 列的表格，“表格宽度”设为“100%”。单击单元格，输入“友情链接”，在属性面板，设置“水平”为“居中对齐”。选中表格，插入 Div 标签，在“类”中输入“bt”。

（4）在 </div> 后插入一个 1 行 1 列的表格，宽度为 98%，居中对齐。

① 单击单元格，水平居中对齐，然后插入图像 bisenet. bmp。选中刚插入的图像，在属性面板，设置“替换”为“必胜网”，“链接”为“http：//www. bisenet. com/”，“目标”为“_ blank”，即在新窗口打开该网址。之后点击【插入】>【HTML】>【特殊字符】>【换行符】换行，接着以此类推插入后几幅图。

② 选中表格，插入 Div 标签，在“类”中输入“yqljt”。

（5）在 css. css 中为 yqljt 类下 img 元素定义样式。打开“新建 CSS 规则”对话框，“选择器类型”选择“复合内容（基于选择的内容）”，“选择器名称”输入“. yqljt img”，点击“确定”，打开“. yqljt img 的 CSS 规则定义”对话框，选中“边框”，进行如图 2 – 54 所示的设置。

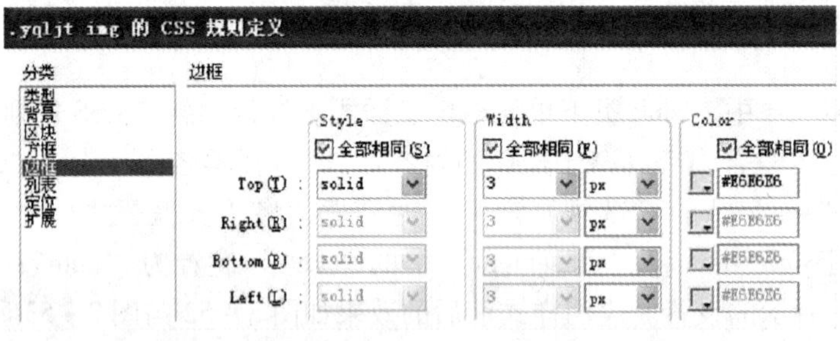

图 2 – 54　“. yqljt img”的“边框”设置

（6）为使表格中的图片滚动，需将鼠标切换到“拆分”模式的左侧代码区，在“<div class =" yqljt" >”前输入代码：“<marquee direction =" up" scrollamount =" 2" height =" 480" scrolldelay =" 58" >”，在最后一个 </div> 后输入“</marquee>”。

4. 页脚文件（footer. html）

页脚主要放置版权信息，页脚文件的制作步骤：

新建名为 footer. html 文件。切换到“拆分”左侧并删除所有代码。链接外部样式表文件 css. css。插入一个 4 行 1 列的表格，宽度为 1024 像素，居中对齐。属性面板中，将第 1 行和第 3 行的“高度”分别设置为“2”和“4”；单击第 2 行，属性面板中设置

“高度”为“4”，“背景颜色”为“#CCC”；单击第4行，输入“版权所有：天津科技大学包装与印刷工程学院数字出版教研室”，然后换行，再输入“建议使用IE6.0以上浏览器1024×768分辨率”，属性面板中设置“水平”为“居中对齐”。最后，切换到“拆分”左侧，将空格对应的代码“ ”删除，设计完的效果如图2－55所示。

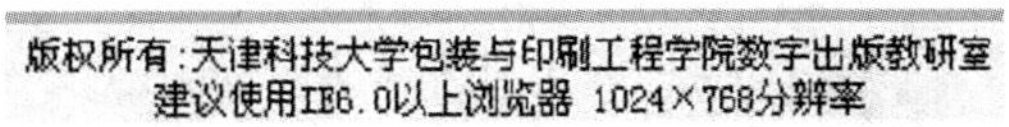

图2－55　页脚效果图

（四）首页的制作

首页是全站内容的目录和索引，包含了logo＋导航栏、基础知识、行业资讯、数码印刷介绍文章、解决方案、友情链接、版权信息这几个模块。其设计遵循快速、简洁、吸引人、信息概括能力强、易于导航的原则。

首页是一个网站的“门脸”，承载着网站的所有主题目录，信息量大，因此要合理布局。本网站首页布局如图2－56所示，采用表格布局，页面结构清晰、主次分明、内容丰富、便于浏览。

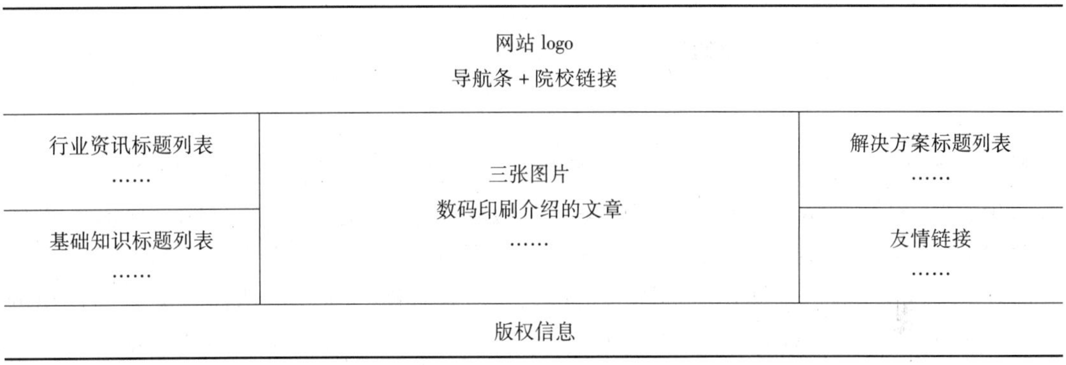

图2－56　首页布局

此网站采用模块化设计，首页index.asp中可调用已制作好的各模块文件，网站logo＋导航栏部分对应top.html，行业资讯、基础知识和解决方案标题列表分别对应hyzx.html、jczs.html和jjfa.html，版权信息和友情链接分别对应footer.html和yqlj.html，其余部分（如数码印刷介绍文章）可直接在首页文件中完成。设计完成后的效果如图2－57所示。

1. 新建首页文件index.asp

（1）点击菜单栏上【文件】＞【新建】，弹出“新建文档”对话框，选择“页面类型”为“ASP VBScript”，在网站主目录下新建一个名为index.asp的文件。

（2）点击菜单栏上【修改】＞【页面属性】命令，弹出“页面属性”对话框，在“标题/编码”的“标题”栏输入“数码印刷专题网站首页”。

2. 链接外部样式表文件css.css

3. 定义基本样式

在css.css文件中定义<body>和<p>标签。在“新建CSS规则”对话框中，“选择

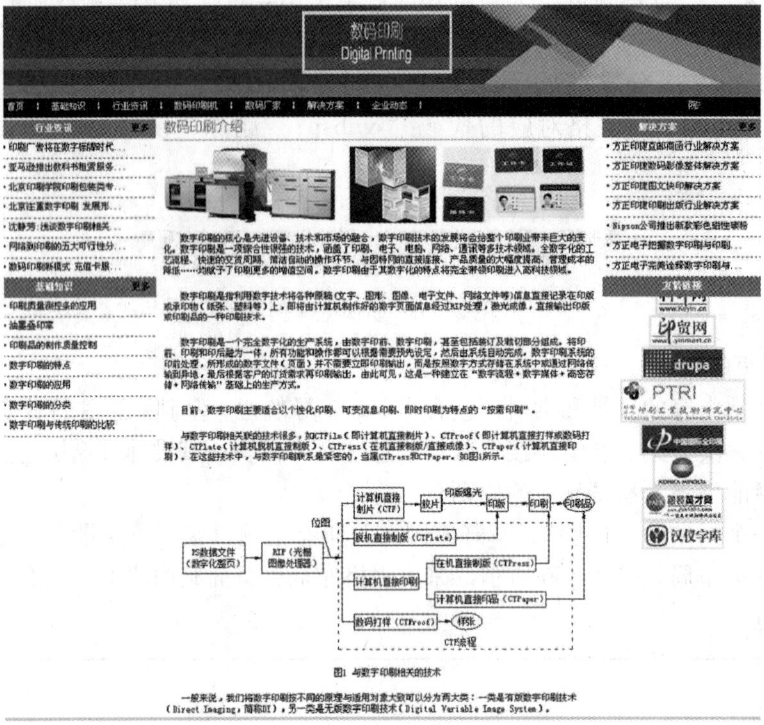

图 2 – 57　首页效果图

器类型”选择“标签（重新定义 HTML 元素）”，“选择器名称”列表中选择“body”，点击“确定”，打开“body 的 CSS 规则定义”对话框，将“类型”中的“Font – size”设置为“12px”；将“背景”中的“Background – color”设置为“#F9F9F9”。接着设置 < p > 的样式，与定义 < body > 样式所不同的是：“选择器名称”列表中选择“p”，在弹出的“p 的 CSS 规则定义”对话框，选中“区块”，将“Text – indent”设置为“2ems”。

4. 加载头文件 top. html

页面中加载文件通常的语句为：<！ – –#include file = “文件名” – – >

其中：文件名是带有#include 命令的文档所在目录的相对路径。

在 index. asp 中加载 top. html，需在“拆分”模式的左侧代码区，在 < body > 后添加代码：<！ – –#include file = " inc/top. html" – – >。

5. 插入表格

插入一个 3 行 5 列的表格，宽度为 1024 像素，居中对齐。

（1）选中第 1 行，点击右键，单击“表格” > “单元格合并”。在属性面板，设置“高”为“2”；切换到“拆分”模式的左侧，找到“ < td height = " 2" colspan = " 5" >   < /td > ”代码，将“ ”删除。

（2）选中第 3 行，同样将 5 个单元格合并。切换到“拆分”模式的左侧，找到“ < td colspan = " 5" >   < /td > ”代码，将“ ”替换为“ <！ – – #include file = " inc/footer. html" – – > ”。

（3）操作第 2 行

① 单击第 1 列，在属性面板，设置“宽”为“215”，“垂直”为“顶端”；切换到“拆分”模式的左侧，找到“< td width = " 215" valign = " top" >   </td >”代码，将“ ”替换为“<! - -#include file = " inc/hyzx. html" - - > <! - -#include file = " inc/jczs. html" - - >”。

② 分别单击第 2 列和第 4 列，在属性面板，设置“宽”均为“10”。

③ 单击第 5 列，在属性面板，设置“宽”为“215”，“垂直”为“顶端”；切换到“拆分”模式的左侧，找到“< td width = " 215" valign = " top" >   </td >”代码，将“ ”替换为“<! - -#include file = " inc/jjfa. html" - - > <! - -#include file = " inc/yqlj. html" - - >”。

④ 单击第 3 列，插入一个 5 行 3 列的表格，宽度为 570 像素，居中对齐。

- 选中第 1 行，将 3 个单元格合并，插入一幅已制作好的图 smjs. gif。
- 选中第 2 行，合并单元格，点击【插入】 >【HTML】 >【水平线】。
- 单击第 3 行中的 3 个单元格，依次插入已制作好的三幅图 image055. gif、pic6. jpg、pic7. jpg。
- 选中第 5 行，合并单元格，并将数码印刷介绍文章粘贴，再微调其格式。

（五）“更多”页面的制作

在首页的“基础知识”、“行业资讯”和“解决方案”中都有“更多”链接，点击后可展开相应模块下的所有文章标题，对应的文件名依次是 jczsmore. asp、hyzxmore. asp 和 jjfamore. asp。这三个页面制作都很类似，现以 hyzxmore. asp 为例，其页面布局如图 2 – 58 所示。

<table>
<tr><td colspan="2">网站 logo
导航条 + 院校链接</td></tr>
<tr><td>基础知识标题列表
……</td><td rowspan="2">行业资讯更多标题列表

……</td></tr>
<tr><td>解决方案标题列表
……</td></tr>
<tr><td colspan="2">版权信息</td></tr>
</table>

图 2 – 58　hyzxmore. asp 页面布局

该网页可直接调用 top. html、jczs. html、jjfa. html 和 footer. html 模块文件，现只需制作“行业资讯更多标题列表”中的内容，设计完成后的效果如图 2 – 59 所示。

① 新建名为 hyzxmore. asp 的文件，链接外部样式表文件 css. css

② 加载 top. html

③ 插入一个 3 行 2 列的表格，宽度为 1024 像素，居中对齐

（1）选中第 1 行，合并 2 个单元格。在属性面板，设置“高”为“2”；切换到“拆分”模式的左侧，找到“< td height = " 2" colspan = " 2" >   </td >”代码，将“ ”删除。

（2）选中第 3 行，合并 2 个单元格。切换到“拆分”模式的左侧，找到“< td colspan = " 2" >   </td >”代码，将“ ”替换为“<! - -#include file = " inc/footer. html" - - >”。

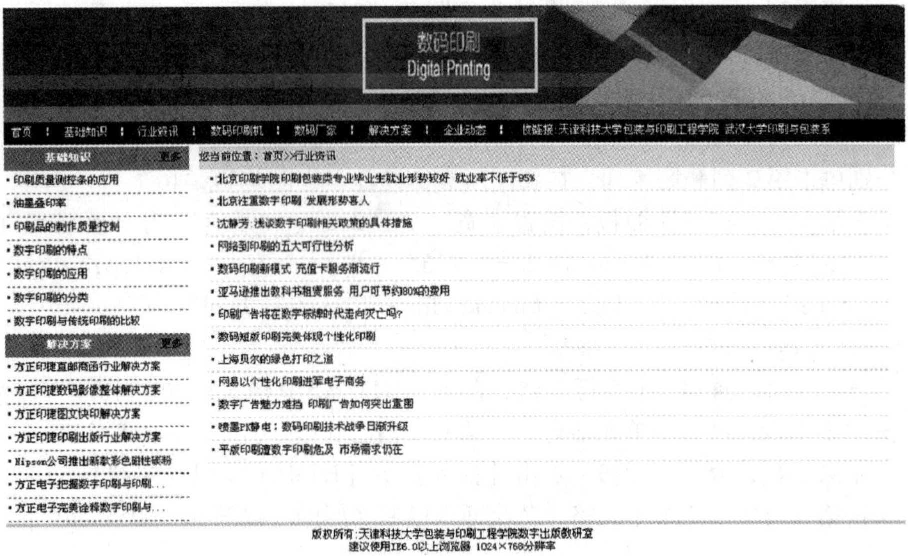

图 2－59 hyzxmore. asp 效果图

（3）操作第 2 行

① 单击第 1 列，在属性面板，设置“宽”为“215”，“垂直”为“顶端”；切换到“拆分”模式的左侧，找到“ < td width =" 215" valign =" top" > ； < /td >”代码，将“ ”替换为“ <！ － －#include file =" inc/jczs. html" － － > <！ － －#include file =" inc/jjfa. html" － － >”。

② 单击第 2 列，在属性面板，设置“宽”为“809”，“垂直”为“顶端”。

a. 插入一个 1 行 1 列的表格，宽度为 97%，居中对齐。

● 单击单元格，输入“您当前位置：首页 > > 行业资讯”，然后将首页和行业资讯分别链接到 index. asp 和 hyzxmore. asp。

● 在 css. css 中为此单元格定义类样式 dqwz，在“新建 CSS 规则”对话框中，“选择器类型”选择“类（可应用于任何 HTML 元素）”，“选择器名称”输入“dqwz”。在“. dqwz 的 CSS 规则定义”对话框，将“背景”中的“Background－color”设置为“#dadada”；将“方框”中的“Height”设置为“25px”。

● 单击单元格，在属性面板的“类”列表中选择“dqwz”。

b. 插入一个 1 行 1 列的表格，宽度为 95%，居中对齐。

● 单击单元格，输入文章标题，如“·北京印刷学院印刷包装类专业毕业生就业形势较好就业率不低于 95%”，选中输入标题，在属性面板，设置“链接”到相应的目标文件，设置“目标”为“_ blank”。将鼠标位于标题后，按下键盘上的“Tab”键，新增行，依次输入更多的文章标题，并链接到相应的页面。

● 选中表格，插入 Div 标签，将“类”设置为“more－list”。

● 在 css. css 中为 more－list 类下 td 元素定义样式。打开“新建 CSS 规则”对话框，“选择器类型”选择“复合内容（基于选择的内容）”，“选择器名称”输入“. more－list td”，在打开的“. more－list td 的 CSS 规则定义”对话框，将“方框”中的“Height”设置为“24px”；选中“边框”，进行如图 2－60 所示的设置。

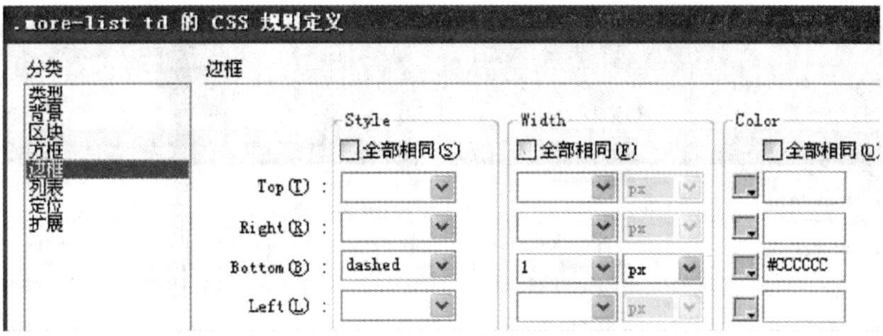

图 2－60 “. more－list td” 的 “边框” 设置

• 该表格最后一条标题后留有一空行，以便美观，此单元格应该应用新样式，以使单元格无边框显示，而不是底边有一条 1px 宽的虚线，故需在 css. css 中为 more－list 类下的此单元格（类 td3）定义新样式，“选择器类型” 选择 “复合内容（基于选择的内容）”，“选择器名称” 输入 “. more－list. td3”，在打开的 “. more－list. td3 的 CSS 规则定义” 对话框，将 “方框” 中的 “Height” 设置为 “20px”；选中 “边框”，将 “Bottom” 中的 “Width” 设为 “0”。

• 单击最后一空行，在属性面板的 “类” 列表中选择 “td3”。

（六）具体文章页面的制作

“基础知识”、“行业资讯” 和 “解决方案” 模块的具体文章页面均位于各自以模块汉语拼音首字母命名的文件夹下，文件名基本取之标题前四到五个汉语拼音首字母。如行业资讯模块中的文章 “北京注重数字印刷 发展形势喜人” 的文件名为 bjzz. asp，位于 hyzx 文件夹下，hyzx 文件夹包含了此模块的所有文章文件。下面以 bjzz. asp 为例，其页面布局如图 2－61 所示。

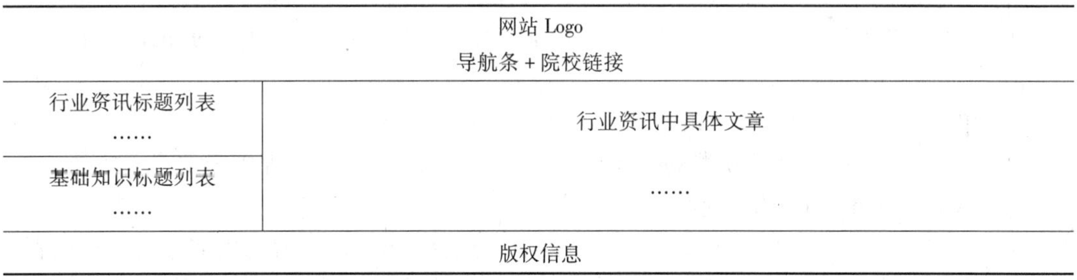

图 2－61 bjzz. asp 页面布局

设计完成后的效果如图 2－62 所示。

具体制作如下：

① 新建名为 bjzz. asp 的文件，链接外部样式表文件 css. css

② 加载 top1. html

③ 插入一个 1 行 2 列的表格，宽度为 1024 像素，居中对齐

（1）单击第 1 列，在属性面板，设置 “宽” 为 “215”，“垂直” 为 “顶端”；切换到 “拆分” 模式的左侧，找到 “ < td width = " 215" valign = " top" >   < /td > ” 代码，将 “ ” 替换为 “ < ! － －#include file = " . . /inc/hyzx1. html" － － > < ! － －#include file = " . . /inc/jczs1. html" － － > ”。

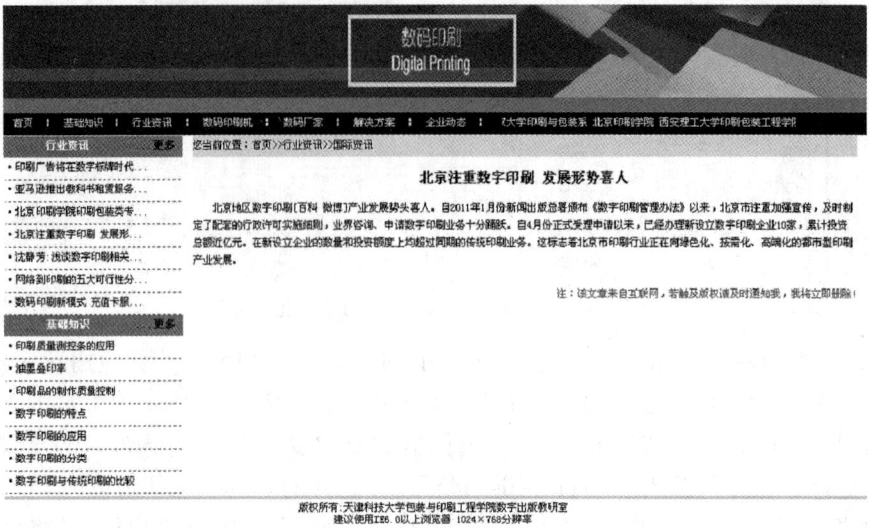

图 2-62 bjzz. asp 效果图

（2）选中第 2 列，在属性面板，设置“宽”为“215”，“垂直”为“顶端”。插入一个 3 行 1 列的表格，宽度为 97%，居中对齐。

① 单击第 1 行，输入“您当前位置：首页 > >行业资讯 > >国际资讯”，然后在属性面板将首页和行业资讯分别链接到 index. asp 和 hyzxmore. asp，并在“类”列表中选择“dqwz”。

② 单击第 2 行，输入文章标题“北京注重数字印刷　发展形势喜人”。

③ 在 css. css 中为文章标题（类 wzbt）定义样式。在“. wzbt 的 CSS 规则定义”对话框，将“类型”中的“Font - size”设置为“16px”，“Font - weight”设置为“bold”；将“区块”中的“Text - align”设置为“center”；将“方框”中的“Height”设置为“50px”。

④ 单击第 2 行，在属性面板的“类”列表中选择“wzbt”。

⑤ 在 css. css 中为行高（类 hg）定义样式。在“. hg 的 CSS 规则定义”对话框，将“类型”中的“Line - height”设置为“20px”。

⑥ 单击第 3 行，在属性面板的“类”列表中选择“hg”，然后输入或粘贴文章内容。

⑦ 由于文章最后一段内容“注：该文章来自互联网，若触及版权请及时通知我，我将立即删除！”有特殊样式，故在 css. css 中为类 zhu 定义样式。在“. zhu 的 CSS 规则定义”对话框，将“类型”中的“Color”设置为“#F00”；将“区块”中的“Text - align”设为“right”。

⑧ 将鼠标放在最后一行上，在属性面板的“类”列表中选择“zhu”。

（3）切换到“拆分”模式的左侧代码区，在 </body >前插入代码“ <!　- - #include file = " . . /inc/footer. html"　- - >”。

参 考 文 献

［1］毕华. 传统出版与网络出版的优势互补探析［J］. 盐城工学院学报（社会科学

版），2009，22（4）：90 - 92.

［2］熊燕舞. 国内网络出版的发展现状与趋势［J］. 办公自动化，2005（4）：1 - 2.

［3］韩丽丽，杨尚昆. 基于网络的跨媒体出版［J］. 印刷工业，2008（2）：72 - 76.

［4］邓万明. 网络出版的概念界定和发展态势［J］. 科教文汇，2008（1）：199 - 200.

［5］刘绪衡. 网络出版概念综述［J］. 民族论坛，2010（4）：38 - 39.

［6］张珊珊，严潮斌. 我国网络出版研究现状综述［J］. 出版与印刷，2006（1）：14 - 18.

［7］陈莹. 中国网络出版产业的发展现状及相应策略［C］//中国科学技术期刊编辑学会. 第四届中国科技期刊发展论坛论文集. 北京，2008：623 - 626.

［8］张丽. 浅议网络出版的优势［J］. 理论导报，2005（7）：43 - 44.

［9］邵云. 网络出版的特点及发展趋势［J］. 才智，2008（10）：244 - 245.

［10］王刚，马玉祥. SGML与PDF在电子出版领域中的结合应用研究［J］. 现代电子技术，2005（5）：90 - 92.

［11］冷志成，汪厚祥. XML应用研究［J］. 舰船电子工程，2003（6）：20 - 24.

［12］徐永川. SGML、HTML与XML的比较［J］. 情报科学，2004（1）：100 - 103.

［13］刘志忠（译者）. CSS基础教程［M］. 北京：人民邮电出版社，2007.

［14］谢新洲. 数字出版技术［M］. 北京：北京大学出版社，2002.

［15］匡文波. 电子与网络出版教程［M］. 北京：中国人民大学出版社，2008.

［16］谢新洲. 电子出版技术［M］. 北京：北京大学出版社，2006.

［17］张志刚. 网络出版技术概论［M］. 北京：印刷工业出版社，2004.

第三章　电　子　书

第一节　概　　述

电子书的概念最早大约出现于1940年出版的一部科幻小说中，书中幻想未来可以在某种特制的电子设备上阅读图书。到了1971年，迈克儿·哈特（Michael Hart）的“古腾堡工程”使纸质书规模化地转化为电子书。直到进入20世纪90年代，随着电子、计算机及网络技术的迅猛发展，相关的阅读终端、阅读软件以及提供电子书下载的网站纷纷涌现，标志着电子书阅读时代的到来。

一、电子书的定义

关于电子书，维基百科指出，电子书是一种传统纸质图书的替代品，需要使用额外的数字设备来阅读。中国新闻出版总署的定义是：电子书是指将文字、图片、声音、影像等信息内容数字化的出版物以及植入或下载数字化文字、图片、声音、影像等信息内容的集存储介质和显示终端于一体的手持阅读器。

二、电子书的特征

① 微型化和无纸化：电子书用磁性储存介质或闪存类的电子储存介质，不再依赖于纸张，1G的容量可存储约1000本纯文本书，这就大大减少了空间的占用。

② 多媒体：电子书一般不仅仅是纯文字内容，还可集成图像、声音、影像等多媒体元素。

③ 丰富性：由于互联网快速发展，传统书籍几乎都搬上了互联网。而且由于创作的多元化，电子书内容呈现爆炸式增长，读者有近乎无限的知识来源。

三、电子书与传统纸质书的比较

电子书的优点在于：制作方便，不需要大型印刷设备，因此制作成本也较低；几乎不占空间；方便在光线较弱的环境下阅读；文字大小颜色可以调节；可以使用外置的语音软件进行朗读。

电子书的缺点是：容易被非法复制，损害原作者利益；阅读时间依赖电池的续航能力；长时间注视电子屏幕有害视力；存储介质内数据的储存寿命一般不到十年；有些受技术保护的电子书无法转移给其他人阅读；受电池、显示屏及存储介质的限制，电子书阅读器的可靠运行温度一般为0～40℃，限制了使用环境。

四、电子书常见的文件格式

电子书常见的文件格式有TXT、HTML、PDF、DOC、CHM、EXE、EPub等。

1. TXT 格式

TXT 文件是微软操作系统上最常见的一种文本文件格式，用操作系统自带的记事本等程序就可以打开、编辑它。TXT 格式的电子书容量大，所占空间小，得到不同平台手机和电子书阅读器的普遍支持。

2. HTML 格式

HTML 语言是目前网络上应用最为广泛的语言，也是构成网页文档的主要语言。HTML 被用来结构化信息——例如标题、段落和列表等，也可用来在一定程度上描述文档的外观和语义。

3. PDF 格式

PDF（Portable Document Format，便携文件格式）是 Adobe 公司为了支持跨平台多媒体集成信息的出版和发布，尤其是提供对网络信息的发布而设计的文件格式。该格式与系统平台无关，也就是说，PDF 文件不管是在 Windows、Unix 还是在 Mac 操作系统中都是通用的，PDF 文件格式已经成为国际标准。

4. DOC 格式

微软的 . doc 格式是一种自己的专属格式，其文件可容纳更多文字格式、脚本语言及撤销等信息，比其他的文件格式，如 RTF、HTML 等要多，现在市面上的电子书阅读器和智能手机基本都能支持 DOC 格式。DOC 格式很少用于发布的电子书格式，一般作为原始素材在编辑过程中使用。

5. CHM 格式

CHM（Compiled Help Manual，已编译的帮助文件）格式是微软 1998 年推出的基于 HTML 文件特性的帮助文件系统。被 IE 浏览器支持的 JavaScript、VBScript、ActiveX、Java Applet、Flash、常见图形文件（GIF、JPEG、PNG）、音频视频文件（MIDI、WAV、AVI）等，CHM 同样支持，并可通过 URL 与 Internet 联系在一起。CHM 文件因为使用方便、形式多样也被采用作为电子书的格式。

6. EXE 格式

这是一种目前很流行的电子书格式。一般有两种方法制作，其中一种就是使用特殊软件，如 WebCompiler、Wenpacker 等，将 HTML 文件打包生成的 EXE 文件；还有一种是使用专业的软件（如 Director 等）制作的多媒体作品，后者更侧重音视频，接近影视作品。

7. EPub 格式

EPub 于 2007 年 9 月成为国际数字出版论坛（IDPF）的正式标准。EPub 是一个完全开放和免费的电子书标准，其后缀名为 . epub。该格式电子书内容可以“自动重新编排”，以最适于阅读的方式显示。EPub 文件其实是 zip 压缩文档，包含了一本书的所有内容：元数据、文字、图片、各种媒体素材等，EPub 格式支持 DRM（Digital Rights Management，数字版权管理）。EPub 格式的图书已经越来越普遍，目前除亚马逊 Kindle 不支持 EPub 格式外，所有电子书阅读器都支持 EPub 格式。

8. UMD 格式

UMD（Universal Mobile Document，通用移动文档）格式压缩比例高、支持图文混排、支持检索及 DRM，很多电子书被做成 UMD 格式。UMD 格式是智能手机流行之前被用户普遍接受并喜爱的手机电子书格式，一些掌上游戏机（如 PSP）也支持 UMD。相对 TXT

格式，UMD在发行漫画或图文并茂的电子书方面具有优势。为满足用户对手机电子书的需求，很多网站和论坛都自发制作UMD格式电子书给用户分享。

9. PDG格式

PDG是北京世纪超星信息技术发展有限责任公司开发的数字图书格式，需要使用超星公司专门开发的阅读器——超星阅读器（SSReader）阅读。超星公司是国内最早从事纸质资料的数字化及制作电子出版物的公司之一，拥有世界最大的中文数字图书馆，馆藏图书量达到240万种。PDG在国内的用户非常普遍。

10. CEBX格式

CEBX（Common e－Document of Blending XML，基于混合XML的公共电子文档）是北大方正电子有限公司推出的文档格式。CEBX的前身是CEB，CEBX是一种独立于软件、硬件、操作系统、呈现/打印设备的文档格式规范，具有原版原式的呈现特点，还可实现图文及多媒体信息的动态和实时混排。CEBX支持数字签名和分段授权，并可以实现本地安全、DRM等多重安全特性。

第二节　电子书阅读终端

电子书的阅读终端一般有PC、电子书阅读器、手机、便携数码影音播放设备（如大屏MP3/MP4等播放器）、平板电脑（如iPad）等。

1. PC

电子书的常见格式大部分可利用微软Windows操作系统自带的软件阅读。如记事本、IE浏览器等。但是有些专有格式，需使用一些专用软件打开，如PDF文件可用Adobe Reader、Foxit Reader和CAJViewer等软件打开。

2. 电子书阅读器

电子书阅读器（e－book device，e－book reader）是一种浏览电子图书的工具。电子书阅读器是一种以电子纸为显示屏的新式数字阅读器，可以阅读绝大部分格式的电子书，比如PDF、CHM、TXT等。电子书阅读器能给用户提供类似纸张的阅读感受。

3. 手机

得益于手机硬件性能的飞速提升，手机不仅仅能阅读UMD和TXT格式的电子书，也能阅读PDF、DOC等格式的文档。中国通信运营商相继推出手机阅读服务，通过多样化的阅读形式向用户提供丰富的各类电子书内容。

4. 其他阅读终端

电子书的阅读平台越来越多样化，除了电脑、电子书阅读器、手机外，平板电脑也是阅读的一个重要终端。此外，便携数码影音播放设备也可阅读电子书，如视频MP3/MP4播放器即PMP（Portable Media Player，便携式媒体播放器）等。

对于PC阅读，人们已经很熟悉，应用也很普遍，在此就不再做介绍了。由于电子书阅读器是专为阅读而开发设计的，下文将重点详细介绍；而其他几种阅读终端只是把阅读作为其附属或附加功能，将简单介绍。

一、电子书阅读器

电子书阅读器的发展大致可以分为三个阶段：第一阶段可以称为探索阶段，一般以

2000年为界，在此之前，众多厂家投入到电子书阅读器的研发中去，由于没有统一的标准，故此阶段产品比较混乱，但是产品极其丰富和多样化；第二阶段是2001－2006年，这是一个低谷期，经历了全球互联网泡沫和经济低潮的打击，众多电子书阅读器的先驱厂家破产倒闭；第三阶段是2007年至今，这是一个繁荣期，伴随着全球经济好转，黑白电子纸技术的成熟，以亚马逊Kindle为代表的电子书阅读器的热销，引爆了电子书阅读器市场，同时引起国内外出版业的强烈关注。

1. 电子书阅读器发展历程

（1）国外发展

表3－1列出国外主要电子书阅读器厂家及其产品的发展历程。

表3－1　　国外电子书阅读器的发展历程

年代	公司及产品	特点
1992年	索尼公司 Bookman	屏幕过小、电池支持时间短、无版权保护措施
1998年	SoftBook Press公司 SoftBook	重1300g；9.5inLCD触摸屏；2MB闪存，可扩展至64MB；采用可充电锂电池，续航能力约5h；内置Modem，可直接连上Internet到其公司的书店SoftBookstore购买和下载各种内容
	NuvoMedia公司 Rocket eBook	重627g；5.4in的单色显示屏；4MB闪存，可扩展至32MB；内置镍氢充电电池，续航能力达40h；通过串口或红外线与PC连接，支持HTML、Word和ASCII码格式的文件；版权保护方面很有力，许多出版商为其提供内容
1999年	富兰克林电子出版商 eBookMan	重185g；使用16级灰度、分辨率为200×240的LCD显示屏；具有手写识别功能；具备8MB或16MB的内存，并可扩展；使用USB与PC通讯；具有录音功能；提供全面的PDA功能
	Everybook Inc. 公司 Everybook	重1.65kg；号称是真正的电子书，采用了两页式的设计——像一本真正的书打开后的样子；体积为12in×9in×1.9in，采用两个10.4in16位彩色触摸屏，硬件分辨率124dpi；支持PDF格式；版权保护则采用了加密的形式；存储卡容量可达256MB；可以通过USB接到PC上进行打印；可以通过电话线连接Internet访问该公司的网站并下载内容
2000年	汤姆逊多媒体公司 RCA eBook	重1.0kg，8.2in彩色LCD触摸屏，8MB闪存，扩展到128MB，续航能力5～10h，直接与Internet连接，支持LAN、电缆modem和xDSL上网，无需PC，内置Random House的Webster词典，具有便捷的搜索和查找功能，并可方便地进行书签添加、笔记记录等
2007年	Amazon公司 Kindle	采用了新型6in的E－Ink电子墨水显示屏，具有接近书本的完美阅读体验，显示时不耗电，只有翻页时才耗电，具有很长的续航时间；支持Wi－Fi和3G无线网络，用户可以在线购买图书、订阅报纸杂志等

Kindle具有多项突破性的技术革新，和以往的产品有很大的不同，号称可以“改变人类阅读方式”。Kindle得到众多内容提供商的支持，电子书销售增长迅速，到2009年

12 月27 日，亚马逊公司宣布，其电子书销量首次超过实体书的销量，日销售量在 12 月 14 日达到最高峰，当天，共销售出九百五十多万本电子书。

（2）国内发展

与国外基本类似，在 SoftBook Press 公司和 NuvoMedia 公司的影响下，国内一些厂家几乎都在同年就有了类似的产品，这些厂家有辽宁秦通（产品是掌上书房）、广州金蟾（产品是易博士电子书）、广州博朗（产品是金博览掌上读）、天津津科（产品是翰林电子书）等，他们是国内涉足电子书阅读器最早的一批厂家，基本在 2000 年就生产过采用普通液晶屏的电子书阅读器。

同样受到全球互联网泡沫破灭的影响，国内电子书阅读器行业也遭受重创，一些厂家消失不见，如辽宁秦通。一直到 2007 年，亚马逊（Amazon）重新定义了电子书阅读器的标准，并带来整个行业的繁荣，电子书阅读器重新获得新生，国内外众多厂家纷纷跟进，国内除上述几家传统电子书阅读器厂家推出各自采用 E－Ink 显示屏技术的产品之外，还有许多其他行业的厂家也涉及这个行业，如纽曼、广州商科、汉王科技等。

2009 年，电子书阅读器突然爆发成为热门消费电子产品，更多的企业投入其中，如易狄欧、华硕、华为、微星、方正等。截至 2010 年，国内这些厂家中占有市场份额最多、最成功的是汉王科技。2010 年 8 月盛大依托其庞大的在线资源发布了其首款电子书阅读器 Bambook，同时它接入了新华文轩（四川新华书店）旗下的九月网、古腾堡计划、Feedbooks 等众多优秀数字内容平台，扩大了用户阅读的内容资源。

由于电子书阅读器销量的迅猛增长，越来越多的国内厂家竞相进入这一行业，到 2010 年，数量超过百家，其中就有不少山寨厂家。为了规范电子书阅读器的行业竞争，2010 年 10 月，新闻出版总署下发了《关于发展电子书产业的意见》，并于 11 月对 21 家企业颁布“电子书业务资质名单”。这在一定程度上遏制了山寨厂家的盲目扩大，既促进了竞争又保护了消费者。

2. 电子书阅读器关键技术——电子墨水显示屏

电子墨水显示屏又称为电子纸，又称 E－Ink 显示屏，具有显示不耗电，只有翻页才耗电的特性。与传统液晶显示技术相比，在续航时间方面有很大的优势，而且其阅读体验很接近纸质书，因此它一问世就引起人们的很大关注。

（1）电子纸的原理

电子纸是一种新的显示技术，其核心是电子墨水，电子墨水主要由大量细小微胶囊（microcapsules）组成，这些微胶囊约为人类头发直径大小。每个微胶囊中包含悬浮于澄清液体之中的带负电荷的白粒子和带正电荷的黑粒子。设置电场为正时，白粒子向微胶囊顶部移动，因而呈现白色。同时，黑粒子被拉到微胶囊底部，从而隐藏。如施加相反的电场，黑粒子在胶囊顶部出现，因而呈现黑色，这就是电子墨水工作的基本原理。微胶囊技术如图 3－1 所示。

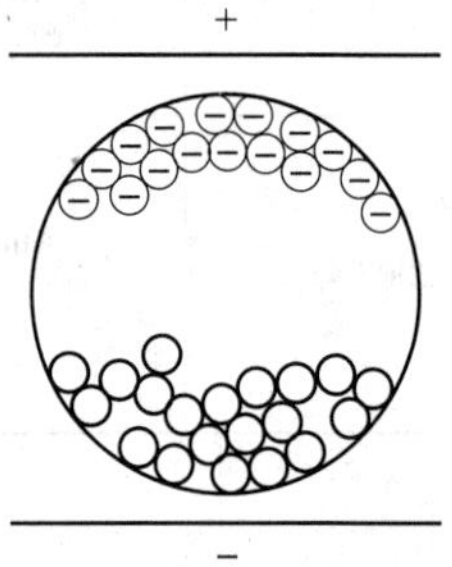

图 3－1 微胶囊技术

虽然电子墨水在概念上具有超前性，但它实际上是对现有的化学、物理学和电子学知识的一种直接融合。其效果与纸张非常相似，电子墨水中使用的白色和黑色颜料与印刷行业中每天使用的白色和黑色颜料并无两样。

电子纸由电子墨水及两片基板组成：第一部分是电子墨水，即前基板；第二部分是使电子墨水生成文本和图像所需要的电子设备组合，包括控制部分和显示部分，即背基板。背基板上面涂有由无数微小的透明颗粒组成的电子墨水。当这种电子墨水被涂到纸、布或其他平面物体上后，人们只要适当地对它予以电击，就能使数以亿计的颗粒变换颜色，从而根据人们的设定不断地改变所显现的图案和文字。

（2）电子纸的优点

电子纸有许多优点，包括易读性，柔软性和低功耗。

① 易读性。电子纸的反射率和对比度较佳，看起来就像纸上的墨，阅读体验很舒服。在亮光包括直射阳光下，其他显示材料都有些暗淡而难以阅读，只有基于电子纸的显示屏能正常阅读。

② 柔软性。电子纸是柔软的，它可以产生与柔性书和报纸一样的显示效果，它也可以做成各种非平面的显示屏。

③ 低功耗。这是电子纸的一个很大的优点。用电子纸产生的一屏显示，可保持图像达几周，只有在改变显示内容时才消耗少量电量。

（3）电子纸的缺点

① 目前主流的 E - Ink 技术暂时只能显示黑白内容，故其在内容应用上就有先天不足，比如当下流行的时尚、潮流类的彩色杂志很难在采用 E - Ink 技术的产品上观看，甚至是普通的彩色图文混排的内容也会受到限制。

② 由于技术本身限制，电子纸通过电流推动“微胶囊”里颗粒在屏幕上进行“流动”，故其刷新速度慢，导致翻页时的延迟非常明显，这会在一定程度上影响阅读体验。

③ 电子纸供应商单一，采购成本高，导致了电子书阅读器整体价格较高，相对降低了竞争力。目前，台湾的元太科技垄断了世界上九成的电子纸市场份额。

④ 电子纸还有一个缺点是易碎，这也是其显示技术决定的，使用时要特别当心。据悉，目前电子书阅读器的返修 80% 以上与屏幕被压坏有关。

3. 电子书阅读器的商业模式

就电子书阅读器的商业模式而言，大概有以下几种。

（1）亚马逊（Amazon）模式——终端 + 应用

亚马逊的成功不仅在于终端服务，更在于内容服务，依托其丰富的电子书资源，使电子书产业有了新的商业模式。Kindle 在推出两年后销量已达 300 万台，占美国电子书阅读器市场 60% 的份额，此后电子书的销量更是一直攀升。此外，亚马逊极有远见，对 Kindle 书店的建设采用了开放的跨平台思路，用户可以通过 iPhone、iPad、Android 手机等不同设备访问，这种策略有利于其电子书的销售。到了 2010 年 7 月，亚马逊宣布，其电子书的销量已经超越实体精装书的销量。亚马逊模式如图 3 - 2 所示。

（2）汉王模式——硬件 + 大量经典内容打包预装

亚马逊的成功也刺激了国内的电子书阅读器厂家，其中的代表是汉王科技，从 2008 年开始，采用终端捆绑内容的模式，预装了大量经典著作、法律法规、生活常识等。虽然汉王利用先发优势和强有力的广告宣传抢占了中国电子书市场先机，但离亚马逊式的成功还有很大距离，关键是缺少新鲜的内容资源，而且版权问题也是其面临的最大障碍。

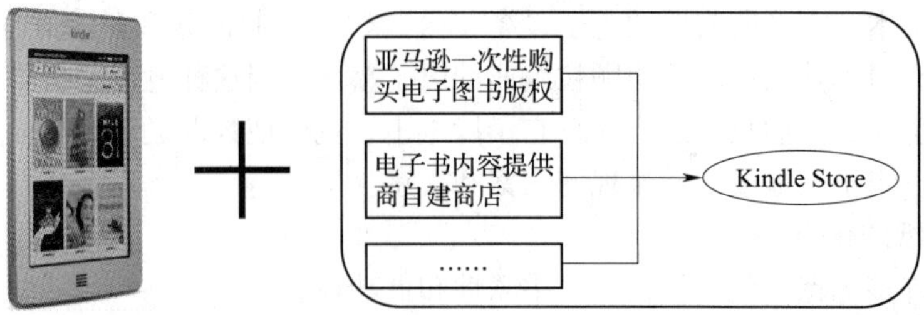

图 3－2　亚马逊模式——终端＋应用

2009 年，汉王科技调整了发展战略，由设备制造商转为服务提供商，上线汉王书城，逐步向“终端＋在线内容销售”模式转型。汉王模式如图 3－3 所示。

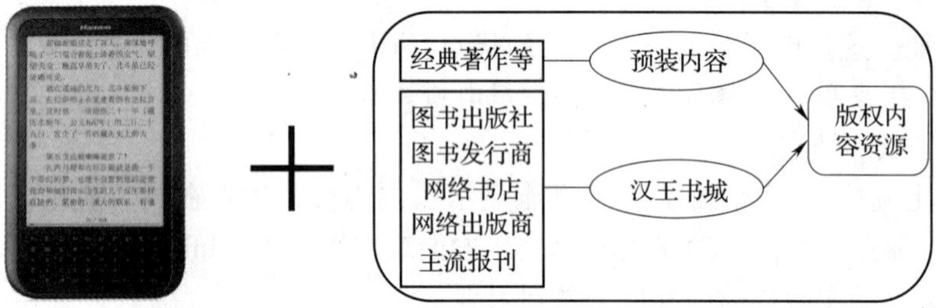

图 3－3　汉王模式——硬件＋大量经典内容打包预装

（3）盛大模式——终端＋在线内容

盛大进入行业较晚，2010 年 8 月 28 日盛大的 Bambook 才开始正式发售，采用的是终端加在线内容的方式，其内容主要来源于其旗下的几大中文原创文学门户网站，如起点中文网、榕树下、红袖添香网、潇湘书院等。盛大为开拓市场和应用，其电子书阅读器赔本销售，依靠内容支撑利润。起点等盛大旗下网站的用户可通过 WiFi、3G 以及 PC 互联等方式登录盛大云中书城阅读和订阅书籍。盛大模式如图 3－4 所示。

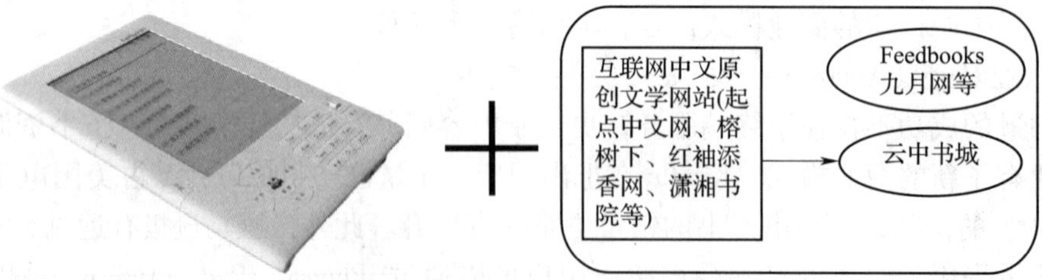

图 3－4　盛大模式——终端＋在线内容

4. 版权相关问题

“预装书”作为中国特有的数字出版模式，自 2008 年被汉王采用并占据了电子书大部分市场份额之后，就一直被国内一些厂家效仿，成为业内一条“通行原则”。而亚马逊是凭借其丰富的内容使得 Kindle 大获成功，但国内没有任何一家能与亚马逊相媲美的内容平台巨头，故亚马逊方式在国内很难效仿成功。

长远来看，电子书阅读器要获得成功，离不开大量内容、特别是新鲜内容的支撑。故内容的合法获取成为最重要的问题。出版商的利益应该得到维护，新市场也需要培育。这就需要阅读终端厂家和内容提供商之间的充分信任和合作，积极谈判，及早达成利润的合理分配。

目前在版权方面做得比较好的，国外是亚马逊和苹果，国内则是盛大，它完全没有内容版权问题的担忧，盛大的云中书城除了盛大自身的网络文学作品外，已经接入了一百多家出版社，一千多种传统杂志。盛大要求所有的内容必须拥有版权。盛大电子书上线的一般流程是：出版社上传、盛大审核、网友举报。

如何完善版权保护也是一个关键问题。面对盗版满天飞的网络环境，内容供应商望而却步：没有出售电子版权，盗版就已经横行网络了，如果真的出了完整版的电子书，那盗版将更加猖獗。想靠人们素质的提高来拒绝盗版是不现实的，而且相关法律在个人共享与盗版方面还没有明确的界定。故目前最有效的方法还是技术上的手段，电子书销售企业如何利用技术手段实施完善的版权保护，保证不会让自己销售的电子书成为盗版的源头，这是当下国内所有的内容供应商最为关心的问题。

有了完善的版权上的技术保护，还要有合理的利润分成，这样才能吸引足够的内容供应商加入其中。

二、手机阅读器

手机阅读早已存在，从手机报到天气预报，这些都是手机阅读。国外起步较早，已经形成规模，特别是日本，其2007年的十大畅销书排行榜上，手机小说更是占去了半壁江山。如今，手机小说产业在日本已经成型，过去五年中，来自手机小说的赢利高达1亿美元。国内虽然起步不晚，2004年就已经出现《城外》这部号称中国第一部的短信小说，但是一直到2010年都没有形成行业规模。直到2010年5月，中国移动推出手机阅读业务，以移动终端为主要阅读载体，在线平台为用户提供各类电子书内容，手机阅读才形成一定的产业规模。

早期手机电子书来源于互联网，几乎都是通俗读物、网络文学小说等，且内容都以纯文本为主，格式以JAVA（包括JAR、JAD）、UMD和TXT为主。这是由于当时的手机硬件性能低下所致。得益于电子技术的飞速发展和Google Android系统的推出，大屏智能手机价格也不再高高在上，开始走进普通消费者的视野。

手机阅读具有极大的竞争优势。这是由于在现代社会里，手机至少人手一部，而且由于Android平台的免费开放，导致智能手机的价格下降、普及迅速，此外电信运营商也在大力推广手机阅读业务，人们也易于接受这种方式。相对而言，手机与电子书阅读器相比，更易于携带，而且能满足普通消费者的基本阅读需求，手机阅读对上班族在路上打发时间很有吸引力。

在版权问题上，由于中国移动采用的是手机在线阅读并整合发行平台，故盗版受到很大限制，对出版商很有吸引力。

如图3－5所示是几个常见品牌的手机，从左到右依次是：苹果的iPhone 5、三星的Galaxy SⅢ I9300、诺基亚的808、华为的U8860、HTC的X720d。

图 3－5　常见品牌的手机

三、其 他 终 端

前文说过，电子书的阅读终端还有平板电脑、便携数码影音播放设备等，这里将做简单介绍。

1. 平板电脑

平板电脑是一种小型、方便携带的个人电脑，以触摸屏作为基本的输入设备。它允许用户通过手指、触控笔或数字笔来进行作业而不是传统的键盘或鼠标。早在 2002 年，微软就曾大力推广相应的平板电脑操作系统，可惜受限于当时昂贵的价格且操作体验欠佳，市场反响一般。直到 2010 年 1 月 27 日，苹果公司发布了 iPad，其定位介于 iPhone 和笔记本电脑之间，提供浏览互联网、收发电子邮件、观看电子书、播放音频或视频等功能。利用 AppStore，用户可以下载各种应用，其中包含丰富的图书资源。

iPad 的上市使电子书阅读器行业面临巨大压力，就连 Kindle 都采取降价销售的策略，国内各大品牌更是如此，结果是利润的急剧下降，甚至亏损。这将导致一些企业退出或者转型到平板电脑，整个电子书阅读器行业面临巨大的洗牌。

同时，由于 iPad 的火爆销售，国内外众多 IT 厂家也都推出各自的平板电脑，如亚马逊、三星、联想、华为等，这里就不一一细述了。图 3－6 所示是几个常见品牌的平板电脑，从左到右依次是：苹果的 iPad2、亚马逊的 Kindle Fire、联想的乐 Pad S2007 和三星的 Galaxy Tab P6210。

图 3－6　常见品牌的平板电脑

市面上常见品牌的平板电脑基本上分为两类：一类是苹果的平板电脑，采用的是 iOS 操作系统，它与苹果的 iPhone、iPod Touch 等产品同属 App Store 生态圈；其他一类就是采用 Google 的 Android 操作系统的平板电脑，如三星、联想、亚马逊等品牌旗下的平板电脑产品，它们依托谷歌在线商店 Google Play Store（原 Android Market）平台经营内容。

2. 便携数码影音播放设备

便携数码影音播放设备以大屏 MP3/MP4 播放器和 MID（Mobile Internet Device，移动互联网设备）为主。

大屏 MP3/MP4 播放器可以追溯到 2003 年，当时 2.4in 的播放器很流行，可以用来一边看小说一边听音乐，其支持的电子书格式基本只有 TXT。到了 2010 年年底和 2011 年年初时，由于 Android 平台的推广，许多厂家推出了所谓的“智能 MP3/MP4 播放器”。这种播放器采用 Android 系统，显示屏较大，一般在 4.3in 以上，阅读体验有较大改善，能被广大消费者所接受，而且由于硬件性能的提升和平台的开放，用户可以安装各种软件，PDF、DOC 等几乎所有电子书格式都能阅读，此外还可以用来看电影、玩游戏等。这种播放器的价格并不昂贵，和电子书阅读器相比，具有明显的价格优势。

MID 的概念是英特尔在 2008 年 4 月提出的，其定义是介于智能手机和上网本之间的产品。按照英特尔的说法，是一款能够提高高端客户办事效率、满足随时随地上网需求、用着舒心、长时间享受 PC 似上网乐趣的顶级口袋计算机。作为便携的移动 PC 产品，现在主流 MID 基本都采用 7in 以上的显示屏，操作系统以 Android 为主。如图 3－7 所示是四款具代表性的 MP3/MP4 和 MID 产品。

图 3－7　大屏 MP3/MP4 和 MID

这种阅读模式唯一担心的就是电子书的版权保护，几乎所有的硬件制造商不考虑版权问题，一般都是用户自行上网寻找所要阅读的书籍，而用户下载的大多都是盗版书籍。

第三节　电子书的制作

一、电子书制作的一般流程

这里称为电子书的制作而不是创作，就意味着制作电子书的前提是要有足够的内容资源。简单的电子书制作流程可以概括为如图 3－8 所示。

1. 内容的获取

在电子书行业内，一直奉行内容至上的原则，所以内容的获取至关重要。数字内容的获取比较简单，直接拷贝或下载就可以；而传统报纸、期刊等平面媒体上的内容则需要通过一定的手段才能得到，一般可以通过先扫描然后 OCR 识别，这样才能将传统内容数字化。注意，内容的获取一定要合法。

2. 确定需求

不管是为自己还是给别人设计电子书，首先一定要明确应用需求，如电子书是为哪些用户设计的、计划通过何种阅读平台发布等，这些都会关系到将要发行电子书的格式、版面大小、设计风格等。如图 3－9 所示是某网站电子书下载的链接，提供了 4 种文件格式（Txt、Jar、Umd、Chm 格式）、两种平台（手机与电脑）以供读者选择。

图 3－8　电子书的制作流程

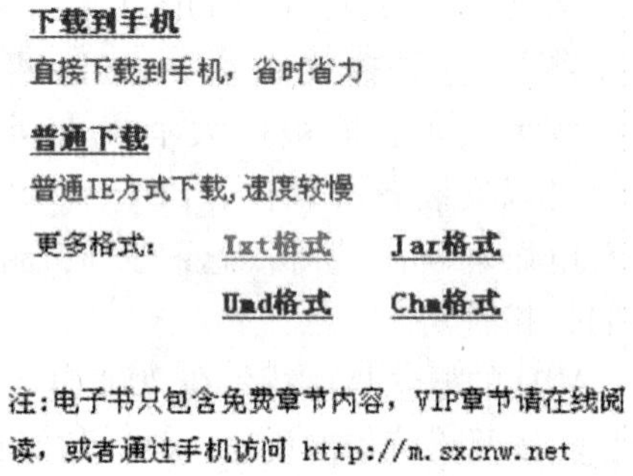

图 3－9　某网站电子书下载的链接

3. 选择软件

根据需求选择最合适的制作软件。在选择软件时需注意，最新的不一定是最好的，合适的才是最好的。特别是微软近几年新系统发布频繁，版本众多，要考虑到软件的兼容性。

4. 设计和制作

这一阶段其实就是要进行内容的整合、设计和输出，完成后即可推广、销售。此阶段需要注意的地方也较多：设计时要注意质量控制，切莫简单粗糙地内容堆砌，但也不能过度设计；不能因为是电子书就忽略传统编辑的作用，一定要仔细勘误；设计中加入的动画和特效不宜过多，不能为了炫耀技术而加入新特效，还要考虑到对方的阅读平台的硬件性能等。

二、电子书制作工具的选择

在前面简单提到过，制作电子书需要明确客户需求，而一旦明确客户需求后，需要制作的电子书文件格式也就确定了，然后依此就可以选择相应的制作工具。如表 3－2 所示列出常见的几种电子书制作的需求分析及相应的格式和制作工具。

表 3－2　　电子书制作工具的选择

应用需求	确定格式	制作工具
跨平台发行电子书	一般用 PDF	A dobeAcrobat Professional
软件的帮助文档	一般用 CHM	HTML Help Workshop、Visual CHM、Quick CHM、Easy CHM 等

续表

应用需求	确定格式	制作工具
将现有纸质书数字化，在移动终端上发行，注重版权保护	PDF 或 EPub	AdobeAcrobat Professional EpubSTAR、EPub-Builder
纯文字的电子书，没有版面设计和版权问题	TXT	系统自带文本编辑工具或者任何字处理或办公软件
多平台互动电子书、电子杂志等	苹果 ipa + 安卓 apk + PC exe	Appbook 应用制作精灵
图文并茂、包含丰富的多媒体元素的电子书	EXE	iebook 超级精灵、Director、Zmaker、Zine-maker、WebCompiler 等

三、电子书制作软件使用及实例

（一）CHM 文件格式的电子书制作

前文说过，CHM 也是一种超文本标记语言，它利用 HTML 作源文，把帮助内容以类似数据库的形式编译储存。所以有了 HTML 格式的电子书，就能很容易得到 CHM 电子书。

关于 HTML 电子书的制作，这里不做详细论述，主要介绍将 HTML 转换为 CHM，一般分两种情况，下面将分别介绍。

1. 网站转换为 CHM

WebCHM 是强大的多线程离线浏览软件，专业的下载大型网站的工具。它内置了 CHM 压缩引擎，可以灵活方便地将下载的网页制作成 CHM 压缩文档，当下载大型网站时，可以边下载边压缩到 CHM 文档，既方便浏览，又大大节省了空间。下面以某小说网站为例，简单介绍该软件的使用方法。启动软件后，主界面如图 3－10 所示。

单击工具栏上的“任务”图标，可建立新的下载任务，如图 3－11 所示为“新建任务”对话框，在这里有一些选项需要设置：要下载的首页地址、给下载的任务命名、设置保存文件的目录、是否直接把网站内容压缩成 CHM 等。

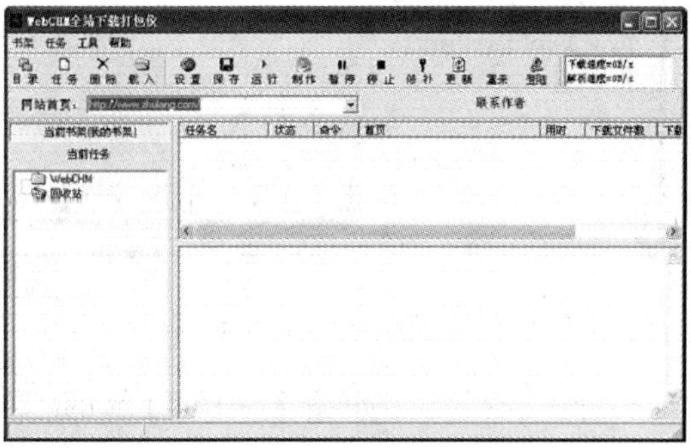

图 3－10　WebCHM 软件主界面

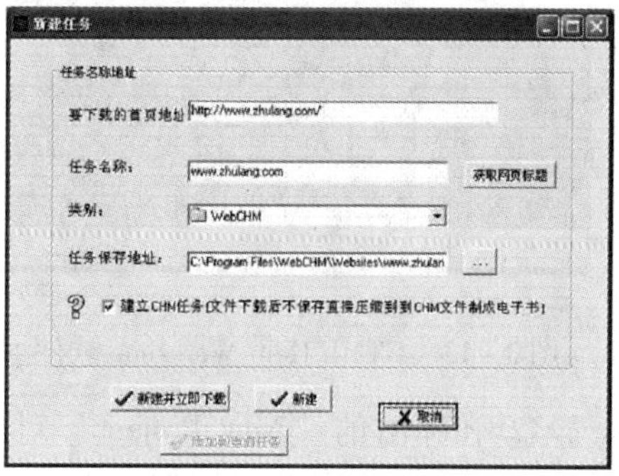

图 3－11　“新建任务”对话框

设置完成后点击“新建并立即下载”，则弹出如图 3 – 12 所示的“主要下载设置”对话框，可以对下载内容、下载范围、网页中图片的位置、下载层数、使用线程数等进行设置。这里的下载内容、下载范围及下载层数的设置最重要，这三项设置不好会导致转换的 CHM 文件太多，下载永无止境。

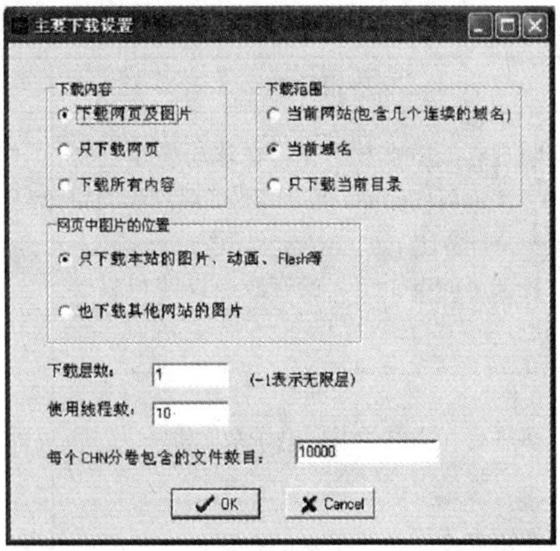

图 3 – 12 “主要下载设置”对话框

点击“OK”按钮开始任务下载。接下来就是等待下载完成了。打开下载后的 CHM 文件，文件主要结构与网站基本无二，阅读方便。

2. 已有文件转换为 CHM

Microsoft 是 CHM 文件的鼻祖，HTML Help Workshop 是 Mircosoft 出品的 CHM 编译器。这里以 HTML Help Workshop 为例，简单介绍制作 CHM 的过程。这里再次强调，相对来讲制作 CHM 文件比较简单，大量的工作实际上是在前期制作 HTML 文件上，用户在 CHM 文件中所看到，与用户在浏览器中的结果是一样的。用户可以专门为制作 CHM 文件而编制 HTML，也可以直接利用现成的网站上 HTML 文件快速制作成 CHM 文件以便向外发放，所不同的是，在网站上每个 HTML 文件之间必须由超级链接相连，而用来制作 CHM 文件的 HTML 文件组里，允许有独立的 HTML。

现以制作简单的 CHM 为例，先准备好要转换的 HTML 文件，然后启动 HTML Help Workshop 软件，其主界面如图 3 – 13 所示。

（1）建立 Project

① 点击菜单【File】>【New】命令，弹出如图 3 – 14 所示的“New”对话框，选择“Project”，点“OK”确定。

图 3 – 13 HTML Help Workshop 软件主界面

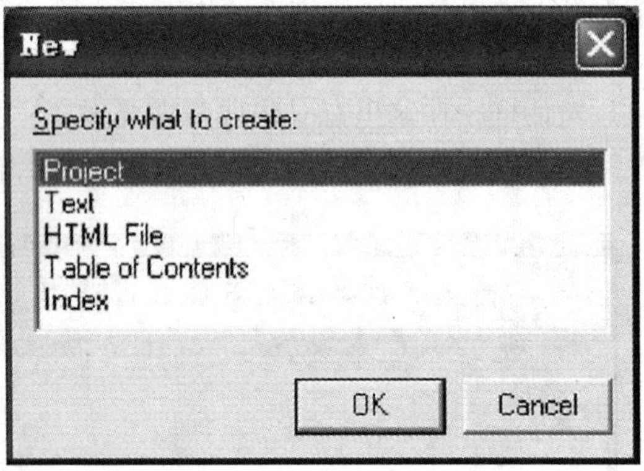

图 3 – 14 “New”对话框

② 在弹出的“New Project”对话框点击“下一步”，在如图 3 – 15 所示的“New Project – Destination”对话框中为新建的 Project 命名，再点“下一步”。

③ 在如图 3 – 16 所示的“New Project – Existing Files”对话框中勾选“HTML files

(. htm)”，点击“下一步”，弹出如图3－17所示的“New Project － HTML Files”对话框选择HTML文件。

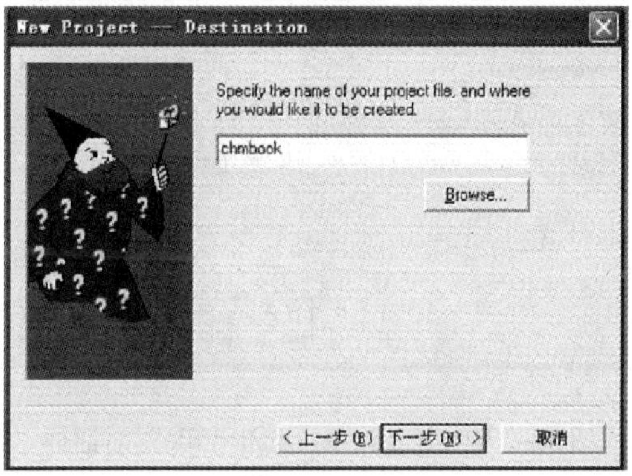

图3－15　“New Project － Destination”对话框

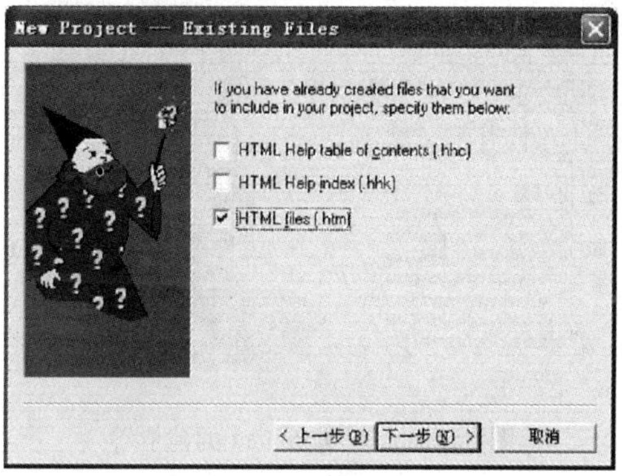

图3－16　“New Project－Existing Files”对话框

④ 点击“Add”，添加要转换的HTML文件，如图3－18所示为添加好的htm文件，点击“下一步”，再点击“完成”。

图3－17　“New Project－HTML Files”对话框

图3－18　添加好的htm文件

至此完成Project的建立，参见图3－19所示，左栏显示了一些信息，如编译文件的名称、默认主题、兼容选择、是否显示编译进度、语言、文件名称及详细路径等。

（2）编译完成转换

点击工具栏第三项，即编译HTML文件，弹出如图3－20所示的“Create a compiled file”对话框。勾选“Automatically display compiled help file when done”选项，点击“Compile”，至此完成编译。

编译后的文件默认保存在C：\ Documents and Settings \ Administrator下。

以上就是简单CHM文件的制作方法。

如果需要将CHM文件反向转换成HTML文件，一般可使用QuickCHM等软件实现，还可利用Windows系统自带的hh.exe程序进行转换。

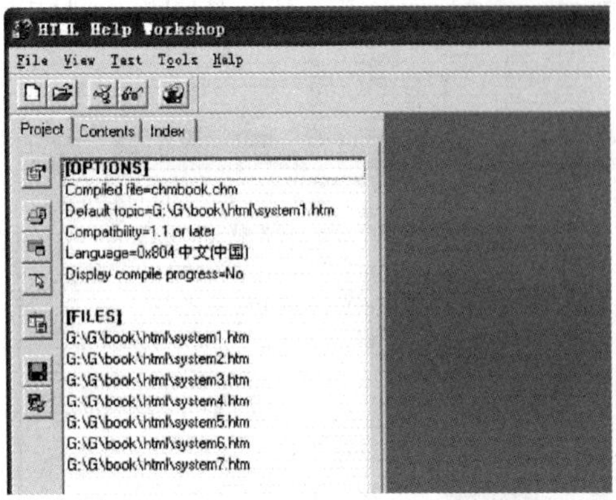

图 3－19　完成 Project 的建立

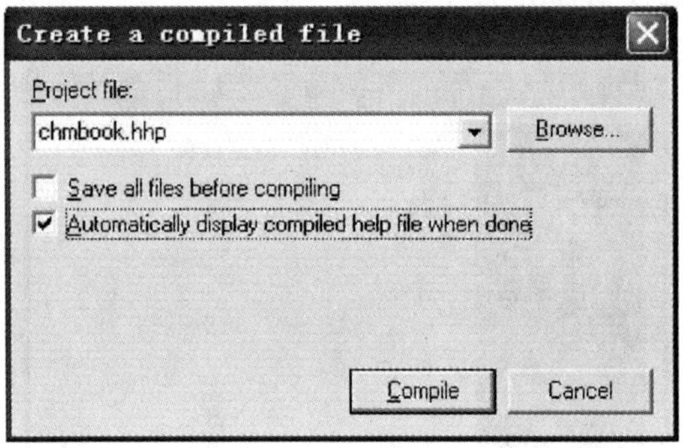

图 3－20　“Create a compiled file”对话框

另外，推荐一个可以在线制作 CHM 电子书的网站：http：//www. make－book. com，无需安装任何软件，方便快捷。

（二）PDF 文件格式的电子书制作

PDF 具有许多其他电子文档格式无法相比的优点：可以将文字、字形、格式、颜色及独立于设备和分辨率的图形图像等封装在一个文件中；还可以包含超文本链接、声音和动态影像等电子信息，支持特长文件，集成度和安全可靠性都较高。这些特性使得它成为网络数字化信息传播的理想文档格式。越来越多的电子图书、产品说明、公司文稿、网络资料等开始使用 PDF 格式文件，PDF 格式可以说是目前使用最广泛的电子书格式，PC、电子书阅读器、智能手机、平板电脑等设备都能很好地支持它。PDF 的电子书制作一般有以下几种情形：

1. 简单将其转换成 PDF 文件

比如，已经有其他格式的电子书，只是需要将其转换为 PDF，如要将纯文本的 TXT 电子书转换成 PDF，则 Txt2pdf 是很好的工具，它小巧、操作简单，而且是共享软件，使用费用低。

（1）启动 Txt2pdf 后，主界面如图 3－21 所示。点击【File】菜单，如图 3－22 所示可通过添加文件、文件夹或列表等方式将 TXT 转换为 PDF。

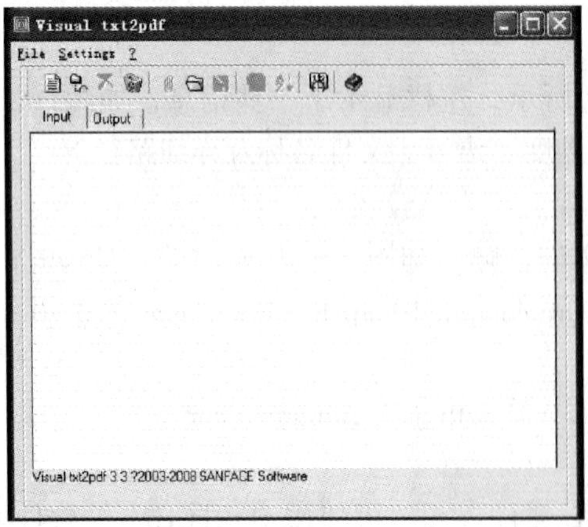

图 3－21　Txt2pdf 启动界面

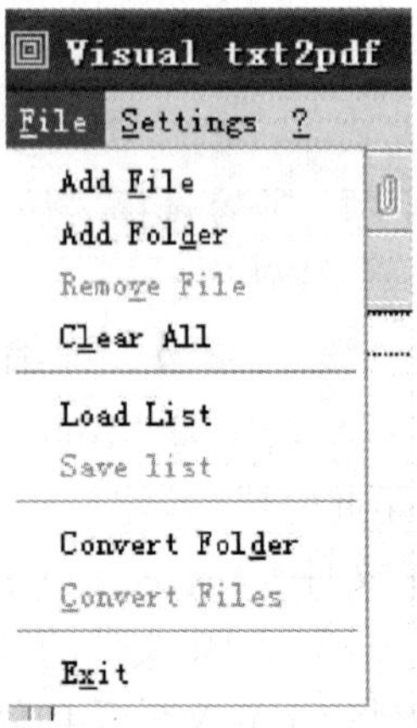

图 3－22　【File】菜单列表

（2）选择添加文件，点击“Add File”后弹出“Open”对话框，找到要转换的文件。点击“打开”，就将选择的文件添加到“input”列表中。

（3）单击要转换的文件，如图3－23所示。然后选中工具栏上的PDF文件字样的图标（右起第四个），或单击如图3－22所示的【File】>【Convert Files】命令，即开始文件转换。

图3－23　文件被选中的界面

同样，如果需要将HTML或DOC格式的电子书转换成PDF电子书，则相应的软件有Html2Pdf和Doc2Pdf等，它们都很便宜甚至是免费的，同样很小巧，上手也很容易。以上这些应用特别适合新手，无需很专业的软件、无需专门学习培训，就可完成PDF电子书的简单制作。

2. 设计创作比较复杂的PDF电子书

对于这种情况，一般是手头只有一些原始的素材（文字、图片、甚至音视频），有时甚至素材也没有，只知道主题大纲等信息，这时需要制作者按主题收集素材、设计内容、整合有效的资源，合理创作出作品。这就需要使用比较复杂、专业的软件，推荐使用Adobe Acrobat Professional软件。

以制作一个介绍蒙学的电子书为例。

（1）准备工作

这里需要明确主题，列出提纲：什么是蒙学；蒙学的经典著作；蒙学有声读物的示例。然后根据提纲搜集相关素材，这里要考虑到相关资料的版权问题。一般这种经典著作的纯文字是无版权的，但是相关的有声读物是有版权的，使用时要注意。

（2）设计电子书

① 资料整理：考虑到电子书的发行平台，把收集到的相关资料，按照兼容大多数的原则，对资料进行整理。比如版面设计，纸张不能太大，否则可能在电子书阅读器或手机上的字显示很小，即使放大后也很难正常阅读。虽然有的手持设备支持PDF重排，但是这样也费时间和硬件资源。这里设成32开的纸张，页边距尽量小点，毕竟像电子书阅读器一般是6in的屏幕，较大的页边距会浪费很多的阅读空间。

从兼容性考虑：如果有动画的话，尽量不使用Flash动画，用一些软件把它转换成MPEG或AVI等格式，这样兼容会好点，因为苹果的iPad、iPhone等产品是不支持Flash的；还有音频文件也尽量用MP3格式。

② 封面设计：这一环节要有一定的美工基础，至少能简单使用常用的平面设计软件。注意设计的封面要和主题相吻合，不能炫耀特效。

a. 在Adobe Photoshop中，对封面进行简单设计，效果如图3－24所示。

b. 将封面输出为PDF格式，而且限制页面为32开：点击【文件】>【打印】命令，或按快捷键Ctrl+P，直接调出如图3-25所示的“打印”对话框。

图3-24　封面效果图

图3-25　“打印”对话框

c. 下面是很关键的一步，如图3-25所示的最上面的“打印机”列表中选择“Adobe PDF”，然后点击“页面设置”按钮，弹出“Adobe PDF文档属性”对话框，选中“Adobe PDF设置”标签，在“Adobe PDF页面大小”一栏点击“添加”按钮，如图3-26所示。

在弹出的“添加自定义页面大小”对话框中，进行如图3-27所示的设置。“页面名称”栏输入“32开”，“页面大小”会按32开纸张的大小设置，即130mm×184mm，点击“添加/修改”按钮。然后在“Adobe PDF页面大小”一栏的下拉列表中选择“32开”(参见图3-26)，点击“确定”按钮完成设置。

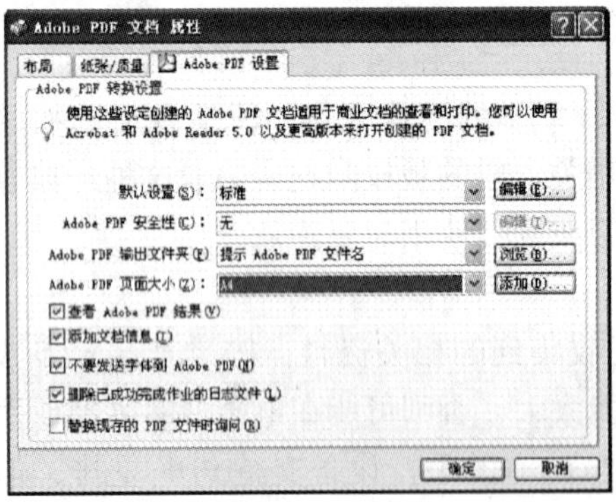

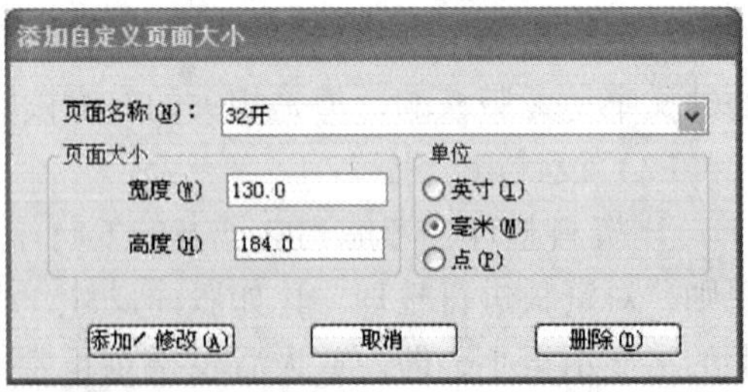

图3-26　“Adobe PDF文档属性”对话框　　图3-27　“添加自定义页面大小”对话框

d. 在图3-25中勾选“缩放以适合介质”选框。点击图3-25“打印”对话框右下角的“打印”按钮，在弹出对话框中选择“Adobe PDF”打印机，然后选择存储路径并输入文件名称，即可完成PDF文件的输出。

默认情况下，Adobe Acrobat会自动打开刚才转换的PDF文档，让用户检查输出的文档是否达到设计目标。

③ 结构设计：这一部分其实是内容的编排，是电子书设计的核心部分。没有好的内

容，再好的封面设计也无济于事。

a. 拟定目录如下：

一、国学常识——什么是蒙学

二、蒙学经典介绍

三、百家姓

四、千字文

五、三字经

六、幼学琼林

七、增广贤文全文带注释

b. 根据拟定的目录，按类别把收集的资料整理好，整理资料时不能偏离中心、不能随意更改设定。整理资料一般用 Microsoft Word 编辑，所有文档资料都要在 Word 中设置统一的页面和页边距。点击 Microsoft Word 2003 软件的【文件】 >【打印】命令，在弹出的“页面设置”对话框，点击“页边距”标签，将页边距（包含上下左右）均设为 1.5cm，其他的选项默认；再点击“纸张”标签，在“纸张大小”的下拉框中选择“32 开”，点击“确定”按钮，至此完成页边距和纸张大小的设定。

c. 将所有的相关资料都设置成同样的页面，并把它们均转化为 PDF 文件，这里使用 Adobe Acrobat Professional 7.0 软件。使用步骤与之前制作封面类似：先在 Microsoft Word 2003 中点击【文件】 >【打印】命令，然后在“打印”对话框中，选择“Adobe PDF”打印机，选择好要储存文件名的路径，点击“保存”按钮，即完成 DOC 到 PDF 文件的转换。

至此就完成所有文档的整理工作。

④ 目录编排：由于 PDF 不能自动生成目录，故还需将其完善，根据正文内容，为目录添加页码，最后单独做出一个 DOC 目录文件，并以同样方法转换为 PDF 文件，如图 3－28所示。

⑤ 文件合并和输出

a. 刚才整理的文件共 9 个，分别是封面 . pdf、目录 . pdf、国学常识－什么是蒙学 . pdf、蒙学经典介绍 . pdf、百家姓 . pdf、千字文 . pdf、三字经 . pdf、幼学琼林 . pdf、增广贤文全文带注释 . pdf。现将这 9 个文件合并成一个文件，在 Acrobat 软件中，点击菜单栏上【文件】 >【创建 PDF】 >【从多个文件】，如图 3－29 所示。

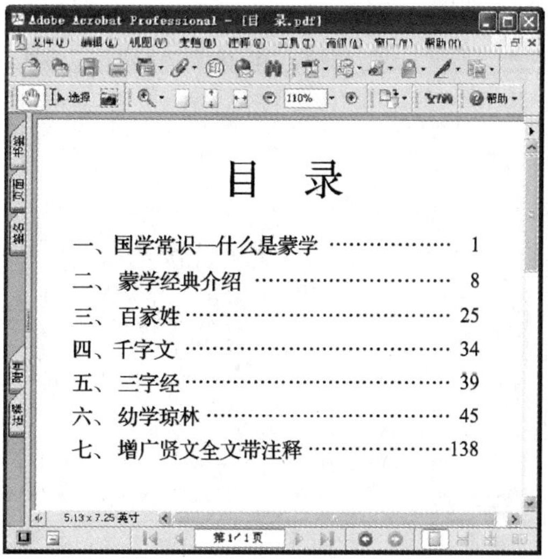

图 3－28　DOC 目录文件转换为 PDF 文件

b. 在弹出的“从多个文档创建 PDF”对话框中点击“浏览”，把需要合并的文件添加到“要合并的文件”栏中，然后选择要安排顺序的文件，在左边的“安排文件”栏中，点击“上移”或“下移”按钮，完成文件的排序，最终要使文件的排序合理，效果如图 3－30 所示。点击“确定”按钮，开始文档合并。

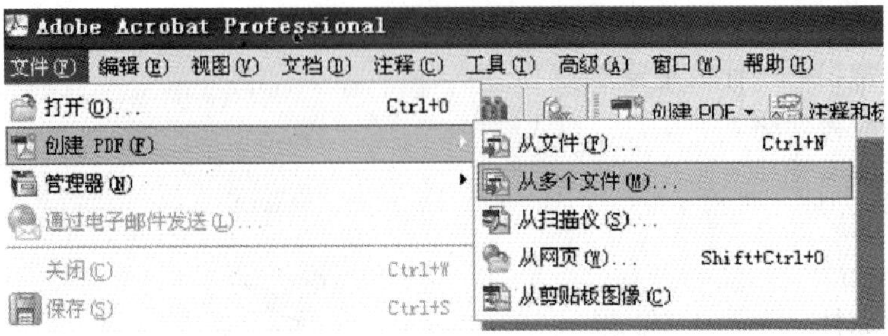

图 3－29　【文件】＞【创建 PDF】＞【从多个文件】

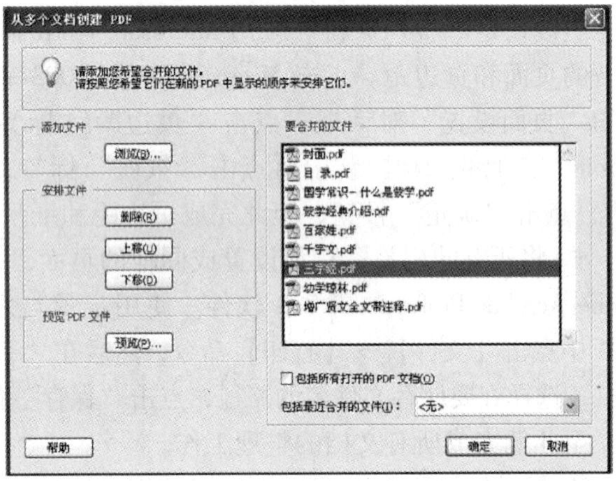

图 3－30　"从多个文档创建 PDF"对话框

c. 在弹出的对话框中设定输出的文件名称和路径，点击"保存"，完成文档的合并。此时生成的 PDF 电子书还缺少页码和导航书签等功能，只能说是初步完成，略显粗糙。

⑥ 添加页码：在 Acrobat 中，点击【文档】＞【添加页眉和页脚】命令，弹出如图3－31所示的"添加页眉和页脚"对话框，选择"页脚"标签，然后在右边的"页面选项"栏中，在"页面范围"下拉列表中选择"应用到页面范围"，从第"3"页起，因为在整个文档中，第一页是封面，第二页是目录，并把"起始页码为"设置为"1"。左边的"插入页码"栏中，在"样式"下拉列表中选择"第 1 页"，鼠标放在第 1 个大白框上，点击"插入"，并调整显示位置，点击"确定"，至此完成页码的添加，显示效果如图 3－32。

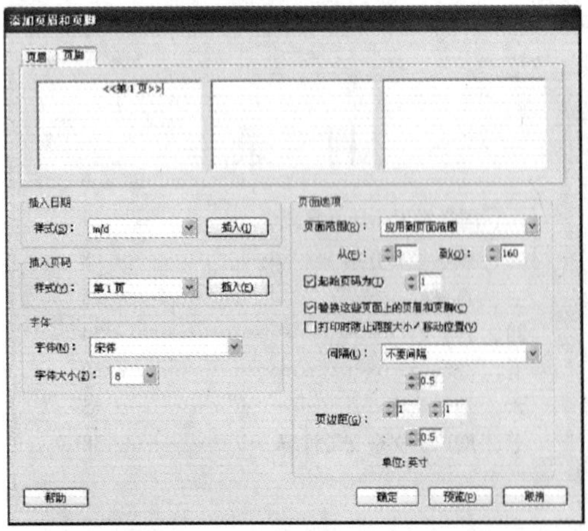

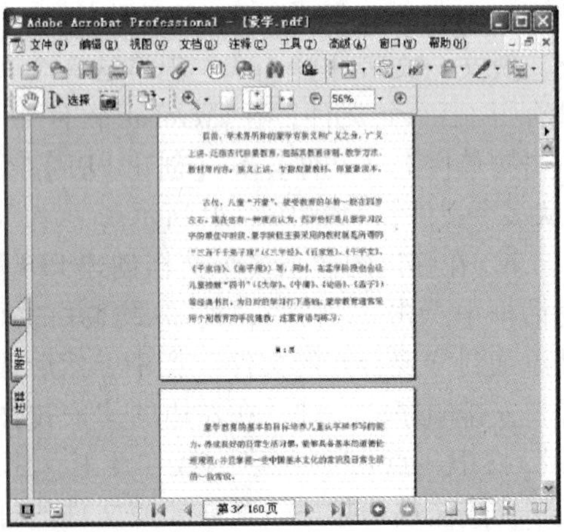

图 3－31　"添加页眉和页脚"对话框　　　图 3－32　添加页码后的显示效果

到现在为止，即使添加了页码，这本电子书阅读还是不太方便，查找和定位到某页面或指定章节有困难，这是缺少导航功能的缘故。

⑦ 添加导航书签

点击【文件】>【文档属性】命令，弹出如图 3－33 所示的“文档属性”对话框，选择“初始视图”标签，然后在“文档选项”里，把“显示”下拉框设为“书签面板和页面”，点击“确定”完成设置，然后保存退出。

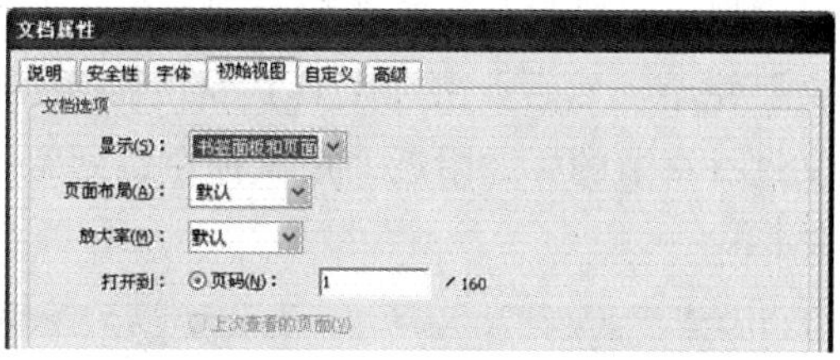

图 3－33 “文档属性”对话框

再打开文档检查，效果如图 3－34 所示：

⑧ 添加超链接

a. 为目录添加超链接。用工具栏上的“选择工具”  选择目录中的第一行内容，点击鼠标右键，选择“创建链接”命令，如图 3－35 所示。

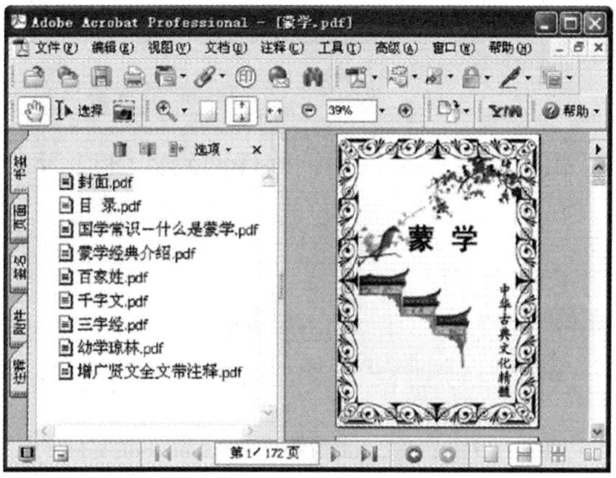

图 3－34 添加书签后的页面效果

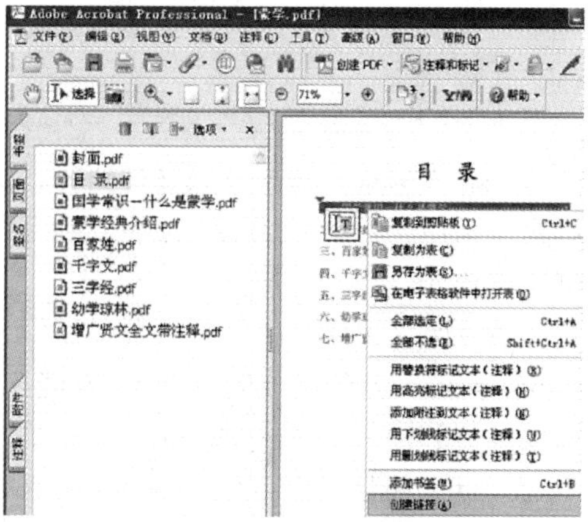

图 3－35 “创建链接”命令

b. 弹出“创建链接”对话框，“链接外观”选择为“不可见矩形”，“链接动作”选择为“跳至页面视图”，如图 3－36 所示。

c. 点击“下一步”，弹出如图 3－37 所示的“创建跳至视图”对话框。在左侧的导航书签上单击“国学常识——什么是蒙学.pdf”这一行，把页面定位到这一章节内容，然后点击“创建跳至视图”上的“设置链接”按钮。

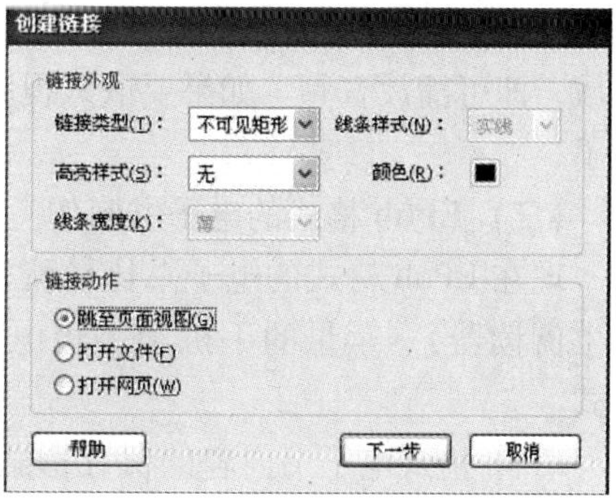

图 3－36 “创建链接”对话框

把所有目录中条目的超链接都按此方式一一设好，至此，读者可以通过目录和书签导航，方便找到自己需要的内容。就一般的电子书而言，已经完成其所有的设计工作，剩下的工作就是发行等相关的市场推广了。

⑨ 嵌入音频文件：刚才说的是一般普通电子书，用 Adobe Acrobat Professional 除了可

制作图文并茂的 PDF 电子书外，如果要制作包含音视频等多媒体内容的电子书，Acrobat 也能胜任，它可以在 PDF 文件中嵌入音视频、动画等文件。

这里以一段千字文的音频为例。先在书签中单击“千字文.pdf”，把文档定位到“千字文”章节。然后点击【工具】>【高级编辑工具】命令，选择“声音工具”。在千字文这一章节的标题附近，按鼠标左键划定一区域，弹出如图 3－38 所示的“添加声音”对话框。

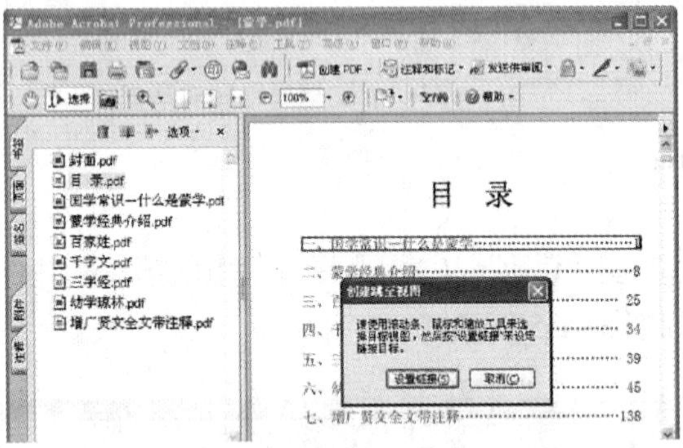

图 3－37 “创建跳至视图”对话框

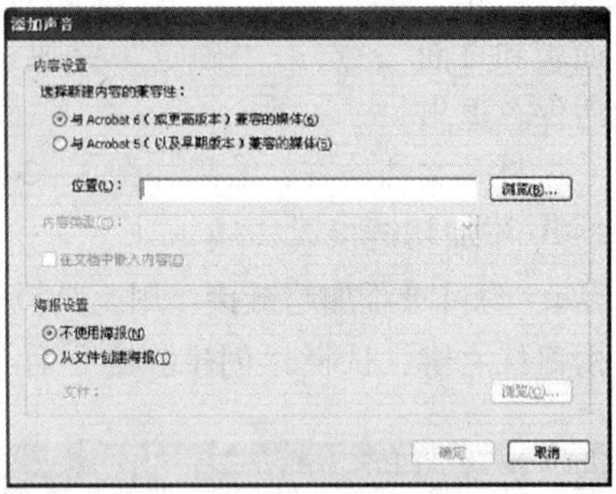

图 3－38 “添加声音”对话框

点击“浏览”选择音频文件路径，选择好相应的音频文件后，软件回到如图3－38所示的“添加声音”对话框。注意，确定勾选“在文档中嵌入内容”这一选项，点击“确定”完成。

最后保存文件，这里保存为“蒙学－Audio.pdf”，至此完成音频文件的嵌入。如图 3－39 所示为蒙学.pdf 与蒙学－Audio.pdf，可以看到“蒙学－Audio.pdf”明显大于“蒙学.pdf”，这是由于其中嵌入 MP3 音频文件的缘故。

图 3－39 蒙学.pdf 与蒙学－Audio.pdf 文件

打开蒙学－Audio.pdf 文件，在“千字文”章节，点击标题附近、刚才用鼠标划定的区域，即可播放音频。如果要嵌入视频动画等内容，操作步骤基本如上，这里就不重复叙述了。

（三）EPub 格式的电子书制作

现在 EPub 格式的电子书比较流行，市面上很多电子书阅读器（盛大、汉王等的电子书阅读器）、苹果的手机和平板电脑、Android 和黑莓的手机及平板电脑都支持这一格式。

EPub 格式电子书内容的保存形式是网页形式，也就是 HTML 和 XHTML 两种。因此 EPub 图书显示的效果也就和网页显示的效果一样，当然，Epub 格式中还包含了 DRM 相关功能。如图 3－40 所示是 Epub 电子书在 Adobe Digital Editions 软件中的显示效果。

简单的 Epub 电子书制作还是比较容易的，现以 EpubBuilder 为例，打开软件，主界面如图 3－41 所示。在“导入”选项卡下，就能看到该软件支持导入 .txt、.umd、.doc/docx、.chm、.html 等，唯一比较遗憾的是不支持 PDF 文件的导入。

图 3－40　Epub 电子书在 Adobe Digital Editions 软件中的显示效果

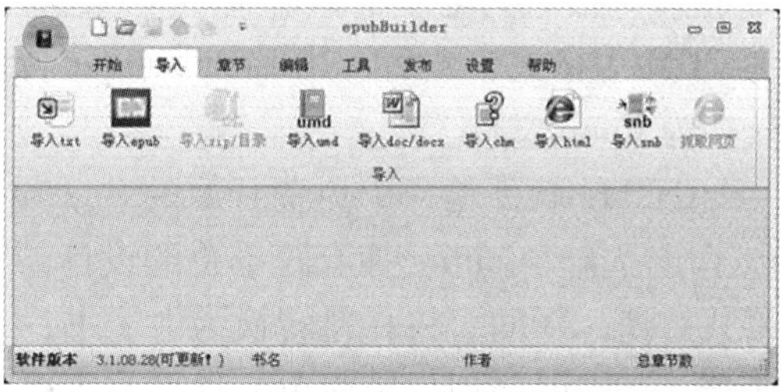

图 3－41　EpubBuilder 软件主界面

以 chm 文档为例，点击工具栏上的“导入 chm”图标，这里导入 QuickCHM 的帮助文档 help. chm。选中文档，点击打开按钮。弹出“新建书籍”对话框，书名和作者是必填项，其他可选，简单地填入书籍的内容简介，设置好封面，单击“确定”按钮，如图 3－42所示。

点击“OK”完成导入操作，如图 3－43 所示。

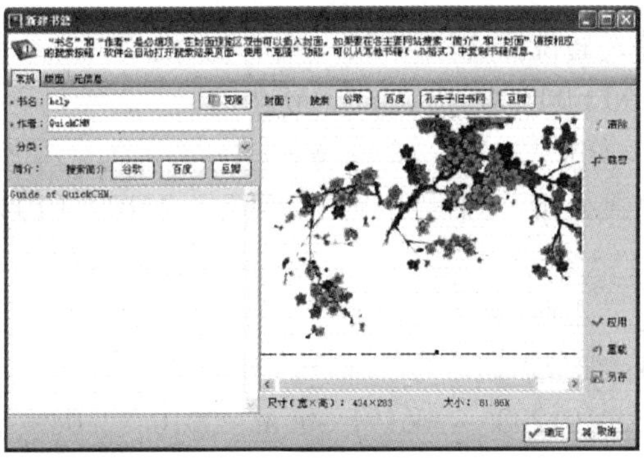

图 3－42　“新建书籍”对话框

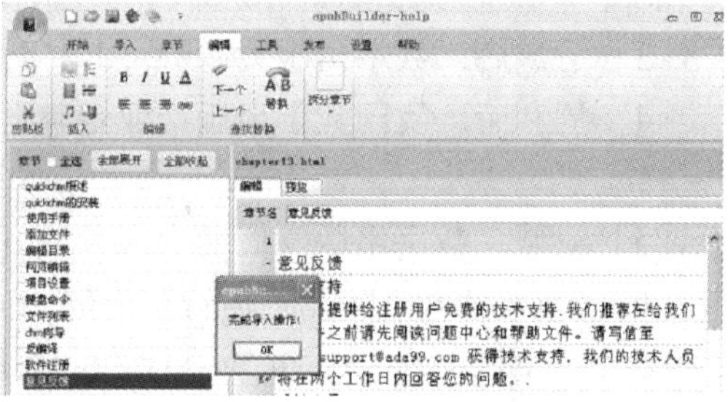

图 3－43　完成导入操作

点击左上圆按钮，选择“生成 epub”命令，如图 3－44 所示。

选择文件保存的路径和名称，单击“保存”，即可完成 Epub 电子书的制作。制作好的电子书在 Adobe Digital Editions 软件中阅读效果如图 3－45 所示。

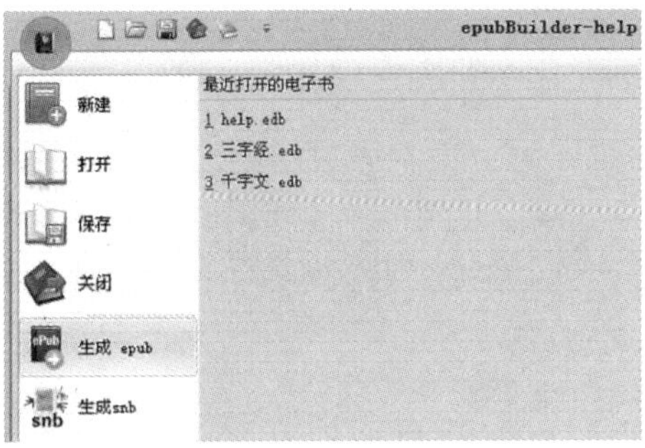

图 3－44　“生成 epub”命令

图 3－45　制作好的 Epub 电子书的阅读效果

对于其他非 PDF 格式的电子书，也可通过类似的方式把它们转换为 Epub 格式，但是对于 PDF 格式的电子书，EpubBuilder 软件就无能为力了，可以把 PDF 格式的电子书转换为 CHM 等格式，然后再用 EpubBuilder 转换。或者还可以用 Calibre 软件直接把 PDF 文件转换为 Epub 文件。

Calibre 软件是一个免费开源的“一站式”的电子书解决方案，它可全面满足用户的电子书需求。Calibre 拥有跨平台的设计。它是一个完整的电子图书馆，包括图书馆管理，格式转换，新闻，将材料转换为电子书，以及电子书阅读器同步功能、整合进电子图书阅读器等。它的使用也很简单，这里就不再一一截图了，用文字简单描述如下：首先进入软件，点击左上角的“Add books”按钮，添加要转换的 PDF 文件；然后点击“Convert E - books”按钮，输出格式选择 Epub，有必要的话，可以修改封面、标题、作者等信息；最后点击“OK”按钮就开始格式转换了。

参考文献

[1] 肖沪卫. 电子书——阅读的革命. http://www.chinaconsult.com/yujian.html#001.

[2] 新媒体多形态混战　传统媒体商业模式遇挑战.

http://news.163.com/10/0309/09/61ASLNLC000146BD.html. 新华网.

[3] 方鸿辉. 数字出版大趋势 [J]. 编辑学刊，2010，(2)：6 - 11.

[4] 周利荣. 我国数字出版产业链整合模式分析 [J]. 出版发行研究，2010，(10)：39 - 42.

[5] 梁威. 数字出版发展的十大预测 [J]. 出版参考，2011，(5)：18 - 19.

[6] Android 和 iOS 完美运行　谷歌 eBooks 细节看.

http://mobile.ccw.com.cn/yjzx/htm2010/20101208_905191.shtml. 2010.12.08. 安卓星空.

第四章　数 字 报 刊

第一节　概　　述

一、简　　介

数字报刊包含了数字报纸与数字期刊两部分内容。如图 4－1 所示为共青团天津科技大学委员会三报一刊。

数字报纸，又称数字报，是报纸的采、编、发一体化的解决方案在相关平台软件上的呈现形式。数字报纸不仅在页面设置上有了突破，更在概念上比传统电子版报纸有了全新的突破。如果说以前只是将当天报纸上的内容提供给用户，而今提供的是整个报纸的全貌，除了不能有纸张的触摸感，阅读的过程体验和传统报纸高度契合，提供原汁原味的报纸阅读效果。数字报刊管理后台系统包括针对已经发布的数字报刊的管理、统计以及调查等功能模块，方便用户对已经上线的数字报刊修改、监控、制作。如图 4－2 所示为《新民晚报》数字报纸。

图 4－1　天津科技大学数字报刊——三报一刊

数字期刊也可理解为互联网期刊，是相对于传统纸质期刊出版而提出来的，它包含两个方面的内容：传统纸质期刊的数字化，并在互联网上出版；以期刊为主要内容的包括文献和学术论文等在内的系列知识库在互联网上的出版。传统期刊互联网出版主要是指整合传统的纸质期刊，以数字化的方式实现传统期刊的互联网出版，同时对以期刊为主要内容的行业的知识文献资源进行分类整理和加工，在互联网上出版。传统期刊互联网出版商的出版行为已经不再简单停留在期刊的数字化本身，而是将文献、信息等资源进行分析、加工和整合，形成有大量信息的数据库，是一种全新的数字出版模式。如图 4－3 所示是期刊《瑞丽》的网络电子版。

二、数字报刊的优点

① 信息传播更快捷：在每期报刊排版完成的同时即可发布网络版，省去了传统报刊所需的印刷，使报刊的时效性更强。

② 发行的覆盖面更广泛：通过网络报纸平台的发布，任何人只要能上网，就能阅读到报刊上的信息，报刊不再是某区域内发行，而是做到了全球发行。

图 4－2　《新民晚报》数字报纸

图 4－3　《瑞丽》数字期刊

③ 可回溯性增强：网络报刊的回顾功能可以让用户轻松地找到特定期次的报刊内容，也方便了编者对报刊内容的管理。

④ 全文检索更实用：用户可以运用关键字搜索的方式，查询到相关度最高的文章，从而迅速找到相关文章。

⑤ 内容的互动性增强：通过在线评论、邮件等方式让信息不再是单向传播，而是可以实现读者和编辑的互动。

⑥ 操作方便：可以为各个报社量身定做外观页面。

⑦ 更符合报刊行业的发展趋势：因为数字报刊是将来报刊网络版的发展方向，相信将来会不断涌现。有些资金雄厚的报社、杂志社制作的数字报刊都会在各大传媒上大肆宣传。

三、数字报刊的兴起与发展

数字报刊的兴起可以追溯到 20 世纪 90 年代末，自兴起以来，数字报刊技术主要有以下几种。

1. 采用电子出版物技术的电子报

用于展现数字报刊的版式文件主要包括版面图和 PDF 的版面文件等版式浏览技术。这类技术的共同特点是基于标准的数据格式，使用系统标准浏览器或者专用阅读软件进行浏览，便于应用与传播。

2. 采用 HTML 技术的数字报刊

2005 年以来，以版面图导航、版面和稿件分栏显示的 HTML 数字报刊技术迅速在全国报社广泛应用。这类技术以通用的 HTML 格式展现数字报刊，并提供“原版原式”的版面图为基础的图片热区链接技术，点击文章区域即可阅读相应图文内容；也可以加入相应的视音频和 Flash 内容。如图 4－4 所示为天津《今晚报》电子版。

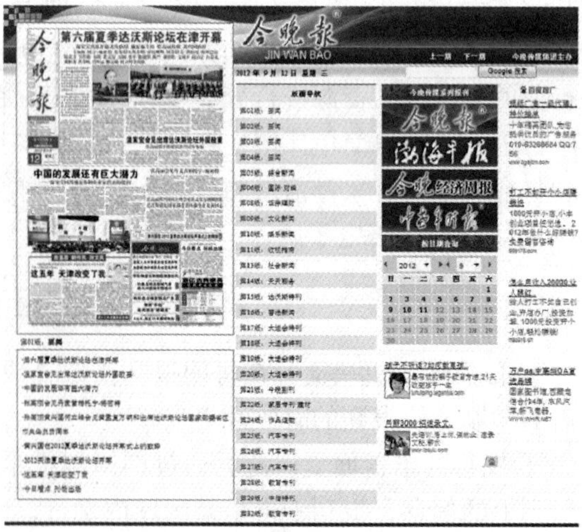

图 4－4　天津《今晚报》

3. 采用 Flash 技术的数字报刊技术

这种数字报刊主要继承和应用了电子杂志技术，可利用 Flash 等多媒体制作技术加工报刊内容，展现形式绚丽多彩，按报纸期刊打包所有版面，提供以离线阅读为主的多媒体数字报刊，也可以提供阅读控件实现在线翻阅。

四、数字报刊的发展现状

1. 数字报纸的发展现状

2011 年，数字报纸业务从量变到质变，是报业数字化转型具有重要意义的一年，数字报业成为报业发展的主流方向。目前，全国 1900 多种报纸实现数字出版的已经超过 60%；其中，全国 49 家报业集团基本实现数字出版。报刊内容数字化发展趋势呈现以报业集团带动独立报社，以大中型城市带动二三级城市，以沿海城市带动内陆城市的模式快速发展。除党报外，都市报、行业类报纸也纷纷加快了数字出版的步伐，同时企业报、校园报刊对待报刊数字出版的态度也非常积极。

通过点击各报的电子版，可以看到他们在电子报纸的制作上是各有特色的。如《人民日报》的电子版——人民网，在其主页上提供了各种分类信息，可以查阅到其所属的子报、子刊的相关内容，除此以外还提供了网络新闻供稿服务；《光明日报》的电子版——光明网，将 1998 年至今的所有报纸内容上网，方便了读者调阅；《北京青年报》更是将每日报纸的所有版面以 PDF 格式制作并上传到网上，使读者足不出户就可以阅读到和印刷报纸相同版面设计的当天报纸的所有内容，如图 4-5 和图 4-6 所示为《人民日报》和《光明日报》电子版。

图 4-5 《人民日报》电子版

图 4-6 《光明日报》电子版

2. 互联网期刊的发展状况

互联网期刊出版产业作为一种全新的出版模式发展态势良好，新技术不断应用、服务理念不断创新、新产品不断推出、市场潜力不断挖掘、用户规模不断扩大，收入规模保持平稳增长。主要出版商是中国学术期刊（光盘版）电子杂志社和同方知网（北京）技术有限公司、万方数据科技有限公司、重庆维普资讯有限公司和龙源数字传媒集团，如图 4-7 至图 4-10 所示。

图 4 - 7　同方知网

图 4 - 8　万方数据

图 4 - 9　维普资讯

图 4 - 10　龙源数媒

其中龙源数字传媒集团已经与 3800 种期刊社合作，并且与时俱进，获得了不同载体的授权。类别涉及时事、财经、党政、文学、医药保健、运动体育、综合文化、教育、军事、家庭、情感等诸多方面，核心期刊、国家级、省级优秀品牌期刊占 70% 以上。如图4 - 11所示为与龙源数字传媒集团合作的网络版期刊《读者》。

图 4 - 11　龙源期刊网上的网络版《读者》

2011 年，互联网期刊出版稳定增长，整个行业数字加工能力不断提高，年实现数字期刊论文加工出版 1000 多万篇。期刊互联网出版商基本都已经拥有各自的专业数据加工生产线和较大规模的生产能力，为传统期刊及时实现数字化加工和互联网出版提供了可靠的保证。2011 年，中国期刊数据库各主要企业期刊资源年度加工情况如表 4 - 1 所示。中国期刊数据库各主要企业服务对象及规模情况如表 4 - 2 所示。

表 4－1　　　　中国期刊数据库各主要企业期刊资源 2011 年加工情况

出版单位 出版能力	同方知网	万方数据	维普资讯	龙源数媒
出版文献数量/篇	>450 万	>230 万	>420 万	—

表 4－2　　　　中国期刊数据库各主要企业服务对象及规模情况

项目 公司	服务对象	用户规模
同方知网	国内机构用户（高校、公共图书馆、科研机构、政府机关、医院、企业）和个人用户、海外机构用户（美、德、澳、日和中国港澳台地区的高校、公共图书馆和政府机关）	机构用户总数逾 6000 家，在各个行业的用户数量和市场占有率分别为：本科院校 100%；高职高专 50%；省级、副省级以上图书馆 91%；地级市以上图书馆 21%；科研机构 200 多家；政府机关近 500 家；军队用户近百家；医院上千家；企业约 400 家；中小学 600 余家。此外，海外机构用户遍布美国、德国、澳大利亚、日本和港澳台等 30 多个国家和地区，用户有 500 多家，包括哈佛大学、剑桥大学、东京大学、香港中文大学、美国国会图书馆、德国国会图书馆、日本科技部等都是同方知网的用户
万方数据	机构用户（高校、公共图书馆和科情科研等领域，市场占有率超过 80%）和个人用户	已有 500 多家机构和 2000 多万个人用户，业务规模覆盖全国 31 个省、市、自治区。网站日访问量逾千万，每年新增的注册用户达 100 多万。同时，海外市场迅速发展，客户群体遍布美洲、欧洲、亚洲等十几个国家。据 Alexa 统计，万方数据知识服务平台在全球从事信息服务的专业网站中名列前茅
维普资讯	机构用户（国内外教育机构、科研机构、企业用户）和个人用户	2011 年维普资讯拥有单位用户数量 6000 余家，个人用户数量 30 万以上
龙源数媒	国内机构用户（公共图书馆、高校、中小学和党政军企事业单位）、海外机构用户（公共图书馆、高校、中小学和个人用户）	不详

第二节　数字报刊系统

所谓“数字报刊系统”，其核心就是“跨媒体出版暨数字报刊自动生成系统”。在此系统构架中，把传统报纸生产、数字资产管理、电子报生成、光盘出版、全文数据库形成和网络发布等作业融为一体，实现跨媒体的多元化出版。通过一系列的技术集成，把文章、版式、图片、广告、报花、字体、字号等报纸涵盖的所有信息完整地结合在一起，再现版面语言的整体魅力。

一、数字报刊系统原理

1. 处理、提取版面信息

制作数字报刊，可以运用排版软件进行文字及图像的组版。针对排版软件产生的结果进行处理提取版面信息，包括版面图、文字分区信息、图像分区信息等，输出到统一的XML文件中去。目前的插件包括针对PS文件的解析，S2文件的解析，PDF文件的解析和InDesign文件的解析等。可以取得完整的版面信息，包含了文章位置、占用区域等信息，采用XML格式，可提供给后期大多数系统直接使用，不再依赖于排版系统的软件厂商和版本。

2. 利用标引等手段合并、归整版面信息

版面信息处理好后，再利用标引等系列手段对提取的XML文件中的版面信息进行合并、归整等操作，把稿件建立标题、文字、图片、表格等对应关系，自动提取日期、标题、文字、作者等，自动和手工对标题、文字稿件、图像稿件、图像说明、表格、EPS、S2等进行关联，设置稿件之间的顺序。设置版面信息、文章信息、图片信息、规范化文字的格式。特定部分转换为图片（为了保持在版面上的排版风格），合并转版文章。形成完全可再利用的XML资料，而且要求标引要直观、速度快。

3. 发布数字报刊

系统把XML文件经过反解入库等处理，直接发布成电子报纸的形式，自动化程度高，无须人工干预。可以通过模版等方式插入自己独特的内容。可以发布为HTML格式和Flash等多媒体电子杂志形式。数字报刊系统工作流程如图4－12所示。

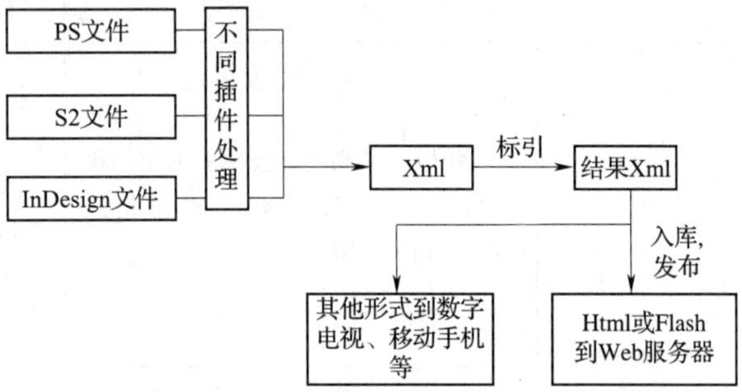

图4－12　数字报刊系统工作流程图

二、数字报刊系统示例

数字报刊系统是用于报纸杂志数字版发布、更新的软件，只需将包含文章内容的纯文本进行简单标识，就可由系统根据模版快速生成整个网站的内容，更新效率大大提高，而且避免了手工更新容易出现错误的问题。下图是目前方正翔宇数字报刊系统制作流程，如图4－13所示。

1. 数字报刊系统特点

① 可以多个模版使用；多模版使用时候，可以分布不同的期刊使用不同的模版。

② 多种浏览方式，AJAX（创建交互式网页应用的网页开发技术）静态页面，企业内部整合，按需定制。

③ 更方便的按需定制，程序架构更灵活，可以按照需要定制独特的程序。

④ Flash拖拽等高级效果，可达到图、文、音、像、静动态效果。

⑤ 版面简单易操作，节省成本。软件按照合理工作流程实现，同时对操作人员只要求具有基本的计算机知识，节省人力、物力、时间方面的成本。

根据当前互联网上新闻媒体的应用，天津科技大学也设计了自己的数字报刊系统，使得“数字报刊”不仅在页面设置上，更在概念上比传统电子版报纸有全新的突破。该系统不仅提供的是整个报纸的全貌，还使得阅读的过程体验和传统报纸高度契合，对于数字报刊，提供原汁原味的报纸阅读效果。如图 4－14 所示为数字报刊——《天津科技大学报》。

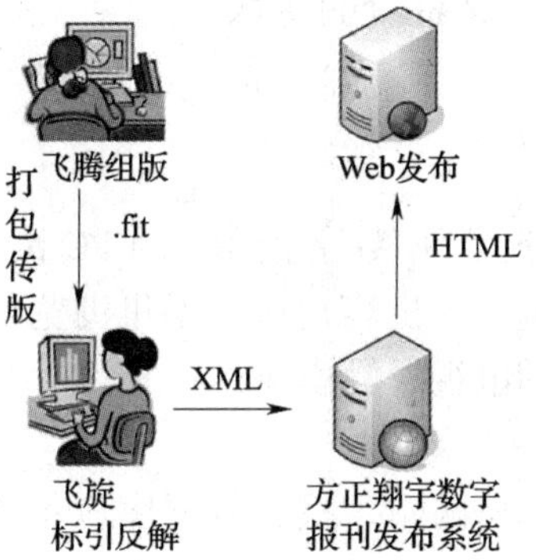

图 4－13　方正翔宇数字报刊系统制作流程图

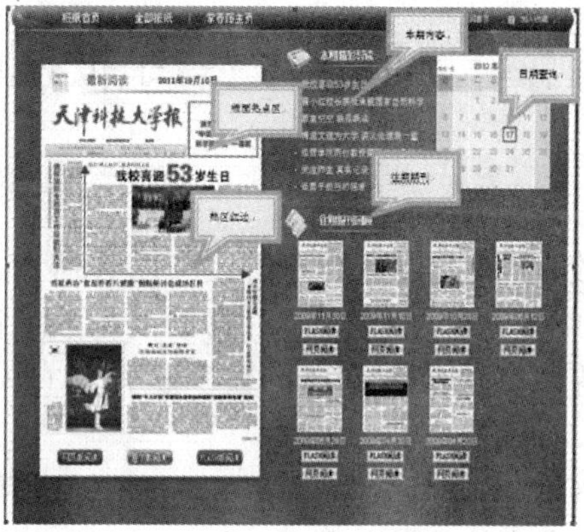

图 4－14　《天津科技大学报》数字报刊

2. 数字报刊系统功能

① 版面阅读：采用带有区域定位的版面图在网页中直接显示，不需要安装第三方插件或阅读器。点击版面图中的任何区域，即可看到对应的文章、图片或广告。

② 版面导航：点击“版面导航”，可以通览当天所设版面。任意点击一个版面序列，页面左边即出现相应版面，右边出现主要新闻的标题。

③ 标题导航：点击“标题导航”，可以通览当天报纸的全部文章标题。点击标题，可进入相应文章或图片页面。

④ 日历导航：点击版面上方的“按日期查找”，可以直接进入指定日期的报纸页面；在版面上方还有“前一天”、“后一天”选项，通过点击可以不间断地浏览该日报纸，如图 4－15 所示。

⑤ 全文检索更实用：如图 4－16 所示，用户可以运用关键字搜索的方式，查询到相关度最高的文章，从而迅速找到相关文章。

图 4－15　查询日期

图 4－16　搜索功能

⑥ 导航指针：采用指针方式实现“上一版”、“下一版”、“上一篇”、“下一篇”的不间断阅读转移。

⑦ 其他功能：点击版面右下角 PDF 图标，可以阅读或下载版面 PDF 文件；阅读文章时字体的“放大”、“缩小”和“默认”字体大小任意转换并智能记忆。

第三节　数字报刊的受众用户及盈利模式

一、数字报刊的受众用户

数字报刊的受众用户可按其内容运营方式和对象分为 PC 数字报用户（PC 浏览器、PC 客户端、电脑光盘等）、移动设备数字报用户（手机、手机客户端、手机浏览器、阅读器等）、公共展示设备的数字报用户（户外大屏、移动电视、触摸屏等）等。

1. PC 用户

PC 数字报用户主要集中在报社数字报网站、综合门户网站、报刊数据库应用、数字报光盘等载体的受众群体。

数字报刊及新闻网站突出的特点在于受众可自由阅读和转发新闻内容，可以充分发挥网络媒体的表现形式丰富、互动性强、信息容量巨大、反馈速度快、用户主动参与等媒体特性。这一系列特点使得数字报刊及新闻网站的作用更加明显，报社可以根据自身报纸内容特点突出网站的内容优势，与主流的互联网门户网站争夺用户和利润空间。例如通过人民网阅读《中国经济周刊》数字报，如图 4－17 所示。

图 4－17　人民网上的《中国经济周刊》

由于数字报刊的最初展示形式就是互联网数字报刊，因此互联网用户是数字报刊受众的最早群体，2011 年各地传媒集团数字报刊网站在发布“原版原式”的数字报刊的同时，不断深化以报纸新闻内容分为基础的多元化、多角度与多媒体的信息服务形式，主要收入渠道包括网站广告、信息服务及数字报刊发行等，在吸引众多网民的同时，形成较为稳定的盈利模式。

2011 年，一些优秀的报社网站在互联网领域具有较强的全国或区域影响力，如表 4－3所示。

表 4－3　　2011 年部分优秀报社网站影响力

报纸名称	全球排名	CN 域排名
人民网	220	39
环球网	344	59
北青网	—	119
光明网	—	124

2. 移动用户

移动设备数字报用户主要集中在以手机阅读、移动阅读器、电子纸设备为载体的数字报刊受众群体。其中，手机阅读已经成为主要的阅读方式。据中国互联网络信息中心（CNNIC）2009 年发布的《中国手机媒体研究报告》显示，我国手机报的普及率已经达到 39.6%。在对手机报的重要性判断中，有近 67.5% 的用户认为手机报是传统报纸的补充，而对于 19.4% 的用户而言，手机报已经与纸质报纸同样重要。如图 4－18 为通过手机阅读国内唯一一份综合性新闻故事类高端文摘读本《Vista 看天下》，图 4－19 为通过平板电脑阅读《中国经济周刊》《读天下》《南方人物周刊》等期刊。

图 4－18　手机阅读

图 4－19　平板电脑阅读

3. 公共展示设备用户

公共展示设备的数字报用户主要是在公共场所以大型电子屏幕、公共电视屏幕、触摸屏为报纸载体的受众群体。2009 年数字报纸的运营模式在触摸屏等新型公共设备上取得了突破，数字报的浏览方式与触摸屏的操作方式完美的融合在一起，加上大屏幕、高清晰的宣传效应，使得数字报触摸屏在多个图书馆进行应用，受众多为图书馆读者用户。人民日报等媒体也在全国范围内积极尝试利用多种广播通信手段在电子显示屏、数字电视等公共渠道上传播数字报刊，增加数字报受众，扩大数字报刊业务的影响力。

二、数字报刊的盈利模式

数字报刊的盈利模式主要分为以下几种。

1. 数字报与新媒体报网结合

通过将报纸数字内容与网站内容结合形成新的内容交互及传播形式，充分利用互联网站新媒体的特点，吸引网民和读者，通过网站和电信、电视台、广告商的合作达到多种盈利模式并存，成为报业向新媒体行业转型的主要盈利模式。

2. 手机报收费阅读

2011 年中国手机阅读市场规模达到 70.1 亿元，年增长率达到 52.1%，此后两年将达 92.7 亿元和 128.9 亿元，增长率预计为 32.2% 和 39.1%。而到了 2014 年，预计收入将增加接近 30 亿元，达到 161.5 亿元人民币。据易观国际 Enfodesk 产业数据库《中国手机应用市场用户调研报告 2009》研究表明，移动互联网用户可接受的收费手机应用中，手机阅读占比仅为 8.8%，占比较低。未来随着手机阅读内容形式的多元化及呈现方式的多样化，预计手机阅读的盈利将进一步增加。

3. 数字报刊数据库应用

报刊数据库应用主要提供了数字报刊下游企业用户的服务及应用产品，如报刊数据库、报刊审读、简报服务、行业库应用等。此类业务受限于上游报刊数字化的质量和覆盖程度，也取决于内容运营商与报社的运营合作情况。

4. 公众阅读模式

数字报刊触摸屏业务是 2009 年新发展起来的数字报刊运营业务，应用在图书馆学校企事业单位的走廊大厅，让用户以触摸的方式阅读报刊，对应用单位有很好的宣传作用。2009 年全国应用触摸屏读报的单位近 30 家。

此外，还有一些其他的数字报公共设备应用业务同时展开，如：

《人民日报》公告牌：准备在全国发售大屏幕阅读《人民日报》的产品，预计全国可销售 120 台触摸屏读报终端，市场前景较好，如图 4－20 所示。

图 4－20 《人民日报》触摸屏读报终端

《解放日报》i－Street：由解放日报报业集团推出的“i－Street 公众新闻视屏”，550 块 LED 屏幕组成了中国目前规模最大的户外新闻联播网络。在新闻播报的基础上，i－Street 还在时政新闻宣传和紧急信息发布上发挥重要作用，如图 4－21 所示。

上海图书馆电子报栏：由文汇新民联合报业集团推出的“IP－NEWSTM 城市 365”文新传媒电子报栏在上海图书馆正式亮相，立刻引起了业界广泛关注。作为迎接世博的一项媒体行动，“IP－NEWSTM 城市 365”以报纸信息、服务信息作为内容主体，结合全新的互动信息展示系统，成为上海各类公共场合一道亮丽的文化风景线，以数字化演绎出“城市，让生活更美好”的世博主题，如图 4－22 所示。

图 4－21 解放日报 i－Street

图 4－22 上海图书馆电子报栏

2009 年，文汇新民联合报业集团又与数字广电单位合作，将数字报刊引入家家户户的电视中，通过用户操作数字机顶盒实现在电视中浏览报纸。该项目经研发测试，2010 年进入家庭电视。

5. 数字报在线收费发行

2006 年，国内第一家采用在线收费发行数字报的《温州日报》，每年对海内外的销售都取得不错的业绩，随后一些行业报也加入了在线收费的行列，业内人士对数字报收费发行业务的评价褒贬不一。《第一财经日报》在数字报刊发行方面的积极探索和实践，实现了内容在数字化出版领域里的有效增值，其业务模式值得相似报社学习和借鉴。2009 年年底，《人民日报》正式开通了数字报刊在线收费发行业务，此举必将为数字报收费发行业务带来深远的影响。

第四节 数字报刊的技术发展方向

简要地说，数字报刊技术将向提高生产与运营效率、降低制作与运营成本、提供更好用户体验、支持传统和数字业务的良性互动和全面发展的方向演变。可以预见：

① 数字报刊制作将与采编/排版系统集成，提供高效、准确和自动的数字报刊制作技术。

② 数字报刊广告将与报社广告系统集成，共享广告业务资源和管理技术。广告技术集成具有重要的应用背景和现实意义。当前报业每年数百亿的广告收入已经拥有广告市场的较高份额，依托纸质报的广告优势实现传统报纸和数字报刊广告的互动经营，才能保证数字报刊广告营销模式的良好发展，相应地，报社将是经营数字报刊广告的主体力量。

③ 数字报刊制作将与报社检索系统集成，快速形成历史数字报刊资源；并提供数字报刊图书馆技术，实现数字报刊的 B2B 营销模式，作为 B2C 发行的有效补充。

④ 在线数字报刊将与网站平台整合运营。一方面，改善在线数字报刊的多媒体表现力，利用数字报刊的点击量提升网站影响力；另一方面，形成数字报刊与网站新闻内容资源和广告资源的整合互动，减少数字报刊多媒体内容制作的重复投入。

⑤ 数字报刊将与移动技术充分结合，全面提升手机报阅读和运营技术。如图 4－23 所示为移动互联网手机报。

图 4－23　移动互联网手机报

第五节　数字报刊相关制作软件

一、汉王 OCR 文字识别软件

所谓 OCR（Optical Character Recognition 光学字符识别）技术，是指电子设备（例如扫描仪或数码相机）检查纸上打印的字符，通过检测暗、亮的模式确定其形状，然后用字符识别方法将形状翻译成计算机文字的过程。即对文本资料进行扫描，然后对图像文件进行分析处理，获取文字及版面信息的过程。汉王 OCR 软件界面如图 4－24 所示。

二、方正飞腾排版软件

方正飞腾 4.1（FIT4.1）是由北大方正自主开发生产的排版软件，它继承了方正维思（WITS）的优点，在中文文字处理上具备其他软件无法比拟的优势，同时具备处理图形、图像的强大能力，如图 4－25 所示。

图 4－24　汉王 OCR

图 4－25　飞腾 4.1

三、NpMaker 数字报刊制作软件

NpMaker 是一款实现传统报纸到数字报刊转化的实用工具，产品整体包括转化工具软

件、一套数字报刊发布系统以及一套报纸管理后台系统。转换工具软件可针对主流排版格式，例如方正的照排文件进行反解操作，转化生成为 Flash、HTML 等格式的文件包，以满足用户不同格式数字报刊的需求；配合发布系统可实现数字报刊的在线阅读以及离线阅读方式。数字报刊管理后台系统包括针对已经发布的数字报刊的管理、统计以及调查等功能模块，方便用户对已经上线的数字报刊修改、监控。NpMaker 快捷方式及截面图如图 4－26所示。

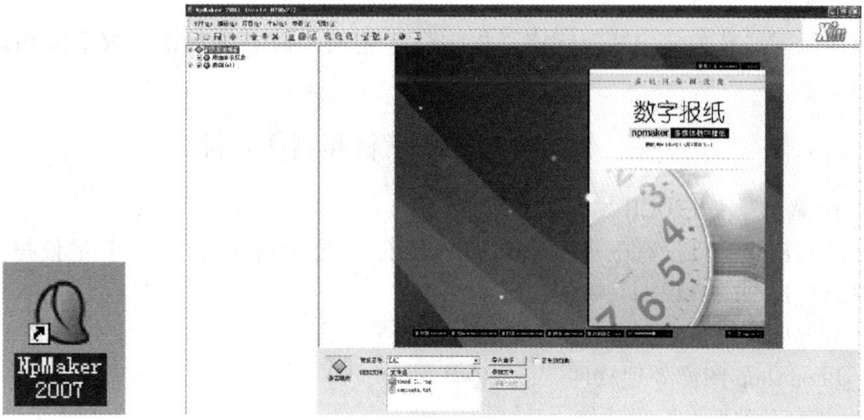

图 4－26　NpMaker 界面

四、数字报刊发布及管理平台

数字报刊发布及管理系统以数字报刊内容的组织管理为主，实现版面上接下转内容的处理，发布的管理和控制，多个版面同时呈现的导航管理及版面的导航管理和数字报刊的采编管理，提供了一个包括信息采集、加工、制作发布的整个数字报刊制作发布过程的工作平台，并实现了整个流程的管理。系统提供了一个简洁集成的操作界面，操作人员能够灵活地制作模版、方便地组织数字报刊内容，完成报刊组织、传送、签发等一系列数字报刊的制作流程，并可以提供相应的权限管理，保证数字报刊第一时间在网站上发布。如图 4－27 所示为数字报刊后台管理系统登录页面，图 4－28 所示为 NpMaker 的后台管理系统。

图 4－27　登录页面

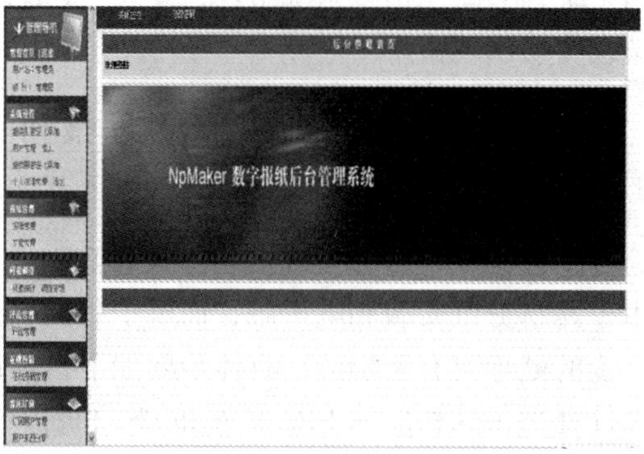

图 4－28　NpMaker 的后台管理系统

构建好报刊的数字化平台，可以实现新闻资讯的即时化，传授双方的互动化，内容实现的多媒体化，传播手段的多终端化。传统报刊不但通过互联网等新媒体实现多终端报刊显示，而且纸质报刊借助互联网、移动手机、户外显示器等新媒体技术，使报刊的内容增值、形态提升、内涵扩大。

第六节　数字报刊制作实例

本节以天津科技大学包装与印刷工程学院《艺韵》院刊为例说明数字报刊是如何制作的。

一、数字报刊准备素材和制作软件

（1）扫描仪及汉王 OCR 文字识别软件

对于已经出版并且没有电子稿件保存的报刊，需要用扫描仪扫描。扫描仪扫描得到的图像可以通过这个软件识别其中的文字。

（2）Windows 记事本文字软件

（3）Photoshop 图像处理软件

（4）方正飞腾 4.1 排版软件

方正飞腾 4.1 版不支持 Windows 7 系统，最好重新启动计算机后再运行飞腾安装程序，运行安装程序之前，不要启动任何其他应用程序及打开任何不必要的窗口，包括杀毒软件，并且安装后要重新启动计算机，否则可能安装后字体不能正常使用。

（5）ACDSee 10

用于转换文件格式，把部分发排的 EPS 文件转为 JPG 格式。

（6）NpMaker 数字报刊制作软件

（7）模版破解工具 2007 和模版制作器

（8）Dreamweaver，用于数字报刊平台设计

（9）Windows IIS 组件

制作网站需要用到“Internet 信息服务”这项功能，系统默认不安装 IIS 组件，一般需要自己下载安装。这里需要注意的是，计算机所安装的系统最好是完整版的，如果是优化版的系统，会缺少很多系统组件，安装 IIS 时候可能导致安装失败，并且后续开发、运行网站也容易出现错误。

二、数字报刊制作流程

制作数字报刊需要报刊排版软件发排和部分发排得到的 EPS 和 PS 格式的文件，而报刊素材各种各样，一种为传统报刊，只有纸质版，还有一种为做好的电子版报刊。

由于素材分纸质版和电子版，而电子版的格式又各种各样，但是要制作成电子报刊，在第一步的处理时有区别的，具体步骤如下，但后期制作步骤相同，都需要处理成，经过排版软件处理得到相应的 EPS 文件和 PS 文件。

1．扫描、文字识别及抠图过程

（1）纸质版素材处理

纸质版的而且又没有电子稿件的报刊需要用扫描仪扫描，如图 4 - 29 所示，扫描之后，用 OCR 文字识别软件识别出文字稿件，如图 4 - 30 所示，把里边文字复制到写字板中，保存为 TXT 格式后用 Photoshop 把图片抠出来，并保存成 JPG 格式，如图 4 - 31 所示。

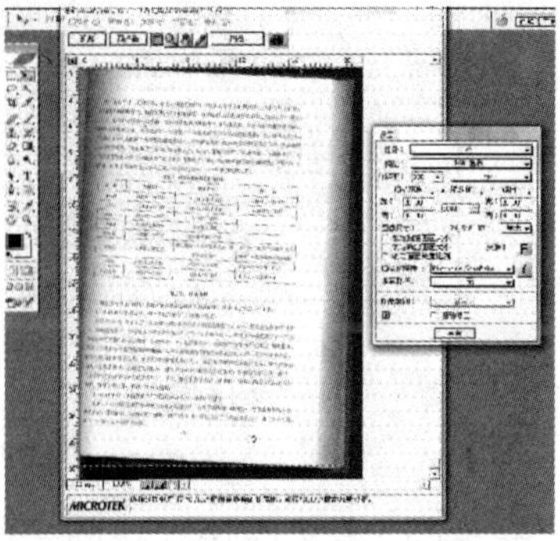

图 4 - 29　扫描

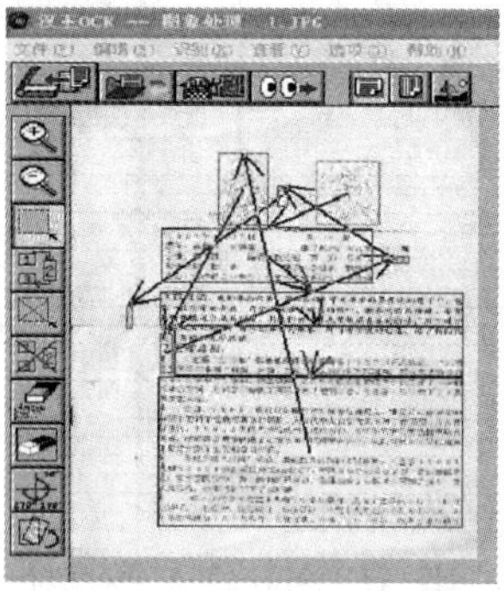

图 4 - 30　OCR 文字识别

（2）电子版素材处理

Word 格式文件，把里边文字复制到写字板中，保存为 TXT 格式。图片可以用截屏然后在 Photoshop 中把插图抠出来，也可以复制到 Windows 画图工具里然后保存成 JPG 格式，画图工具可以根据粘贴的图片大小调整舞台大小，这里需要注意的是，如果图片太小，画图工具保存的 JPG 图片有留白，要再用 Photoshop 把白边裁剪掉，如图 4 - 32 所示。

图 4 - 31　在 Photoshop 中裁切

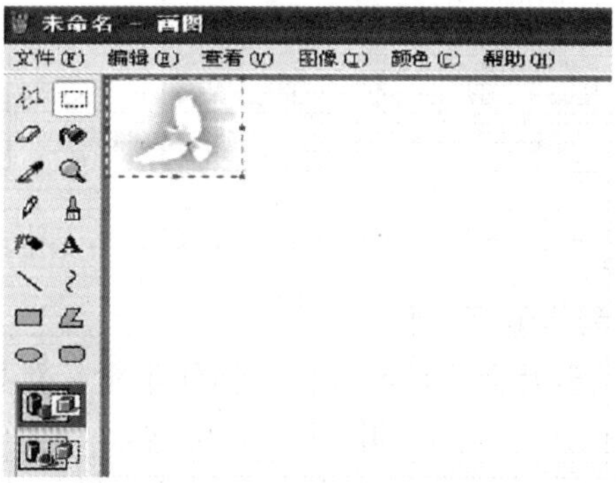

图 4 - 32　Windows 画图工具图片处理

2. 排版过程

（1）方正飞腾文字图片导入

将文字和图片保存之后，首先要打开方正飞腾软件，首先排入文字，然后图片，对照原版原式进行排版，排版效果如图 4 - 33 所示。

（2）发排和部分发排

排版好的文件进行发排和部分发排，得到 EPS 文件和 PS 文件，如图 4 - 34 和图 4 - 35 所示。在发排设置时一定要去掉拼版输出一项和局部发排一项的勾，否则在 NpMaker 中进行反解时将出现错误，部分发排时文件名最好保存为与 PS 文件的名称相同的名称，选项设置时，选中当前页选项，并勾选“生成 Tiff 预显图”，图像格式为 24 位，这样可以在 ACDSee 查图工具中进行预览，发现错误可以及时纠正。

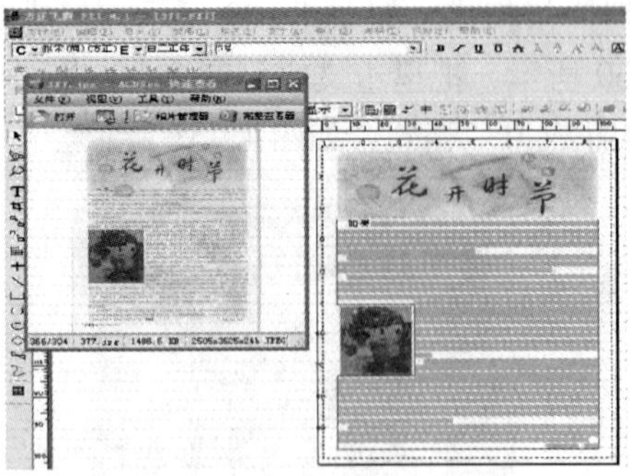

图 4－33　按照原版式排版

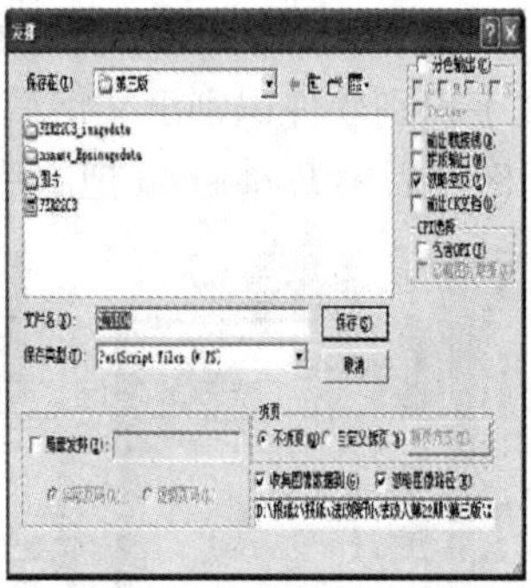

图 4－34　发排得到 PS 文件

(3) 格式转换

启动，用 ACDSee 把 EPS 文件转为 JPG 文件，并且与 PS 文件保存在同一文件夹下，名称要一致，如图 4－36 和图 4－37 所示。

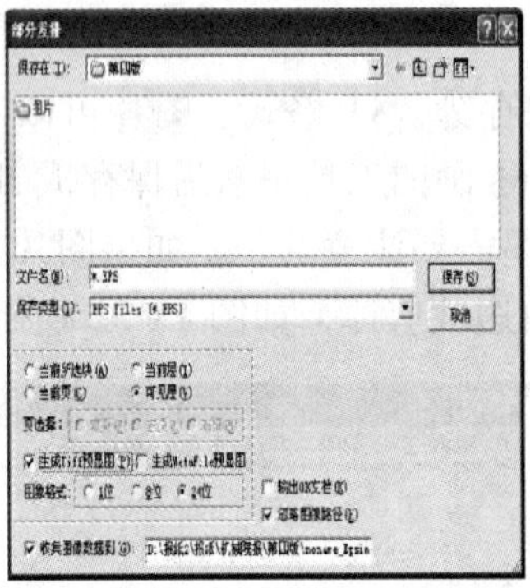

图 4－35　发排得到 EPS 文件

图 4－36　ACDSee 开始界面

3. 制作数字报刊

(1) 打开 NpMaker 软件，新建报纸，对相关项目进行设置，如杂志制作时间，杂志名称，保存路径等，如图 4－38 所示。

(2) 添加 PS 文件　点击“新建报纸”页面右上角的“＋”添加文件，也可以选择添加目录，所以最好之前将每一期杂志单独存放在一个文件夹中，如图 4－39 所示，这样就可以使用添加目录选项，一次性将整期杂志添加，成批处理，提高工作效率。

图 4－37　图片格式转换

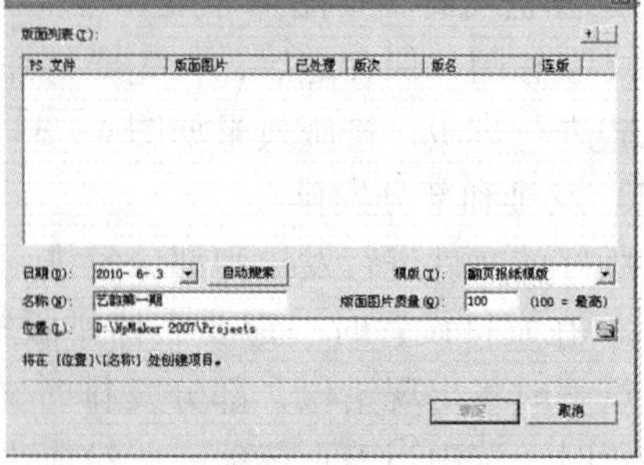

图 4－38　新建报纸

（3）对已添加的 PS 文件逐个进行反解和标引。标引时一定要注意设置好版次，其他设置都可以修改，只有版次不能修改，如果版次设置错误，只能从新创建报纸修改，如图 4 －40 所示。

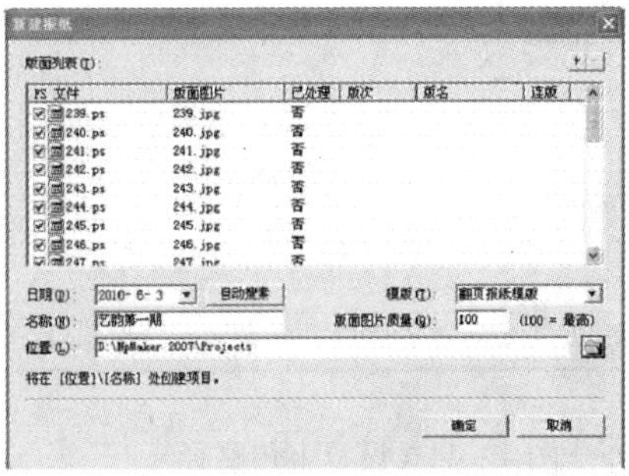

图 4 －39　添加文件

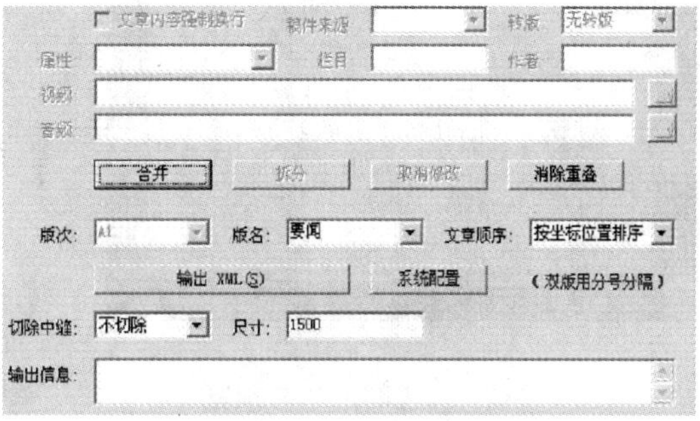

图 4 －40　版次选项

添加完 PS 文件并确定后，NpMaker 将自动进入反解状态，未进行标引前，图片由黄色方框定位，文字块由蓝色方框定位，如图 4 －41 所示。

标引完毕后，NpMaker 将自动列出杂志各页面的版面缩略图和 XML 文件等，如图 4 －42所示。

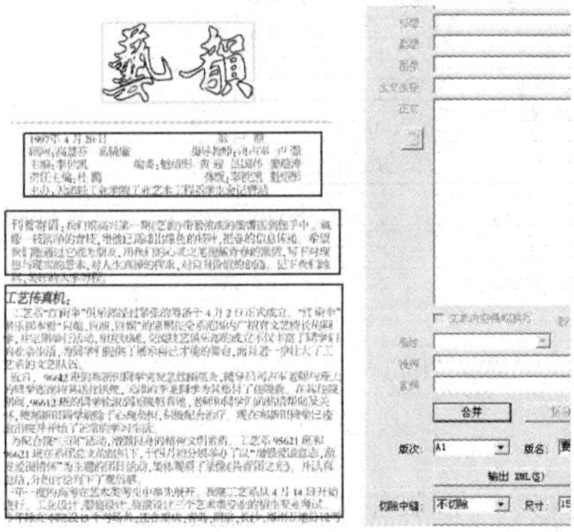

图 4 －41　NpMaker 自动反解

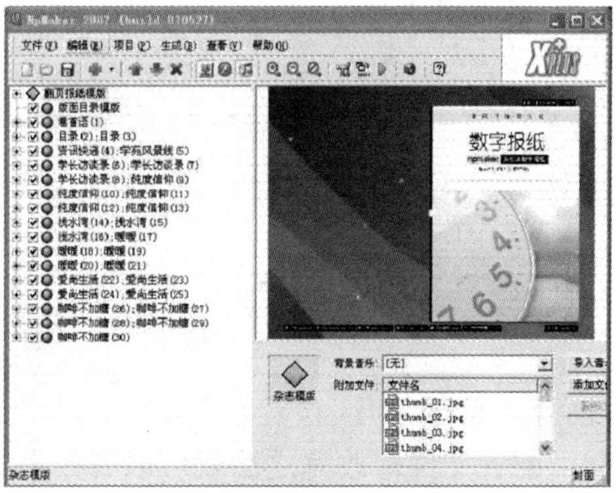

图 4 －42　标引完毕

（4）杂志预览

反解标引完毕后，就可以对杂志进行预览了，预览可以在生成杂志和发布杂志之前对合并或标引错误的页面进行更改，预览过程中，如发现错误，可以找到相应的 XML 文件，打开进行更改。确认无误后就可以生成报纸了。《艺韵》杂志预览如图 4 －43 所示。

三、数字报刊报纸发布

1. FTP 服务器建立

控制面板中选 Internet 信息服务，右键点击 FTP 站点文件夹，查看 FTP 站点属性，勾选写入功能。然后右键点击默认 FTP 站点，填写本机 IP 地址，端口号 21，然后在主目录选项卡中设置好要上传的路径，如图 4 －44 所示。

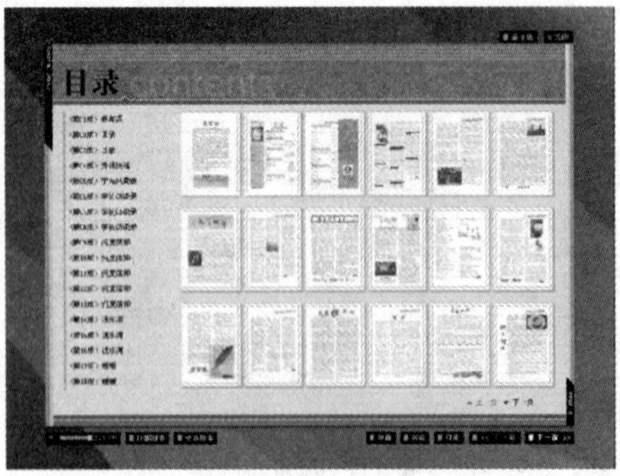

图 4－43　《艺韵》杂志预览

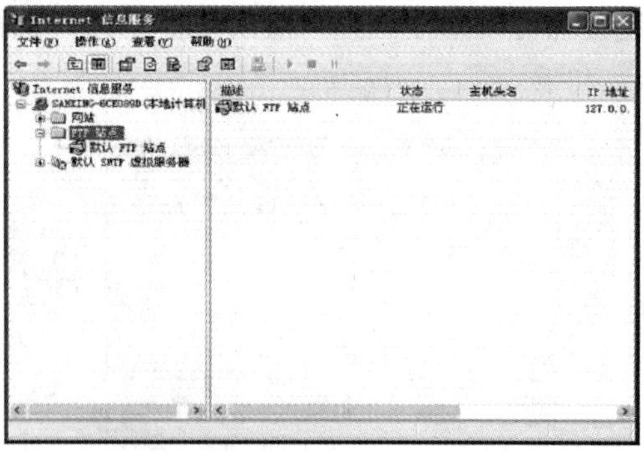

图 4－44　设置上传路径

2. Npmaker 配置软件生成配置文件

点击添加按钮，设置好本地发布到的 FTP 服务器地址、用户等信息。之后生成配置文件，把配置文件复制到 Npmaker 安装目录下，覆盖原来的同名文件，如图 4－45 所示。

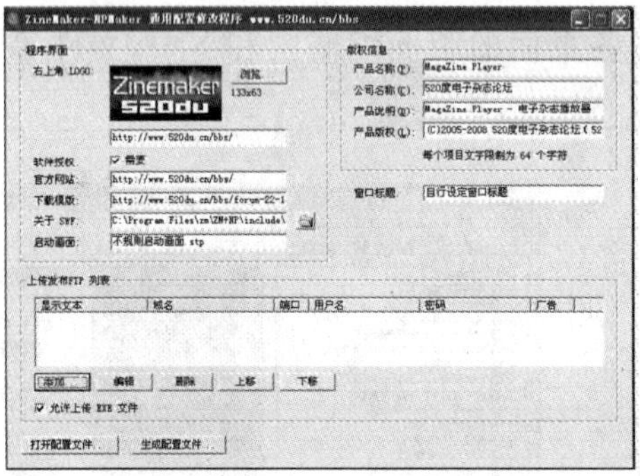

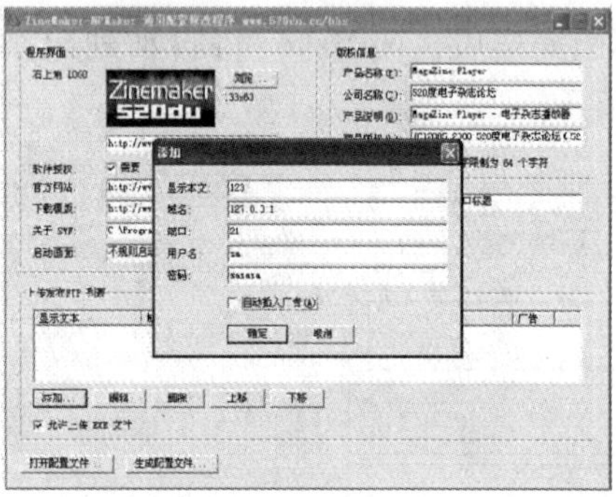

图 4－45　Npmaker 配置软件生成配置文件

3. 发布

配置文件修改完之后就可以开始发布了，可以设置好发布后生成的文件夹名称。文件设置及上传如图 4－46 及图 4－47 所示。

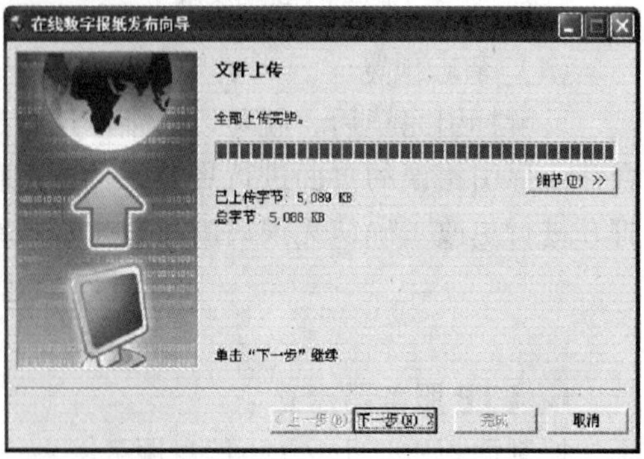

图 4－46　文件设置

图 4－47　文件上传

4. 入库

上传到本地服务器之后，在管理后台的报纸管理里边在新增的报纸后边点击生成 HTML，生成在线阅读的网页版报纸，如图 4－48 所示。

图 4－48　生成在线阅读的网页版报纸

四、数字报刊平台的测试

发布完毕后，要在电脑上进行测试，检查是否有运行错误。打开 IE 浏览器，在地址栏中输入本地 IP 地址，进行测试，以下各图均为测试的效果，如图 4－49、图 4－50 和图 4－51 所示。

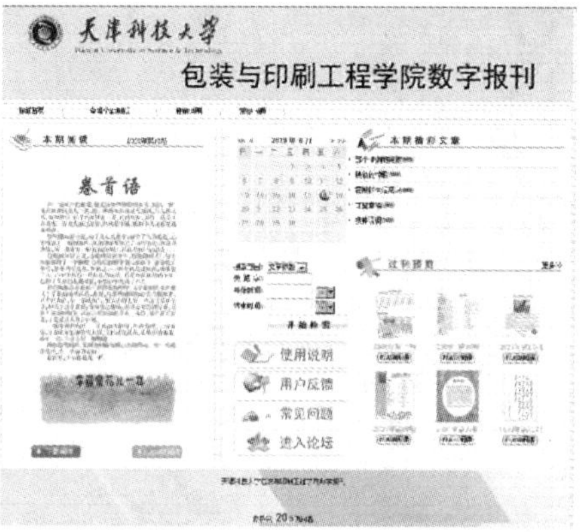

图 4－49　客户端浏览效果

图 4－50　服务器端浏览效果

图 4－51　服务器端管理界面浏览效果

参 考 文 献

［1］百度百科：数字报纸. http：//baike. baidu. com/view/2580953. htm.

［2］柯成恩. 跨媒体发展的新动力——数字报刊系统［J］. 印刷世界，2006，5：15－18.

［3］赵冬岩. 数字报刊技术现状与展望［J］. 传媒，2007（7）：44－46.

［4］郝振省. 2009—2010 中国数字出版产业年度报告［M］. 北京：中国书籍出版社，2011.

［5］郝振省. 2011—2012 中国数字出版产业年度报告［M］. 北京：中国书籍出版社，2012.

第五章　音视频出版物

近年来，随着音视频产品的逐年递增，数字化技术推动出版形式从传统纸质出版物向多媒体数字出版物形式转变，从20世纪80年代中期至90年代中期，完成了音视频设备及出版物形式的模拟化向数控模拟形式或直接全数字化形式的过渡，目前数字化的音视频出版物类型主要包括激光唱盘、激光视盘以及网络在线播放或下载播放等形式，如图5－1所示。

图5－1　光盘出版物

第一节　数字音频的基本概念

随着以计算机为核心的数字信息处理与通信技术的发展，传统的通过话筒把各种声音、音乐转换成模拟电压信号，如图5－2所示，依靠各种专业设备进行声音的处理，最终通过功率放大器推动扬声器来重现声音的模拟音频技术方式已不能满足人们对高音质立体声的要求，也不能满足一般大众对声音信号处理的需求。模拟声音数字化后，如图5－3所示，通过软件在计算机上实现数字音频的处理，具有成本低、操作灵活、简单易懂的优点，并且可以反复修改、多次加工，具有较高的性价比。

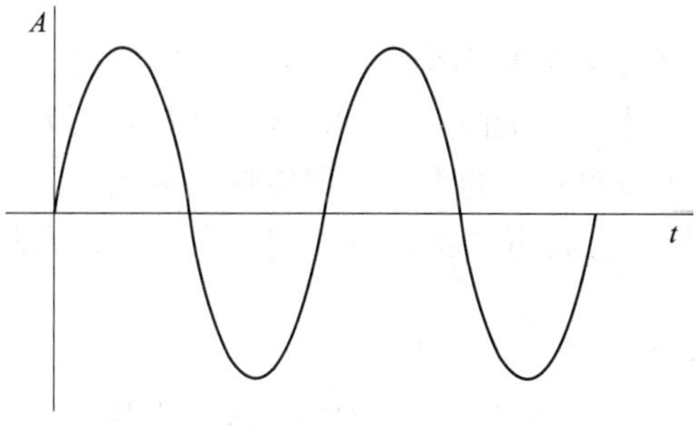

图5－2　音叉发出的正弦波形图

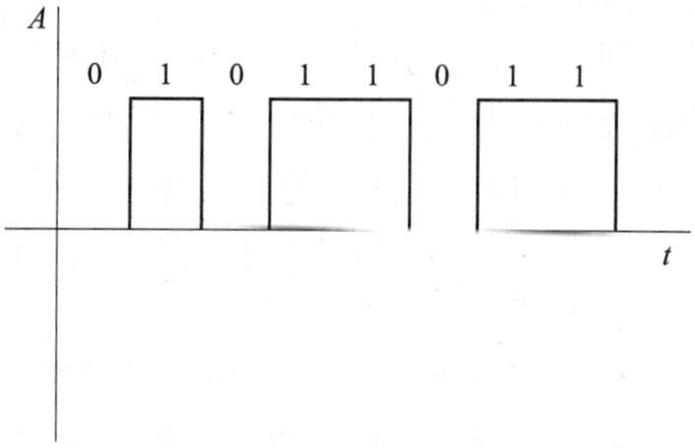

图5－3　数字信号

数字音频技术是一种利用数字化手段对声音进行录制、存放、编辑、压缩或播放的技术，是指把模拟声音信号通过采样、量化和编码过程转换成数字信号，然后再进行记录、传输以及其他加工处理，重放时再将这些记录的数字音频信号还原为模拟信号，获得连续的声音。

一、音频的概念

声音是人类进行交流和认识自然的主要媒体形式，语言、音乐和自然之声构成了声音的丰富内涵，人类被一直包围在丰富多彩的声音世界当中。

声音是一种波，是随时间连续变化的物理量。声音有三个重要指标：

① 振幅——波的高低幅度，表示声音的强弱。

② 周期——两个相邻波之间的时间长度。

③ 频率——每秒钟振动的次数，以 Hz 为单位。

1. 声音的基本特点

声音的“三要素”：音色、音调、音强。

（1）音色

音色是指两个声音的大小和音调相等的情况下，其声音有不同的感觉。声音波形的基频所产生的听得最清楚的音称为基音，各次谐波的微小振动所产生的声音称泛音。每个基音都有固有的频率和不同响度的泛音，借此可以区别其他具有相同响度和音调的声音。音色是由声音中所包含的谐波成分所决定的，与声音的频谱、波形、声压等参数有关。声音波形各次谐波的比例和随时间的衰减大小决定了各种声源的音色特征，如图 5－2 所示为音叉发出的正弦波形图和图 5－4 所示为三角钢琴波形图。

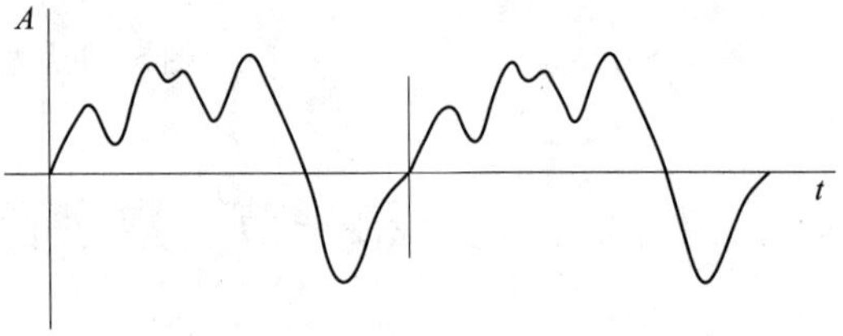

图 5－4　三角钢琴波形图

（2）音调

音调的高低主要是由频率的高低决定的。频率高的声音称为高音，频率低的声音被称为低音。人耳对频率的感觉从最低可听频率 20Hz 到最高可听频率 20kHz 的范围。实验证明，音调与频率之间的变化并非线性关系，除了频率之外，音调还与声音的音强及波形有关。

（3）音强

即声音的大小强弱，也称“响度”，它表示的是声音能量的强弱程度，主要取决于声波振幅的大小。响度是听觉的基础，正常人听觉的强度范围为 0～140dB（也有人认为是 －5～130dB）。因此，超出人耳的可听频率范围（即频域）的声音，即使响度再大，人耳也听不出来（即响度为零）。但在人耳的可听频域内，若声音弱到或强到一定程度，人耳同样是听不到的。

2. 数字音频的数据量与可压缩性

数字音频的质量取决于采样频率的高低、表示声音采样位数和声道数量。音频文件的数据量大小通过下式计算得出：

$$\omega = fbs/8 \tag{5-1}$$

式中　ω——数据量（单位为字节）

f——采样频率

b——采样位数（量化精度）

s——声道数量

例如：对于 CD 音质的数字音频，其采样频率为 44.1kHz，量化精度为 16bit，双声道立体声，根据式（5-1）计算，其数据码率约为每秒 172.3kB，因此，一首 5min 的歌曲其数据量约为 50.4MB。

由计算结果看出，音频信号数字化后所面临的一个问题是巨大的数据量给存储和传输带来的压力，音频文件的数据量问题不容忽视。为了节省存储空间，通常在保证基本音质的前提下，适当降低采样频率和量化位数。在一般场合，人的语音采用 11.025kHz 的采样频率、8bit 采样位数、单声道已经足够；如果是乐曲，采用 22.05kHz 的采样频率、8bit 采样位数、双声道立体声就能满足要求。

那么数字音频信号是否可以压缩呢？当然是可以的。根据统计分析表明，无论是语音还是音乐信号，都存在着多种冗余信息，主要包括：

（1）时域冗余

① 幅度的非均匀分布：统计表明，语音中的小幅度样本比大幅度样本出现的概率要高，又由于通话中必然会有间隙，更出现了大量的低电平样本。此外，实际讲话信号功率电平也趋向于出现在编码范围的较低电平端。因此，语音信号取样值的幅度分布是非均匀的。

② 样本间的相关性：对语音波形的分析表明，取样数据的最大相关性存在于邻近样本之间。当取样频率为 8kHz 时，相邻取样值间的相关系数大于 0.85，如果取样速率提高，样本间的相关性将更强。因而根据这种较强的一维相关性，利用 N 阶差分编码技术，可以进行有效的数据压缩。

③ 周期之间的相关性：音频如语音信号的直流分量不占主要成分，且信号可正可负，虽然语音信号需要一个电话通路提供整个 300～3400Hz 的带宽，但在特定的瞬间，某一声音却往往只是该频带内的少数频率成分在起作用。当声音中只存在少数几个频率时，就会像某些振荡波形一样，在周期与周期之间，存在着一定的相关性。

④ 基音之间的相关性：人的说话声音通常分为两种基本类型：第一类称为浊音，由声带振动产生，每一次振动使一股空气从肺部流进声道，激励声道的各股空气之间的间隔称为音调间隔或基音周期。第二类称为清音，如破裂音，声道在瞬间闭合，然后在气压激迫下迅速地放开而产生了破裂音源。清音比浊音具有更大的随机性。浊音波形不仅显示出周期之间的冗余度，而且还展示了对应于音调间隔的长期重复波形，通过音调周期间隔编码能大大降低码率。

⑤ 静音系数：两个人之间打电话，平均每人的讲话时间为通话总时间的一半，即使是在讲话的时候，也会出现字、词、句之间的停顿。通过分析表明，话音间隙使得全双工话路的典型效率约为通话时间的 40% 或静止系数为 0.6。显然，话音间隔本身就是一种冗余，若能正确检测出该静止段，便可“插空”传输更多的信息。

（2）频域冗余

声音频率中存在着非均匀的长时功率谱密度：在相当长的时间间隔内进行统计平均，可得到长时功率谱密度函数，其功率谱呈现强烈的非平坦性。从统计的观点看，这意味着没有充分利用给定的频段，或者说有着固有的冗余度。特别地，功率谱的高频能量较低，这恰好对应于时域上相邻样本间的相关性。

（3）感知冗余

① 人的听觉具有掩蔽效应：当几个强弱不同的声音同时存在时，强声使弱声难以听见的现象称为同时掩蔽，它受掩蔽声音和被掩蔽声音之间的相对频率关系影响很大；声音在不同时间先后发生时，强声使其周围的弱声难以听见的现象称为异时掩蔽。

③ 人耳对不同频段的声音敏感度不同，通常对低频端较之对高频端更敏感。

③ 人耳对语音信号的相位变化不敏感。

人耳听不到或感知极不灵敏的声音分量都可视为冗余声音。

二、数字音频标准与文件格式

1. 数字音频标准

国际上音频编解码标准主要有两大系列：ISO/IEC JTC1 制定的 MPEG 系列标准和 ITU 针对多媒体通信制定的 G.7 系列音频编码标准。另外，2006 年，由我国自主研发的音视频编码技术标准——AVS 标准，被国家标准化管理委员会获批为国家标准。

（1）MPEG 系列标准

MPEG（Moving Pictures Experts Group）即活动图像专家组，始建于 1988 年，专门负责为 CD 建立视频和音频标准，其成员均为视频、音频及系统领域的技术专家。自 1992 年开始，建立了多个压缩编码标准：MPEG－1、MPEG－2、MPEG－4、MPEG－7、MPEG－21 等，其中具有代表性的音频标准有 MPEG－1、MPEG－2。

表 5－1　MPEG 系列标准

编码标准	目的应用	音频编码
MPEG－1	运动图像数字压缩标准	高保真声音数据压缩标准，分为三层： MPEG－1 audio layer 1 MPEG－1 audio layer 2 MPEG－1 audio layer 3
MPEG－2	运动图像数字压缩标准	MPEG－2 的声音压缩编码采用与 MPEG－1 声音相同的编译码器，Layer 1、Layer 2 和 Layer 3 的结构也相同，但它能支持 5.1 声道和 7.1 声道的环绕立体声
MPEG－4	运动图像数字压缩标准及多媒体应用标准	采用传统的“自然音频编码”和新型的“结构音频标准”，以及“合成/自然混合编码”
MPEG－7	多媒体内容描述接口，用来描述各种类型的多媒体信息和它们之间的关系，以便更快、更有效地检索	无
MPEG－21	交互式多媒体框架和综合应用	无

在音频压缩标准化方面取得巨大成功的是 MPEG－1 音频，于 1992 年正式出版，编号为 ISO/IEC11172，标题为“码率为 1.5Mb/s 用于数字存储媒体活动图像及其伴音的编

码”，具有三个编码层：

① MPEG－1 Layer 1 压缩比例为1∶4，MPEG－1 Layer1 采用每声道192kbps，每帧384个样本，32 个等宽子带，固定分割数据块。采用基于频域掩蔽效应的心理声学模型，使量化噪声低于掩蔽值，主要用于数字盒式磁带（DCC）。

② MPEG－1 Layer 2 压缩比为1∶(6～8)，MPEG－1 Layer2 采用每声道 128kbps，每帧1152 个样本，32 个子带，属不同分帧方式。采用共同频域和时域掩蔽效应的心理声学模型，并对高、中、低频段的比特分配进行限制。Layer 2 广泛用于数字电视，CD－ROM，CD－I 和 VCD 等，用于制作 DAB、VCD 和 DVD。

③ MPEG－1 Layer 3 压缩比例最大，可达 1∶(10～12)，MPEG－1 Layer3 采用心理声学模型，利用人耳对高频声音信号不敏感的特性，将时域波形信号转换成频域信号，并划分成多个频段，对不同的频段使用不同的压缩率，对高频加大压缩比（甚至忽略信号），对低频信号使用小压缩比，保证信号不失真。采用每声道 64kbps，用混合滤波器组提高频率分辨率，克服平均 32 个子带的 Layer1，Layer2 在中低频段分辨率偏低的缺点。MP3 主要用于互联网上高质量声音的传输，其采样频率有很多种，可以用 64kbps 或更低的采样频率节省带宽，也可以用 320kbps 的标准达到极高的音质。

MPEG－2 标准于 1994 年公布，提供广播级的视像和 CD 级的音质。MPEG－2 的声音编码标准是在 MPEG－1 的基础上发展起来的多声道编码系统，采用与 MPEG－1 声音相同的编译码器，Layer 1、Layer 2 和 Layer 3 的结构也相同，但它能支持 5.1 声道和 7.1 声道的环绕立体声。

（2）G.7 系列音频编码标准

电话通信业务中，使用的语音编码标准均是由国际电信联盟（ITU）负责完成的。经历了从 1972 年制定的数据速率为 64kbps 的 ITU－TG.711 标准，到 1984 年公布的 G.721 标准，数据速率为 32kbps，再到 1990 年公布的 G.726 标准，以 40kbps、32kbps、24kbps 或 16kbps 变速语音编码速率传输和 1996 年通过的 8kbps 的 G.729 语音编码协议。目前，随着 Internet 网络及其应用的快速发展，ITU－T 已经将研究和制定变速语音编码标准的工作转移到主要负责研究和制定多媒体通信系统、终端标准的 SG16 上来。

（3）AVS 标准

AVS（Audio Video coding Standard，音视频编码标准）是我国具备自主知识产权的第二代信源编码标准，包括系统、视频、音频、数字版权管理等四个主要技术标准。从 2002 年开始，AVS 工作组开始启动音频编码算法的标准化过程，标准用于重大的信息技术领域、高清数字广播、高密度激光视盘、无线宽带多媒体通信、互联网宽带流媒体、便携式播放器等。AVS 音频标准中的声道数量包括单声道、双声道、5.1 声道，采样率有 44.1kHz，48kHz，96kHz。2005 年 9 月，工作组发布了 AVS 标准的第三部分音频的 FCD 文档，同时发布了对应的参考软件，标志着 AVS 音频标准的制定工作取得了阶段性的成果。

2. 数字音频文件格式

数字音频文件的格式有很多种，但通常分为两大类：声音文件和 MIDI 文件。声音文件指的是通过声音录入设备录制的原始声音，直接记录了真实声音的二进制采样数据，通常文件较大。而 MIDI 文件则是一种音乐演奏指令序列，相当于乐谱，可以利用声音输出设备或与计算机相连的电子乐器进行演奏，由于不包含声音数据，其文件尺寸较小。

（1）声音文件

① CD 格式：CD 音频是音质最好的音频文件格式。在大多数播放软件的“打开文件类型”中，都可以看到 *. cda 格式。标准 CD 格式采用 44.1kHz 的采样频率，16 位量化位数。因为 CD 音轨可以说是近似无损的，因此它的声音基本上是忠于原声的。

② WAV 格式：WAV 格式是微软公司开发的一种声音文件格式，用于保存 WINDOWS 平台的音频信息资源，被 WINDOWS 平台及其应用程序所支持。它支持多种音频位数、采样频率和声道。标准格式的 WAV 文件和 CD 格式一样，也是 44.1kHz 的采样频率，16 位量化位数，声音文件质量和 CD 相差无几，也是目前 PC 机上广为流行的声音文件格式，几乎所有的音频编辑软件都支持 WAV 格式。

③ AIF/AIFF 格式：AIF/AIFF 是音频交换文件格式（Audio Interchange File Format）的英文缩写，是 Apple 公司开发的一种声音文件格式，与 WAV 格式非常相像，支持 16 位 44.1kHz 立体声，被 Macintosh 平台及其应用程序所支持。

④ MP3 格式：MP3 格式是指 MPEG 标准中的音频部分，也就是 MPEG 音频层。根据压缩质量和编码处理的不同分为 3 层，分别对应“*. mp1 ”、“ *. mp2”、“ *. mp3”这 3 种声音文件。MP3 音频文件的具体特征详见本节 MPEG 音频标准中的 MPEG - 1 Layer 3。

⑤ WMA 格式：WMA（Windows Media Audio）是来自于微软的重量级格式，后台强硬，音质要强于 MP3 格式，更远胜于 RA 格式，它是以减少数据流量但保持音质的方法来达到比 MP3 压缩率更高的目的，压缩率一般都可以达到 1∶18 左右。WMA 格式在录制时可以对音质进行调节，同一格式，音质好的可与 CD 媲美，压缩率较高的可用于网络广播。

WMA 支持音频流（Stream）技术，适合在网络上在线播放，作为微软抢占网络音乐的开路先锋可以说是技术领先、风头强劲，更方便的是不用像 MP3 那样需要安装额外的播放器。

⑥ RealAudio 文件：RealAudio 主要适用于在网络上的在线音乐播放。现在的 RealAudio 文件格式主要有 RA（RealAudio）、RM（RealMedia，RealAudio G2）、RMX（RealAudio Secured）等三种，这些文件的共同性在于随着网络带宽的不同而改变声音的质量，在保证大多数人听到流畅声音的前提下，令带宽较宽的听众获得较好的音质。

⑦ APE 格式：APE 是目前流行的数字音乐文件格式之一。与 MP3 这类有损压缩方式不同，APE 是一种无损压缩音频技术，APE 的文件大小大概为 CD 的一半，但是随着宽带的普及，APE 格式受到了许多音乐爱好者的喜爱，特别是对于希望通过网络传输音频 CD 的用户来说，APE 可以帮助他们节约大量的资源。

⑧ MP4 格式（M4A 格式）：MP4 采用的是美国电话电报公司（CCITT）所研发的以“知觉编码”为关键技术的 a2b 音乐压缩技术，可将压缩比成功的提高到 15∶1，最大可达到 20∶1 而不影响音乐的实际听感，同时 MP4 在加密和授权方面也做了特别设计。

（2）MIDI 文件

MIDI（Musical Instrument Digital Interface）全称为乐器数字接口，其音乐文件是以

. mid为后缀的文件格式。MID（. mid）文件并不是一段录制好的声音，而是记录声音的信息、音符、控制参数等指令，然后再“告诉”声卡如何再现音乐的一组指令。MID文件主要用于原始乐器作品，流行歌曲的业余表演，游戏音轨以及电子贺卡等，每存1min的音乐只用5～10KB，文件重放的效果完全依赖声卡的档次。

表5－2　　　　　常见音频格式对比

音频种类	优点	缺点	其他
CD	音质最佳	文件体积巨大，使用CD或PC播放	
WAV	音质最佳	文件体积大，MP3等播放器播放，播放比较耗费资源	
AIF	音质好	文件体积较大	
MP3	音乐体积较小，资源免费，使用广泛，多播放器支持	音质较好	
WMA	音质较好	压缩后体积比较小，相同压缩位率时音质不如MP3格式，跟同类压缩格式相比不具有明显优势	流媒体格式
RealAudio	网络在线音乐的首选	音质相对较差	流媒体格式
APE	无损压缩，音质好	解码速度不够理想	
MP4	音乐体积小	不是免费资源，需专用软件转换	
MIDI	文件体积小，广泛用于手机铃声等数字产品	音质依赖声卡效果	

三、音频信号的数字化

普通的CD采用了数字技术，不过它只是简单地把模拟信号加以数字化。信号的数字化是将连续变化的模拟信号转换成离散的数字信号，一般需要经过采样、量化和编码三个步骤，如图5－5所示。

图5－5　音频信号的数字化

1. 采样

采样是指用每隔一定时间间隔的信号样本值序列代替原来在时间上连续的信号，也就是在时间上将模拟信号离散化，如图5－6所示：

采样定理：在进行模拟/数字信号的转换过程中，当采样频率fs. max大于信号中最高频率fmax的2倍时（fs. max≥2fmax），采样之后的数字信号就可以完整地保留了原始信号中的信息，一般实际应用中保证采样频率为信号最高频率的5～10倍，称为采样定理，又称奈奎斯特（Nyquest）采样定理。

对于高质量的音频信号，其频率范围是从 20 ~ 20000Hz，所以其采样频率必须在 40kHz 以上，根据该采样理论，CD 激光唱盘采样频率为 44kHz，可记录的最高音频为 22kHz，这样的音质与原始声音相差无几，也就是常说的超级高保真音质（Super High Fidelity – HiFi）。

2. 量化

采样只是把音频波形信号变成了时间上离散的样值序列，但每一个等分的长方形的高即某一瞬间声波幅度的电压值的大小，从而影响音量的高低，通常把对声波波形幅度的数字化表示称之为“量化”。

量化过程是将采样值在幅度上再进行离散化处理的过程。所有的采样值可能出现的范围被划分成有限多个量化阶的集合，把落入某个量化阶内的采样值都赋予相同的值，即量化值。通常这个量化值用二进制来表示，用 N 位二进制码字可以表示 $2N$ 个不同的量化电平，如图 5 –7 所示。

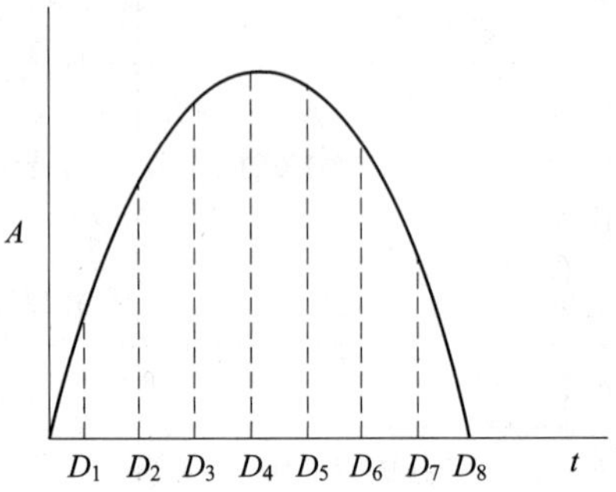

图 5 –6　模拟信号采样

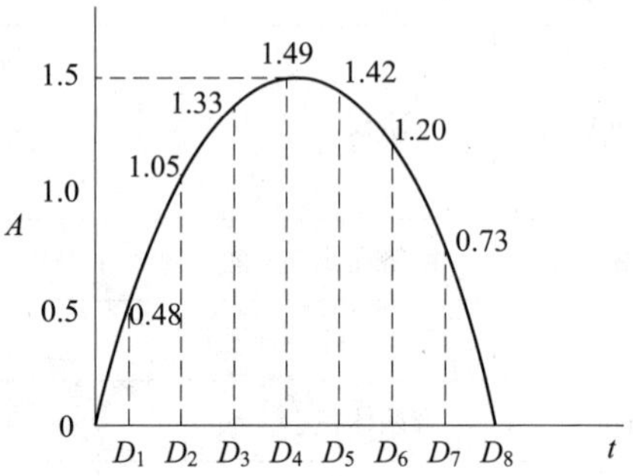

图 5 –7　模拟信号量化

存储数字音频信号的比特率为：

$$I = N \cdot f_s \tag{5-2}$$

式中：f_s——采样频率

N——每个采样值的比特数

表示采样值的二进制的位数为量化位数，它反映出各采样值的精度，如 3 位能表示采样值为 $2^3 = 8$ 个等级，8 位能反映 $2^8 = 256$ 个等级，其精度为音频信号最大振幅的 1/256。量化位数越多，量化值越接近于采样值，其精度越高，但要求的信息存储量就越大 。

根据公式（5 –2）可知，要减小比特率 I，在 f_s 已经确定的情况下，只能减少 N 值。N 值的降低会导致量化的精度降低，N 值的增加又会导致信息存储量的增加，因此在编码时就需要合理地选择 N 的值。

3. 编码

采样、量化后的信号还不是数字信号，需要把它转换成数字脉冲，这一过程称为编码，最简单的编码方式是二进制编码。具体说就是用 N 比特的二进制编码来表示已经量化了的样值，每个二进制数对应一个量化电平，然后把它们排列，得到由二值脉冲串组成的数字信息流。采样频率越高，量化比特数越大，数码率就越高，所需要的传输带宽就越宽。如表 5 –3 所示的编码。

表 5－3　　**量化编码**

样本	D_1	D_2	D_3	D_4	D_5	D_6	D_7	D_8
量化级	5	10	13	15	14	12	7	0
二进制编码	0101	1010	1101	1111	1110	1100	0111	0000

第二节　音频编辑技术实践

没有声音的影片，总会让人觉得画面缺乏活力，没有立体感，降低对观众的吸引力，因此高质量的视听享受，总是离不开音频特效的加入。音频特效的编辑需借助音频处理软件来进行，常用的音频处理软件如音频编辑大师、Cool Edit Pro、GoldWave 等软件。

一、常用软件介绍

1. 音频编辑大师

音频编辑大师是一款功能强大的音频编辑工具，如图 5－8 所示。它可以满足用户对音频处理的多种要求，操作简单，可对多种音频格式文件进行编辑处理，如剪贴、复制、粘贴、多文件合并和混音等常规处理，对音频波形进行“反转”、“静音”、“放大”、“扩音”、“减弱”、“淡入”、“淡出”、“规则化”等操作，添加“混响”、“颤音”、“延迟”等特效。音频编辑大师支持“槽带滤波器”、“带通滤波器”、“高通滤波器”、“低通滤波器”、“高频滤波器”、“低通滤波器”、“FFT 滤波器”滤波处理。

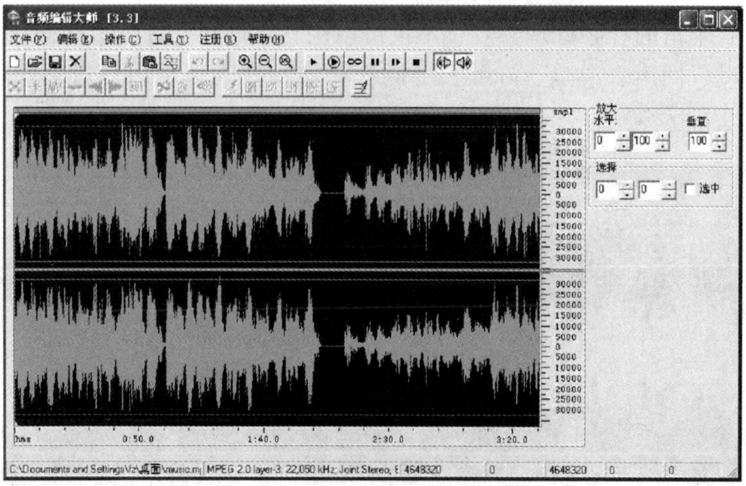

图 5－8　音频编辑大师

2. Cool Edit

Cool Edit Pro 一款功能强大、效果出色的多轨录音和音频处理软件，如图 5－9 所示。它可以用声音来“绘”制：音调、歌曲的一部分、声音、弦乐、颤音、噪音或是调整静音，而且它还提供有多种特效为作品增色：放大、降低噪音、压缩、扩展、回声、失真、延迟等。可以同时处理多个文件，轻松地在几个文件中进行剪切、粘贴、合并、重叠声音操作。另外还包含有 CD 播放器，支持可选的插件、崩溃恢复，支持多文件、自动静音检测和删除，自动节拍查找、录制等。还可以在 AIF、AU、MP3、Raw PCM、SAM、VOC、VOX、WAV 等文件格式之间进行转换，并且能够保存为 RealAudio 格式。

图 5－9　Cool Edit Pro 音频编辑工具

3. GoldWave

GoldWave 是一款功能极其强大的专业音频处理工具，可支持打开的音频文件格式众多，包括 WAV，OGG，VOC，IFF，AIF，AFC，AU，SND，MP3，MAT，DWD，SMP，VOX，SDS，AVI，MOV 等音频文件格式，也可以从 CD 或 VCD、DVD 或其他视频文件中提取声音。内含丰富的音频处理特效，不仅可以用它对声音文件任意剪裁拼接，还可以使用特效如多普勒、回声、混响、降噪、变调等功能特效，满足用户对不同声音效果的需要，如图 5－10 所示。

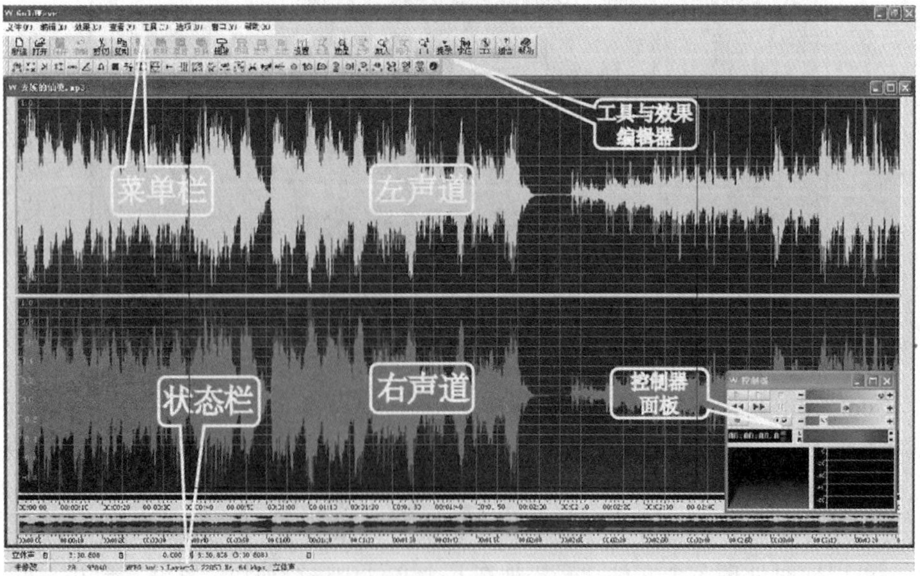

图 5－10　GoldWave 音频编辑工具

二、GoldWave 软件音频编辑

1. 一般音频编辑

启动 GoldWave 软件，显示主界面，选择【文件】>【打开】，打开背景音乐“安妮的仙境”，如图 5－10 所示。

主界面从上向下依次为：菜单栏，用于文件及其他编辑操作；工具与效果编辑器，用于编辑和产生特效；左声道，右声道，是波形编辑的主要区域，以时间轴为基准；控制器面板，主要用来播放以及录制声音；状态栏，用于提示当前编辑的时间宽度、采样频率等。

（1）选择波形

对于音乐来说，有时仅需要其中的一段，然后再对其进行编辑，因此，首先要选择一段波形。选择波形的方法可通过下述两种方法：

① 在波形图上用鼠标左键确定所选波形的开始，然后在波形图上用鼠标右键单击，选择“设置结束标记”以确定波形的结尾，如图 5－11 所示。

② 在波形图上，按下鼠标左键不放开，一直把画框拖拽到结束处，这时会在波形图上看到一个浅蓝色的框，即为选定波形的范围，然后再松开左键，所选定的蓝色框范围即会被选中，如图 5－12 所示。

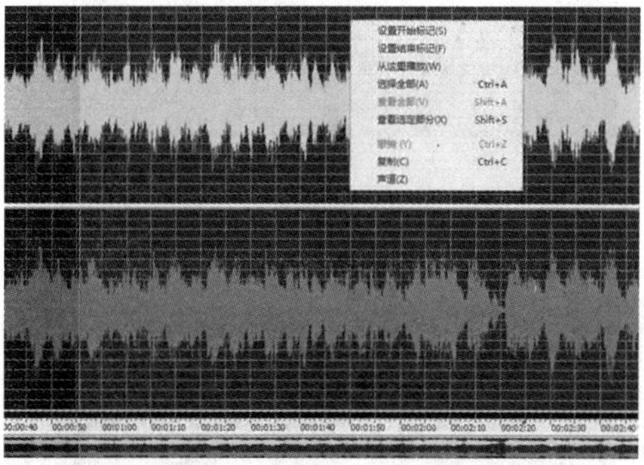

图 5－11　右键选择波形片段

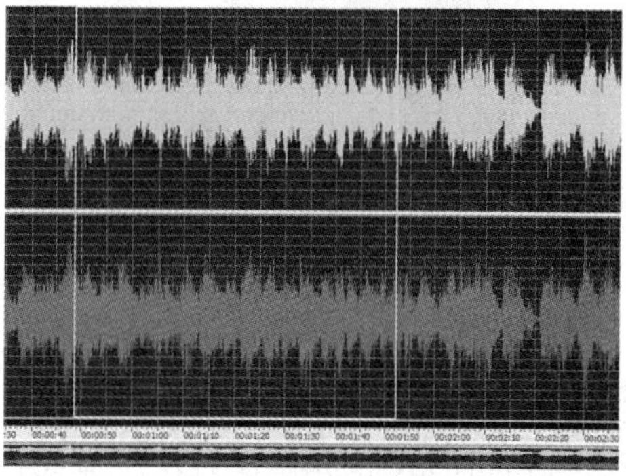

图 5－12　左键框选波形片段

这样就选择了一段波形，选中的波形以较亮的颜色并配以蓝色底色显示；未选中的波形以黑色底色显示。现在，就可以对这段波形进行各种各样的处理了。

（2）复制、剪切、删除、剪裁波形段

对选中的波形片段，可以进行如下基本操作：

① 复制波形段：首先，选择波形段以后，按下工具栏上的“复制”按钮，或者点击右键“复制”，选中的波形即被复制，然后，用鼠标选择需要粘贴波形的位置或选择【文件】>【新建】，最后，用鼠标点击工具栏上的粘贴按钮，刚才复制的波形段就会被粘贴到所选的位置了，如图 5－13 所示。

② 剪切波形段：剪切操作可通过工具栏上的“剪切”按钮完成。而剪切波形段是把一段波形剪切下来，粘贴到某个位置，执行“剪切”命令后，剪切下来的片段保留在剪切板中备用。剪切波形段与复制波形段的操作方法是一样，只是复制操作对原来音频的波

形文件没有影响。

③ 删除波形段（Del 键）：删除波形段的后果是直接把一段选中的波形删除，而不保留在剪贴板中。

④ 剪裁波形段：剪裁操作可通过工具栏上的“剪裁”按钮完成。剪裁波形段类似于删除波形段，不同之处是，删除波形段是把选中的波形删除，而剪裁波形段是把未选中的波形删除，只保留选中部分进行随后的编辑，GoldWave 会自动把剩下的波形放大显示。若用户想剪切一段音乐的高潮片段作为铃声，可以用剪裁操作轻松实现。首先选择要剪裁掉的波形片段，如图 5－14 所示，然后点击“剪裁”按钮，结果如图 5－15 所示。

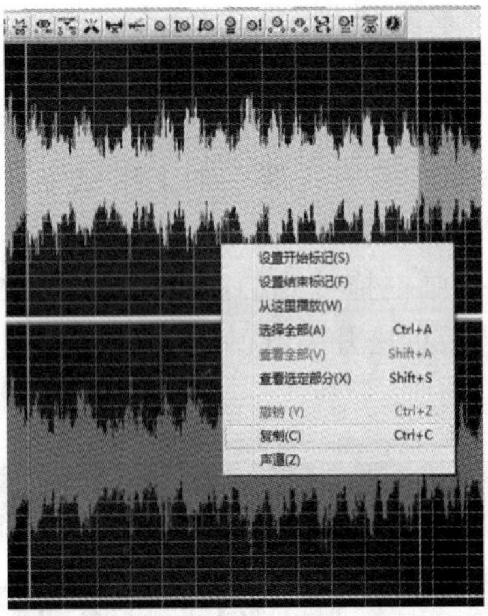

图 5－13　复制波形片段

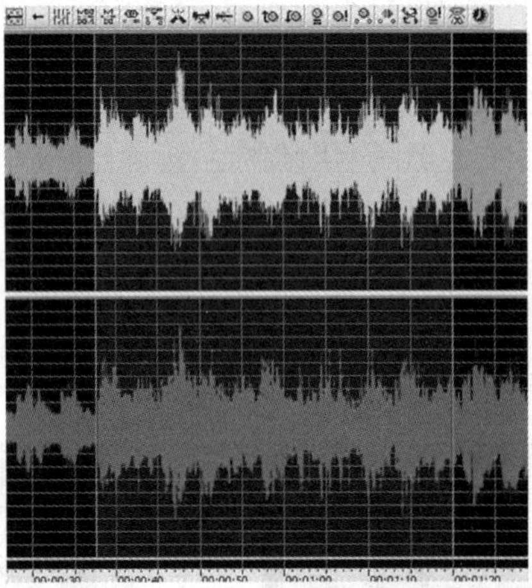

图 5－14　选择波形片段

（3）声道选择

通常情况，对于立体声文件，GoldWave 软件的编辑处理是对双声道同时进行，但 GoldWave 也允许仅对左声道或右声道进行编辑。展开菜单栏中【编辑】>【声道】菜单，可以看到“左声道”、“右声道”和“双声道”选项，用户仅需选择想要编辑的声道即可实现声道选择，如图 5－16 所示。

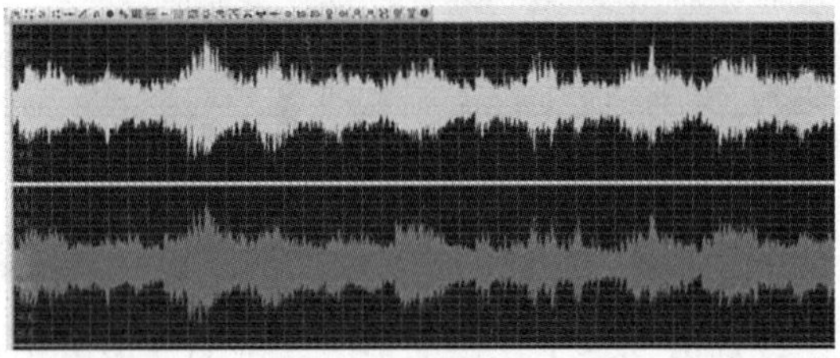

图 5－15　剪裁波形片段后剩余选中部分

（4）录音

① 选择【文件】>【新建】菜单，打开“新建声音”对话框，如图 5－17 所示。

② 选择“声道”数量，通常乐曲为立体声双声道，语音为单声道；确定“采样频率”，通常高音质音乐采用 44.1kHz，一般音质采用 22.05kHz；“初始化文件长度”是录音时间，根据需要，通常设置长度略长于准备录音长度即可。

③ 若采用线路录音，将设备连接好；若采用麦克话筒录音，将麦克插好，单击“控制器”面板中的红色录音按钮 ，开始录音。

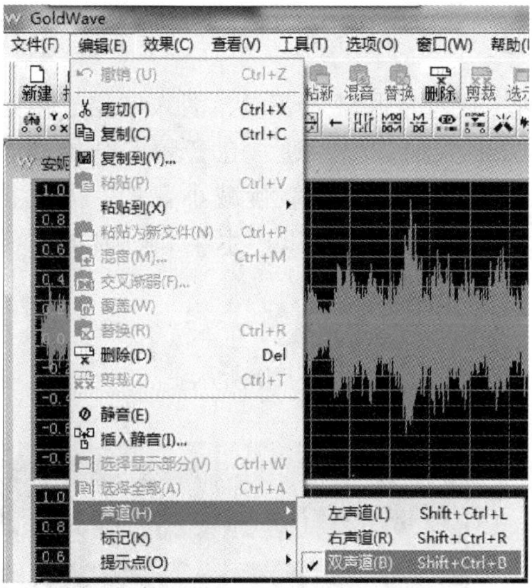

图 5－16　声道选择菜单

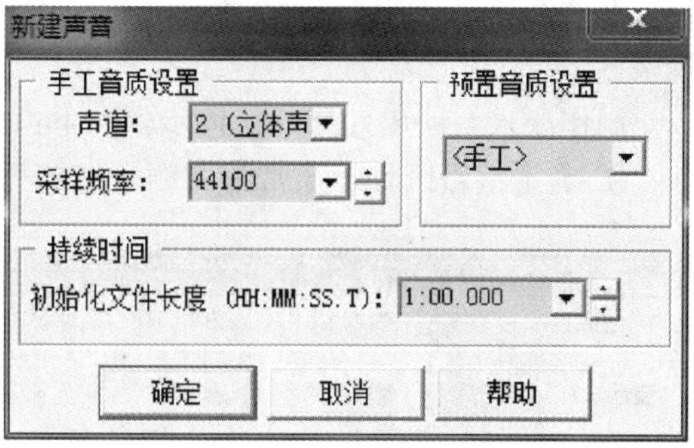

图 5－17　“新建声音”对话框

④ 录音结束后，单击“控制器”中的播放按钮，查看录音效果，若满意后，选择【文件】>【另存为】菜单，选定保存路径、保存类型（可选择＊.wav 或＊.mp3 格式）和文件名，保存录音文件。

（5）更改音量

更改音量处理可以对音频片段增加或降低音量，用于处理录音时音量偏低或作为背景音乐时音量过高的情况，也可以在音频的片段中增加一段静音处理或是将语音录音间的噪声去除掉。单击工具栏中“更改音量”图标，启动“更改音量”面板，如图 5－18 所示。拖动滑块，查看右侧“100%”的变换，即为音量大小的变化。

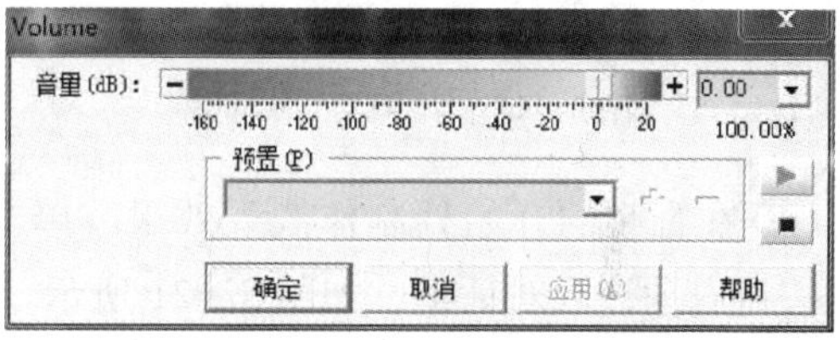

图 5－18　“更改音量”对话框

（6）回声

回声效是指声音发出后经过一定的时间再返回而被人耳听到，这段时间要大于 0.1s，为听到明显的回声效果，回声滞后的时间通常在 0.2s 以上，在很多影视剪辑、配音中广泛采用。GoldWave 的回声效果制作方法十分简单，选择工具栏中回声命令，在弹出的对话框中输入回声数量、延迟时间、音量大小就可以了，如图 5－19 所示。回声数量越多，听到的回声便会越多，但通常 3 次回声以后，由于回声音量衰减，通常听不到更多的回声数量；延迟时间值越大，声音持续时间越长，效果就越明显；音量控制的是指返回声音的音量大小，这个值不宜过大，否则回声效果就显得不真实了；若希望回声采用立体声，单击“立体声”选项，使其生效即可。

通常，延迟时间不宜过长，否则声音分离，不像回声效果，设置完成后，可单击右下方绿色播放键按钮，先试听回声设置效果，满意后单击“确定”按钮完成操作。

2. 高级音频编辑

（1）淡入、淡出

“淡入”、“淡出”效果是指对所选波形逐渐增强音量和减弱音量，淡入常用于由远渐近的听觉效果；淡出则用于产生声音逐渐远去消失的效果，通常在音频的开始和结尾处使用，使声音开始播放时缓慢增大音量和临近播放完毕处缓慢减小音量，因此得名，在两个声音素材交替切换时，也经常采用这种处理方式，以产生柔和过渡的听觉效果。

制作淡入、淡出效果的具体步骤如下：

① 确定编辑区域，通常为音频素材的开始或结尾处，如图 5－20 所示。

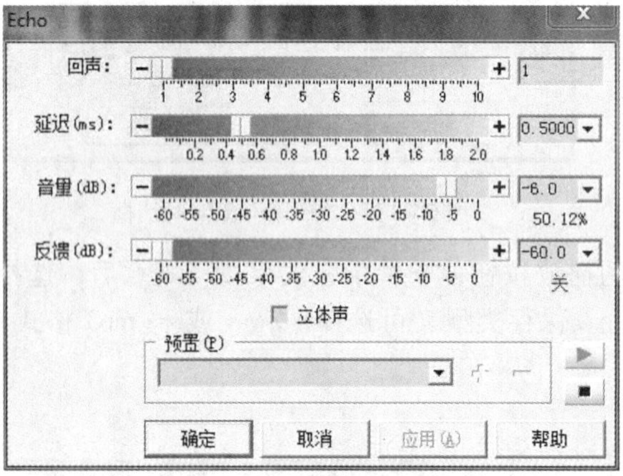

图 5－19　“回声”对话框

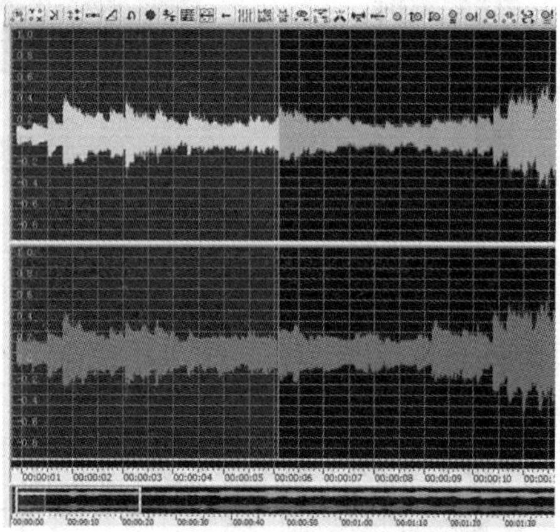

图 5－20　选择音频素材开始片段

② 在音频的开始处制作淡入效果。单击按钮启动淡入对话框，如图 5－21 所示。

③ 在该对话框中调整滑块，改变淡入的初始音量。若初始音量为 0.00%，则声音从无到有；若初始音量不为 0.00%，声音从某个微小的声音逐渐增强至原始音量大小。

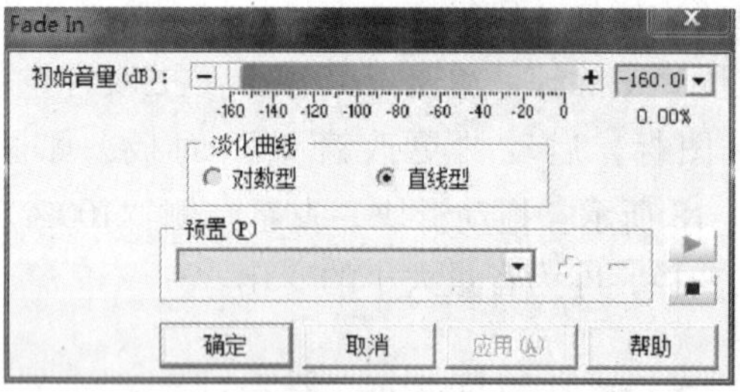

图 5－21　“淡入”效果对话框

④ 单击确定按钮，音频开始片段加入“淡入”效果的波形，如图 5－22 所示。

⑤ 在音频的结尾处制作淡出效果。同理，首先选中结尾部分为可编辑区域，然后单击淡出按钮，加入“淡出”效果，如图 5－23 所示。

（2）均衡器

均衡器调节也是音频编辑中一项十分重要的处理方法，它能够对低音、中音和高音各个频段进行提升和衰减控制，合理改善音频文件的频率结构，使声音的层次和频段分布更为理想，音响效果更佳。

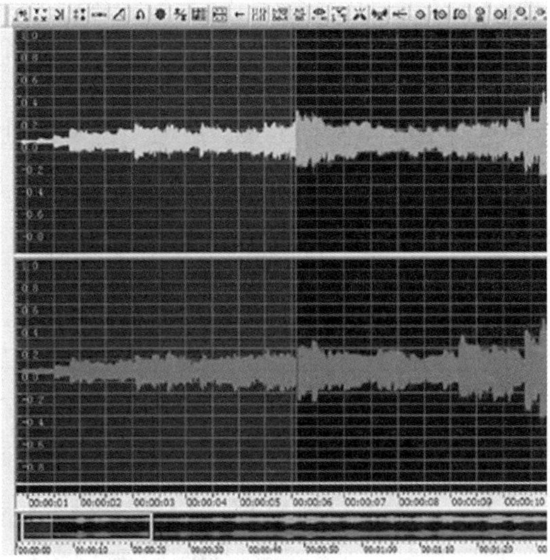

图 5－22　音频开始片段淡入效果

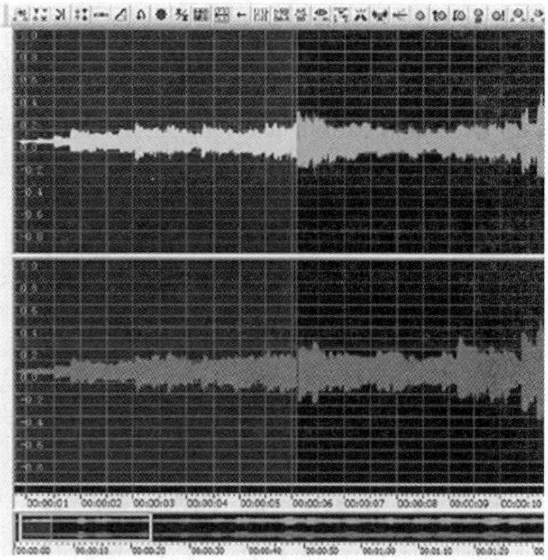

图 5－23　音频结尾片段淡出效果

① 选定编辑区域。

② 单击工具栏上均衡器按钮，显示如图 5－24 所示的“均衡器”对话框，可以分 7 个频段对音频进行调节。

③ 调节各个频段的滑块，根据音频素材的实际情况进行调节，注意音频每一段的增益（Gain）不能过大，以免造成过载失真。

④ 调节完毕后试听调节效果，满意后单击“确定”按钮。

（3）降噪

在录制声音时，会产生一些噪声，这些噪声主要来源于环境设备噪声和电气噪声，这些噪声虽然音量不大，但掺杂在语音中，常使人感到不愉悦，尤其在语音录音的间断期间，噪声尤为明显。如图 5－25 所示，在录音的间隔部分，应该没有音频波形，但却有很多不规则的波形存在，这些便是录音时的噪声。

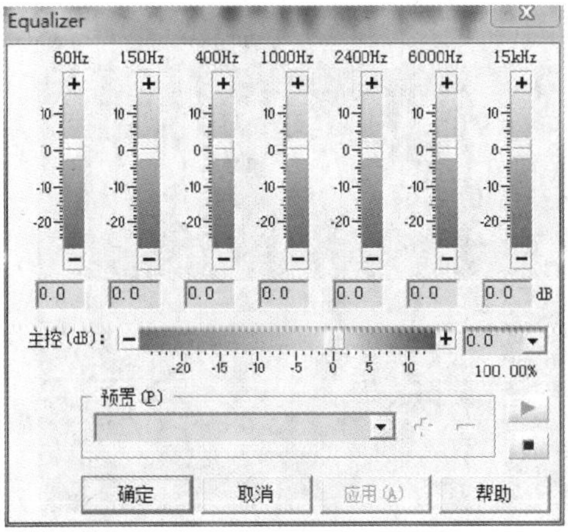

图 5－24　“均衡器”对话框

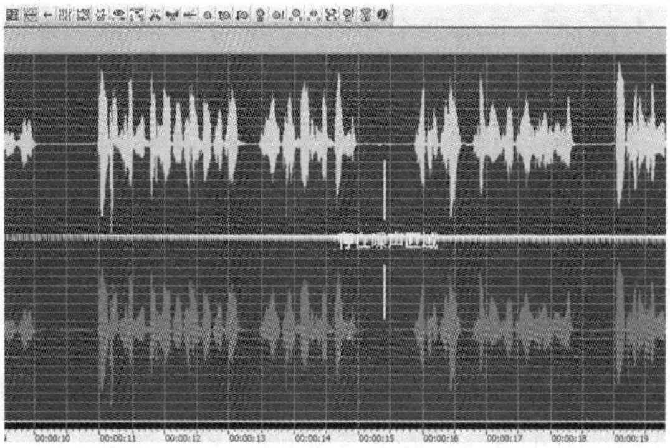

图 5－25　有噪声存在的录音片段

GoldWave 降噪处理步骤：

① 首先在没有录音的空白区域选取一小段音频，如图 5 – 26 所示。

② 选择工具栏中的“复制”按钮，将这一小段音频复制到“剪切板”上备用。

③ 单击工具栏中的“全选”按钮，再选择工具栏中的降噪工具，启动“降噪”处理面板，如图 5 – 27 所示。

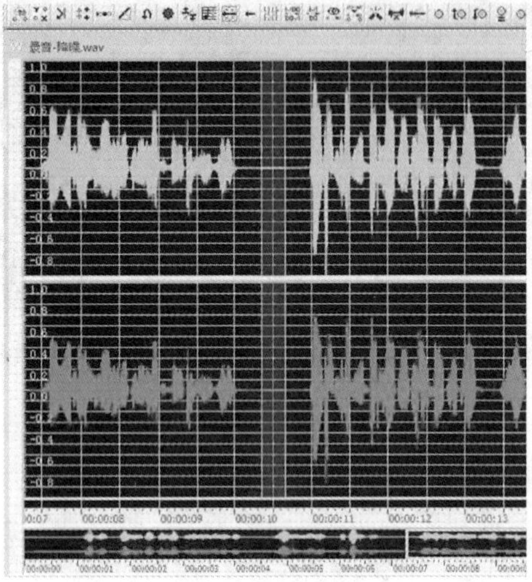

图 5 – 26　选择录音空白区域一小段音频

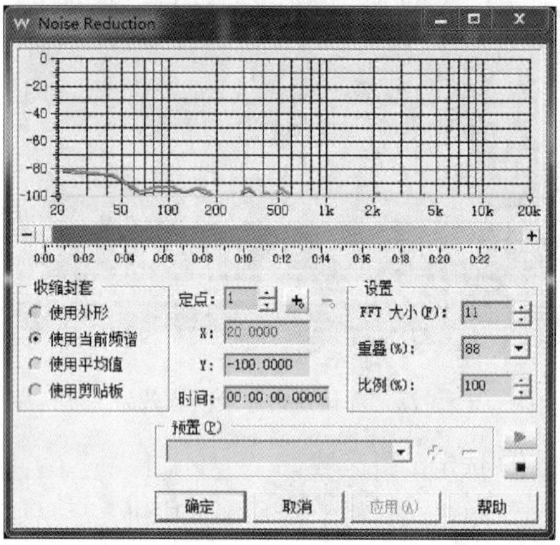

图 5 – 27　“降噪”对话框

④ 选择左下方的“使用剪切板”选项，点击“确定”即可，完成后会发现无声音处的波形幅度明显减小，如图 5 – 28 所示。

从图 5 – 28 中的波形可以发现，那些锯齿杂音被去除了，点击右边控制器里的绿色播放按钮，可以听到很清晰的语音。

（4）制作声相漂移效果

声相效果是指制作音频在左右声道之间进行交替变换播放的效果，使人听起来声音是在左右声道之间来回漂移的感觉。

① 选定编辑区域，点击工具栏中的“声相”工具，启动“声相”面板，如图 5 – 29所示。

② “声相”面板图中上半部分绿色区域为左声道，下半部分红色区域为右声道，中间为制作声相漂移的控制线。

③ 用鼠标拖拽控制线或单击左右声道最大值处，形成如图 5 – 30 所示的声相效果，单击“确定”按钮即可实现声音在左右声道之间交替播放的声相漂移效果。

（5）时间扭曲

制作音视频出版物时，为使画面与声音同步，有时需要改变声音的长度，这就需要对音频素材进行时间调整。

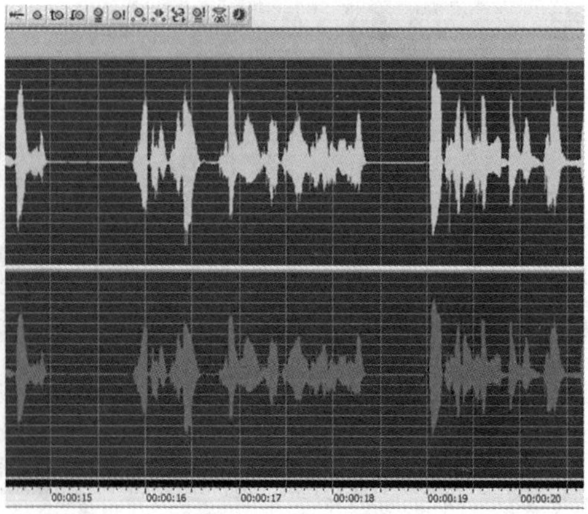

图 5 – 28　降噪处理后的录音片段

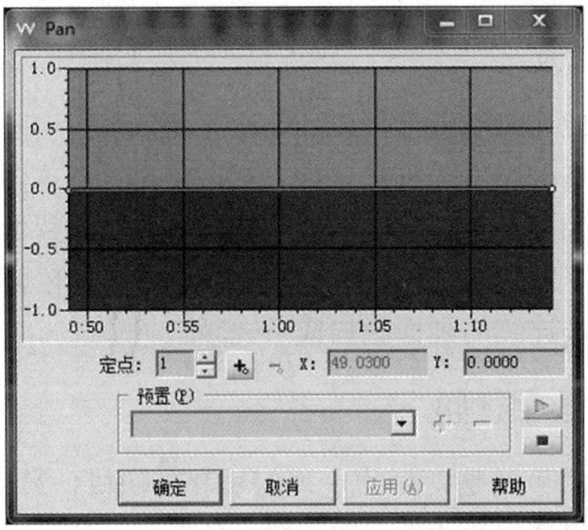

图 5－29　“声相”对话框

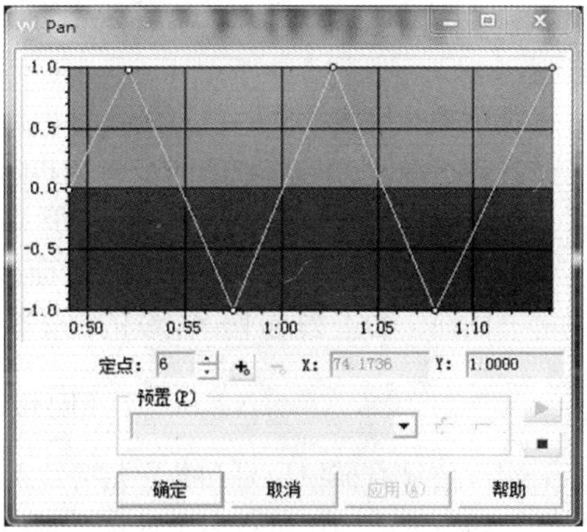

图 5－30　声相漂移效果

① 选定编辑区域，单击工具栏中“时间扭曲” 按钮，启动“时间扭曲”控制面板，如图 5－31 所示。

② 在“时间扭曲”面板中，“改变”与“长度”选项二者选择一个，改变其数值，即可改变音频的时间长度。

③ 当选择“频率”算法时，GoldWave 对音频改变了采样频率，音调也随之改变；若希望改变音频时间长度，而音调不变，可选择“FFT”算法，聆听效果，改变“FFT 大小”和“重叠”大小数值，如图 5－32 所示，最后单击“确定”按钮。

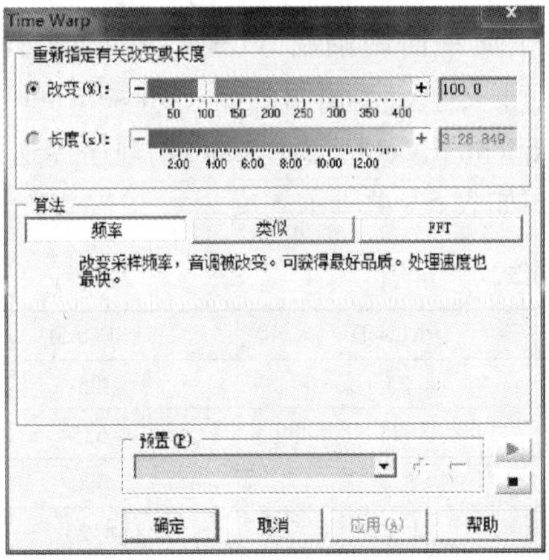

图 5－31　“时间扭曲”对话框

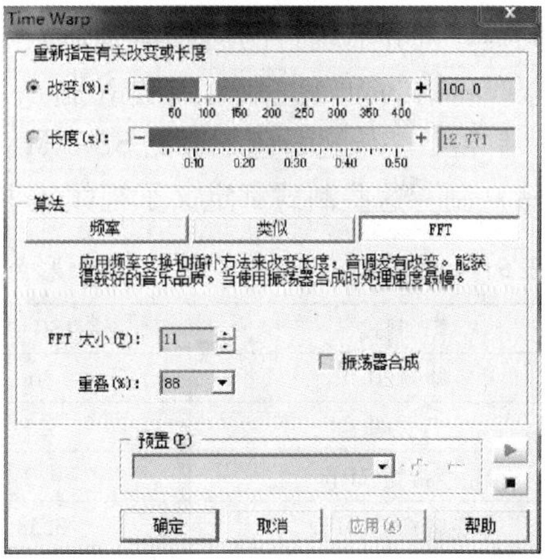

图 5－32　选择“FFT”算法制作时间扭曲

（6）保存输出

处理完成的音频文件，可选择“文件＼保存”或“文件＼另存为”存储成需要的格式，例如可以另存为 MP3 文件，存储过程中，可在“属性”列表框中，根据用户的需要选择不同的模式，如低音质，可采用“22050Hz，96kbps，立体声”模式；如高音质，可选择“44100Hz，320kbps，立体声”，数据量大，但音质效果好。选定后单击“保存”按钮即可。

第三节 数 字 视 频

视频是一组连续画面信息的集合，是二维图像在时间轴上构成的图像序列，也是实际场景的动态演示，与加载的同步声音共同呈现动态的视觉和听觉效果。它不仅包含静止图像所包含的内容，还包含场景中目标运动的信息和客观世界随时间变化的信息。当连续的图像变化每秒超过24帧（Frame）画面以上时，根据视觉暂留原理，人眼无法辨别单幅的静态画面，看上去是平滑连续的视觉效果，这样连续的画面就构成了视频。

一、模拟视频与数字视频

视频信号有模拟信号和数字信号之分，模拟信号就是常见的电视信号和录像机信号，采用模拟方式对图像进行还原处理，编辑处理需要使用专业的视频编辑设备进行；数字视频信号是由模拟信号经过“模/数（Analog/Digital）转换”过程转换成数字信号，由计算机设备和相应的软件实现转换和编辑处理过程。

1. 模拟视频简介

模拟视频是一种用于传输图像和声音且随时间连续变化的电信号，是通过在电磁信号上建立变化来支持图像和声音信息的传播和显示，大多数家用电视机和录像机显示的都是模拟视频。

模拟视频的记录、存储和传输都以模拟信息的形式进行，最初是用于广播电视信号，电视信号的标准也称为电视的制式。目前各国的电视制式不尽相同，制式的区分主要在于其帧频（场频）的不同、分辨率的不同、信号带宽以及载频的不同、色彩空间的转换关系不同等。世界上现行的彩色电视制式有三种：正交平衡调幅制NTSC（National Television System Committee）制（简称N制）、逐行倒相正交平衡调幅制PAL（Phase Alternation Line）制和顺序传送彩色与存储SECAM（法语Sequential Couleur a memoire顺序传送彩色与存储）制。这些制式都定义了视频的主要特征，如表5－4所示。

表5－4　　彩色电视国际制式

TV制式	NTSC－M	PAL－D	SECAM
帧频/Hz	30	25	25
行／帧	525	625	625
亮度带宽/MHz	4.2	6.0	6.0
彩色幅载波/MHz	3.58	4.43	4.25
色度带宽/MHz	1.3（I）0.6（Q）	1.3（U） 1.3（V）	>1.0（U） >1.0（V）
声音载波/MHz	4.5	6.5	6.5

（1）NTSC彩色电视制式

它是1952年12月由美国国家电视标准委员会指定的彩色电视广播标准，采用正交平衡调幅的技术方式，故也称为正交平衡调幅制。NTSC制电视每秒29.97帧（简化为30帧），电视扫描线为525线，行扫描频率为15.75kHz，帧频是30Hz。标准的数字化NTSC

电视标准分辨率为720像素×480像素，24比特的色彩位深，画面的宽高比为4:3或16:9。美国、加拿大等大部分西半球国家以及中国台湾地区、日本、韩国、菲律宾等均采用这种制式。

（2）PAL彩色电视制式

它是德国（当时的西德）在1962年制定的彩色电视广播标准，它采用逐行倒相正交平衡调幅的技术方法，克服了NTSC制相位敏感造成色彩失真的缺点。PAL制电视每秒25帧，电视扫描线为625线，行扫描频率是15.625kHz，帧频是25Hz。标准的数字化PAL电视标准分辨率为720像素×576像素，24比特的色彩位深，画面的宽高比为4:3。西德、英国等一些西欧国家，新加坡、中国大陆及香港，澳大利亚、新西兰等国家采用这种制式。PAL制式中根据不同的参数细节，又可以进一步划分为G、I、D等制式，其中PAL－D制是我国大陆采用的制式。

（3）SECAM彩色电视制式

SECAM是法文的缩写，法国制定的彩色电视广播标准，意为顺序传送彩色信号与存储，由法国在1956年提出，1966年制定的一种新的彩色电视制式。它也克服了NTSC制式相位失真的缺点，但采用时间分隔法来传送两个色差信号。标准的数字化SECAM电视制式同PAL制式相同，主要集中在法国、俄罗斯、东欧和中东一带的国家使用。

2. 数字视频简介

数字视频是指使用计算机数字技术来处理用录像带拍摄出来的活动影像，经过这样处理的视频，无论是继续使用录像带放映，还是使用计算机等数字设备都可以称其为数字视频。因此数字视频不是一个格式，而是一种媒介，在该媒介内有许多文件格式存在。数字视频可被记录在磁带上，一些新型的摄像机可以直接将采集的视频内容记录在DVD上或者硬盘上。采用Digital8或Digital6的摄像机可将数字视频录制在模拟磁带上。

（1）视频的数字化

要让计算机处理视频信息，首先要解决的是视频数字化的问题。视频数字化是将模拟视频信号经模数转换和彩色空间变换转为计算机可处理的数字信号，与音频信号数字化类似，计算机也要对输入的模拟视频信息进行采样与量化，并经编码使其变成数字化图像。

① 采样：根据模拟（电视）信号的特征，同时由于人眼对颜色的敏感程度远不如对亮度信号敏感，因此在电视信号中亮度信号的带宽是色度信号带宽的两倍，其数字化时采用幅色采样法，即对信号的色差分量的采样率低于对亮度分量的采样率。用Y:U:V来表示YUV三分量的采样比例，则数字视频的采样格式分别有4:1:1、4:2:2、4:4:4和4:2:0四种，如图5－33和图5－34所示。

a. 4:4:4采样格式：在每条扫描线上每4个连续的采样点取4个亮度Y分量、4个红色Cr分量和4个蓝色Cb分量，如图5－33（a）所示；

b. 4:2:2采样格式：在每条扫描线上每4个连续的采样点取4个亮度Y分量、间隔取2个红色Cr分量和2个蓝色Cb分量，如图5－33（b）所示；

c. 4:1:1采样格式：在每条扫描线上每4个连续的采样点取4个亮度Y分量、取1个红色Cr分量和1个蓝色Cb分量，如图5－33（c）所示；

d. 4:2:0采样格式：在采样位置上与以上几种有所不同，它是指在水平和垂直两个方向上每2个连续的（共4个）采样点上各取2个亮度Y分量、1个红色Cr分量和1个

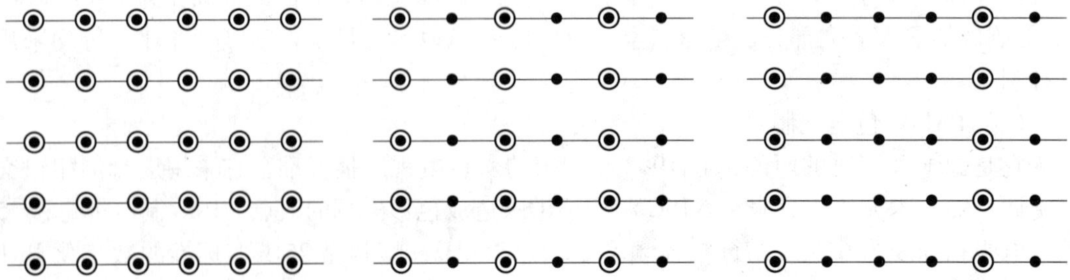

（a）4：4：4采样格式　　（b）4：2：2采样格式　　（c）4：1：1采样格式

图 5 – 33　三种采样格式的采样空间位置关系图

⦿—Y，Cb，Cr 分量　•—仅 Y 分量

蓝色 Cb 分量，平均每个像素用 1.5 个样本表示，常用于 MPEG – 1 和 MPEG – 2 等视频格式的采样，如图 5 – 34 所示。

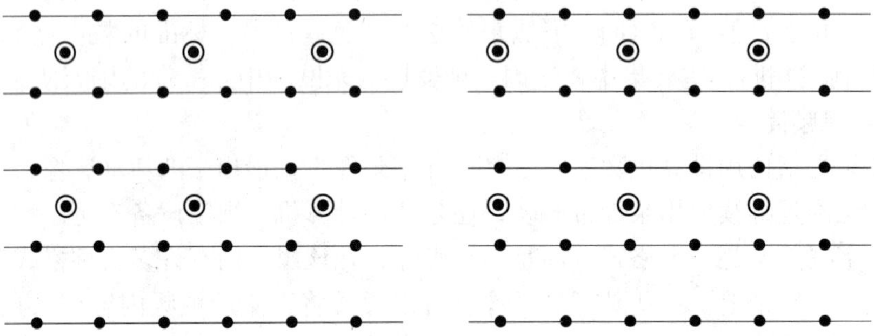

（a）MPEG–1 采用的4:2:0采样格式　　（b）MPEG–2采用的4:2:0采样格式

图 5 – 34　4∶2∶0 采样格式的两种不同空间位置关系图

⦿—Y，Cb，Cr 分量　•—仅 Y 分量

② 量化：视频量化是进行图像幅度上的离散化处理。对于不同的采样格式，如果用 8 为量化精度，则每个像素的采样数据如表 5 – 5 所示。

表 5 – 5　不同采样格式量化表

采样格式	样本个数/像素	采样数据位数/像素
4∶4∶4	3	3 × 8 = 24
4∶2∶2	2	2 × 8 = 16
4∶1∶1	1.5	1.5 × 8 = 12
4∶2∶0		

量化位数越多，量化层次就越精细，但数据量也越大，一般用途的视频信号均采用 8 位或 10 位量化，而信号质量要求较高的视频可采用 12 位量化。

③ 编码：经过采样和量化后得到的数字视频的数据量非常大，所以要进行压缩编码。视频压缩的目标就是在保证视觉效果的前提下减少视频数据率。其方法是从时间域和空间

域两方面去除冗余信息，减少数据量。主要的编码技术有：帧内编码，压缩时仅考虑当前帧数据而不考虑相邻帧间的冗余信息，一般压缩比不高；另一种是帧间编码，它通过比较在时间轴上不同帧的数据进行压缩，是基于许多视频或动画的连续前后两帧信息变化很小的特点，从而可以大大减小数据量。

需要指出的一点是视频数字化的概念是建立在模拟视频占主角的时代，现在通过数字摄像机摄录的信号本身已是数字信号，视频数字化的涵义更确切地是指从磁带上转到硬盘中这个过程。对传统模拟视频信号的采集，尤其是动态视频信号的采集需要很大的存储空间和数据传输速度，这就需要在采集和播放过程中对图像进行压缩和解压缩处理，目前大多使用的是带有压缩芯片的视频采集卡。

（2）数字视频的特点

① 抗干扰能力强、再现性好。在模拟通信中，为了提高信噪比，需要在信号传输过程中及时对衰减的传输信号进行放大，信号在传输过程中不可避免地将叠加上的噪声也同时被放大。随着传输距离的增加，噪声累积越来越多，以致使传输质量严重恶化。对于数字视频，由于数字信号的幅值为有限个离散值（通常取两个幅值），在传输过程中虽然也受到噪声的干扰，但当信噪比恶化到一定程度时，可以通过信号“再生”，生成没有噪声干扰的、和原发送端一样的数字信号，从而能够准确的再现图像。

② 便于存储、处理和交换传输。数字信号形式和计算机所用信号一致，都是二进制代码，因此便于计算机存储、复制；同时可以使用计算机很容易地进行创造性的编辑与合成，可以对数字视频进行非线性编辑，并可以增加特技效果；最后可以进行动态交互，网络传输。

③ 数字视频数据量大，所需的存储空间大，在存储与传输的过程中必须进行压缩编码。

二、数字视频压缩标准

从 20 世纪 90 年代开始，国际上先后制定了一系列视频图像编码标准，目前从事视频压缩标准制定的国际标准组织主要有国际电信联盟 ITU－T 的视频编码专家组 VCEG（Video Coding Expert Group）和国际标准化组织 ISO/IEC 的运动图像专家组 MPEG（Motion Picture Expert Group）。两个标准化组织根据不同的应用需求，采用近似的压缩编码技术，分别制定了 H. 26X 和 MPEG－X 系列视频压缩标准，虽然它们的应用领域不同，但是均采用了预测编码结合变换量化的混合编码模式。其中这两大标准化组织于 1992 年联合提出的 MPEG－2/H. 262 是现有比较成功的国际视频压缩标准，目前又再次联手推出了 H. 264/AVC，即 MPEG－4 第 10 部分。

1．H. 261 标准

H. 261 是最早出现的视频编码标准，由 ITU－T 的前身 CCITT 于 1990 年针对可视电话、视频电视和窄带 ISDN 等要求提出的一个编码标准。它的全称为“$p\times64$kbps 视听业务的视频编解码器”，其中 p 为 1～30 的整数，当 p 小于 6 时，只能传输清晰度不太高的图像，可用于可视电话；当 p 大于 6 时，可以传输清晰度很好的图像，适用于电视会议等实时业务，因而希望编码器的延时尽可能小，所以只利用前一帧做参考帧进行前向预测，且编解码器的复杂度基本对称。

2. MPEG－1 标准

MPEG－1 是国际标准化组织 ISO（International Organization for Standardization）于1991 年针对数据传输率在 1.5Mbps 以下的数字存储介质图像及其伴音编码而制定的国际标准，主要用于家用 VCD 的视频压缩。MPEG－1 针对 SIF 标准分辨率（NTSC 制为 352 像素×240 像素；PAL 制为 352 像素×288 像素）的图像进行压缩，每秒播放 30 帧，具有 CD（指激光唱盘）音质。

3. MPEG－2/H.262 标准

MPEG－2 是由 ISO 与 ITU 于 1994 年联合制定的标准，全称为“运动图像及其伴音的编码”，其中 H.262 就是它的视频编码部分。MPEG－2 设计目标是高级工业标准的图像质量以及更高的传输率，主要针对高清晰度电视（HDTV）的需要，传输速率在 3Mbits/s～10Mbits/s 间，与 MPEG－1 兼容，适用于 1.5Mbps～60Mbps 甚至更高的编码范围，分辨率为 720 像素×480 像素×30 帧（NTSC 制）或 720 像素×576 像素×25 帧（PAL 制），影视图像的质量是广播级的质量，声音也是接近于 CD－DA 的质量。MPEG－2 的音频编码可提供左右中及两个环绕声道，以及一个加重低音声道和多达 7 个伴音声道，这就是 DVD 可有 8 种语言配音的原因。

由于 MPEG－2 在设计时的巧妙处理，使得大多数 MPEG－2 解码器也可播放 MPEG－1 格式的数据，如 VCD。除了作为 DVD 的指定标准外，MPEG－2 还可用于为广播、有线电视网、电缆网络以及多级多点的直播（Direct Broadcast Satellite）提供广播级的数字视频。MPEG－2 的另一特点是其可提供一个较广的范围改变压缩比，按照不同的压缩比分成 5 个档次，并按视频清晰度分别分成四个级别，共有 20 种组合。其中最常用的有 11 种，分别用于标准数字电视、高清晰度电视，码率从 4～100Mbps 不等，以适应不同画面质量、存储容量以及带宽的要求。

4. H.263 标准

H.263 是国际电联 ITU－T 于 1996 年制定的一个标准草案，是为低码率视频压缩提供的新标准，主要支持小于 64kbps 的窄带电信信道视频编码，但实际上其应用范围已经超出了低码率图像编码范围。它共有五种图像格式，其中 16QCIF 是高清晰度电视的水平，所以它也适用于高速率图像编码。

5. MPEG－4 标准

MPEG－4 是一套用于音频、视频信息的压缩编码标准，由国际标准化组织（ISO）和国际电工委员会（IEC）下属的运动图像专家组（MPEG）制定。

MPEG－4 支持对自然和合成的音频、视频以及图形对象的编码，为多媒体数据压缩提供了一个更为广阔的平台，更注重于定义一种格式和框架，而不是具体的算法，这样可以建立一个更自由的通信和研发环境，从而在系统中加入许多新的算法，为使用计算机软件实现编码和解码提供更大的方便。

6. MPEG－7 标准和 MPEG－21 标准

MPEG－7 标准被称为“多媒体内容描述接口”，这种标准化的描述可以加到任何类型的媒体信息上，不管视频信息的表达形式或压缩形式如何，允许快速有效的查询用户感兴趣的信息。它的目标是支持多种音频和视觉的描述，包括自由文本、*N* 维时空结构、统计信息、客观属性、主观属性、生产属性和组合信息，因此 MPEG－7 主要是用于数字化图书馆和广播式媒体。

MPEG－21 则是一些关键技术的集成，通过这种集成环境对全球数字媒体资源进行透明和增强的管理，实现内容描述、创建、发布、使用、识别、收费管理、产权保护、用户隐私保护、终端和网络资源抽取、事件报告等功能。

总地来说，MPEG－7 和 MPEG－21 的应用范围已经超出了传统的传输和存储范畴，转向多媒体检索、交互式多媒体操作和内容管理等领域，已经不是一种单纯意义上的视频编码算法。

7. H.264/AVC（JVT，2003）

H.264/AVC 是 ITU－T 和 ISO/IEC 共同成立的联合视频组 JVT（Joint Video Team）共同提出的高度压缩数字视频编码器标准。ITU－T 的 H.264 标准和 ISO/IECMPEG－4 第 10 部分（正式名称是 ISO/IEC 14496－10）在编码技术上是相同的，这种编码技术也被称为 AVC，即高级视频编码（Advanced Video Coding），该标准第一版的最终草案于2003 年 5 月完成。

H.264/AVC 作为面向电视电话、电视会议的新一代编码方式，目标是在同等图像质量条件下，压缩效率比任何现有的视频编码标准要提高 1 倍以上。它正式形成后，具有编码效率提高、网络适应能力增强、版权公开等特点。

三、常见视频文件格式

1. AVI 格式

英文全称为 Audio Video Interleaved，即音频视频交错格式。它于 1992 年由 Microsoft 公司推出，随 Windows3.1 一起被人们所认识和熟知。所谓“音频视频交错”，就是可以将视频和音频交织在一起进行同步播放。这种视频格式的优点是图像质量好，可以跨多个平台使用，其缺点是体积过于庞大，而且压缩标准不统一，因此只能作为控制界面上的标准，不具有兼容性，用不同的压缩算法生成的 AVI 文件，必须使用相应的解压缩算法才能播放。

2. MPG/MPEG 格式

常见的 VCD、SVCD、DVD 就是这种格式。MPEG 文件格式是运动图像压缩算法的国际标准，它采用了有损压缩方法减少运动图像中的冗余信息，通俗的讲，就是相邻两幅画面绝大多数是相同的，把后续图像中和前面图像有冗余的部分去除，从而达到压缩的目的（其最大压缩比可达到 200∶1）。目前 MPEG 格式的视频压缩标准，分别为 MPEG－1、MPEG－2 和 MPEG－4。

3. DivX 格式

DivX 格式是由 MPEG－4 衍生出的另一种视频编码（压缩）标准，也就是通常所说的 DVDrip 格式，它采用了 MPEG－4 压缩算法的同时又综合了 MP3 方面的技术，使用 DivX 压缩技术对 DVD 盘片的视频图像进行高质量压缩，同时用 MP3 或 AC3 对音频进行压缩，然后再将视频与音频合成并加上相应的外挂字幕文件而形成的视频格式。其画质直逼 DVD 并且体积只有 DVD 的几分之一。这种编码对机器的要求也不高，所以 DivX 视频编码技术可以说是一种对 DVD 造成威胁最大的新生视频压缩格式。

4. MOV 格式

QuickTime（MOV）是 Apple 公司开发的一种音频、视频文件格式。QuickTime 文件格式支持25位彩色，支持RLE、JPEG等领先的集成压缩技术，提供150多种视频效果，并配有提供了200多种MIDI兼容音响和设备的声音装置，能够通过Internet提供实时的数字化信息流、工作流与文件回放功能。QuickTime以其领先的多媒体技术和跨平台特性、较小的存储空间要求、技术细节的独立性以及系统的高度开放性，得到业界的广泛认可。

5. ASF格式

英文全称为Advanced Streaming format，是微软为了和现在的Real Player竞争而推出的一种视频格式，也是Internet上实时传播多媒体的技术标准，使用了MPEG-4压缩算法，压缩率和图像的质量都很不错。

6. WMV格式

英文全称为Windows Media Video，是微软公司开发的一组数字视频编解码格式的通称，是ASF格式的升级，采用独立编码方式并且可以直接在网上实时观看视频节目的流媒体文件压缩格式，在同等视频质量下，WMV格式的体积更小，因此很适合在网上播放和传输。

7. RM格式

RM格式是Real Networks公司所制定的音频视频压缩规范，主要用于在低速率网上实时传送视频文件，用户对符合Real Media技术规范的网络音频/视频资源可进行实况转播，且可以根据不同的网络传输速率制定出不同的压缩比率，从而实现在低速率的网络上进行影像数据实时传送和播放。

8. RMVB格式

这是一种由RM视频格式升级延伸出的新视频格式，RMVB中的VB指VBR（Variable Bit Rate可变比特率），它的先进之处在于RMVB视频格式打破了原先RM格式那种平均压缩采样的方式，在保证平均压缩比的基础上合理利用比特率资源，即静止和动作场面少的画面场景采用较低的编码速率，这样可以留出更多的带宽空间，而这些带宽会在出现快速运动的画面场景时被利用，相比RM格式画面清晰很多。这样在保证静止画面质量的前提下，大幅地提高了运动图像的画面质量，从而图像质量和文件大小之间就达到了平衡。另外，相对于DVDrip格式，RMVB视频也是有着较明显的优势，一部大小为700MB左右的DVD影片，如果将其转录成同样视听品质的RMVB格式，其大小最多也就400MB左右。不仅如此，这种视频格式还具有内置字幕和无需外挂插件支持等独特优点。

四、流媒体技术

流媒体是一种使音频、视频和其他多媒体元素在Internet及无线网络上以实时的、无需下载等待的方式进行播放的技术。流媒体又叫流式媒体，商家把连续的影像或声音经过压缩处理后放到流媒体网络服务器上，把节目当成数据包发出传送到网络上，用户通过解压设备一边对数据进行下载解压，一边观看和收听。流媒体实现的关键技术就是流式传输，即通过网络获得平滑的数据流。

1. 流式传输

在网络上传输音/视频等多媒体信息，目前主要有下载和流式传输两种方案。音频/视频文件一般都较大，所以需要的存储容量也较大；同时由于网络带宽的限制，下载常常要花数分钟甚至数小时，所以这种处理方法延迟也很大。流式传输则较好地解决了用户必须等待整个文件全部下载完才能观看的缺陷，实现了边下载边播放，不仅使启动延时缩短，而且不需要太大的缓存容量。

实现流式传输有两种方法：顺序流式传输和实时流式传输。如视频为实时广播，或使用流式传输媒体服务器，即为实时流式传输；如使用 HTTP 服务器，文件即通过顺序流发送。流式文件也支持在播放前完全下载到本地硬盘。

（1）顺序流式传输

顺序流式传输是顺序下载，在下载文件的同时用户可观看已下载的在线媒体部分，而不能跳到还未下载的前头部分。顺序流式传输不像实时流式传输在传输期间可根据用户连接的速度做调整。顺序流式传输比较适合高质量的短片段，如片头、片尾和广告。由于该文件在播放前是无损下载到本地的，因此方法保证了短片播放的最终质量。顺序流式传输不适合长片段和有随机访问要求的视频，如讲座、演说与演示，也不支持现场广播，严格说来，它是一种点播技术。

（2）实时流式传输

实时流式传输是指保证媒体信号带宽与网络连接匹配，使媒体可被实时观看到。实时流与顺序流需要专用的流媒体服务器与传输协议。实时流式传输总是实时传送，特别适合现场事件，但实际上会有几十秒至几分钟的延迟，如图 5－35的“广东体育”直播。实时流式传输也支持随机访问，用户可快进或后退以观看前面或后面的内容。理论上，实时流一经播放就可不停止，但实际上，可能发生周期暂停。实时流式传输必须保证媒体信号带宽与网络连接匹配，当网络拥挤或网速很低或出现问题时，视频质量会很差。

图 5－35　实时传输的网络电视

2．常见流媒体文件传输格式

目前主流的流媒体格式主要有 3 种，分别是 Real Networks 公司的 Real Media、Apple 公司的 QuickTime 和 Microsoft 公司的 Windows Media，每种格式的特点见本节第三部分——常见视频文件格式。

第四节　视频非线性编辑技术实践

非线性编辑是相对于线性编辑而言的，传统线性编辑要求使用者使用不同的视频素材或片段时，频繁地更换录像带或从录像带中的某一部分寻找到另一部分，通常完成一个编辑需要反复按顺序查找需要的片段，不仅费时费力，且编辑精度不高，造成机器，磁带损耗，画面质量下降。所谓非线性编辑，是指将素材——图像、影像和声音数字化并保存在硬盘等可以随机读取的大容量存储装置中，然后用计算机进行编辑的方式。非线性编辑以计算机为平台、非线性编辑软件为工具，实现多种传统电视制作设备的功能。编辑时，素材的存取、顺序可以不按照制作的顺序放置、读取，对素材可以随意地改变顺序，编辑时随意地缩短或加长某一段，并可以创作出丰富的效果。

一、视频处理软件简介

非线性编辑的视频软件有多种，有大家熟知的会声会影、EDIUS 以及 Adobe Premiere 等。

1. 会声会影

Corel 公司的会声会影非线编软件适合大众的简单操作以及与专业视频编辑软件相媲美的强大功能，让更多的普通用户体验到视频编辑的乐趣，使更多人能够像专业人士一样，轻松制作出精彩的视频作品，如图 5－36 所示。其主要特点如下：

① 为用户提供了一套捕获视频、编辑视频到分享视频的完整视频解决方案，使整个视频编辑简单而灵活。

② 向导式的编辑模式使操作有趣而简单，更多的转场特效、视频滤镜、标题样式、覆盖特效激发用户无限的创造力。

③ 不仅可以直接采集 DVD、VCD、WMV 和 ASF 等格式素材外，还采用最新技术支持高清摄像机，可以轻松捕获高清素材。

④ 用户可以从会声会影的“步骤面板”中直观地看出视频编辑所需要的步骤，在软件的导向下可以轻而易举地完成影片的制作。

⑤ 具备强大的文字编辑和动画制作功能，丰富的文字动画效果，使影片变得更加生动、活泼。

⑥ 提供了多种分享输出，用户可以根据不同的需求来制作相应格式的文件，如刻录成 VCD、SVCD、DVD 光盘等，还可以将影片直接输出到网上或 PSP、IPOD、手机和 PDA 中。

2. EDIUS

EDIUS 是日本 Canopus 公司的优秀非线性编辑软件，专为广播和后期制作环境而设计，特别针对新闻记者、无带化视频制播和存储。EDIUS 拥有完善的基于文件工作流程，提供了实时、多轨道、多格式混编、合成、色键、字幕和时间线输出功能。除了标准的 EDIUS 系列格式，还支持 Infinity™ JPEG 2000、DVCPRO、P2、VariCam、Ikegami GigaFlash、MXF、XDCAM 和 XDCAM EX 视频素材，同时支持所有 DV、HDV 摄像机和录像机，如图 5－37 所示。

图 5－36　会声会影 X5

图 5－37　EDIUS6

3. Adobe Premiere

比较典型的视频处理软件是 Adobe 公司开发的 Adobe Premiere 非线性视频编辑软件，如图 5 - 38 所示。

图 5 - 38　Adobe Premiere CS6

Adobe Premiere 有“电影制作大师”之称，目前常用的版本有 Premiere pro2.0，Premiere Pro CS4、CS5 和 CS6 等版本。它是一款操作简便、编辑画面质量比较好的软件，并且有较好的兼容性，广泛应用于电影、电视、多媒体、网络视频、动画设计、广告制作以及家庭 DV 等领域的后期制作中，可实时编辑 HDV、DV 格式的视频影像，并可与 Adobe 公司其他软件进行完美整合，相互协作。其最新版本为 Adobe Premiere Pro CS6，Premiere Pro 作为一款专业的非线性编辑软件在业内受到了广大视频编辑爱好者的好评。

二、非线性编辑实践

用非线性编辑软件制作视频，一般需要如下几个步骤：

① 对拍摄的素材进行采集，存入电脑素材库；

② 新建一个“项目文件”，按照不同需要选择预置模式；

③ 将视频和音频等素材导入到非线编软件项目窗口中，按照不同顺序与剪辑需要在时间线窗口中进行装配、组接素材；

④ 为素材添加特技、字幕，配好解说、添加音乐、音效；

⑤ 将所有剪辑、编辑好的素材合成影片，输出视频文件。

本书以 Adobe Premiere Pro CS3 为例，向读者介绍非线性编辑软件 Premiere 的界面以及影视剪辑、输出的过程。

1. Premiere Pro CS3 项目创建

专业的磁带录制方式视频采集需要 1394 采集卡与 DVCAM 录像机或摄像机的配合，随着普通家用型卡式摄像机或硬盘式摄像机的普及，对低画质视频的采集只需要 USB 接口即可完成视频的采集，这里不再详述。

Premiere 启动时，需要用户新建一个项目文件，如图 5 - 39 所示，或者打开已有的项目工程文件。

用户可以指定项目文件的存储路径并建立名称，更为重要的是进行预置模式的加载，也就是传统的项目设置选项。通常，选择 DV - PAL 中标准 48kHz（或 32kHz）标准来创建工程项目，帧频为 25fps，标准分辨率为 720 像素×576 像素，音频为 48kHz，像素纵横比为 1.067，或者选择宽银幕模式。在这个界面下，可以选择该项目文件的保存位置，命名项目名称，单击“确定”进入软件主界面编辑模式，如图 5 - 40所示。

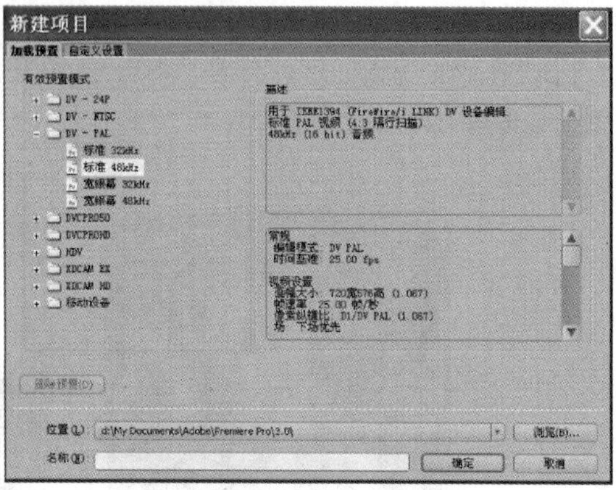

图 5 - 39　“Premiere CS3”新建项目对话框

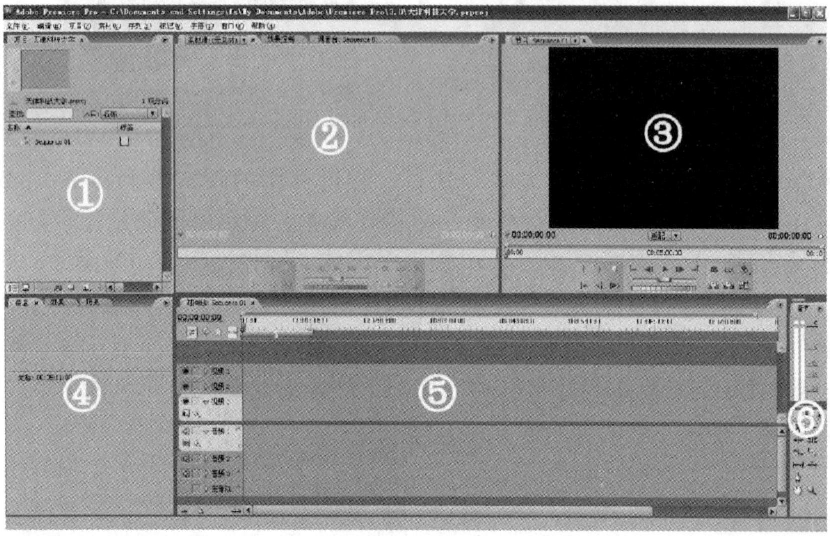

图 5 - 40　“Premiere CS3”主界面

① 项目面板：用于存放、浏览视频编辑中所需素材的素材库，包括视频片段、声音文件、图像文件、字幕文件等。

② 效果控制、调音台以及素材源组合面板：可以对素材添加的转换效果、视频特效内容的参数进行控制，还可以为素材创建运动效果，透明效果等；可以分轨道调整音频级别、声音的渐强和渐弱效果、平衡立体声、控制效果；预览信息窗口中素材画面，可以在项目窗口或时间线窗口中双击某个素材，也可以将项目窗口中的某个视窗直接拖至素材源监视器中将它打开。

③ 节目监视器窗口：用于预览时间线剪辑画面内容与特效，为其设置标记或指定入点和出点以确定添加或删除的部分帧。

④ 信息、特效与历史组合面板：用于显示在项目窗口中所选中素材的相关信息；提供多种视频转换模式、视频特效以及音频的特效和转换效果，用户可以方便地为时间线窗口中的各种素材片段添加特效。显示编辑操作历史信息。

⑤ 时间线窗口：位于屏幕底部，是主编辑窗口，承担着指示时间的任务，左上方的时间码显示的是时间编辑线滑块所处的位置。根据时间栏上的时间显示，调整视频、音频等内容的位置，并对内容进行剪辑。时间码下方有“吸附”图标按钮（默认被激活），在时间线窗口轨道中移动素材片段的时候，可使素材片段边缘自动吸引对齐。其中的“视频1”、“视频2”、“音频1”、“音频2”等轨道式用来放置和编辑视频、音频素材的地方。用户可以对现有的轨道进行添加和删除操作，还可以将它们任意的锁定、隐藏、扩展和收缩。

⑥ 工具箱与音量窗口：存放视频剪辑中所使用的工具以及显示音频轨道声音播放的音量。

2. 导入素材与视频剪裁

采集或输入的音视频，有些片段不需要，因此需要对其设定入点、出点，或在时间线通道中剪裁删除。操作步骤如下：

① 选择【文件】>【导入】菜单，显示导入画面并导入音频或视频文件，将要剪辑的文件导入到素材库中（可多选素材），如图5-41所示。

② 双击素材，这时在“素材源”监视窗口中能够看到该素材片段，浏览素材，看到需要的素材片段起始点位置时，点击“播放/停止”按钮，素材源监视器显示当前素材入点的画面，单击“设置入点”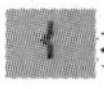按钮（或按“I”键），给素材设置入点；继续播放素材，看到需要的素材片段结束出点位置时，点击“播放/停止”按钮，素材源监视器显示当前素材出点的画面，单击“设置出点”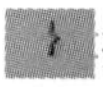按钮（或按“O”键），给素材设置出点，同时在入、出点之间显示为深色，表示该素材被选用的片段。在素材源监视器窗口右下方显示素材片段的长度（时间码），如图5-42所示。

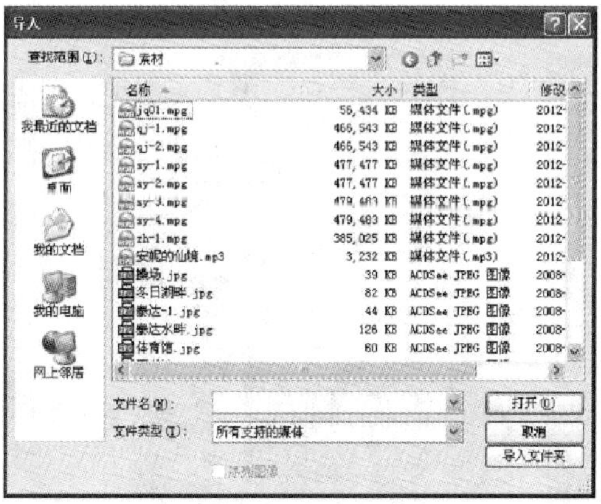

图5-41　“导入”对话框

图5-42　“素材源”监视窗口设定入点出点

此后若再从“项目”窗口中将该素材拖放到“时间线”通道中，通道中就只显示刚才设置的“入点”与“出点”之间的片段了。如果素材片段的入点、出点设置不理想，用户还可以进一步修正入点、出点。

③ 若用户不确定某素材的入点与出点，只是在“时间线”窗口编辑，可采用“时间线通道”中剪裁的方式。从素材库列表中拖动要添加的素材至时间线窗口的视频轨道中，效果如图5-43所示。

④ 单击工具箱窗口中的“裁切刀”工具，在时间线窗口素材片段上需要剪辑的位置处单击，即可完成对素材及其音频的裁切，如图 5－44 所示。然后单击选中不需要的视频片段，按下“Delete”键，删除不需要的片段，或对选中的片段单击右键，选择“清除”，也可将不需要的片段删除。

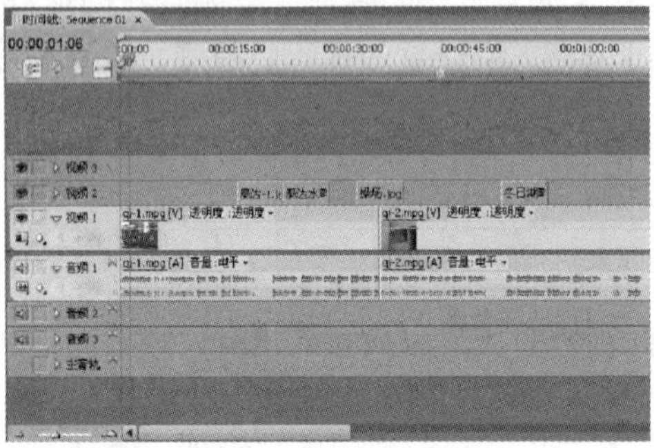

图 5－43　时间线窗口

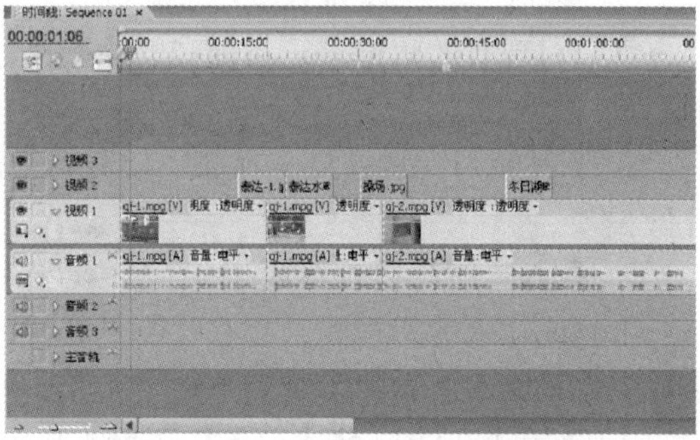

图 5－44　裁切视频 1 通道素材

提示：若想同时切割当前时间梭所在所有轨道上的素材时，可以配合“Shift”功能键完成；若想只裁切视频，而不裁切与视频相关联的音频，可在素材上单击右键，选择“解除视音频链接”，然后在对视频轨道的素材实施裁切，裁切结果如图 5－45 所示。

3. 素材片段播放速度控制与倒放控制

右键单击某一段素材，可以看到如图 5－46 所示的菜单选项，选择“速度/持续时间...”选项，启动“素材速度/持续时间”面板，如图 5－47 所示。可在“速度”选项后更改百分比，如更改为“50%”，这时素材片段的持续时间将会变长为原来的 2 倍；若想采用倒放素材的方式，可以选择“速度反向”方式来实现。

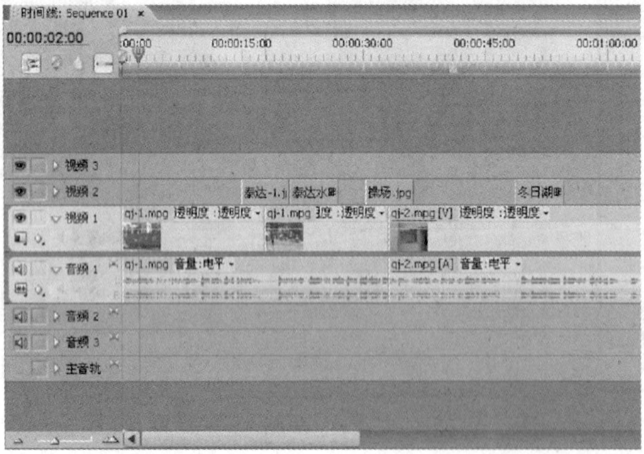

图 5－45　音视频解除链接后仅裁切视频片段

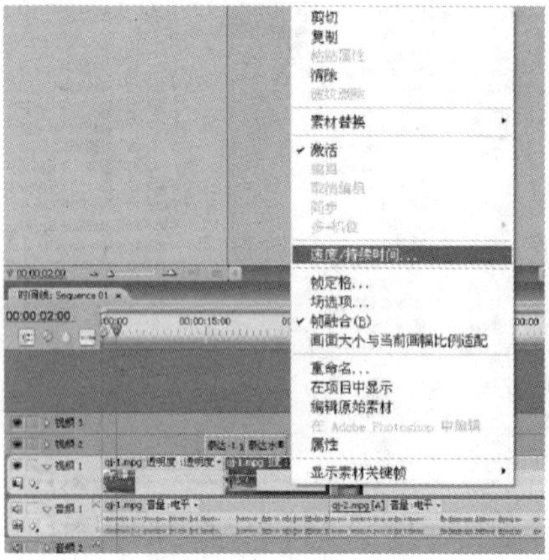

图 5－46　素材右键菜单选项

4. 切换效果

当一段视频素材结束，另一段视频素材与其衔接播放时，就是所谓电影的镜头切换，为了使切换效果衔接自然，可以使用各种切换效果。Premiere 提供了非常多的视频切换特效，如图 5－48 所示的切换面板。

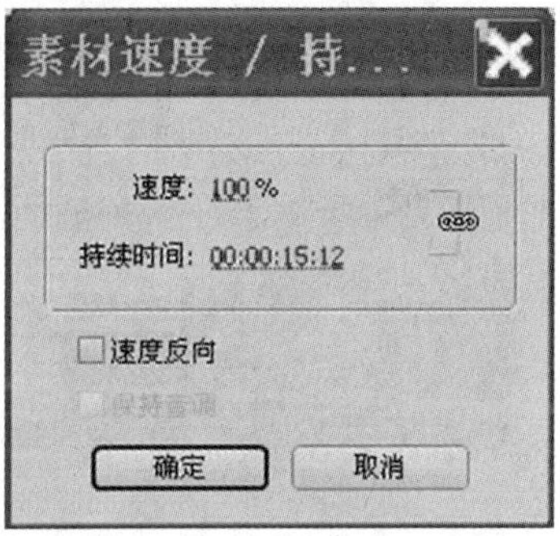

图 5－47　“速度/持续时间...”对话框

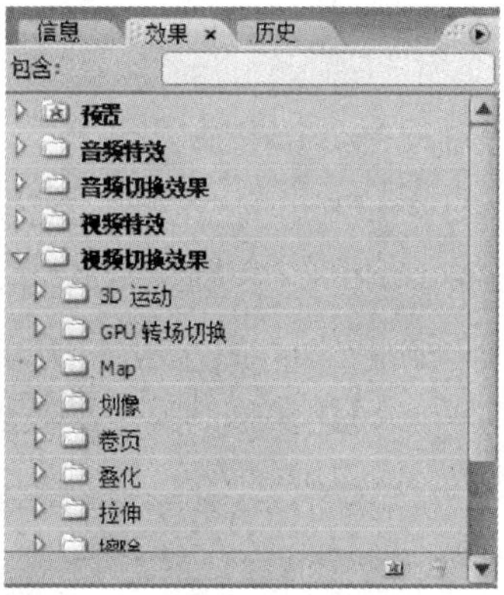

图 5－48　“视频切换效果”下拉列表

展开其中的一个文件夹，例如“划像”，选中某一切换效果，将其拖放到两段素材之间，即可完成特效的添加，如图 5－49 所示。

Premiere 不仅可以在两个素材衔接处实现各种切换效果，如图 5－50 所示，在“qj－1. mpg”与“qj－2. mpg”素材之间添加的“十字划像”切换效果；在某段素材的开始与结尾处同样可以添加切换效果，如图 5－50 在“泰达－1”图片的开始处，添加了“卷页”效果。这里以“十字划像”为例，说明对“视频切换效果”进行“效果控制”。

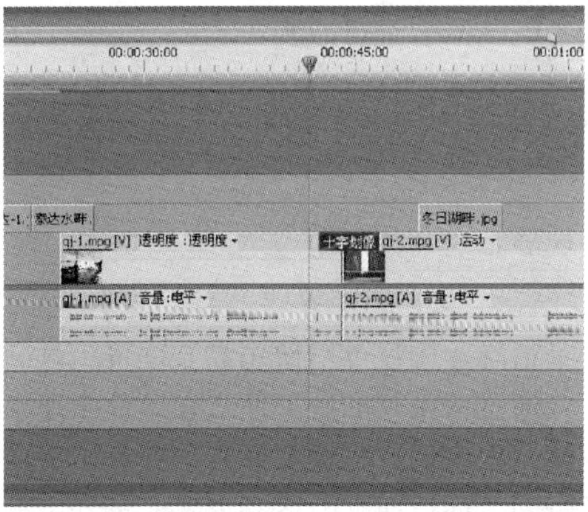

图 5－49　视频素材间添加“十字划像”效果

图 5－50　素材开始处添加“卷页”效果

① 单击时间线上已添加的“十字划像”切换效果，然后单击“效果控制、调音台以及素材源组合面板”中的效果控制，如图 5－51 所示。

② 可勾选“显示实际来源”，此时拖动小滑块，能够看到“十字划像”的效果。

③ 在“效果控制”中，可以更改切换效果的“持续时间”，“校准位置”，如图 5－52 所示，十字划像的“边宽”，“边色”，“反转”，即“十字划像”是从中间点向外或是从外侧向中间点变化，以及“抗锯齿品质”，另外，画面中心的小圆圈是用来控制划像的定位点。

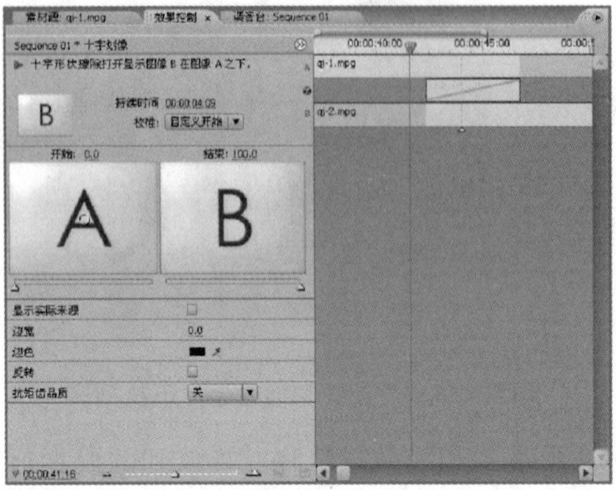

·图 5－51　“效果控制”面板

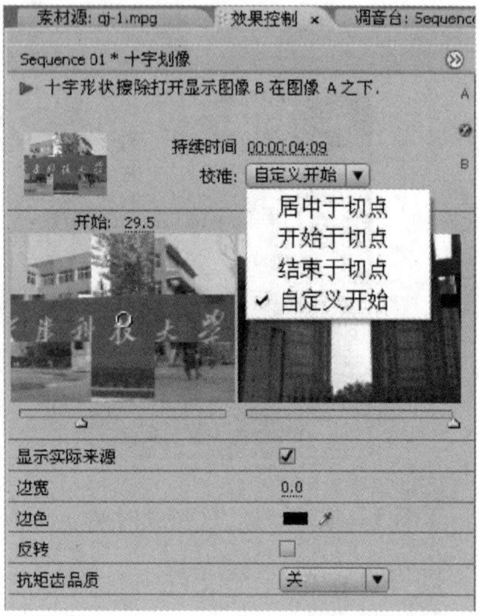

图 5－52　“效果控制”参数选择

Premiere 提供丰富的切换效果，按照上面方法，可以在需要添加切换效果的片段间加入视频切换某种效果并在“效果控制”面板中进行控制，每一种切换效果都有不同的效果控制功能，这里不一一详述。

5．字幕以及滚动字幕

在视频编辑时，经常会遇到添加字幕或者会在电影的结尾、开头处，出现滚动的字幕，以显示相关信息，下面来介绍一下字幕的建立以及滚动字幕的制作。

（1）静态字幕的制作

① 选择【文件】＞【新建】＞【字幕】，给新建字幕命名，打开文字编辑器，如图 5－53所示。

② 使用工具 T 在窗口中输入文字，即可实现静态字幕的制作。

③ 使用右侧的工具为静态字幕设置字体、颜色、渐变、阴影等效果。

通常在影片的开头或结尾处要显示大量的字幕信息，用户可以使用静态字幕工具制作多个不同的字幕素材文件分别放入时间线轨道，并通过一系列的处理使之在影片中连续播放。但是在实际制作过程中采用这种方法并不方便，因为用户可能需要管理并加工大量的字幕素材文件，还必须控制所有字幕素材的显示时间、播放速度与运动方式。滚动字幕文件对大量字幕信息使用一个字幕素材文件保存，由动态字幕本身的运动方式使字幕播放时逐行显示，不仅使画面富于动感，而且便于大量字幕的保存和管理。

（2）动态字幕的制作

① 若想实现动态字幕的制作，单击文字编辑器工具栏中的“滚动字幕工具”，打开“滚动/游动选项”，如图 5－54 所示，可以选择“（向上）滚动”字幕或者“向左游动”、“向右游动”。这里，“开始于屏幕外”与“结束于屏幕外”是指字幕在开始时是从屏幕外进入，在结束时移动到屏幕外；“预卷”表示字幕开始运动前停留的帧数；“后卷”表示字幕滚入后停留的帧数；“缓入”与“缓出”表示字幕运动到正常速度前缓缓加速进入和从正常速度运动到移出屏幕前缓缓减速出去。

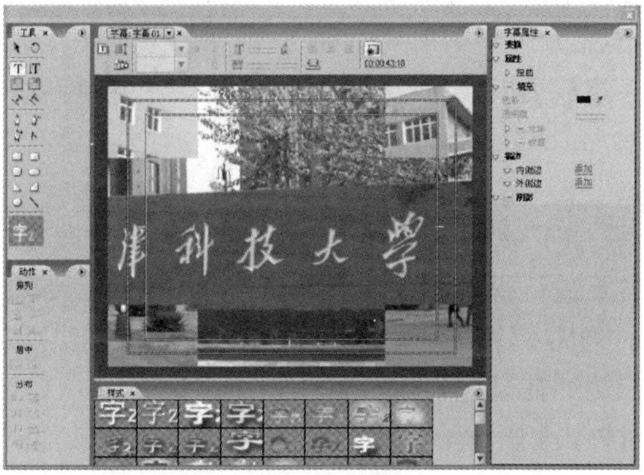

图 5－53　字幕编辑窗口

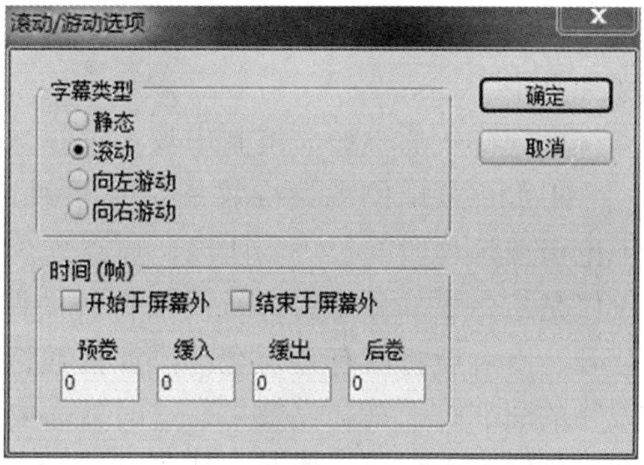

图 5－54　“滚动/游动选项”对话框

② 选中“滚动”、“开始于屏幕外”“结束于屏幕外”选项，单击“确定”按钮，然后关闭字幕制作窗口。

③ 在项目窗口中可找到“片头字幕”字幕文件，将它拖动到时间轴的视频 3 轨道，如图 5－55 所示，就会自动产生向上滚动的字幕。

④ 若用户有大量的字幕需要播放显示，同时想要限定在某个范围内，那么可以使用文字编辑器中的文本框工具，首先在屏幕上划定范围（通常根据文字多少，划定范围框），然后逐行输入文字，如图 5－56 所示。

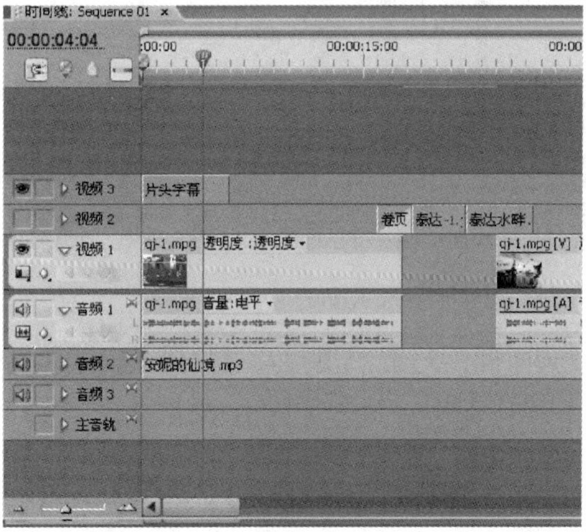

图 5－55　片头字幕拖放到视频 3 轨道

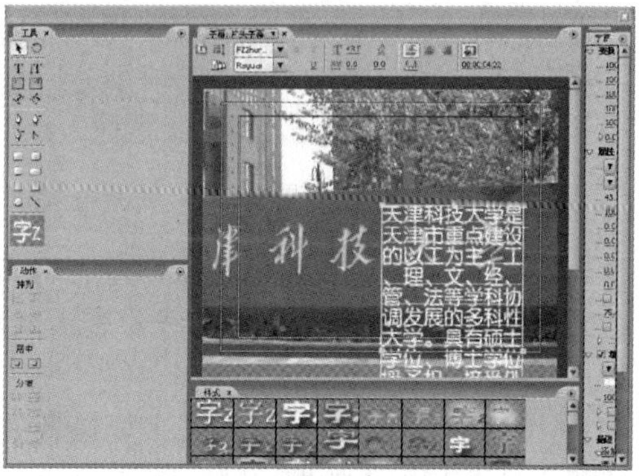

图 5－56　文本框字幕制作

用户可根据右侧的滑块来查看所输入的文字，并将文本框向上或向下拉伸以增加或减少文字，虽在动态字幕制作时有多行文字不能显示，但在监视器窗口中字幕滚动播放后便可看到全部字幕以及滚动效果了。

6. 视频特效

视频特效能够改变素材的颜色和曝光量、修补原始素材的缺陷，可以键控（抠像）和叠加画面，可以变化声音、扭曲图像，可以为影片添加粒子、光照、模糊、浮雕等各种艺术效果，它是设计者为影视作品添加艺术效果的重要手段。Premiere 提供了 18 大类 100 多种视频特效，用户可以根据需要为影片素材片段添加各种视频特效，一个素材片段上也可以添加多个视频特效，这些特效放置在“效果”面板中的“视频特效”文件夹中。

视频特效的添加与控制步骤：

① Premiere 的视频特效是对时间通道上添加了该特效的视频片段进行特效的改变，不论该视频片段的长短。所以，应首先确定需要进行视频特效调整的视频片段长度，如果仅仅是某一小部分需要进行视频特效的调整，通常使用“裁切刀”工具将某一素材片段裁开，以避免将所有素材全部添加视频特效，例如在某些娱乐节目或新闻调查节目中，将人物的面部打上马赛克效果，这时就需要只对该人物出现的片段添加马赛克特效，其他时间与位置则不需要。

② 打开“效果”面板，展开“视频”特效菜单，点击某一种“视频特效”文件夹前小三角按钮，展开该文件夹，选择其中一种“视频特效”，如“高斯模糊”效果，如图 5－57 所示。

图 5－57　视频特效列表及时间线素材添加视频特效

③ 选中“高斯模糊”视频特效，将其拖放到时间线通道中视频素材片段上，这时会在通道素材上看到一条绿色的线，表示该素材片段添加了“视频特效”，如图 5－57“视频 1”轨道的第二个素材片段。

④ 添加了视频特效，接下来要设置效果。点击添加特效的素材片段，然后在素材监视器窗口中点击“效果控制”面板，可以看到“高斯模糊”效果项目在其中。点击“高斯模糊”项目前小三角按钮，展开项目参数。

⑤ 特效参数设置，用户可以对添加了“高斯模糊”特效后的素材进行“模糊程度”和“模糊尺寸”即方向的调整，如图 5－58 中选择了“模糊程度”为 15.8，“模糊尺寸”为水平与垂直时视频的效果。

值得注意的是，不同的视频特效控制参数不同，用户可根据不同需要选择特效及控制程度。如在“色彩校正”中的“RGB 曲线”视频特效，用户若对视频某个通道的颜色不满意，可分别对不同通道的颜色进行曲线控制。

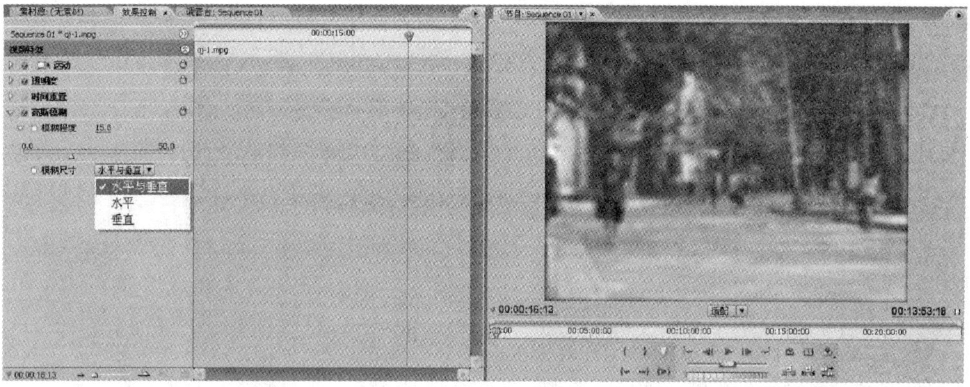

图 5－58　添加“高斯模糊”视频特效

⑥ 预览特效，对素材设置了参数后，可以直接在节目视窗中预览设置了参数之后的画面效果。

⑦ 删除特效，用户如果对添加的特效不满意，可以删除该效果，回到素材原始状态。在“特效控制台”面板中，右键点击“高斯模糊”效果项目，在弹出的菜单中点击“清除”命令，该效果被删除掉。

7．运动效果

Premiere CS3 虽然不是动画制作软件，但却有强大的运动生成功能，通过运动设定对话框，能轻易地将图像（或视频）进行移动、旋转、缩放以及变形等，可让静态的图像产生运动效果。

① 将“天津科技大学”校标素材放入视频轨道时间轴的视频 2 通道中，如图 5－59 所示。

② 从图 5－60 中可以看到，校标素材分辨率较大，这里制作缩放和运动效果。

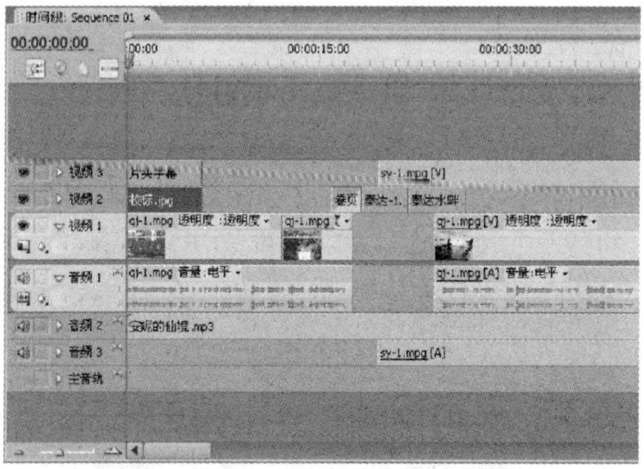

图 5－59　时间线添加“校标”素材

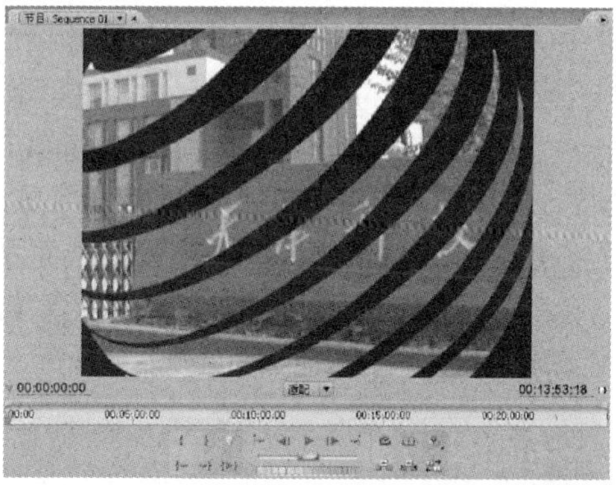

图 5－60　“节目”窗口“校标”效果

③ 在时间线通道中选中“校标”素材，展开“效果控制”>“视频特效”>“运动”面板，如图 5－61 所示。

这里，拖动红色时间线至开始位置，点击“比例”前的图标，在红色时间线处添加一个关键帧，然后拖动红色时间线至中间位置，再点击“添加/删除 关键帧”按钮，然后将“比例”处的数字调整为“4.0”，意为调整为原来比例的4%，如图 5－62 所示效果，调整后的校标图大小如图 5－63 所示。

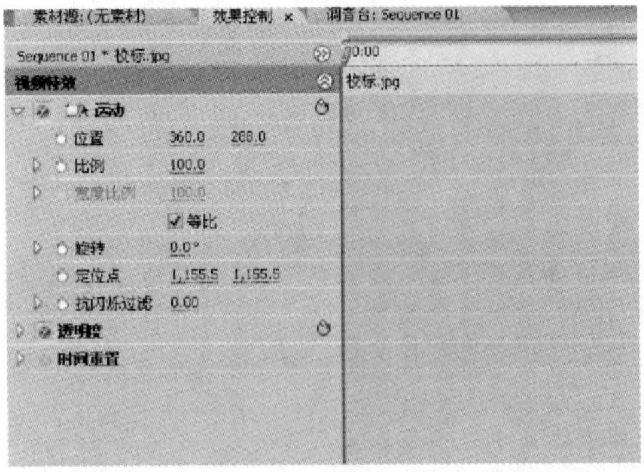

图 5－61　“效果控制”面板中“运动”参数

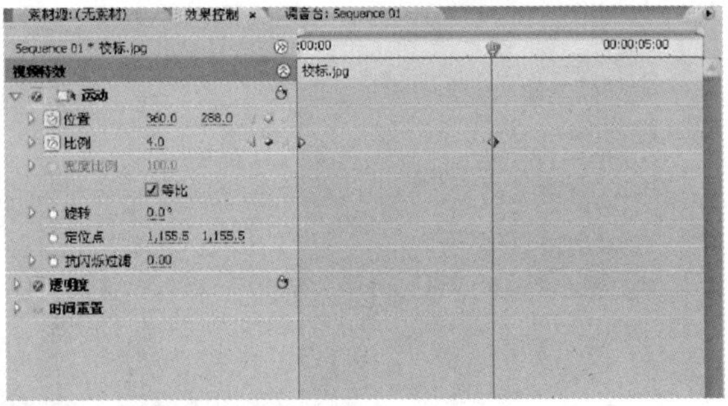

图 5－62　添加“比例”关键帧

图 5－63　“校标”进行“比例”缩小后的效果

④ 使校标的位置处于左下角，并采用运动效果实现。

将时间线定位在中间偏右的位置，在刚才的“运动”效果中点击“位置”参数后面的“添加/删除 关键帧”，然后将时间线停留在靠近结尾处，同样点击“添加/删除 关键帧”，然后拖动监视窗口中的“校标”素材至画面左下角，这样就在两个关键帧之间建立了“校标”素材从画面中间移动至画面左下角的效果，如图 5－64 和图 5－65 所示。

在“运动”面板中，还可以设定素材的“旋转”、“宽度比例”即是否等比缩放素材等效果，用户可以根据不同的需要自行设定。

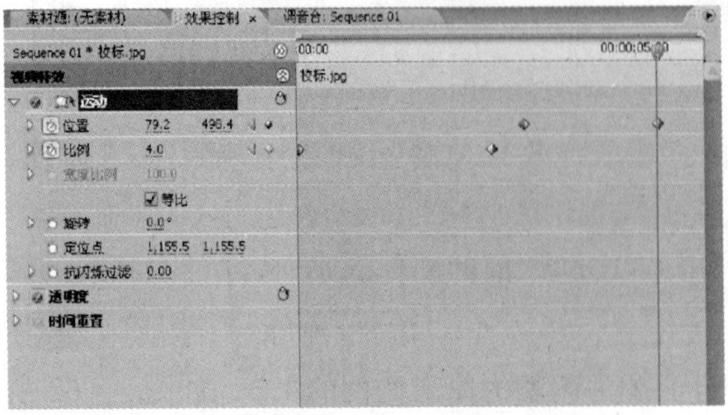

图 5－64　为“校标”位置变化添加关键帧

图 5－65　“校标”位置移动路径

8. 影片输出

视频编辑好后要进行输出，现在了解一下输出的各项设置：

① 要查看编辑好的视频是不是有溢出，时间线上的那道活动条，如果和编辑好的视频的最终结尾处没有对齐，尤其是超过了编辑的视频，就说明后面可能还有视频。

② 检查完后还要确定“时间线”是否处于激活状态，若要输出，则要选中“时间线”，即“时间线”四周有一道黄边，如图 5 - 66 所示。

③ 选择【文件】>【导出】>【影片】或【Adobe Media Encoder】。

④ 若选择导出影片选项，则打开“导出影片”对话框，如图 5 - 67，选择右下角“设置”按钮，启动“导出影片设置”对话框，如图 5 - 68，在“文件类型”下拉菜单中，可以选择输出类型，如图 5 - 69 所示。通常为获得高质量视频，选择默认的“Microsoft DV AVI”文件类型，但此格式输出文件占用空间较大，输出时间较长。

图 5 - 66　时间线视频溢出标志

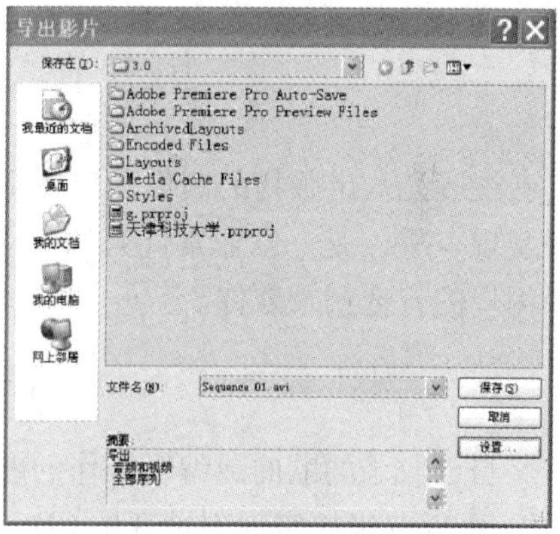

图 5 - 67　“导出影片”对话框

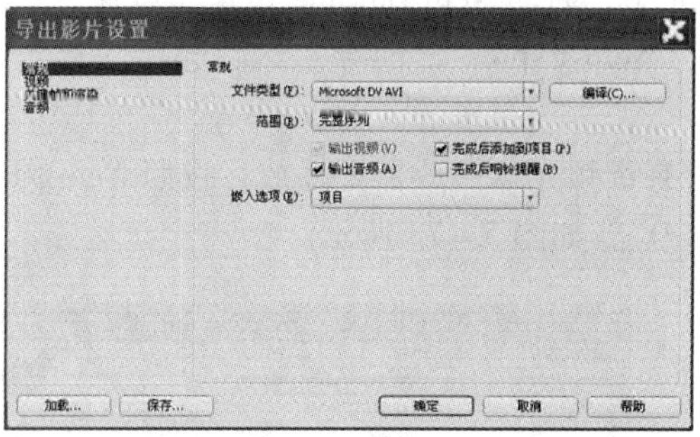

图 5 - 68　“导出影片设置”对话框

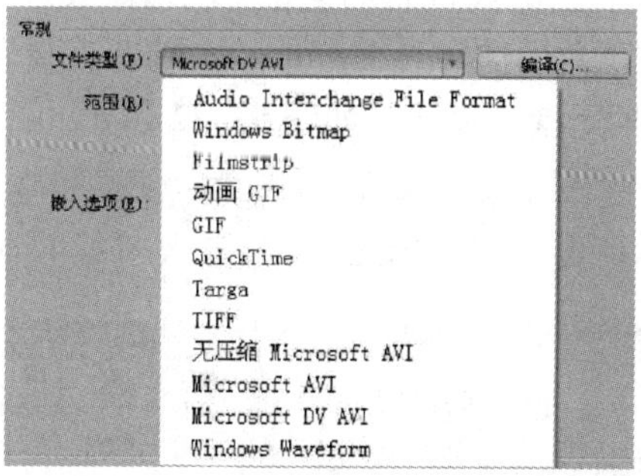

图 5 - 69　“常规”选项对话框

⑤ 若选择“Adobe Media Encoder”输出，则启动“Export Settings”对话框，如图 5 - 70 所示，在左上角选中输出“Output”，查看输出画面。

⑥ 若要输出 DVD，则在右侧输出设置“Export Settings”中，如图 5 - 71 所示，在格式“Format”中选择“MPEG2 - DVD”，范围“Range”中选择整条时间线“Entire Sequence”，预置“Preset”中选择“PAL 高品质”。

⑦ 单击右下角确定“OK”按钮，进行输出。

图 5－70　“Export Settings”对话框

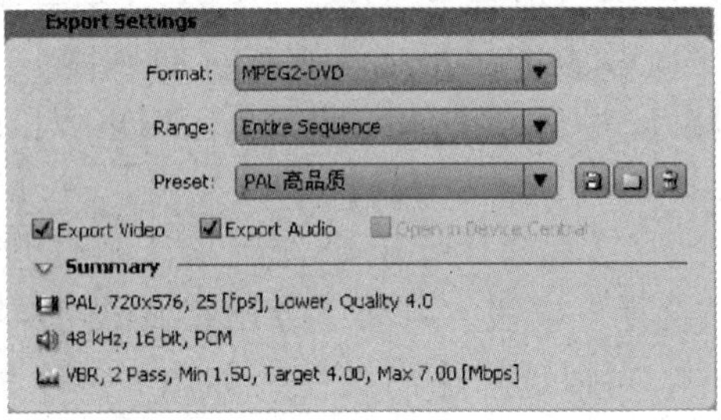

图 5－71　“Export Settings”参数选择

第五节　光盘出版物的制作

音视频光盘出版物的制作可以由 Nero Burning ROM 光盘刻录软件驱动刻录光驱进行刻录实现。Nero 是一款非常优秀的刻录软件，不仅操作简单，功能也非常强大，是光盘刻录用户的首选刻录软件。

一、音乐 CD 光盘的刻录

将自己收录的歌曲或编辑制作的歌曲刻录成一张音乐 CD，是许多音乐爱好者的梦想，可以利用 Nero 轻松实现刻录音乐 CD。Nero 不仅能刻录 WAV 格式的音频文件，而且支持 WMA、MP3 直接刻录成音乐 CD。

① 首先将准备的空白 CD 光盘放入刻录光驱，启动 Nero Burning Rom 主程序，然后选择左下角的“Nero Express”，或者直接启动“Nero Express”向导，然后选择“音乐”—“音频光盘”模式，如图 5－72 所示。

② 为创建标准音频光盘，使其可以在所有音频光盘播放器上播放，按照 Nero 向导的提示，选择“音乐光盘”，进入“我的音乐 CD”，如图 5－73 所示。

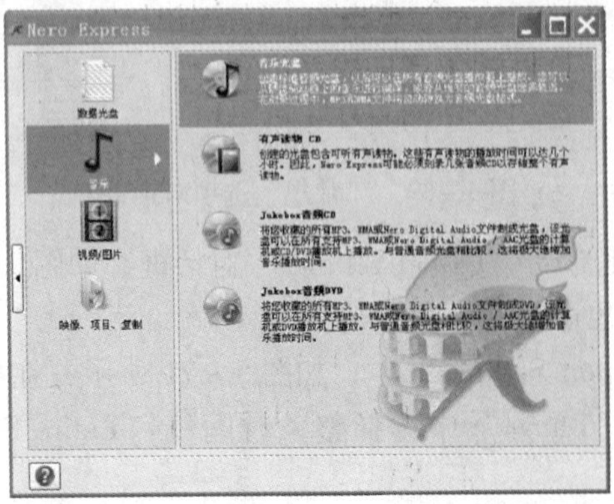

图 5－72　“Nero Express”对话框

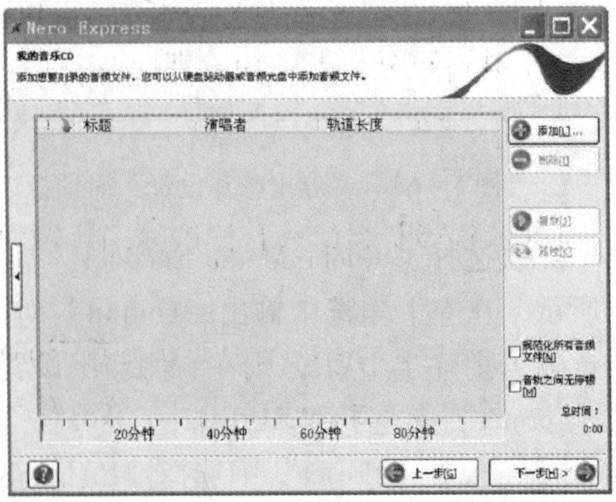

图 5－73　“我的音乐 CD”对话框

③ 添加文件。可以选择右上方“添加”按钮，也可以将音频文件直接拖放到空白区域的“刻录窗口”中。Nero 的转换功能非常强大，将 MP3 拖放到“刻录窗口”时，它会对 MP3 进行检测与转换，此时状态栏会显示要刻录的音轨所占用盘片容量的大小及文件信息，然后单击下一步。如果源文件音频音量大小不同，可以勾选“规范化所有音频文件”选项。

④ 在“最终刻录设置”面板中，如图 5－74，选择当前刻录机（对具有多个刻录机的用户），并可以对光盘命名“标题”、“演唱者”，然后单击“刻录”按钮即可实现音乐 CD 的刻录。

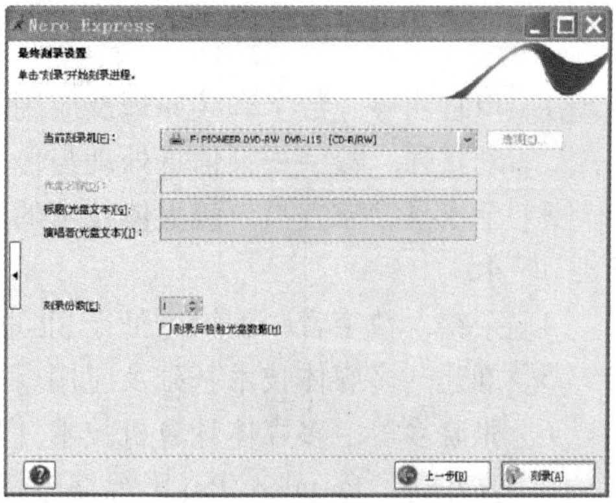

图 5－74　“最终刻录设置”对话框

二、VCD、DVD 光盘的刻录

将拍摄剪辑的片段或下载的视频文件制作成一张视频光盘，同样可以使用 Nero 实现 VCD 和 DVD 光盘的刻录。

① 将准备的空白 VCD 或 DVD 光盘放入刻录光驱，然后启动“Nero Express”向导，选择图 5－72 中“视频/图片” > “DVD 视频文件”模式。

② 进入“DVD－视频文件”面板，将要刻录的视频文件拖放到空白区域的“刻录窗口”，如图 5－75 所示，单击“下一步”，进入刻录界面。

注：Nero 刻录的文件格式 MPG 必须是标准的 VCD 或 DVD 刻录文件，如果不是，要先转换成标准文件（如可采用视频转换大师——WinMPG Video Convert），其后缀为 . VOB 文件。

③ 在“最终刻录设置”界面点击左面的小三角，展开左侧设置选项，如图 5－76 所示，为保证数据写入准确，画面播放时不出现马赛克现象，这里建议“写入速度”不易过快，可在下拉菜单中选择“8x（11，080kB/s）”选项。单击刻录，等待刻录完成。

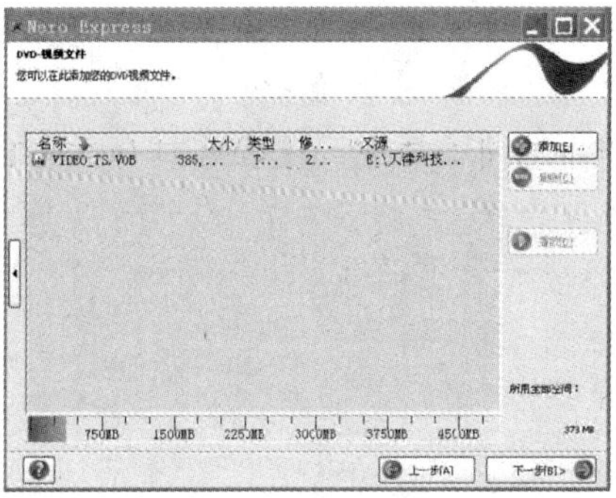

图 5－75　“DVD－视频文件”对话框

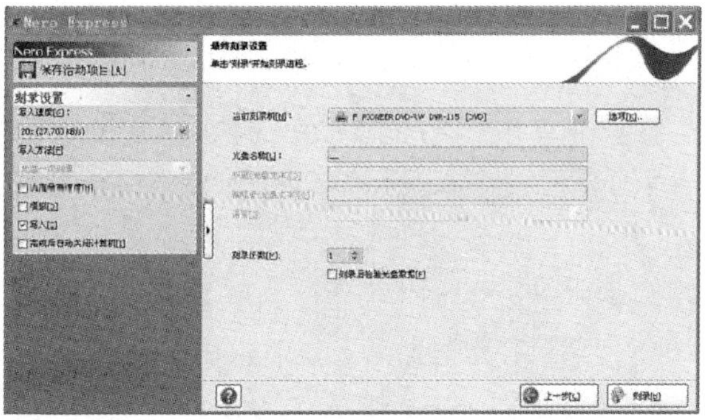

图 5－76　“最终刻录设置”对话框

参考文献

[1] 卢官明等. 数字音频原理及应用 [M]. 北京：机械工业出版社，2007.7.

[2] 刘富强. 数字视频信息处理与传输教程 [M]. 北京：机械工业出版社，2004.8.

[3] 余永昌，宋宜昌. 流媒体技术的原理、应用及发展 [J]. 现代电信科技，2003.(7)：1-4.

[4] 余锫. 数字音频编辑 [M]. 北京：中国传媒大学出版社，2009.5.

[5] 刘建. 多媒体技术基础及应用 [M]. 北京：机械工业出版社，2010.1.

[6] 张晓乡等. 多媒体计算机技术 [M]. 北京：中国水利水电出版社，2004.1.

[7] 高华等. Premiere Pro 影视编辑标准教程（CS4 版）[M]. 北京：人民邮电出版社，2011.12.

[8] 张冠男等. Premiere Pro CS4 数字视频制作 [M]. 北京：清华大学出版社，2011.3.

[9] 张冰等. GoldWave 音频视频信息处理技术应用指南 [M]. 北京：黄河水利出版社，2009.11.

[10] 百度文库. GoldWave 使用教程.

http：//wenku.baidu.com/view/b6689a64783e0912a2162a44.html.

第六章　动　　画

动画作为数字出版的一部分，是一种综合艺术门类，它是集合了绘画、漫画、电影、数字媒体、摄影、音乐、文学等众多艺术门类于一身的艺术表现形式。目前，动漫产业在不断发展，并且动画制作公司在努力与数字出版商合作，推进国际合作。本章就动画的由来、动画的分类和制作几个方面进行介绍。

第一节　动画简介

一、动画的由来及其定义

1. 动画定义

（1）动画定义

动画是依靠视觉原理，通过把人、物的表情、动作、变化等分段画成许多画幅，再用摄影机连续拍摄成一系列画面，给视觉造成连续变化的图画。

动画技术是指采用逐帧拍摄对象并连续播放而形成运动影像的技术。不论拍摄对象是什么，只要它的拍摄方式是采用逐格方式，观看时连续播放形成了活动影像，这就是动画，其基本原理同电影、电视。

（2）动画原理

医学证明，人类具有“视觉暂留”的特性，就是说人的眼睛看到一幅画或一个物体后，在0.34s内不会消失。利用这一原理，在一幅画还没有消失前播放下一幅画，就会给人造成一种流畅的视觉变化效果。因此，电影采用了每秒24幅画面的速度拍摄和播放，电视采用了每秒25幅（PAL制）或30幅（NTSC制）画面的速度拍摄、播放。如果以每秒低于10幅画面的速度拍摄播放，就会出现停顿现象。

时至今日，动画媒体已经包含了各种形式，但不论何种形式，它们具有一些共同点：其影像是以电影胶片、录像带或数字信息的方式逐格记录的；另外，影像的“动作”是被创造出来的幻觉，而不是原本就存在的。

2. 动画发展历程

（1）欧美动画发展历程

两万五千年前的石器时代洞穴上的“野牛奔跑分析图”，是人类试图捕捉动作的最早证据。在一张图上把不同时间发生的动作画在一起，这种“同时进行”的概念间接显示了人类“动”的欲望。欧洲在动画技术方面的不断发展，真正使得看到的画面动了起来。

① 1831年，法国人Joseph Antoine Plateau把画好的图片按照顺序放在一部机器（费纳奇镜）的圆盘上，如图6-1所示，通过圆盘的转动，从观察窗看过去，图片随着转动从而形成动的画面，这就是原始动画的雏形。

图 6－1　费纳奇镜产生的动画——一对跳华尔兹的夫妇

② 1906 年，美国人 J. Steward 制作出一部接近现代动画概念的影片，片名叫《滑稽面孔的幽默形象》（Humorous Phase of a Funny Face），如图 6－2 所示。他经过反复地琢磨和推敲，不断修改画稿，终于完成这部接近动画的短片。

③ 1909 年，美国人 Winsor Mccay 用一万张图片表现一段动画故事，一部完整的动画片“受训的恐龙歌提”（Gertie the Trained Dinosaur），真人与动画结合，这是迄今为止世界上公认的第一部成形的动画短片，如图 6－3 所示。

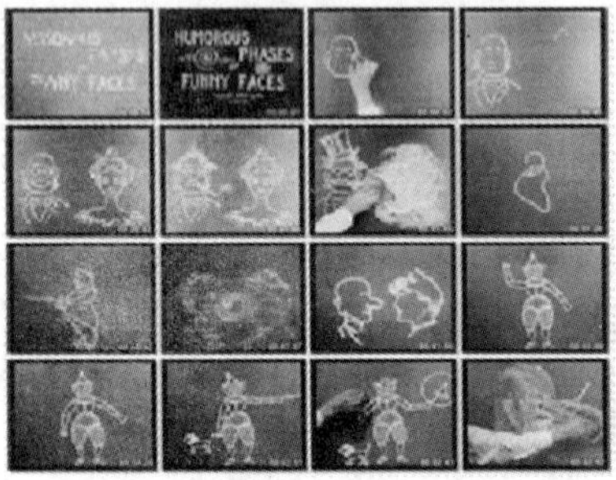

图 6－2　Humorous Phase of a Funny Face

图 6－3　受训的恐龙歌提

④ 1915 年，美国人 Eerl Hurd 创造了新的动画制作工艺，他先在塑料胶片上画动画片，然后再把画在塑料胶片上的一幅幅图片拍摄成动画电影，这种动画制作工艺一直沿用至今。

⑤ 1928 年，华特·迪士尼（Walt Disney）创作出了第一部有声动画《威利号汽船》，如图 6－4、图 6－5 所示；1937 年，又创作出第一部彩色动画长片《白雪公主和七个小矮人》，如图 6－6 所示。他逐渐把动画影片推向了巅峰，在完善了动画体系和制作工艺的同时，还把动画片的制作与商业价值联系了起来，被人们誉为商业动画之父。

图 6－4　华特·迪士尼

图 6－5　威利号汽船

图 6－6　白雪公主和七个小矮人

⑥ 1995 年，皮克斯公司制作出第一部三维动画长片《玩具总动员》，使动画行业焕发出新的活力。到目前为止，该动画已经更新到《玩具总动员 3》，全球票房一直表现不俗，如图 6－7、图 6－8 所示。

图 6－7　玩具总动员 1

图 6－8　玩具总动员 3

三维动画市场近些年来在不断发展，其制作软件在国内外的使用掀起三维动画电影的制作狂潮，涌现出一大批优秀的、震撼的三维动画电影，三维动画影片步入了三维动画的全盛时期。2004 年，华纳兄弟电影公司推出圣诞气氛浓厚的《极地快车》；2010 年，梦工场制作了《怪物史瑞克 4》，如图 6－9 所示；曾经成功携手美国蓝天工作室（Blue Sky）推出《冰河世纪》的福克斯公司，在 2012 又推出了《冰河世纪 4》如图 6－10 所示。2012 年，三维动画片《兰戈》荣获第 84 届奥斯卡最佳动画长片奖，如图 6－11 所示。

图 6－9　怪物史瑞克 4

图 6－10　冰河世纪 4

图 6－11　兰戈

（2）亚洲动画发展历程

说到亚洲动画发展史，不得不提到日本动漫，它是日本动画和日本漫画的合称。动漫是日本的第一产业链，日本动画发展的模式具有鲜明的民族特色。

① 1917 年，下川凹夫摄制的《芋川掠三玄关 · 一番之卷》，被公认为是日本的第一部动画片。

② 1927 年日本动画大师大藤信郎拍摄了黑白版的《鲸鱼》，随后在 1952 年摄制完成

了彩色版的《鲸鱼》，该部动画片成为首部获得国际大奖的日本动画片。

③ 1933 年，由政冈宪三和其学生懒尾光世制作完成的《力与世间女子》诞生了，该作品被称为是日本第一部有声动画片。

④ 日本的连载动画一直颇受欢迎，其中《铁臂阿童木》于 1952 年至 1968 年在“光文社”的《少年》漫画杂志连载，这是日本第一部电视连续动画，也是中国引进的第一部国外动画，如图 6－12 所示。

图 6－12　铁臂阿童木

⑤ 1984 年宫崎骏摆脱了 SF（Science Fiction）类动画风格的局限，他的《风之谷》，如图 6－13 所示，奠定了宫崎骏日本动画宗师的地位。

图 6－13　风之谷

⑥ 1986 年就开始播映的人气漫画《樱桃小丸子》，是全球知名度最高及最具影响力的动漫作品。该作品已在 2011 年年底完结，收视率二十余年一直高居日本动画前三位，如图 6－14、图 6－15 所示。

图 6－14　樱桃小丸子

图 6－15　樱桃小丸子全家福

⑦ 1996 年《名侦探柯南》开始在日本读卖电视台播放，如图 6－16 所示，1997 年《海贼王》在《周刊少年 JUMP》上连载，如图 6－17 所示，这两部超人气漫画目前都仍在连载中，收视状况一直很好，受到青少年的广泛欢迎。

图 6－16　名侦探柯南

图 6－17　海贼王

20 世纪 80 年代末到 90 年代初，日本动画进入 OVA 动画片（Original Video Animation，原创动画录影带）的黄金时代。在 20 世纪 90 年代，日本动画产业的进一步完善，日本动画的种类、形式、内容、题材以及从业人员发生了明显的细化。日本动画以“机器人”、“美少女”为契点，走出了一条独特的深具自身民族特色的动画之路。

⑧ 1991—1996 年连载于讲谈社的《美少女战士》是全球知名度最高及最具影响力的动漫作品，其开创了以魔法少女集团式的超级英雄类作品，在日本漫画史上具有重大的影响和地位，如图 6－18 所示。

图 6－18　美少女战士

⑨ 2001 年宫崎骏摄制的《千与千寻》获得第 52 届柏林国际电影节金熊大奖和第 75 届奥斯卡最佳动画长片奖，如图 6－19 所示。宫崎骏的成就与地位，使得其已经成为日本动画的代名词。

图 6－19　千与千寻

⑩ 2002 年，《机器猫》（又名《哆啦 A 梦》）系列漫画被美国《时代周刊》评选为亚洲英雄，他不仅是获得该荣誉的唯一虚拟人物，也是唯一走进《时代周刊》的日本动漫人物。

图 6－20　机器猫

⑪ 日本 Key 社的动画片《CLANNAD》堪称动漫中的经典之作。2007 年，京都动画根据 Key 社同名游戏改编的 TV 版动画作品《CLANNAD》播出，标志日本动画片的成熟，颠覆了人们对此类动画片的看法。

图 6－21　《CLANNAD》TV 动画形象

（3）中国动画发展历程

公元前 100 年左右的汉武帝时代，我国出现了类似于现代电影的皮影戏和走马灯，皮影戏酷似现代美术电影中的剪纸片。

图 6－22　皮影戏

① 中国的动画事业发展很早，1926 年，万氏兄弟克服了资金、场地、资料等多方面的困难，终于研制成功了中国第一部动画片《大闹画室》，它是中国美术片的开始，万氏兄弟被称为中国动画电影创始人。

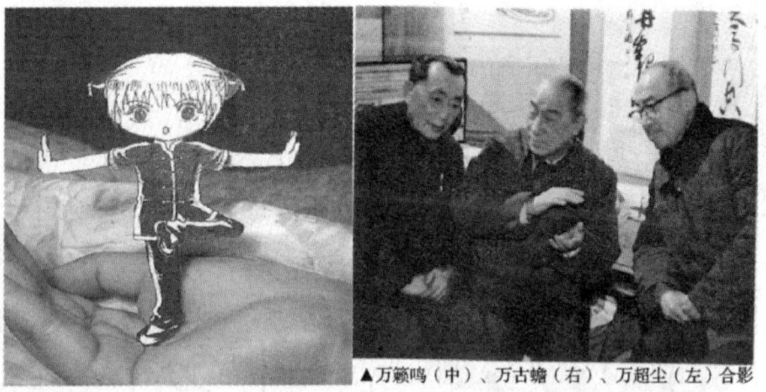

图 6－23　大闹画室与万氏兄弟

② 1941 年，受到美国动画《白雪公主》影响，中国制作了第一部大型动画《铁扇公主》，这是继美国《白雪公主》、《小人国》和《木偶奇遇记》后的第四部大型动画。这标志着中国当时的动画已经接近世界的领先水平。

图 6－24　铁扇公主

③ 1961 年，诞生于我国的世界第一部水墨动画片《小蝌蚪找妈妈》摄制成功，这部动画片取材于齐白石的鱼虾形象，奠定了影片的美术水准。

④ 1961～1964 年制作的《大闹天宫》，可以说是当时国内动画的巅峰之作，从人物、动作、画面、声效等都达到当时世界的最高水平。

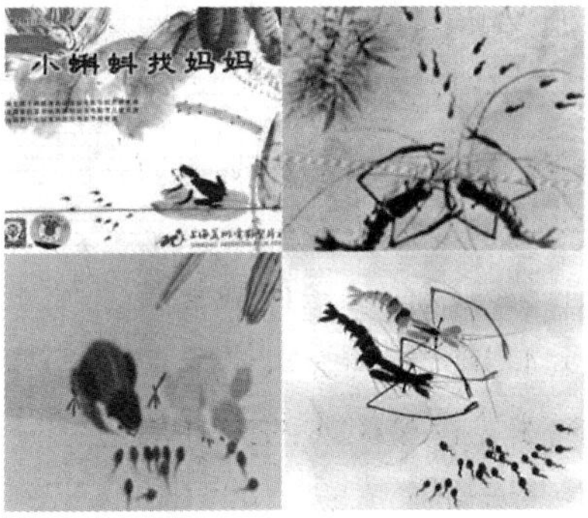

图 6－25　小蝌蚪找妈妈

图 6－26　大闹天宫

⑤ 2000 年开始中国第一家影视动画公司环球数码，投巨资发展中国影视动画事业。2005 年，400 多名动画师历经 5 年精心打造而成的三维影视电影惊世之作《魔比斯环》问世，本片耗资超过 1.3 亿人民币，其中的影视三维动画从简单的影视特效到复杂的影视三维场景都能表现的淋漓尽致。

图 6－27　影视动画——《魔比斯环》剧照

二、动 画 分 类

动画发展到现在，分为二维动画和三维动画两种，目前的二维动画主要用 Flash 等软件制作，而三维动画则主要是用 Maya 或 3ds Max 制作成的。动画根据不同的角度，可以分为以下六个方面，见表 6－1。

表 6－1　　动画分类

分类	名称
创作角度	商业动画、实验动画
制作技术和手段	传统动画、电脑动画
按动作的表现形式	动画电视、幻灯片动画
空间的视觉效果	二维动画、三维动画
播放效果	顺序动画（连续动作）、交互式动画（反复动作）
每秒放的幅数	全动画/逐帧动画、半动画

三、动画制作工具

由于动画制作要求精密，分工细致，其制作手法以单线为主，且存在景与人、人与物的对位和色彩分界关系等，因此也就有了一系列专门而系统的制作工具，以便于快速准确地制作动画影片。

传统动画制作工具如图 6－28 所示，包括动画桌、定位尺、动画纸、动画笔、摄影表、摄影台与逐格摄影机等。

图 6－28　动画制作工具

四、动画制作步骤

传统动画的制作过程可以分为总体规划、设计制作、具体创作和拍摄制作四个阶段，如图 6－29 所示，每一阶段又有若干个步骤：

1. 总体设计阶段

（1）剧本

任何影片生产的第一步都是创作剧本，动画片的剧本则应尽可能避免复杂的对话，而看重用画面表现视觉动作，最好的动画是通过滑稽的动作取得的，由视觉创作激发人们的想象。

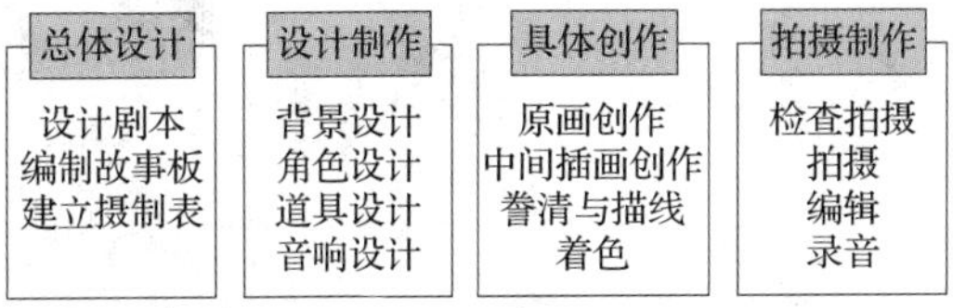

图 6－29　动画制作四阶段

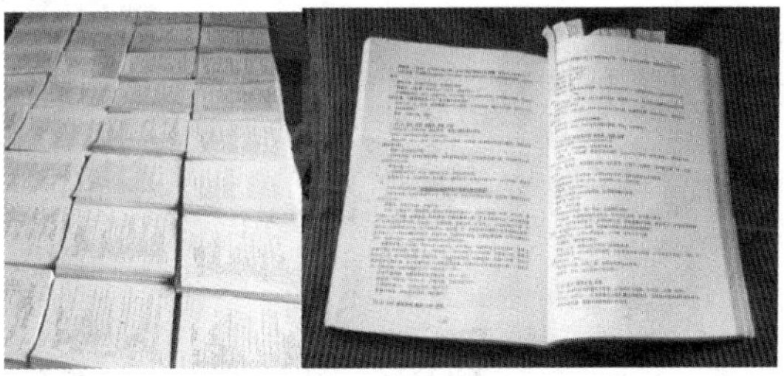

图 6－30　文字剧本

（2）故事板

故事板有若干片段组成，每一片段由系列场景组成，一个场景一般被限定在某一地点和一组人物内，而场景又可以分为一系列被视为图片单位的镜头，由此构造出一部动画片的整体结构。故事板在绘制各个分镜头的同时，作为其内容的动作、道白的时间、摄影指示、画面连接等都要有相应的说明。一般 30min 的动画剧本，若设置 400 个左右的分镜头，将要绘制约 800 幅图画的图画剧本——故事板。

（3）摄制表

这是导演编制的整个影片制作的进度规划表，以指导动画创作集体各方人员统一协调地工作。

2. 设计制作阶段

（1）设计

设计工作是在故事板的基础上，确定背景、前景及道具的形式和形状，完成场景环境和背景图的设计和制作。最主要的，还要对人物或其他角色进行造型设计，通过造型设计展现不同人物的形象。

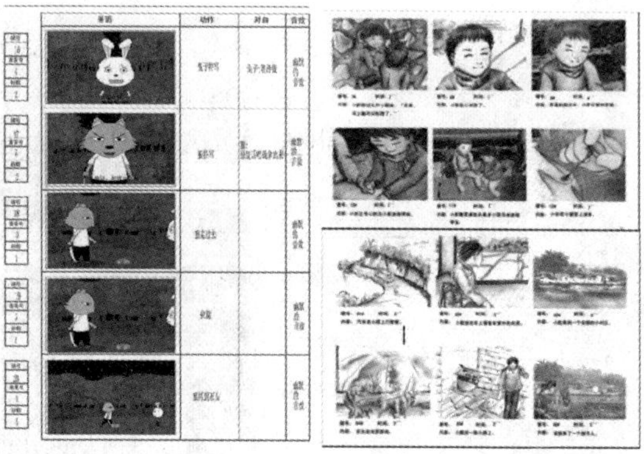

图 6－31　故事板图与分镜头

（2）音响

音响录音需要在动画制作之前进行，并保证与动作匹配。录音完成后，编辑人员还要把记录的声音精确地分解到每一幅画面位置上，最后要把全部音响历程（即音轨）分解到每一幅画面位置与声音对应的条表，供动画人员参考。

3. 具体创作阶段

（1）原画创作

原画创作是由动画设计师绘制出动画的一些关键画面。通常是一个设计师只负责一个固定的人物或其他角色，对于原画创作，需要了解如下几个方面：

① 相对于其他图形，圆的亲和力，如下图 6－32 所示。

② 绝大多数动画角色身上，都充满了“圆”的元素。

图 6－32　圆的亲和力

图 6－33　动画角色

③ 圆具有很大的可变性，而且要经过从简到繁的一个过程。如图 6－34 所示，动画形象通过简单到复杂的改良设计过程，形成初步头部形象画稿。

④ 圆形与三角形、椭圆形、梯形等不同的图形构成不同结构的身体结构图样，如图 6－35 所示。

⑤ 角色形象通过由圆形不断地变化而来的，并在此基础之上加入其他的几何体，最终形象效果图如图 6－36 所示。

图 6－34　圆的可变性与头部形象画稿

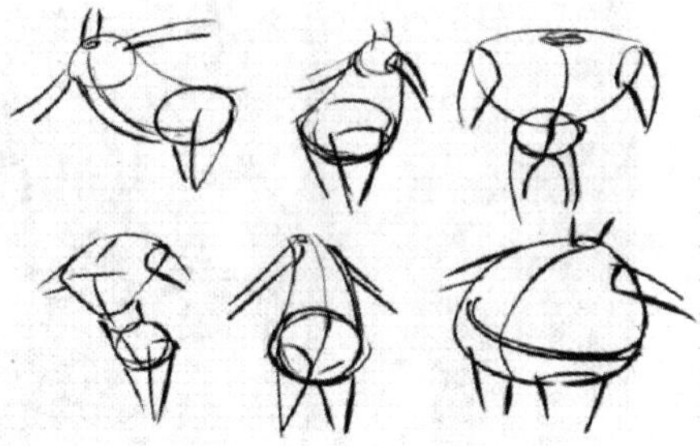

图 6－35　身体结构图样

图 6－36　角色形象

（2）中间插画制作

中间插画是指两个重要位置或框架图之间的图画，一般就是两张原画之间的一幅画，制作时要符合指定的动作时间，使之能表现得接近自然动作。

（3）拍摄制作阶段

动画制作的重要组成部分，任何表现画面上的细节都将在此制作出来，可以说是决定动画质量的关键步骤。

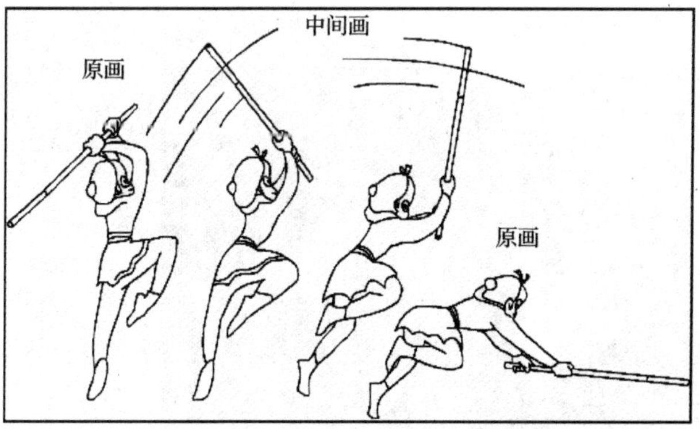

图 6－37　原画与中间插画

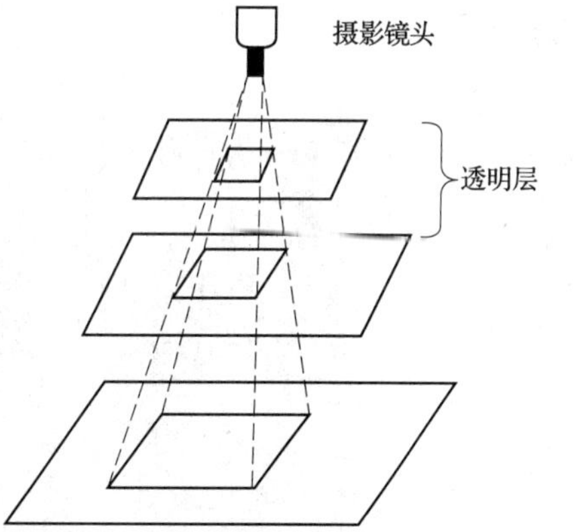

图 6－38　拍摄

第二节　二 维 动 画

一、二维动画基本简介

传统的二维动画是由水彩颜料画到赛璐珞片上，再由摄影机逐张拍摄记录而形成的连贯画面。计算机时代的来临，让二维动画得以升华，可将事先手工制作的原动画逐帧输入计算机，由计算机帮助完成绘线上色的工作，并且由计算机控制完成记录工作。

二、二维动画制作软件

目前，二维动画制作软件比较经典的有 Ulead 公司的 GIF Animator 软件和 Adobe 公司的 Photoshop 和 Flash 软件，如图 6－39 和图 6－40 所示分别为 Ulead 公司的 GIF Animator 软件和 Adobe 公司的 Photoshop CS6 软件界面。

图 6－39　GIF Animator 软件

图 6－40　Adobe Photoshop CS6

目前使用最普遍的是 Flash，是美国的 Macromedia 公司于 1999 年 6 月推出的优秀网页动画设计软件。如图 6－41 所示为软件 Adobe Flash CS4，它是一种交互式动画设计工具，用它可以将音乐、声效、动画以及富有新意的界面融合在一起，以制作出高品质的网页动态效果。

图 6－41　Adobe Flash CS4

由于 HTML 语言的功能十分有限，无法达到人们的预期设计效果，在这种情况下，各种脚本语言应运而生，使得网页设计更加多样化。Flash 的出现满足了人们使用既简单直观又有功能强大的动画设计工具的需求。

除上述三款二维制作软件外，其他的二维动画制作软件如表 6－2 所示。

表 6－2　　二维动画制作软件

软件名称	介绍
Retas Pro	日本 Celsys 株式会社开发的一套应用于普通 PC 和苹果机的专业二维动画制作系统，不仅可以制作二维动画，还可以合成实景以及计算机三维图像，可广泛应用于电影、电视、游戏、光盘等多种领域
FlipBook	FlipBook 可帮助动画师在摄像机下扫描或是拍摄他们的制图，在输到视频或是置入网上之前上色，并可以为每一个角色或每一个动画做一个调色板，共有 1600 种颜色可供选择
CTP Pro	由西班牙 Crater Software 公司开发，对于想在网站上发表动画作品的动画师来说，这款软件成为制作动画的理想工具
Toon Boom Studio	二维矢量动画设计软件，是目前 Flash MX 唯一直接支持的专业动画平台。特点如下：可用于所有 Windows 系统及 Mac 苹果系统；唯一具有唇型对位功能的 Flash 动画平台；引入镜头观念，能很好地控制大型动画场面；绘画手感强等
Aura　V2. 5	Newtek 公司的产品，软件的全称是 Aura Video Paint（Aura 视频绘画系统），其最显著的功能就是绘制电脑动画
Moho	二维矢量卡通动画制作工具，类似于 Flash 的矢量动画工具，操作界面简洁，动画控制功能强大

三、二维动画制作流程

目前二维动画的前后制作可分成前中后三个阶段，具体的制作步骤如图 6－42 所示。

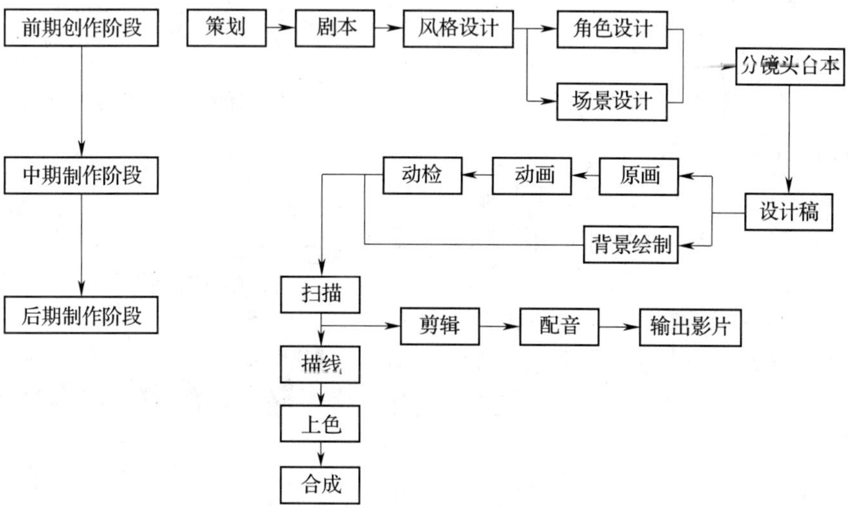

图 6－42　二维动画制作流程示意图

四、Flash 介绍与动画制作

1. Flash 制作基础概念

（1）Flash 中制作动画的简要操作分为如下几个方面

① 打开新影片文件并安排场景。

② 插入动画元件（帧、图层等）。

③ 设定动画效果并测试动画。

④ 使用 File/Save 命令保存扩展名为 . fla 的 Flash 动画文件。

⑤ 输出影片。

（2）动画电影分为如下几个方面

① 层次关系：在制作 Flash 动画之前，需要明白如下几个方面的层次关系，动画电影的组成层次可分为：动画电影（movie）→场景（scene）→帧（frame）。

② 图层：图层相当于一张透明的玻璃纸，它是 Flash 为制作复杂动画作品而引入的一种手段，在 Flash 中对图层的几种操作如图 6－43 所示。

图层可以分为：普通层、引导层、被引导层、遮罩层和被遮罩层，如图 6－45 所示。将不同对象放在不同层上，可以轻松制作场景复杂的动画。

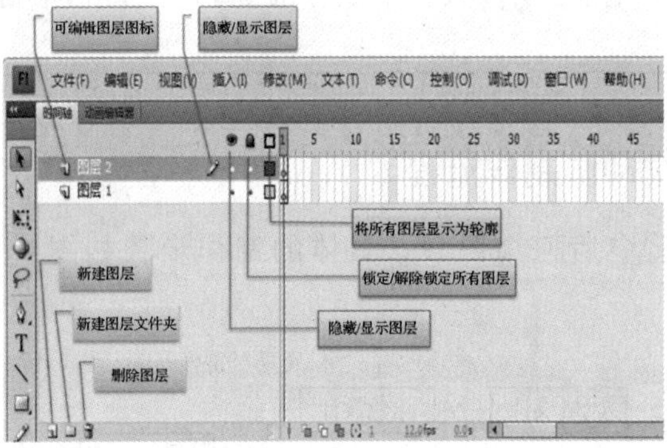

图 6－43　图层操作

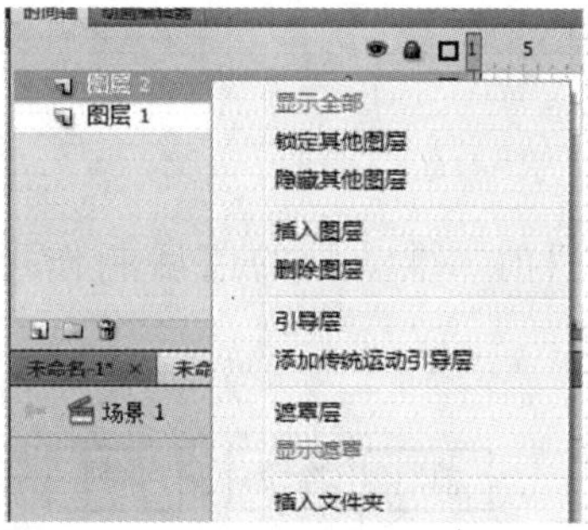

图 6－44　图层右键设置

③ Flash 中帧的种类

a. 关键帧：指一段动画中处于起始、结束等关键位置的帧。如图 6－46 中的第一帧、第五帧、第十帧。

b. 静止帧：指关键帧前后的一或多个具有静止内容的相邻帧。如图 6－47 所示，在时间轴上，灰色表示已有内容的静止帧，白色表示空静止帧。

c. 中间过渡帧：指过渡动画中两个关键帧之间的所有帧，其颜色由过渡类型决定。

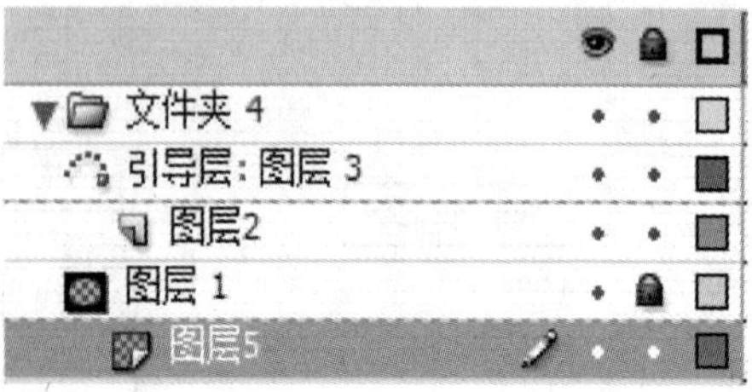

图 6－45　编辑后界面

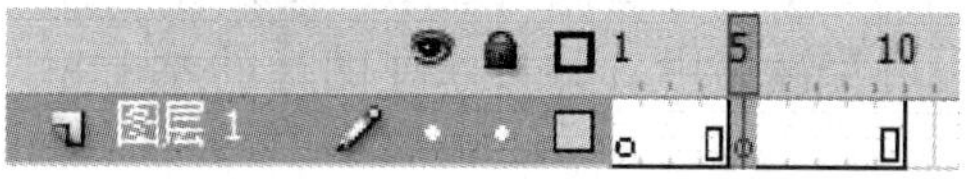

图 6－46　关键帧

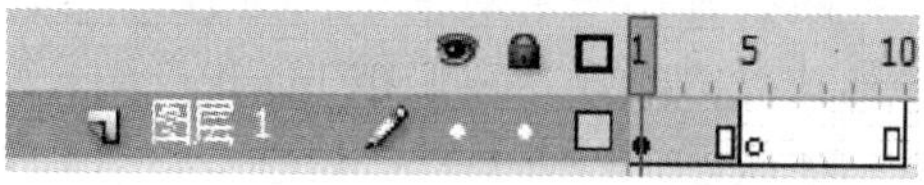

图 6－47　静止帧

④ Flash 中帧的操作，如右图 6－48 所示。

a. 选择帧。

b. 插入帧。

c. 复制帧。

d. 删除帧。

e. 改变帧频率（播放频率）。

在默认情况下，Flash 动画的播放频率是 12fps（每秒 12 帧），可以根据具体的制作需要，点击数字，然后输入即可完成修改。

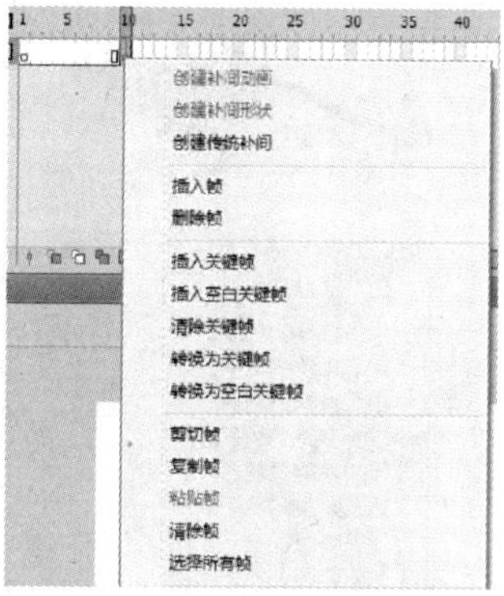

图 6－48　帧的操作

2. Flash CS4 动画制作实例

Flash 中可以制作三种动画，分别为逐帧动画，动作补间动画，形状补间动画。

（1）逐帧动画制作

创建每帧动画的内容，然后逐帧播放，以下部分为逐帧动画的制作步骤，Flash CS4 软件界面开启后如下，可以根据需要打开已经制作好的 Flash 源文件，或者新建文件，如图 6－49 为启动 Flash CS4 后的选择界面。

① 点击新建 Flash 文件，操作界面和各工具分布如图 6－50 所示。

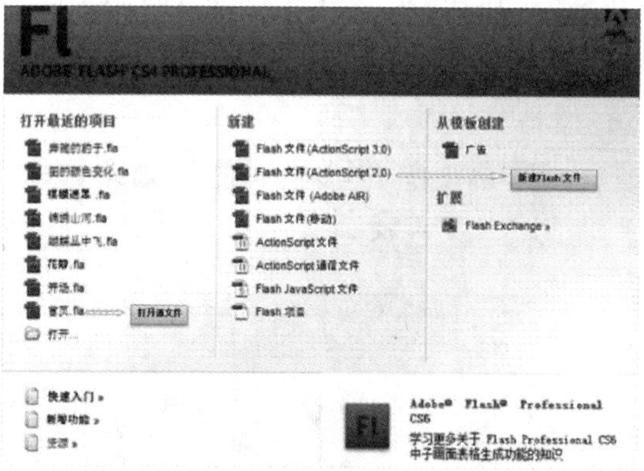

图 6－49　Flash CS4 新建文件界面

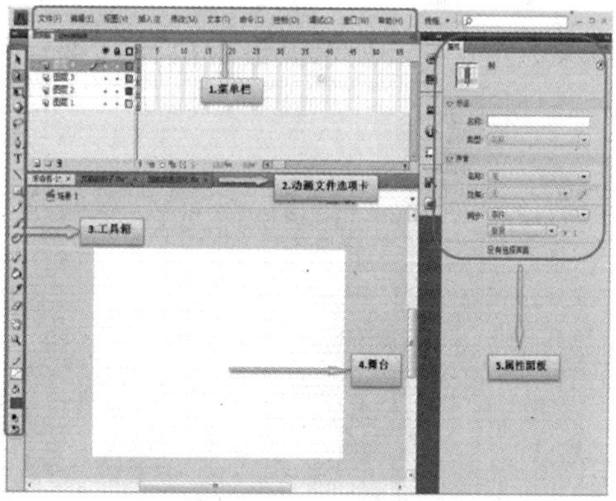

图 6－50　Flash CS4 操作界面

② 新建一个影片文档，在【属性】面板上设置文件大小为 600 像素 ×400 像素，【背景色】为白色。

③ 创建背景图层：选择第一帧，执行【文件】>【导入到舞台】命令，将本实例中的名为“雪景 . bmp”图片导入到场景中。在第 8 帧按 F5，加过渡帧使帧内容延续。

④ 导入 gif 动画：新建一层即图层二，选择第一帧，执行【文件】>【导入到舞台】命令，将本教程中的“奔跑的豹子”八张系列图片导入。查看库，如图 6－51 所示，八张奔跑的豹子就呈现在库中。

此时，弹出一个对话框，选择【是】按钮，Flash 会自动把 gif 中的图片序列按序以逐帧形式导入场景，它们被 Flash 自动分配在八个关键帧中，并显示在图像的左上角，如图 6－52 所示。

图 6－51　导入 gif 动画入库

图 6－52　导入的动画形成帧动画

⑤ 调整对象位置：缺省状况下，导入的对象被放在场景坐标“0，0”处，必须通过移动它们来选择图片的正确位置。

方法一：完成一幅图片的位置移动后记下其坐标值，再把其他图片设置到相同坐标。方法二：使用“多帧编辑”功能，先把“雪景”图层加锁，然后按下【绘图纸显示多帧】按钮，再单击【修改绘图纸标记】按钮，在弹出的菜单中选择【显示全部】，效果如图 6－53 所示。最后执行【编辑】>【全选】命令，此时时间轴和场景效果如图 6－54所示。

图 6－53　选择显示全部选项

图 6－54　选取多帧编辑

⑥ 设置标题文字：在场景中新建一个图层，即图层三，单击工具栏上的文字工具按钮，【属性】面板上的文本参数，如图 6－55 所示。

⑦ 测试存盘：执行【控制】>【测试影片】命令，观察本例 swf 文件生成的动画有无问题，如果满意，执行【文件】>【保存】命令，将文件保存成“奔跑的豹子. fla”

文件存盘。如果要导出 Flash 的播放文件，执行【导出】>【导出影片】命令保存成“奔跑的豹子. swf”文件。Flash 常用的输出文件格式如下：a. Flash Player（＊. swf）文件；b. Windows AVI（＊. avi）文件；c. Quick Time（＊. mov）文件；d. Animated GIF（＊. gif）文件；e. Adobe Illustrator Sequence（＊. ai）文件序列；f. JPEG Sequence（＊. jpg）文件序列；g. Windows Metafile（＊. wmf）、Adobe Illustrator（＊. ai）、Bitmap（＊. bmp）、JPEG Image（＊. jpg）、GIF Image（＊. gif）等文件。

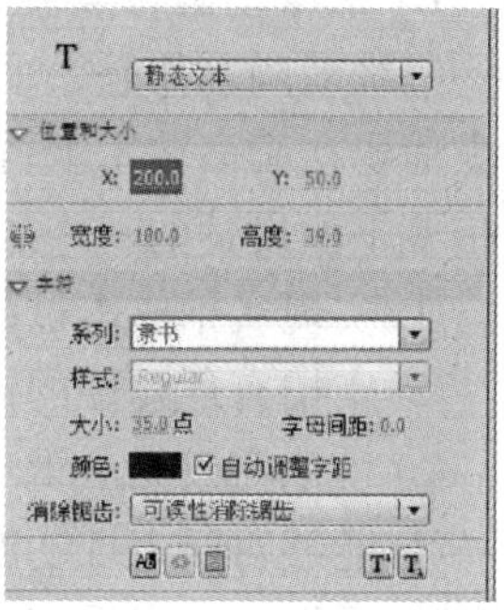

图 6－55　字体参数设置

（2）动作补间动画

指同一个对象不同状态的变化，常用于制作对象的位移、尺寸缩放、旋转、颜色渐变等效果。如图 6－56 所示的三幅图为作品《科大初春》的夕阳第一帧、第五帧、第十帧动画效果图。

（a）第一帧　（b）第五帧　（c）第十帧

图 6－56　动作补间动画

（3）形状补间动画

指两个图形对象的变换，其变化效果是由 Flash 控制的，其动画效果是从一个图形转换为另一个图形。其效果如图 6－57 所示。

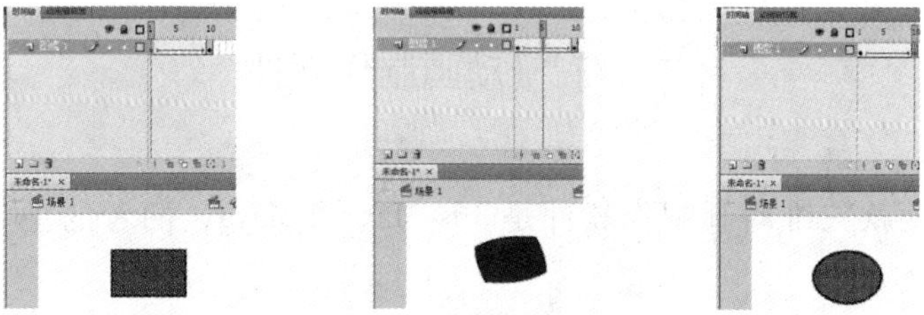

（a）第一帧　（b）中间帧　（c）结束帧

图 6－57　形状补间动画

第三节　三 维 动 画

一、三维动画概述

三维动画又称 3D 动画，是近年来随着计算机软硬件技术的发展而产生的一种新兴技术。由于其精确性、真实性和无限的可操作性，目前被广泛应用于医学、教育、军事、娱乐等诸多领域，这项新技术能够给人身临其境的感觉，得到广泛使用。

1. 三维动画特点

三维动画制作是一项艺术和技术紧密结合的工作，一方面要满足广告创意的需求，另一方面要在画面艺术上再创造。与平面设计相比，三维动画多了时间和空间的概念，它需要借鉴平面设计的一些法则进行创作。三维动画的特点如下：

① 实现实拍成本过高的镜头，降低成本。

② 实拍有危险性的镜头。

③ 模拟完成无法重现的镜头。

④ 能够对所表现的产品起到美化作用。

⑤ 画面表现力没有摄影设备的物理限制。

2. 三维动画应用

三维动画可以用于广告和电影电视剧的特效制作（如爆炸、烟雾、下雨、光效等）、特技（如撞车、变形、虚幻场景或角色等）、广告产品展示、片头飞字等，如图6－58所示，为Flash制作的三维漫游动画。

图6－58 用Flash制作的三维漫游动画

二、三维动画制作软件

1. 常用软件

目前常用的两款三维动画制作软件是3ds Max和Maya，两者的主要区别如表6－3所示。

表6－3 3ds Max和Maya对比

名称	3ds Max	Maya
针对人群	中高端软件，属于普及型三维软件，易学易用	高端3D软件，基础层次更高，可以满足使用者的高级要求（如角色动画/运动学模拟）
工作方向	面向动画片制作、游戏动画制作、建筑效果图、建筑动画等、建筑漫游及室内设计	面向动画片制作、游戏动画制作、电影制作、电视栏目包装、电视广告等
软件功能	软件功能的强大和健全，其插件由众多公司共同开发，如渲染器V－Ray，FinalRender，Brazil等	其CG功能十分全面，建模、粒子系统、毛发生成、植物创建、衣料仿真等，无需寻找第三方插件，节约时间

2. 基于平台的软件

除了以上两款常用的三维制作软件，目前还有众多三维动画软件，按照不同的平台，分类如表6－4所示。

表6－4　基于平台的三维动画制作软件

平台	软件名称
OS 平台	Maya（MAC 版本） Lightwave 3D（MAC 版本） Maxon Cinema 4D Studio Bundle（MAC 版本）等
跨平台	Blender（开源的跨平台全能三维动画制作软件） Art of Illusion（基于 GPL v2 的开源三维建模和渲染软件） Wings 3D（开源的三维计算机图形软件）
Windows 版本	RenderMan（基于 REYES 渲染引擎开发的图像渲染规范） AutoCAD（用于二维绘图和基本三维设计） LightScape（光照渲染软件） Mental Ray（电影级渲染器）
Linux 版本	KPovModeler（TM 场景的建模和组合软件） K3D（可以很方便的画多元函数的图像）

三、三维动画制作流程

根据实际制作流程，一个完整的影视类三维动画的制作总体上可分为前期制作、动画片段制作与后期合成三个部分，如表6－5所示。

表6－5　三维动画制作阶段

前期制作	动画片段制作	后期合成
文学剧本创作 分镜头剧本创作 造型设计 场景设计	建模 材质（贴图） 灯光 动画 摄影机控制 渲染	3D 特效 分层渲染/合成 配音配乐 剪辑

在制作三维动画中，一些制作环节的作用如下：

1. 布景（Set Dressing）

实现场景完善，无需灯光、特效的修饰。此处需要建模（如建筑、植物等），这些模型通常比较复杂，由成千上万个多边形构成。

2. 布局（Layout）

按照故事版制作三维场景的布局。这是从二维转换成三维的第一步，这里能更准确地体现出场景布局跟任务之间的位置关系。

3. 布局动画（Blocking Animation）

需要动画师按照布景和布局中设计好的镜头来制作布局动画。这就开始进入真正的动画制作阶段了。就是把动作的关键动作（Key Pose）设置好，这里已经能够比较细致地反映出角色的肢体动作，表情神态等信息。

4. 制作动画（Animation）

动画师根据布局动画进一步制作动画细节。加上挤压拉伸、跟随、重叠、次要动作等（如说话时的口型）。到这一步动画师的动作就已经完成了。这也是影片的核心之处，其他的特效灯光等都是辅助动画更加出彩的东西。

5. 模拟、上色（Simulation & Set Shading）

制作动力学相关的一些东西，譬如毛发、衣服布料等。通过材质贴图，人物和背景就有了颜色，看起来就更细致、真实、自然。这个过程后，颜色就能在不同的灯光中变化。

6. 特效（Effects）

制作火、烟雾、水流等效果，为动画的效果增色。

7. 灯光（Lighting）

通过放置虚拟光源来模拟自然界中的光，根据制作出来的场景和材质编辑设定的反射率等数据，给场景打上灯光。

8. 渲染（Rendering）

三维动画视频制作的最后一步，渲染的方式有很多，但都基于三种基本渲染算法：扫描线（Scan－liner）、光线跟踪（Ray－trace）、辐射度（Radiosity）。

四、三维动画的应用领域

1. 建筑领域

随着现在3D技术的提升与创作手法的多元化，建筑动画目前主要应用在建筑漫游动画，如房地产漫游动画、小区浏览动画、楼盘漫游动画、三维虚拟样板房、楼盘3D动画宣传片等。

2. 规划领域

三维动画可以应用在道路、桥梁、隧道、立交桥、街景、夜景、景点、市政规划、城市规划、城市形象展示、数字化城市、三维城市规划等领域。

3. 园林领域

园林景观动画涉及景区宣传、旅游景点开发、地形地貌表现，国家公园、森林公园、自然文化遗产保护、历史文化遗产记录，园区景观规划、场馆绿化、小区绿化、楼盘景观等动画表现制作。

4. 产品演示

产品动画涉及工业产品，如汽车、飞机、舰艇动画等；电子产品如手机、医疗器械、监测仪器仪表动画等；机械产品如机械零部件动画、油田开采设备、

图6－59 煤矿生产安全演示动画

发动机动画；产品生产过程动画如产品生产流程、生产工艺等三维动画制作等。

5. 模拟动画

模拟动画制作，通过动画模拟一切过程如制作生产过程、交通、煤矿安全演示动画、能源转换利用过程、电力生产输送过程、矿产金属冶炼过程、化学反应过程、植物生长过程、施工过程等演示动画制作。

6. 片头动画

片头动画创意制作，如宣传片片头动画、游戏片头动画、电视片头，动画、电影片头动画、节目片头动画、产品演示片头动画、广告片头动画等。

7. 动画广告

动画广告是广告宣传普遍采用的一种表现方式，在表现一些实拍无法完成的画面效果时，可以用动画来完成或两者结合，如广告用的一些动态特效就是采用 3D 动画完成的。

8. 影视动画

影视三维动画涉及影视特效创意、前期拍摄、影视 3D 动画、特效后期合成、影视剧特效动画等。

9. 角色动画

角色动画制作涉及 3D 游戏角色动画、电影角色动画、广告角色动画、人物动画等。

图 6－60 角色动画

五、三维动画制作实例

本节以 Maya 2012 软件为例，来制作三维动画，主要的制作过程如下：

1. Maya 2012

① 启动 Maya 2012，其开机界面和进入界面如图 6－61 所示。

② 如图 6－62 操作界面介绍所示，为具体的操作界面和各工具分布：

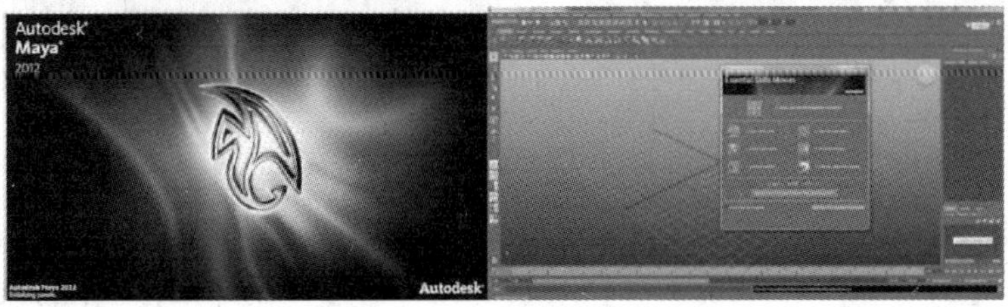

图 6－61 Maya 2012 操作界面

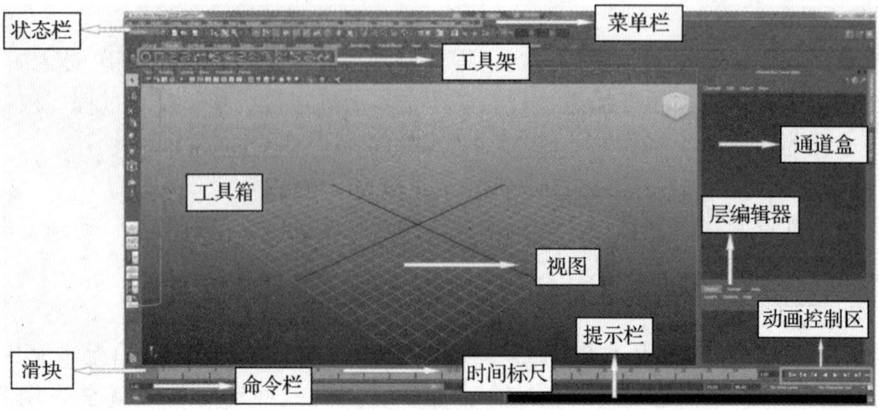

图 6－62　操作工具界面

2. 制作烛火的飘动

① 首先在【Panels】>【Orthographic】中选择【Side】视图，在工具栏中选择【Create】>【CV Curve】在 Side 视图画线，如图 6－63 所示，然后选择 Surface revolve 右侧的方框进行参数设置，如图 6－64 所示。

a 视图选择　　b 画线

图 6－63　Side 视图画线

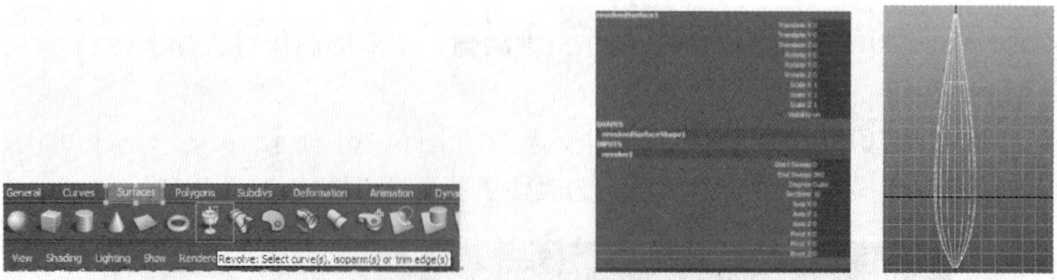

a 选择工具　　b 参数设置　　c 效果图

图 6－64　Surface revolve 参数设置和效果

② 旋转成型后，把光标移动到屏幕中心，按住键盘的空格键不放，会出现图 6－65 的菜单，选择【Soft/rigid bodies】>【Create Soft Body】，创建柔体。之后在动力模块下进行如图 6－66 所示的参数设置。

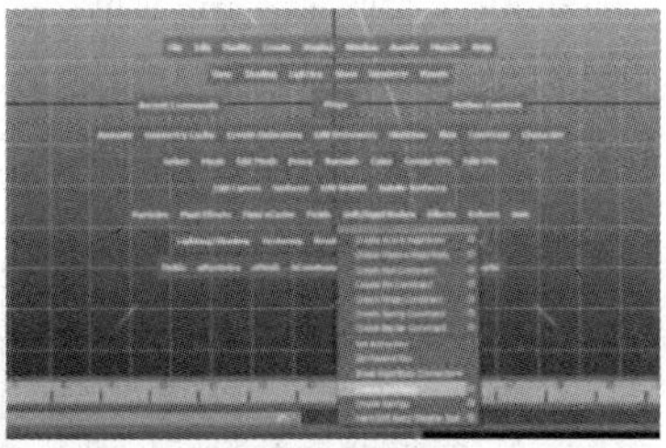

图 6－65　动力模块下的选择

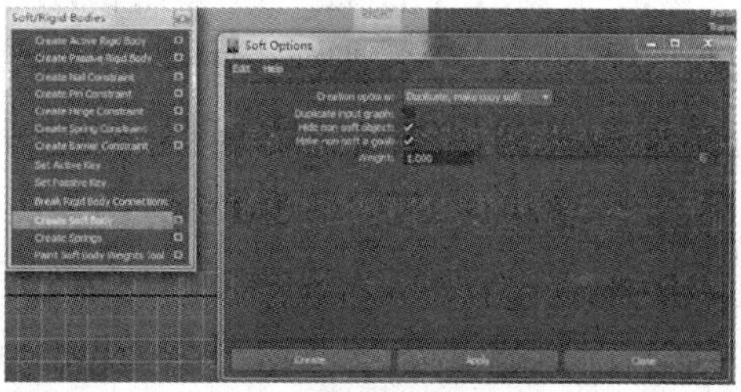

图 6－66　参数设置

③ 建立柔体以后，点击【Soft/Rigid Bodies】 > 【Paint Soft Body Weights Tool】，效果如图 6－67，烛火变成白色。

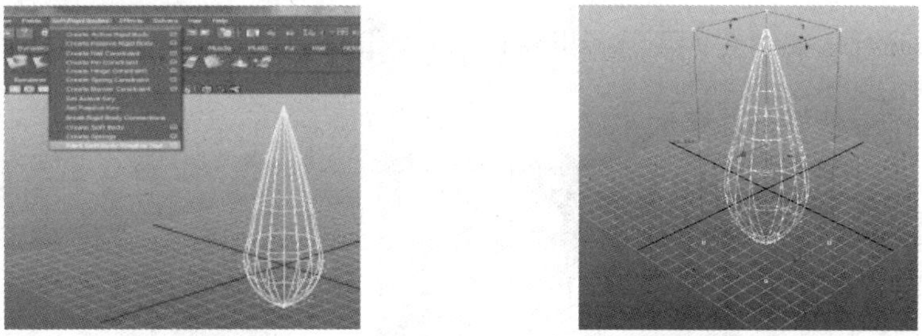

a 菜单选择　　b 选中的烛火效果

图 6－67　柔体绘画菜单及选中效果

④ 通过使用笔刷可以对烛火的不同部位进行涂抹，如图 6－68 所示。

a 尖部涂抹　　b 中部涂抹　　c 底部涂抹

图 6－68　笔刷对不同部位进行涂抹

⑤ 选择【Fields】 > 【Turbulance】，对柔体增加一个扰动场，然后用笔刷涂抹底部，并把扰动场移到火苗中心。对扰动场的参数设置如图 6－69 所示为：MAGNITUDE = 15，ATTENUATION = 0.2，FREQUENCY = 0.9。

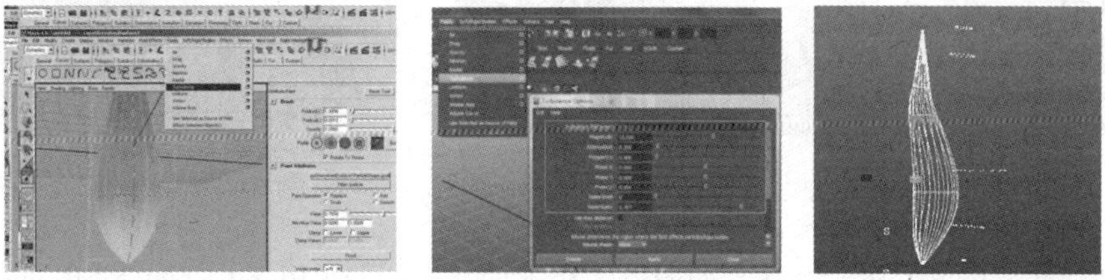

a 选择扰动场　　b 扰动场参数设置　　c 增加扰动后效果

图 6－69　对柔体增加一个扰动场

⑥ 依次选择【Window】>【Rendering】>【Hypershade】命令，在 Material 选择 Lambert，即建立一个 Lambert 材质组，设置 Color 的颜色如图 6－70 所示，之后选择 Transparency 右边的图标，如图 6－71 所示在弹出里选 Utilities 下的 Multiply divide。

图 6－70　建立材质组，设置颜色

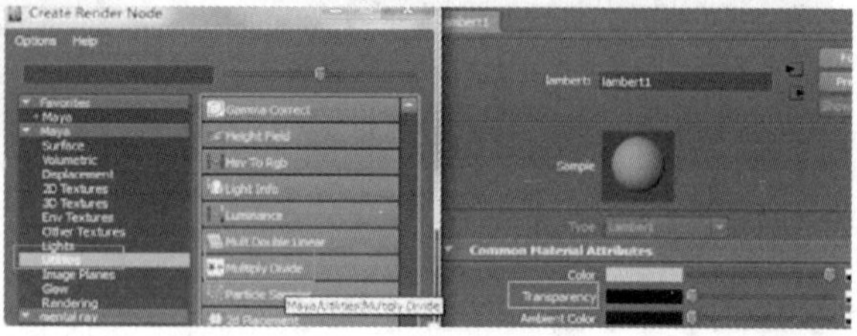

图 6－71　选择 Multiply divide

⑦ 单击 Input1，如图 6－72 选择 Ramp。设置 Type 为 U Ramp，如图 6－73 所示在色带上再增加两个渐层色。

图 6－72　选择 Ramp

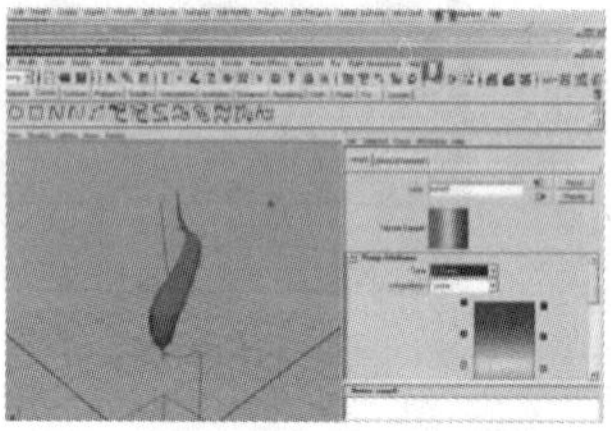

图 6－73　设置 U Ramp 并增加渐变色

⑧ 设置从上到下第一个圆形图标，位置设为 0.73，颜色是 $H=0$，$S=0$，$V=0.198$；设置从上到下第二个圆形图标，位置设为 0.57，颜色是 $H=0$，$S=0$，$V=0.124$；设置从上到下第三个圆形图标，位置设为 0.34，颜色是 $H=0$，$S=0$，$V=0.091$；设置从上到下第四个圆形图标，位置设为 0.2，颜色是 $H=0$，$S=0$，$V=0.116$；设置从上到下第五个圆形图标，位置设为 0.08，颜色是 $H=0$，$S=0$，$V=0.171$，效果如图 6－74 所示。然后打开 Hypershade 选 Create Utilities，如图 6－75 所示。

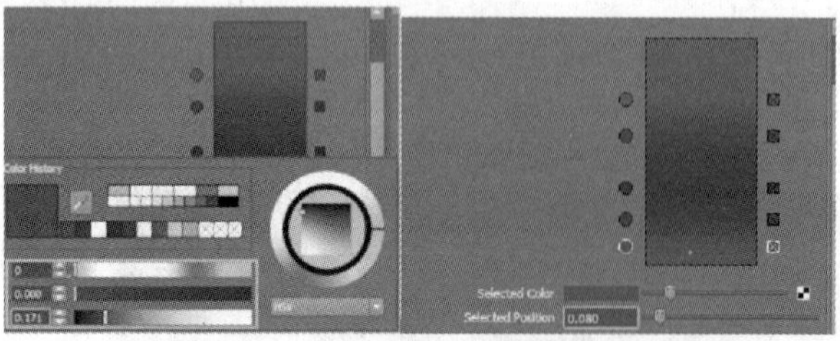

图 6－74　各图像参数设置效果

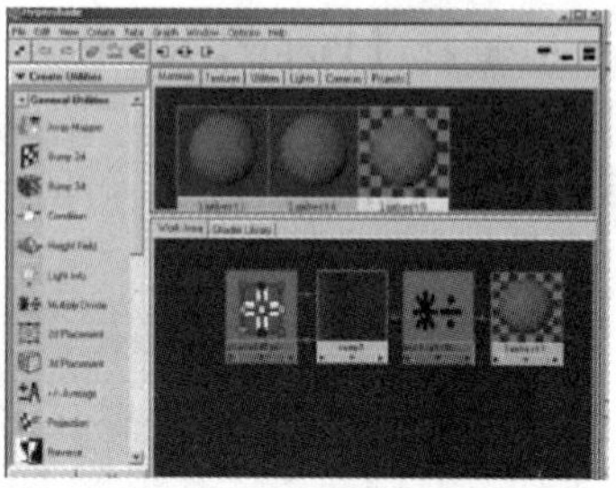

图 6－75　选 Create Utilities

⑨ 创建出 Blend Color 节点，如图 6－76 所示，中间拖 Blend Color 到 Ramp 图标上，在弹出中选 Color Offset。如图 6－77 所示再创建一个 Sampler Info 图标，把它拖到 Blend Color 上。

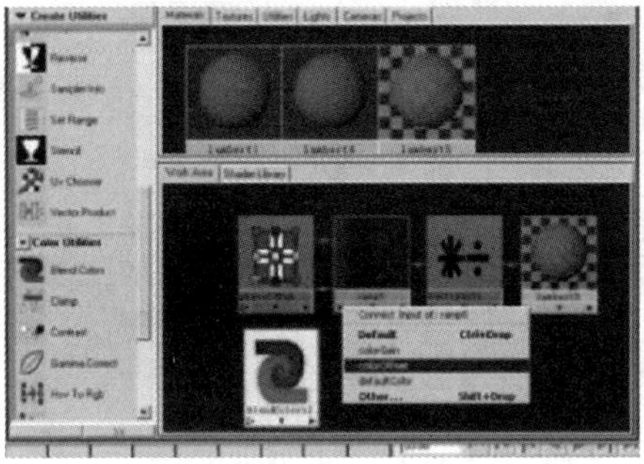

图 6－76　创建节点与图标拖拽操作

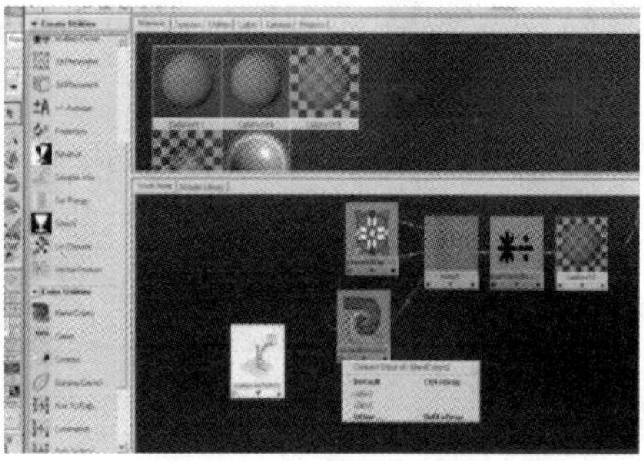

图 6－77　创建 Sampler Info 图标

⑩ 如图 6－78 所示在跳出的菜单里左侧选 Facing Ratio，右边选 Blender。之后双击 Blend Color 图标，如图 6－79 所示设置 Color1 的颜色。

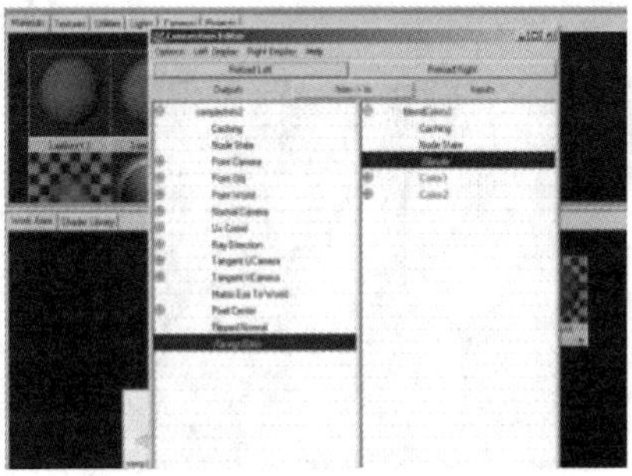

图 6－78　选择 Blender

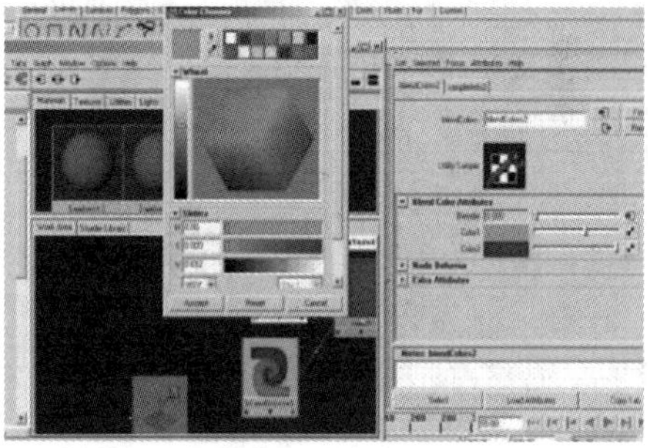

图 6－79　设置 Color1 的颜色

⑪ 设置 Color2 的颜色如图 6－80 所示。然后回到 Ramp，如图 6－81，设置 Noise 为 0.41。

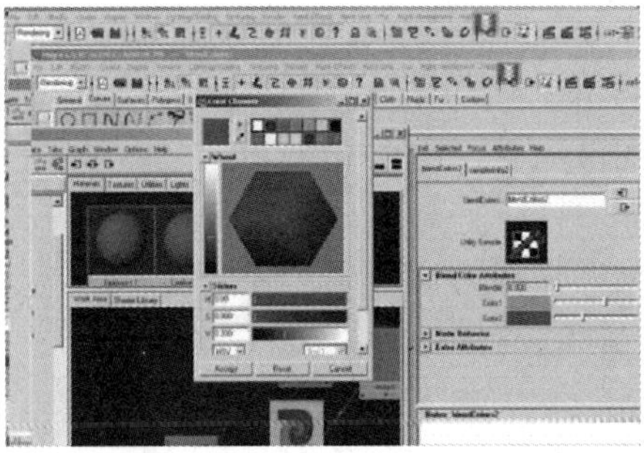

图 6－80　设置 Color2 的颜色

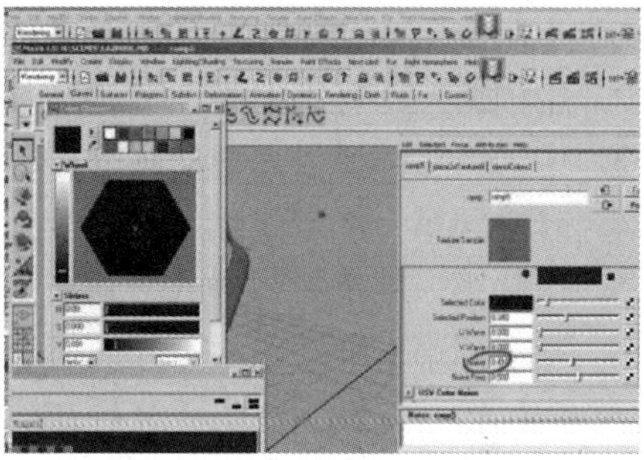

图 6－81　设置 Noise 数值

⑫ 回到再上级对话框，设置参数如图 6－82 所示，然后回到再上级对话框，如图 6－83 进行设置，注意图中的参数是 Incandescence 的参数。

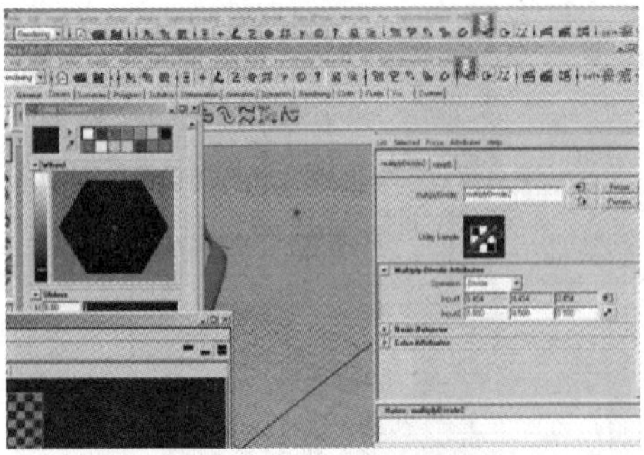

图 6－82　设置参数

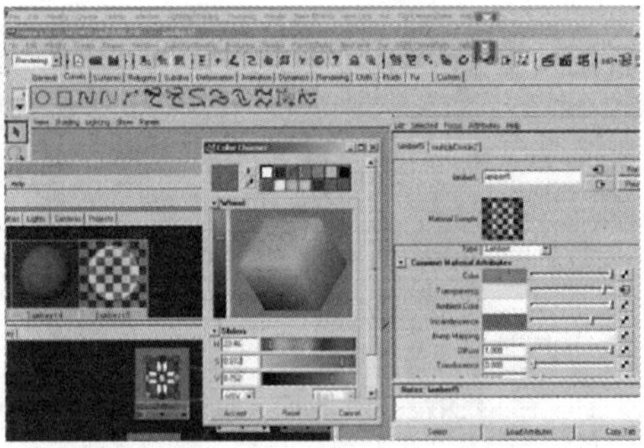

图 6－83　设置 Incandescence 的参数

⑬ 如图 6－84 所示把材质赋给火苗渲染一下，加点环境和 Glow，最终效果如图 6－85 所示。

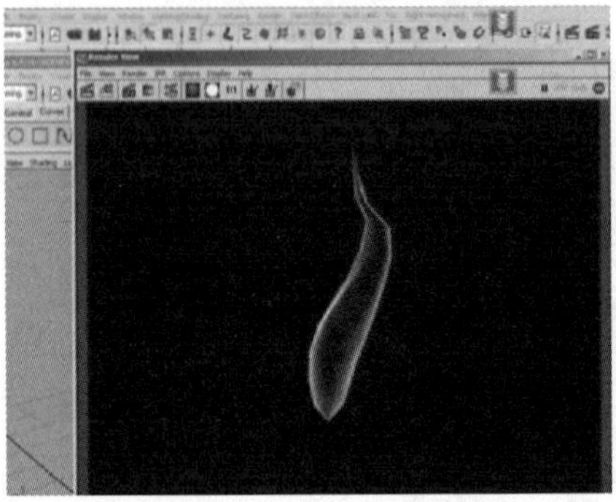

图 6－84　火苗渲染

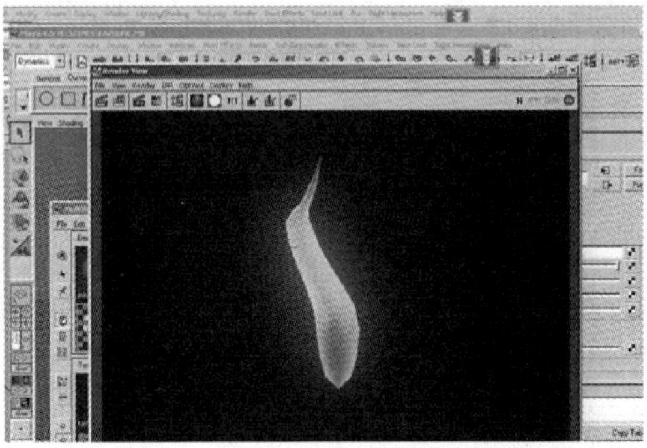

图 6－85　最终效果图

附录　我国动画片“第一部”作品汇总

1. 中国第一部动画片《大闹画室》（1926 年）
2. 中国第一部有声动画片《骆驼献舞》（1935 年）
3. 中国第一部黑白大型动画电影动画片《铁扇公主》（1941 年）
4. 新中国第一部木偶片《皇帝梦》（1947 年）
5. 中国第一部童话题材的动画片《谢谢小花猫》（1950）
6. 新中国第一部彩色动画片《乌鸦为什么是黑的》（1955 年）
7. 中国第一部在国际上获奖且在国际上获奖最多的动画片《神笔》（1956 年）
8. 中国第一部彩色剪纸片《猪八戒吃西瓜》（1958 年）
9. 第一届《大众电影》“百花奖”最佳美术片奖获奖影片《小鲤鱼跳龙门》（1958 年）
10. 中国第一部折纸片《聪明的鸭子》（1960 年）
11. 中国第一部水墨动画片《小蝌蚪找妈妈》（1960 年）
12. 中国第一部立体电影木偶片《大奖章》（1960 年）

13. 中国第一部彩色木偶长片《孔雀公主》（1963 年）

14. 中国第一部彩色动画长片《大闹天宫》（1961 年、1964 年）

15. 中国第一部水墨剪纸片《长在屋里的竹笋》（1976 年）

16. 中国第一部彩色宽银幕动画片《哪吒闹海》（1979 年）

17. 第一届中国电影“金鸡奖”最佳美术片奖获奖影片《三个和尚》（1980 年）

18. 中国第一部在国外获奖的科教动画片《遗传工程初探》（1985 年）

19. 中国第一部系列动画片《邋遢大王奇遇记》（1986 年）

20. 中国第一部系列剪纸动画片《葫芦兄弟》（1987 年）

21. 中国第一部系列科普教育动画长片《海尔兄弟》（1995 年）

22. 中国第一部长篇系列动画片《西游记》（1998 年）

23. 中国第一部集数最长的动画片《蓝猫淘气三千问》（1998 年）持续拍摄中

24. 中国第一部青少年校园音乐题材的动画片《我为歌狂》（2000 年）

25. 中国第一部投资超过亿，中国第一部 3D 电影《魔比斯环》（2006 年由环球数码投资制作发行）

26. 中国第一部历史记录动画片《中华五千年》（2009 年）

27. 中国第一部 3D 系列动画片《玩具之家》又名（老箱子和小电脑）已绝版

28. 中国第一部 3D 武侠系列动画大片《秦时明月》（2007 年）连载中

29. 中国第一部票房最高的电影动画片《喜羊羊与灰太狼之开心闯龙年》（1.6 亿）（截止到 2012 年 1 月 29 日）

参 考 文 献

［1］百度百科：动画 http://baike.baidu.com/view/7262.htm.

［2］百度百科：二维动画 http://baike.baidu.com/view/189718.htm.

［3］百度文库：FLASH 动画制作教程 PPT.

http://wenku.baidu.com/view/81b1223a580216fc700afd34.html.

［4］郭开鹤，张凡. Flash CS4 中文版基础与实例教程［M］. 北京：机械工业出版社，2010.

［5］百度百科：日本动画 http://baike.baidu.com/view/553721.htm.

［6］侯廷华，郭圣路. MAYA 2012 从入门到精通［M］. 北京：电子工业出版社，2012.

［7］百度空间：哈尔滨宏艺完美动力动画教育，MAYA 制作烛火的飘动 http://hi.baidu.com/hrbwmdl/item/371a41bf8dbda24fba0e1203.

第七章 虚拟现实

第一节 虚拟现实技术概述

一、概　　念

虚拟现实（Virtual Reality，简称 VR）是近年来出现的高新技术，也称灵境技术或人工环境。虚拟现实是利用计算机模拟产生一个三维空间虚拟世界的技术，为使用者提供视觉、听觉、触觉等感官的模拟体验，让使用者身临其境、自由地观察三维空间内的场景，如图 7－1 所示。

图 7－1　奥运体育场馆鸟巢虚拟场景鸟瞰图

虚拟现实中的“现实”是泛指在物理意义上或功能意义上存在于世界上的任何事物或环境，它可以是客观上可实现的，也可以是客观上难以实现的或根本无法实现的。而“虚拟”是指用计算机生成的意思。因此，虚拟现实是指用计算机生成的一种特殊环境，人可以通过使用各种特殊装置将自己“投射”到这个环境中，并操作、控制环境，实现特殊的目的，即人是这种环境的主宰。

虚拟现实是一项综合集成技术，涉及计算机图形学、人机交互技术、传感技术、人工智能等领域，它用计算机生成逼真的三维视、听、嗅觉等感觉，使人作为参与者通过适当装置，自然地对虚拟世界进行体验和交互，是一种由计算机技术辅助生成的高技术模拟系统。使用者进行位置移动时，计算机可以立即进行复杂的运算，形成精确的 3D 世界影像并产生临场感。

概括地说，虚拟现实是人们通过计算机对复杂数据进行可视化操作与交互的一种全新方式，与传统的人机界面以及流行的视窗操作相比，虚拟现实在技术思想上有了质的飞跃。

二、发展历程

早在20世纪60年代初，随着CAD技术的发展，人们就开始研究立体声与三维立体显示相结合的计算机系统。80年代，Jaron Lanier提出了“虚拟现实”的观点，目的在于建立一种新的用户界面，使用户可以置身于计算机所表示的三维空间资料库环境中，并可以通过眼、手、耳或特殊的空间三维装置在这个环境中“环游”，创造出一种“身临其境”的感觉，虚拟现实人机交互和非人机交互如图7-2和图7-3所示。

图7-2　虚拟现实人机交互图

图7-3　虚拟现实非人机交互图

虚拟现实技术的发展基本上可以分为以下三个阶段：

第一阶段是20世纪50年代到70年代，是虚拟现实技术的探索准备阶段，这个阶段产生了虚拟现实技术的基本思想，一个重要的里程碑就是在1968年美国计算机图形学之父Ivan Sutherlan在哈佛大学组织开发了第一个计算机图形驱动的头盔显示器及头部位置跟踪系统。

第二阶段是20世纪80年代初到80年代中期，是虚拟现实技术走出实验室，进入实际应用阶段。这个阶段开始形成了虚拟现实技术的基本概念，出现了两个比较典型的虚拟现实系统，即VIDEOPLACE与VIEW系统。VIDEOPLACE是由M. W. Krueger设计的一个计算机生成的图形环境，在该环境中参与者看到他本人的图像投影在一个屏幕上，通过协调计算机生成的静物属性及动体行为，可使它们实时地响应参与者的活动。1985年在M. M. Greevy领导下完成的VIEW虚拟现实系统，装备了数据手套和头部跟踪器，提供了手势、语言等交互手段，使VIEW成为名副其实的虚拟现实系统。

第三阶段是从20世纪80年代末至今，是虚拟现实技术全面发展时期，在这一阶段虚拟现实技术从研究转向应用阶段，在医学、航空、教育、商业经营、工程设计等方面都有所应用。国内许多高校及研究所开始了对虚拟现实技术的研究和应用。例如，清华大学计算机系对虚拟现实和临场感方面进行了研究，在球面屏幕显示和图像随动、克服立体图闪烁的措施和深度感实验等方面都具有不少独特的方法；浙江大学心理学国家重点实验室开发了虚拟故宫，CAD&CG国家重点实验室开发出桌面虚拟建筑环境实时漫游系统等。

三、基本特征

1. 多感知性

虚拟现实技术的多感知性是指除了一般计算机技术所具有的视觉感知之外，还有听觉感知、力觉感知、触觉感知、运动感知等。

2. 临场感

指用户感到作为主角存在于模拟环境中的真实程度。理想的模拟环境应该使用户感觉如同在现实世界中一样。

3. 交互性

指用户对模拟环境内物体的可操作程度和从环境得到反馈的自然程度（包括实时性）。

4. 构想性

强调虚拟现实技术应具有广阔的可想象空间，可拓宽人类认知范围，不仅可再现真实存在的环境，也可以随意构想客观不存在的甚至是不可能发生的环境。

四、虚拟现实的关键技术

虚拟现实是多种技术的综合，包括实时三维计算机图形技术，广角（宽视野）立体显示技术，对观察者头、眼和手的跟踪技术，以及触觉/力觉反馈、立体声、网络传输、语音输入输出技术等，如图 7 -4 所示。下面对这些技术分别加以说明。

1. 实时三维计算机图形技术

利用计算机模型产生的图形图像足够准确，可以根据时间的推移实时生成不同光照条件下各种物体的精确虚拟图像。例如在飞行模拟系统中，图像的刷新相当重要，同时对图像质量的要求也很高，再加上非常复杂的虚拟环境，这体现了实时三维计算机图形的关键技术，如图 7 -5 所示。

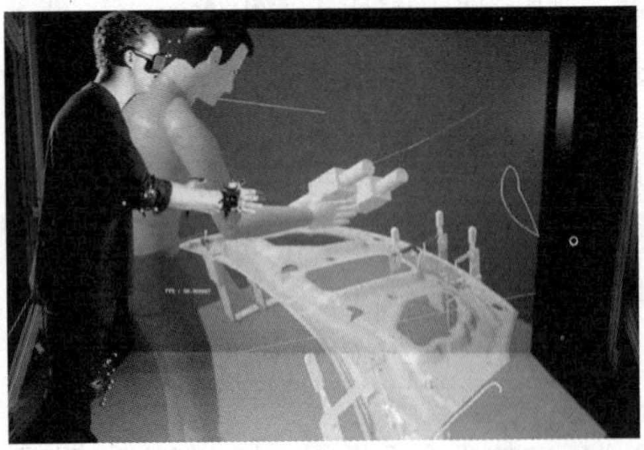

图 7 -4　虚拟场景的实现

图 7 -5　飞行模拟系统

2. 广角（宽视野）的立体展示

在虚拟现实系统中，用户看到的景象是由用户的位置和头（眼）的方向来确定的，双目立体视觉起了很大作用。用户的两只眼睛看到的不同图像是分别产生的，显示在不同的显示器上，利用视差产生立体感。用户不仅可以通过双目立体视觉去认识环境，而且可以通过头部的运动去观察环境。

在三维空间中因为有六个空间自由度，因此在用户与计算机的交互中，很难找出比较直观的方法将平面运动映射成三维空间的任意运动。现在，已经有一些设备可以提供六个自由度，如数字化仪和空间球等，另外一些性能比较优异的设备是数据手套和数据衣，如图 7－6 所示。

3. 立体声

在水平方向上，靠声音的相位差及强度的差别来确定声音的方向，因为声音到达两只耳朵的时间或距离有所不同。常见的立体声效果就是靠左右耳听到不同位置发出的声音来实现的，所以会有一种方向感和临场感。

4. 触觉与力觉反馈

在虚拟现实系统中，用户可以看到一个虚拟的杯子并设法去抓住它，但是手没有真正接触杯子的感觉，并有可能穿过虚拟杯子的“表面”。解决这一问题的常用装置是在手套内层安装一些可以振动的触点来模拟触觉。

5. 语音输入输出

在虚拟现实系统中，要求虚拟环境能听懂人的语言，并能与人实时交互。而让计算机识别人的语音是相当困难的。使用人的自然语言作为计算机输入目前有两个问题，首先是效率问题，为便于计算机理解，输入的语音可能会相当啰嗦。其次是正确性问题，计算机理解语音的方法是对比匹配，而没有人的智能。目前在含有虚拟特效的电影中已经实现了人与计算机的语言交流，如图 7－7 所示。

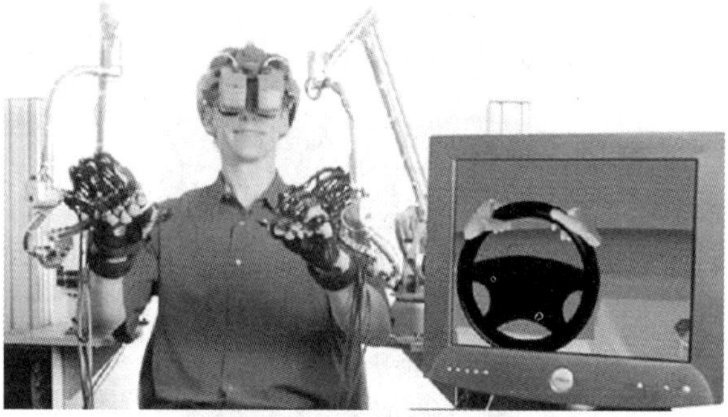

图 7－6 利用数据手套和数据衣产生的虚拟场景

图 7－7 电影《I，ROBOT》中人机语言交流

总之，虚拟现实是多种技术学科的集成。除了以上提到的技术问题外，这一领域还涉及了社会、法律、伦理、宗教、哲学等越来越多的学科。

第二节 虚拟现实系统

一、虚拟现实系统的组成

1. 计算机

计算机是生成虚拟世界和实现人机交互等功能的发动机。由于虚拟现实场景的复杂性、交互实时性和人机界面智能性的要求较高，在生成虚拟世界的过程中，所需的计算量极大。因此，需要用较高配置的计算机，如基于高性能的个人计算机、基于高性能的图形工作站、高度并行的计算机及基于分布式结构的计算机系统等，如图 7－8 所示。

2. 输入部分

虚拟现实系统通过输入部分接受来自用户的信息。用户的基本输入信号包括用户的头和手的位置及方向、声音等。其输入设备主要有：

① 数据手套：用来检测手的姿态，将人手的自然动作数字化。用户手的位置与方向用来与虚拟环境进行交互。如在使用交互手套时，手势可用来启动或终止系统。类似的，手套可以用来拾起虚拟物体，并将物体移到别的位置，如图 7－9 所示。

图 7－8　苹果工作站

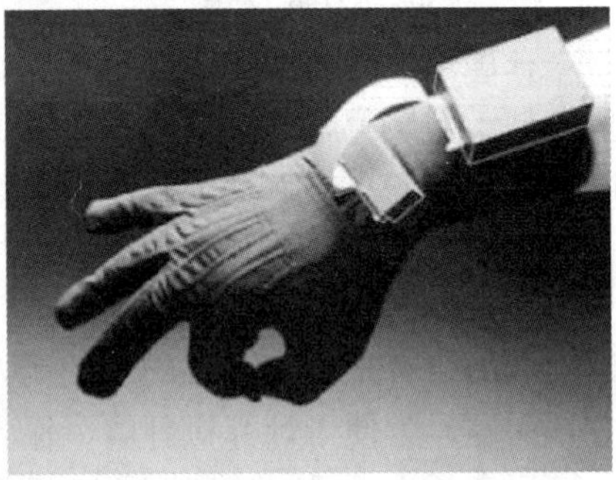

图 7－9　数据手套

② 三维球：用于物体的操作和飞行控制，如图 7－10 所示。

③ 自由度鼠标：用于导航、选择及与物体交互，如图 7－11 所示。

图 7－10　三维球

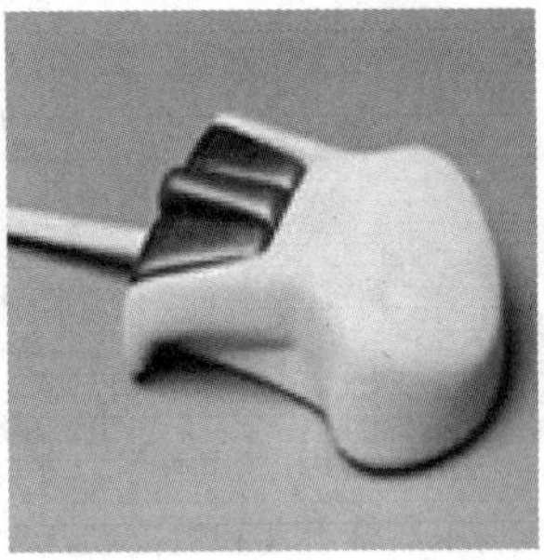

图 7－11　自由度鼠标

④ 生物传感器：用来跟踪眼球运动，如图 7－12 所示。

⑤ 头部跟踪器：通常装在头盔显示器上跟踪头部位置，以便使头盔显示器显示的图像随头部的运动而变化。用户头的位置及方向是系统重要的输入信号，它决定了从哪个视角对虚拟世界进行渲染，如图 7－13 所示。

⑥ 语音输入设备：通过话筒等声音输入设备将语音信息输入，并利用语音识别系统将语音变成数字信号。

3. 输出系统

输出系统主要是由三维图像视觉效果、三维声音效果和触觉（力觉）效果来实现的。

（1）三维图像的生成与显示

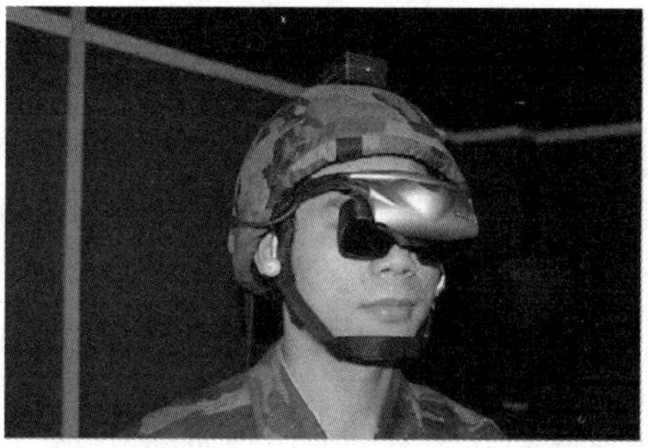

图 7－12　生物传感器

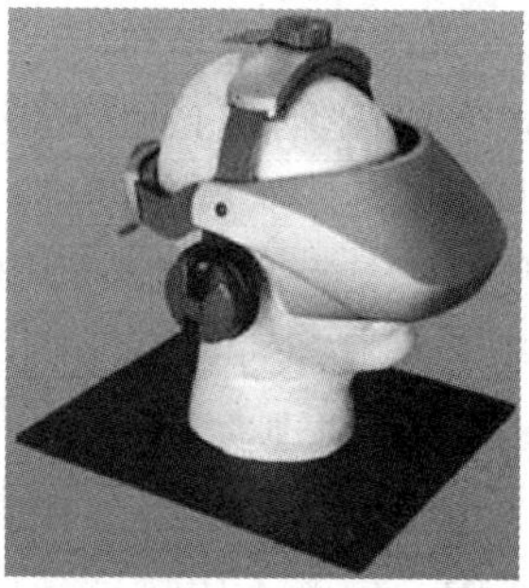

图 7－13　头部跟踪器

利用图形生成器、立体图像显示设备、高性能计算机系统，将计算机数字信号变成三维图像。生成或显示图像最简单的方法是在计算机监视器上加一副眼镜，或者采用头盔显示器。

（2）三维声音的处理

虚拟现实系统声音效果包括音响和语音效果，通过有关的声音设备使电子信号变成立体声，并提供识别立体声声源和判定其空间方位的功能。

（3）触觉、力觉反馈

触觉提供手握物体时获得的丰富感觉信息，包括分辨率表面材质、温度、湿度及张力等。用户的手是与虚拟环境进行自然交互时的重要途径，当手与虚拟物体发生碰撞时，用户希望有接触感和压力感。

4．应用软件

应用软件是虚拟现实系统各部件之间相互连接、集成的关键，软件是否优良直接影响显示和交互的实时性和自然性等。

5．虚拟环境数据库

虚拟环境数据库的作用是存放整个虚拟环境中所有物体的各种信息，包括物体及其金属性，如约束、物理性质、行为、几何形状和材质等。

虚拟环境数据库由实时系统软件管理。虚拟环境数据库中的数据只加载用户可见部分，其余留在磁盘上，需要时导入内存。

虚拟现实软件的任务是设计用户在虚拟环境中遇到的景和物。

构建虚拟环境的过程为：

① 三维物体的建模。典型的建模软件有 3ds Max，Auto CAD，Multigen 和 VRML 等。

② 虚拟场景的建立及三维物体与虚拟场景的集成。典型的虚拟现实软件有 WTK，Vega，OpenGL，VRP 和 Vtree 等。

二、虚拟现实系统的分类

虚拟现实系统按照不同的标准有不同的分类，通常分为以下 4 类：

1．桌面虚拟现实系统

桌面虚拟现实系统是一套基于普通 PC 平台的小型虚拟现实系统。它利用中低端图形工作站及立体显示器，产生虚拟场景。

2. 沉浸式虚拟现实系统

沉浸式显示系统是目前国际上普遍采用的虚拟现实和视景仿真的显示手段和方式。系统以大幅面甚至是超大幅面的虚拟现实立体投影为显示方式，为参与者提供团体式多人参与、集体观看，具有高度临场感的投入型虚拟空间环境，让所要交互的虚拟三维世界高度逼真地浮现于参与者的眼前。

3. 分布式虚拟现实系统

分布式虚拟现实系统是一个基于网络的可供异地多用户同时参与的分布式虚拟环境。在这个环境中，位于不用物理环境位置的多个用户或多个虚拟环境通过网络相连接，或者多个用户同时参加一个虚拟现实环境，通过计算机与其他用户进行交互，并共享信息。

4. 增强现实（或混合现实）系统

增强现实（或混合现实）是将计算机产生的虚拟物体或其他信息与用户所看到的真实环境进行融合的一种技术，具有虚实结合、实时交互等特点。

第三节　虚拟现实的应用

1. 虚拟现实在城市规划中的应用

虚拟现实技术可以广泛的应用在城市规划的各个方面，并带来切实可观的利益，如图7－14所示，不但能够给用户带来强烈、逼真的感官冲击，获得身临其境的体验，还可以通过其数据接口在实时的虚拟环境中随时获取项目的数据资料，方便大型复杂工程项目的规划、设计、投标、报批、管理，有利于设计与管理人员对各种规划设计方案进行辅助设计与方案评审，很多不易察觉的设计缺陷能够轻易地被发现，减少由于事先规划不周全而造成的无可挽回的损失与遗憾，大大提高了项目的评估质量。

2. 虚拟现实在医学中应用

医生在真正动手术之前，可以通过虚拟现实技术的帮助，在显示器上重复地模拟手术，移动人体内的器官，寻找最佳手术方案并提高熟练度，如图7－15所示。借助于跟踪球、头盔显示器、数据手套，医学专业的学生可以很容易了解人体内部各器官结构，利用虚拟现实技术进行各种专业练习。由于不受标本、场地等的限制，所以培训费用大大降低。另外，在远距离遥控外科手术、复杂手术的计划安排、手术过程的信息指导、手术后果预测及改善残疾人生活状况，乃至新药研制等方面，虚拟现实技术都能发挥十分重要的作用。

图7－14　虚拟现实在城市规划中的应用

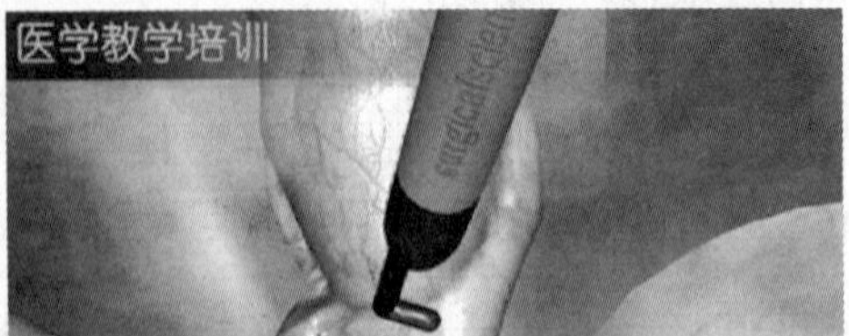

图7－15　虚拟现实在医学中的应用

3. 虚拟现实在娱乐、艺术与教育方面的应用

丰富的感觉能力与3D显示环境使得虚拟现实成为理想的视频游戏工具，如图7－16所示。1992年的一台称为“Legeal Qust”的系统由于增加了人工智能功能，使计算机具备了自学习功能，大大增强了趣味性及难度。另外在家庭娱乐方面虚拟现实也显示出了很好的前景。

图7－16　虚拟现实在娱乐方面的应用

作为传输显示信息的媒体，虚拟现实在未来艺术领域方面所具有的潜在应用能力也不可低估。《阿凡达》《诸神之战》《2012》等热门电影也都引进了先进的虚拟现实技术，在电影《阿凡达》中的应用如图7－17所示。虚拟现实所具有的临场参与感与交互能力可以将静态的艺术转化为动态的，可以使观赏者更好地欣赏作者的思想艺术。对艺术的潜在应用价值同样适用于教育，如在解释一些复杂的系统抽象的概念如量子物理等方面，虚拟现实是非常有力的工具。

图7－17　虚拟现实技术在电影《阿凡达》中的应用

4. 虚拟现实在军事与航天工业的应用

模拟与演练一直是军事与航天工业中的一个重要课题，这为虚拟现实提供了广阔的应用前景。美国国防部高级研究计划局自20世纪80年代起一直致力于研究称为SIMNET的虚拟战场系统，以提供坦克协同训练，该系统可联结200多台模拟器。另外利用虚拟现实技术，可模拟零重力环境，以代替现在非标准的水下训练宇航员的方法。虚拟现实在军事与航天工业的应用如图7－18所示。

5. 虚拟现实在室内设计中的应用

虚拟现实可以把装修及设计构思变成看得见的虚拟物体和环境，使以往只能借助传统的设计模式提升到数字化的完美境界，大大提高了设计和规划的质量与效率，如图7－19所示。运用虚拟现实技术，设计者可以完全按照自己的构思去构建装饰“虚拟”的房间，并可以任意变换自己在房间中的位置，去观察设计的效果，直到满意为止，既节约了时间，又节省了制作模型的费用。

图7－18　虚拟现实在军事与航天工业的应用

图7－19　虚拟现实在室内设计中的应用

6. 虚拟现实在房产开发中的应用

随着房地产业竞争的加剧，传统的展示手段如平面图、表现图、沙盘、样板房等已经远远无法满足消费者的需要。虚拟现实技术是集影视广告、动画、多媒体、网络科技于一身的最新型的房地产营销方式，在国内外都非常热门，是当今房地产行业一个综合实力的象征和标志，其最主要的核心是房地产销售。同时在房地产开发中的申报、审批、设计、宣传等方面都有着非常迫切的需求。虚拟现实在房产开发中的应用如图7－20所示。

7. 虚拟现实在工业仿真中的应用

虚拟现实已经被世界上一些大型企业广泛地应用到工业的各个环节，对企业提高开发效率，加强数据采集、分析、处理能力，减少决策失误，降低企业风险起到了重要的作用，如图7－21所示。虚拟现实技术的引入，将使工业设计的手段和思想发生质的飞跃，更加符合社会发展的需要，可以说在工业设计中应用虚拟现实技术是可行且必要的。

图7－20　虚拟现实在房产开发中的应用

图7－21　虚拟现实在工业仿真中的应用

8. 虚拟现实在应急推演中的应用

防患于未然，是各行各业尤其是具有一定危险性行业（消防、电力、石油、矿产等）的关注重点，另外还要确保在事故来临之时做到最小的损失。虚拟现实的产生可以为应急演练提供了一种全新的开展模式，将事故现场模拟到虚拟场景中去，在这里人为的制造各种事故情况，组织参演人员做出正确响应，如图7－22所示。这样的推演大大降低了投入成本，提高了推演实训时间，从而保证了人们面对事故灾难时的应对技能，并且可以打破空间的限制，方便地组织各地人员进行推演，具有仿真性、开放性、针对性、自主性和安全性等优势。

9. 虚拟现实在文物古迹中的应用

利用虚拟现实技术，结合网络技术，可以将文物的展示、保护提高到一个崭新的阶段，如图7－23所示为武当山文化古迹的虚拟现实展示。虚拟现实在文物古迹中的应用首先表现在将文物实体通过影像数据采集手段，建立起实物三维或模型数据库，保存文物原有的各项型式数据和空间关系等重要资源，实现濒危文物资源的科学、高精度和永久的保存。其次利用这些技术来提高文物修复的精度，预先判断、选取将要采用的保护手段，缩短修复工期。通过计算机网络来整合大范围内的文物资源，并且通过网络利用虚拟技术更加全面、生动、逼真地展示文物，从而使文物脱离地域限制，实现资源共享，真正成为全人类可以“拥有”的文化遗产。使用虚拟现实技术可以推动文博行业更快地进入信息时代，实现文物展示和保护的现代化。

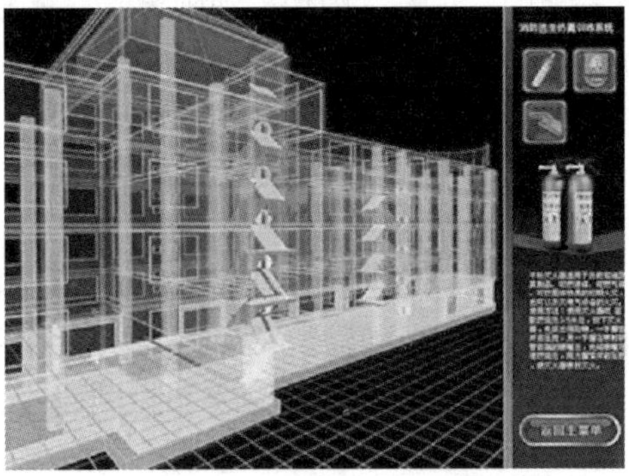

图7－22 虚拟现实在应急推演中的应用

图7－23 虚拟现实在文物古迹中的应用

10. 虚拟现实在游戏中的应用

三维游戏既是虚拟现实技术重要的应用方向之一，也为虚拟现实技术的快速发展起了巨大的需求牵引作用。电脑游戏自产生以来，一直都在朝着虚拟现实的方向发展，虚拟现实技术发展的最终目标已经成为三维游戏工作者的崇高追求。从最初的文字MUD游戏，到二维游戏、三维游戏，再到网络三维游戏，游戏在保持其实时性和交互性的同时，逼真度和沉浸感正在一步步地提高和加强，如图7－24所示为游戏反恐精英画面。

11. 虚拟现实在Web3D/产品/静物展示中的应用

Web3D主要有四类运用方向：商业、教育、娱乐和虚拟社区。对企业和电子商务，三维的表现形式能够全方位的展现一个物体，具有二维平面图像不可比拟的优势。企业将产品发布成网上三维的形式，能够展现出产品外形的方方面面，通过互动操作来演示产品的功能和使用操作，充分利用互联网高速迅捷的传播优势来推广公司的产品，产品展示如图7－25所示。对于网上电子商务，将销售产品展示做成在线三维的形式，顾客通过观察和操作能够对产品有更加全面的认识了解，购买的几率将大幅增加，为销售者带来更多的利润。

图 7－24　虚拟现实在游戏中的应用

图 7－25　Web3D/产品/静物展示

12. 虚拟现实在道路桥梁中的应用

虚拟现实技术在高速公路和桥梁建设方面有着非常广阔的应用前景。后台置入稳定的数据库信息，便于受众对各项技术指标进行实时的查询，周边再辅以多种媒体信息，如工程背景介绍、标段概况、技术数据、截面等，电子地图，声音、图像、动画等，与核心的虚拟技术产生交互，从而实现演示场景中的导航、定位与背景信息介绍等诸多实用、便捷的功能，如图 7－26 所示。

13. 虚拟现实在地理中的应用

应用虚拟现实技术，将三维地面模型、正射影像和城市街道、建筑物及市政设施的三维立体模型融合在一起，再现城市建筑及街区景观，用户在显示屏上可以很直观地看到生动逼真的城市街道景观，可以进行诸如查询、量测、漫游、飞行浏览等一系列操作，满足数字城市技术由二维 GIS 向三维虚拟现实的可视化发展需要，为城建规划、社区服务、物业管理、消防安全、旅游交通等提供可视化空间地理信息服务，如图 7－27 所示。

图 7－26　虚拟现实在道路桥梁中的应用

图 7－27　虚拟现实在地理中的应用

14. 虚拟现实在教育中的应用

虚拟现实应用于教育是教育技术发展的一个飞跃。它营造了“自主学习”的环境，由传统的“以教促学”的学习方式代之为学习者通过自身与信息环境的相互作用来得到知识、技能的新型学习方式，具体应用在以下几个方面：

（1）科技研究

虚拟现实技术能够为学生提供生动、逼真的学习环境，如建造人体模型、电脑太空旅行、化合物分子结构显示等，在广泛的科目领域提供无限的虚拟体验，从而加速和巩固学生学习知识的过程。

（2）虚拟实训基地

利用虚拟现实技术建立起来的虚拟实训基地，其“设备”与“部件”多是虚拟的，可以根据需要随时生成新的设备。教学内容可以不断更新，使实践训练及时跟上技术的发展。同时，虚拟现实的沉浸性和交互性，使学生能够在虚拟的学习环境中扮演一个角色，全身心地投入到学习环境中去，这非常有利于学生的技能训练。包括军事作战技能、外科手术技能、教学技能、体育技能、汽车驾驶技能、果树栽培技能、电器维修技能等各种职业技能的训练。

（3）虚拟仿真校园

虚拟校园是虚拟现实技术在教育培训中最早的具体应用，它由浅至深有三个应用层面，分别适应学校不同程度的需求：简单虚拟的校园环境供游客浏览；基于教学、教务、校园生活，功能相对完整的三维可视化虚拟校园；以学员为中心，加入一系列人性化的功能，以虚拟现实技术作为远程教育基础平台。如图 7－28 所示为天津科技大学泰达校区虚拟校园。

15．虚拟现实在虚拟演播室中的应用

随着计算机网络和三维图形软件等先进信息技术的发展，电视节目制作方式发生了很大的变化。虚拟演播室是虚拟现实技术与人类思维相结合在电视节目制作中的具体体现，其主要优点是能够更有效地表达新闻信息，增强信息的感染力和交互性。虚拟演播系统制作的布景是合乎比例的立体设计，当摄像机移动时，虚拟的布景与前景画面都会出现相应的变化，从而增加了节目的真实感，如图 7－29 所示。虚拟场景的优势有：及时更换场景；布景制作节约经费；不必移动和保留景物，减轻对雇员的需求压力；节目格局选择余地大，不受场景限制。

图 7－28　天津科技大学泰达校区

图 7－29　虚拟现实在虚拟演播室中的应用

16．虚拟现实在水文地质研究中的应用

虚拟现实技术是利用计算机生成的虚拟环境逼真地模拟人在自然环境中的视觉、听觉、运动等行为的人机界面的新技术。利用虚拟现实技术沉浸感、与计算机的交互功能和实时表现功能，建立相关的地质、水文地质模型和专业模型，进而实现对含水层结构、地下水流、地下水质和环境地质问题（例如地面沉降、海水入侵、土壤沙漠化、盐渍化、沼泽化及区域降落漏斗扩展趋势）的虚拟表达。具体实现步骤包括建立虚拟现实数据库、三维地质模型、地下水水流模型、专业模型和实时预测模型。

17. 虚拟现实在维修中的应用

虚拟维修是虚拟技术近年来的一个重要研究方向，目的是通过采用计算机仿真和虚拟现实技术在计算机上真实展现装备的维修过程，增强装备寿命周期各阶段关于维修的各种决策能力，包括维修性设计分析、维修性演示验证、维修过程核查、维修训练实施等，如图 7－30 所示。

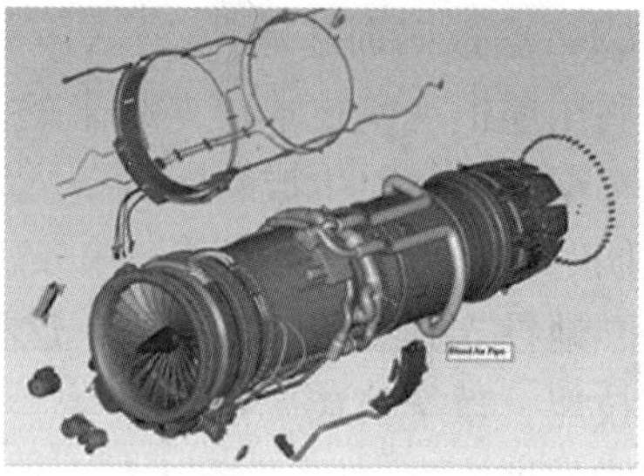

图 7－30 虚拟现实在维修中的应用

第四节 虚拟现实相关软件

一、3ds Max

3D Studio Max，常简称为 3ds Max 或 MAX，是 Autodesk 公司开发的基于 PC 系统的三维动画渲染和制作软件。其前身是基于 DOS 操作系统的 3D Studio 系列软件，最新版本是 2012。该软件广泛应用于广告、影视、工业设计、建筑设计、多媒体制作、游戏、辅助教学以及工程可视化等领域。拥有强大功能的 3ds MAX 被广泛地应用于电视及娱乐业中，比如片头动画和视频游戏的制作以及影视特效的制作。3ds Max 启动界面如图 7－31 所示。

二、AutoCAD

AutoCAD（Auto Computer Aided Design）是美国 Autodesk 公司首次于 1982 年生产的自动计算机辅助设计软件，用于二维绘图、详细绘制、设计文档和基本三维设计。现已经成为国际上广为流行的绘图工具。.dwg 文件格式成为二维绘图的事实标准格式。AutoCAD 具有良好的用户界面，通过交互菜单或命令行方式便可以进行各种操作，它还具有广泛的适应性，可以在各种操作系统支持的微型计算机和工作站上运行。AutoCAD 启动界面如图 7－32 所示。

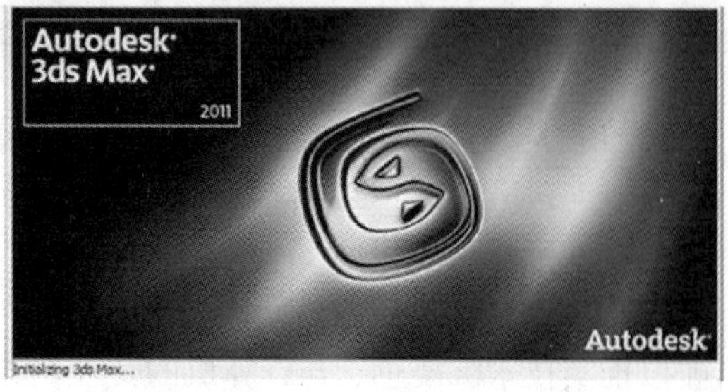

图 7－31 3ds Max 启动界面

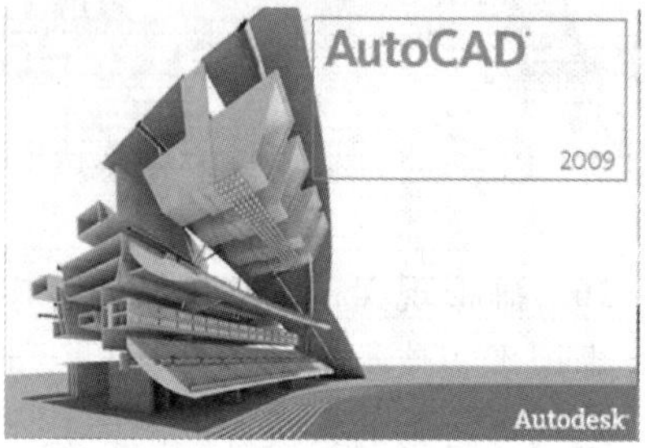

图 7－32 AutoCAD 启动界面

三、VRP - BUILDER

VRP - BUILDER 是一款直接面向三维美工的虚拟现实软件，所有操作便于涉及人员理解，可以将所有精力投入到效果制作中来，有效降低制作成本，提高成果质量。VRP - BUILDER 具有以下关键特性：人性化，易操作，所见即所得；高真实感实时画质；强大的二次开发接口；良好的交互特性；高效、高精度碰撞检测算法；丰富的特效；功能强大的实时材质编辑器；与 3ds Max 的无缝集成等。VRP - BUILDER 启动界面如图 7 - 33 所示。

图 7 - 33　VRP - BUILDER 启动界面

四、Vega

Vega 是 MultiGen - Paradigm 公司最主要的工业软件环境，用于实时视觉模拟、虚拟现实和普通视觉应用。Vega 将先进的模拟功能和易用工具相结合，对于复杂的应用，能够提供便捷的创建、编辑和驱动工具，显著地提高工作效率，同时大幅度减少源代码开发时间。Vega 程序界面如图 7 - 34 所示。

五、OpenGL

OpenGL（Open Graphics Library）定义了一个跨编程语言、跨平台的编程接口的规格，用于三维或二维图像。OpenGL 专业图形程序接口，是一个功能强大，调用方便的底层图形库，它与硬件无关的软件接口，可以在不同的平台如 Windows、Unix、Linux、MacOS 之间进行移植。因此，支持 OpenGL 的软件具有很好的移植性。OpenGL 程序界面如图 7 - 35 所示。

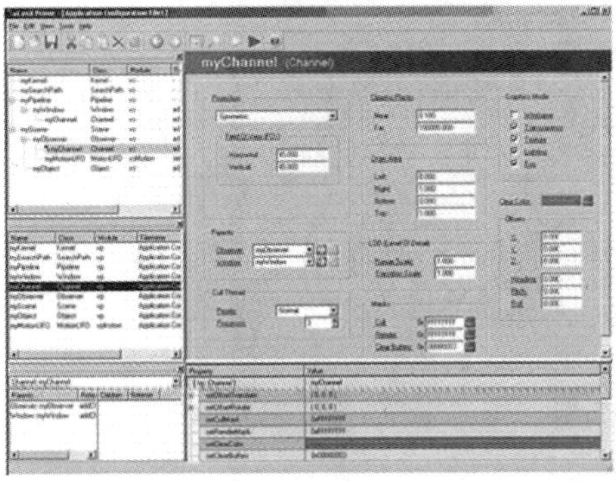

图 7 - 34　Vega 程序界面

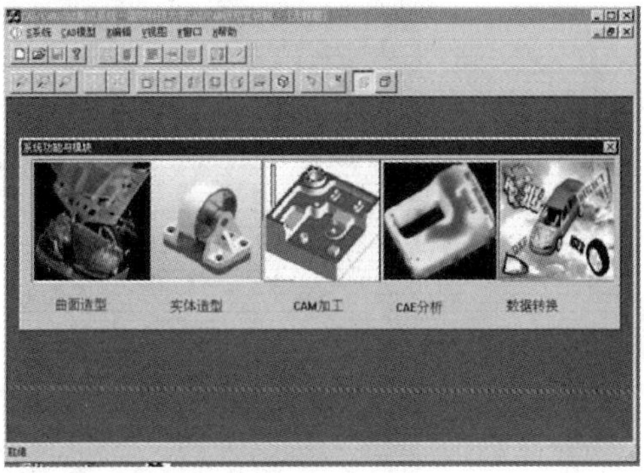

图 7 - 35　OpenGL 程序界面

第五节　虚拟现实制作实例

以3ds Max9和VRP结合制作的天津科技大学一号楼为例进行讲解。

（1）在AutoCAD2009中打开一号楼的首层平面图，删除不必要的文字、线条部分，如图7－36所示。

（2）使用快捷键<W>键进行写块命令，对处理好的文件进行写出，设置如图7－37所示。

（3）启动3ds Max 2009，在开始创建模型之前，首先对单位进行设置。在“自定义”下拉菜单中，单击“单位设置”，其设置如图7－38所示。

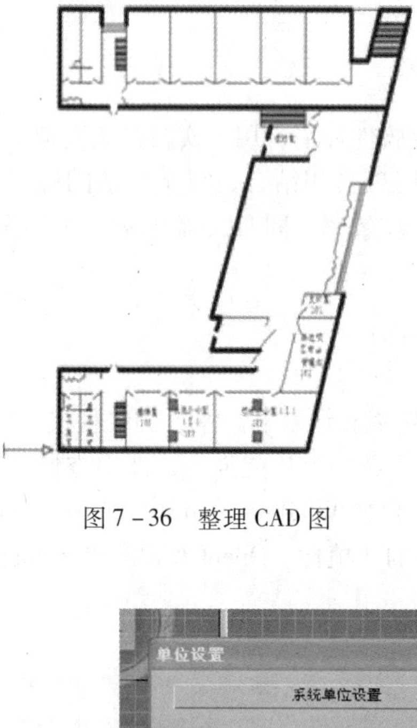

图7－36　整理CAD图

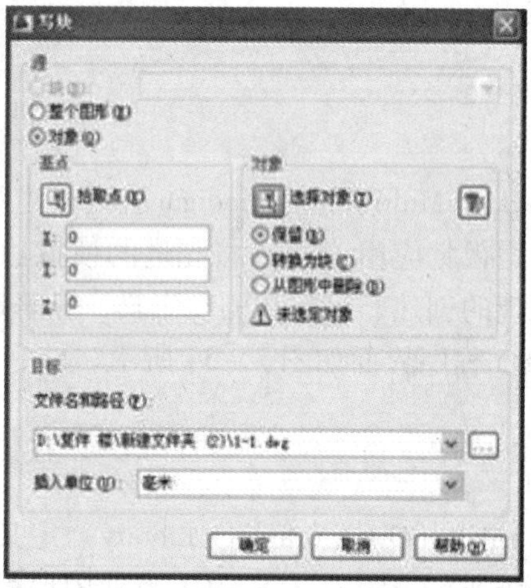

图7－37　“写块”对话框

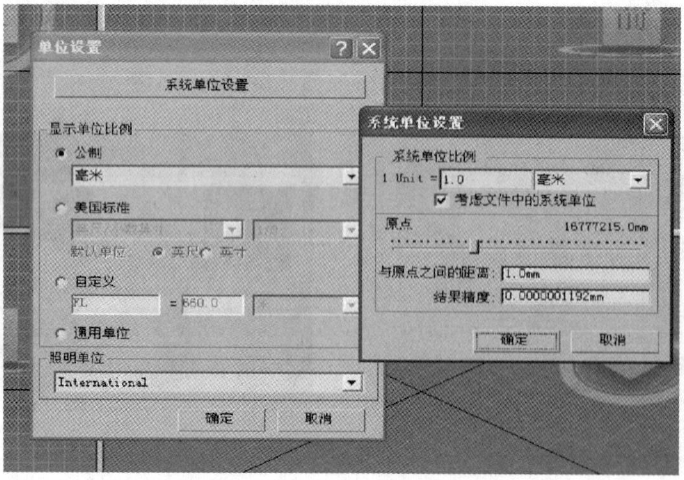

图7－38　导入3ds Max前设置

（4）单击【文件】>【导入】，导入之前处理过的一号楼首层的 CAD 文件。在弹出的 AutoCAD DWG/DXF 导入选项对话框，检查该对话框中的“传入的文件单位”选项，将其设定为“毫米”。

（5）全选导入的 CAD 可编辑线条，并在窗口中单击鼠标右键，在开启的关联菜单中选择“冻结当前选择”命令。

（6）右键单击主工具栏内的“捕捉开关”，在弹出的对话框中勾选“边/线段”和“顶点”选项，并在“选项”栏下，勾选上“捕住到对象”。进入“创建”主命令面板下的“图形”次命令面板，取消“开始新图形”命令。单击“线”命令按钮。然后通过捕捉端点在“顶”视口中创建一段曲线，如图 7 - 39 所示。

图 7 - 39　绘制首层平面图曲线

（7）选中绘制好的样条线，选中“可编辑样条线”的子对象“样条线”，在“几何体”卷展栏下设置“轮廓”的参数。

（8）在“修改”命令面板中，打开其下拉菜单，为该可编辑样条线添加挤出命令，设置挤出数量为“3000”，完成墙体的创建，其参数设置如图 7 - 40 所示。

（9）保持墙体的选中状态，按住 <Shift> 键，在“前”视图沿 Z 轴方向拖动，弹出“克隆选项”对话框，在该对话框中的“副本数”参数栏中输入数值 1，单击“确定”按钮关闭对话框，复制出顶面模型，如图 7 - 41 所示。

图 7 - 40　创建首层墙体图

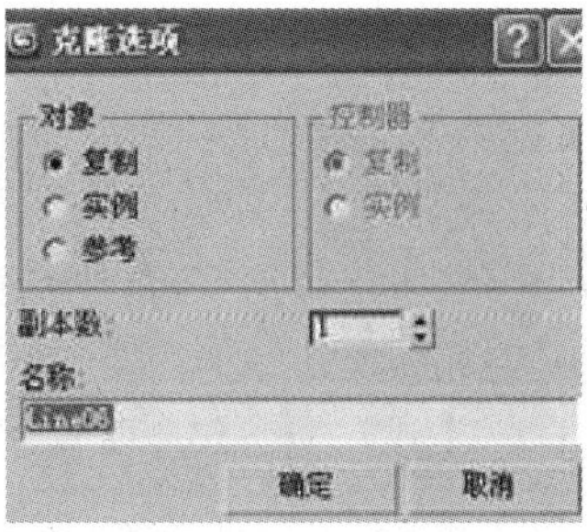

图 7 - 41　复制顶面线条

（10）保持新复制的墙体为选中状态，在“修改”命令面板下，将挤出命令删除，进入“顶”视图中，删除内侧线条，仅保留外部线条，同时将开口处进行焊接，得到一个封闭的折线，如图 7－42 所示。

（11）同样复制首层底面线条，在“修改”命令面板中，分别为顶面和底面的可编辑样条线添加挤出修改器，设置挤出数量分别为“200”和“150”，如图 7－43 所示。

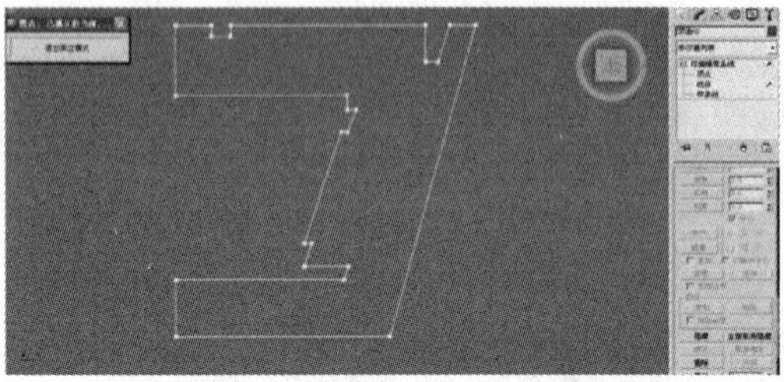

图 7－42　创建顶面模型

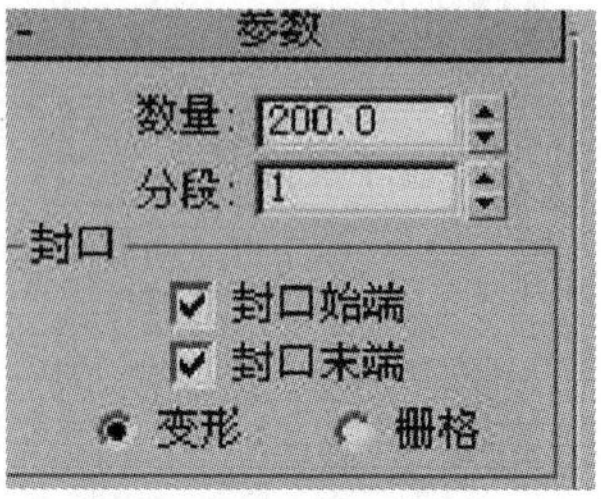

图 7－43　顶面挤出参数设置

（12）进入“前”视图，调整墙面、顶面和底面的位置，如图 7－44 所示，至此完成首层的初步创建。

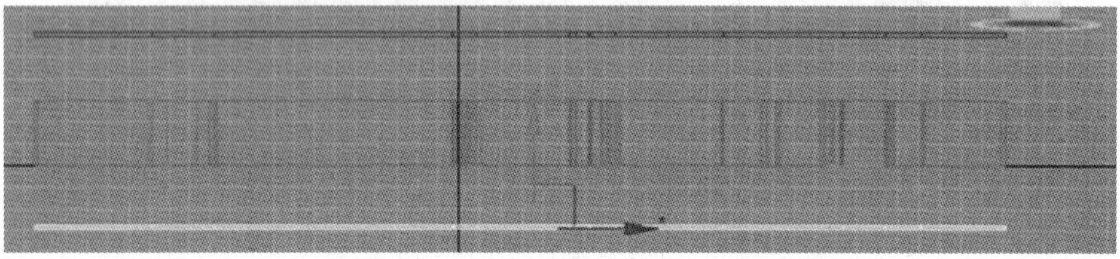

图 7－44　调整墙面、顶面和顶面位置

（13）依照同首层平面图类似的创建方式，创建出二、三、四层立体图，如图 7－45 所示。

（14）在“前”视图中创建出一个长方体，并调整其参数，如图 7－46 所示。

（15）调整长方体所在的位置，在顶视图和前视图中按住 <Shift> 键分别进行复制，如图 7－47 所示。

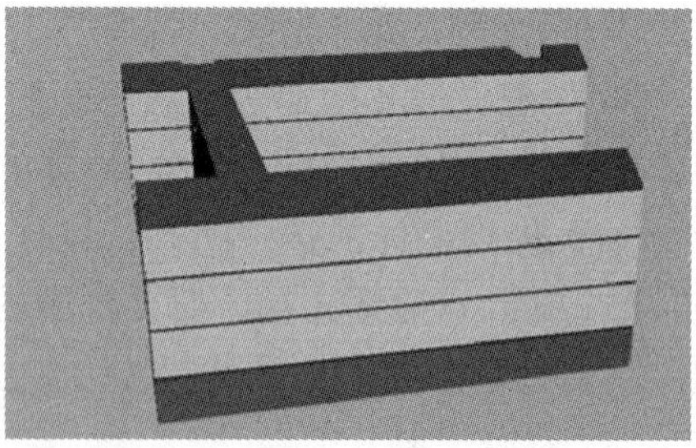

图 7－45　完成一号楼墙体建模

图 7－46　创建窗模型

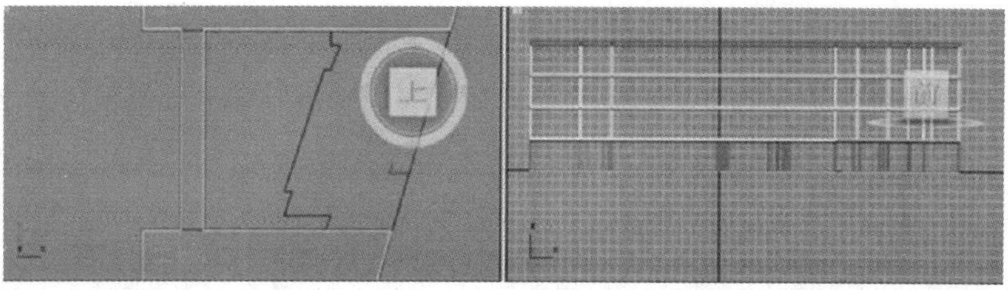

图 7－47　复制对象

（16）选中其中的一个“Box”，单击鼠标右键，在开启的关联菜单中选择“转化为可编辑多边形”。单击“编辑几何体”卷展栏下“附加”右侧的▣，弹出“附加列表”对话框，将刚创建的位于各层的长方体分别附加成可编辑多边形。如图 7－48 所示。

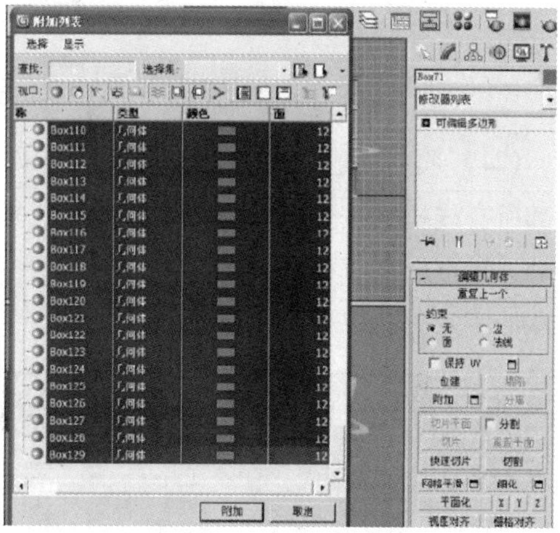

图 7－48　复制对象

（17）选中首层墙面，进入“修改”命令面板下，单击右键，在弹出的列表中单击“塌陷到”，在弹出的警告对话框中，单击“是”，完成墙体的塌陷，如图 7－49 所示。

（18）进入“创建”主命令面板下的“几何体”次命令面板，在其下拉列表中选择“复合对象”，在“布尔”命令栏内单击“拾取操作对象 B”，鼠标左键单击刚刚创建的首层可编辑多边形，如图 7－50 所示。

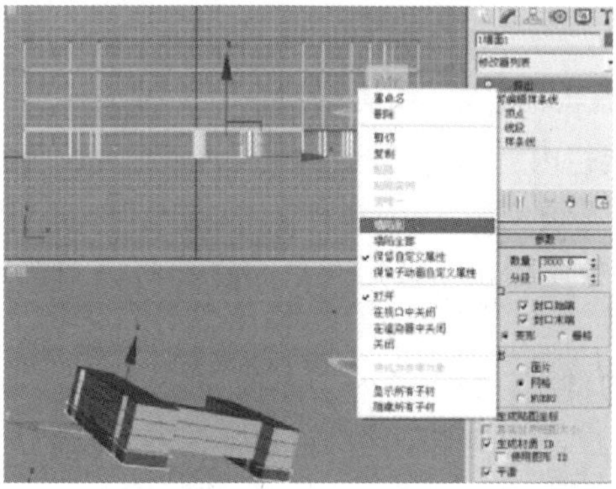

图 7－49　塌陷墙体

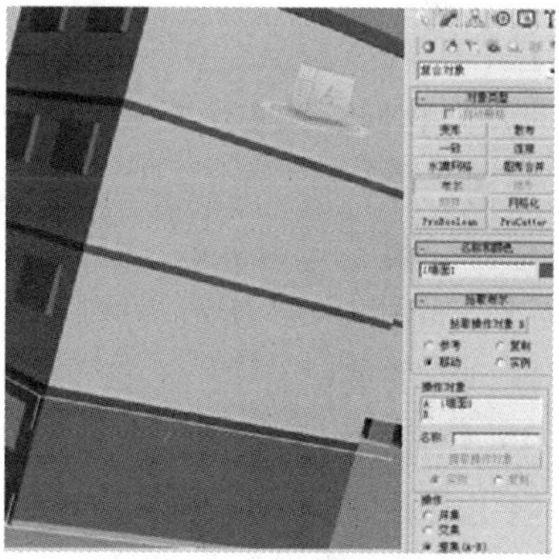

图 7－50　执行布尔操作

（19）同上述方法，完成其他楼层的布尔运算，此时，创建墙上窗户洞任务完成。效果如图 7－51 所示。

（20）利用“矩形”命令绘制窗框线条，如图 7－52 所示。

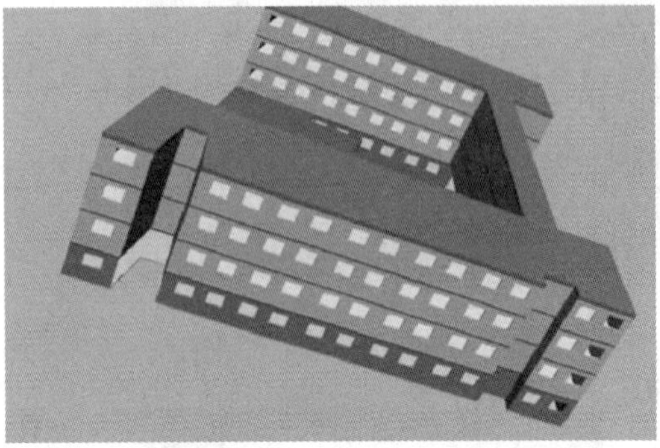

图 7－51　完成窗户孔洞

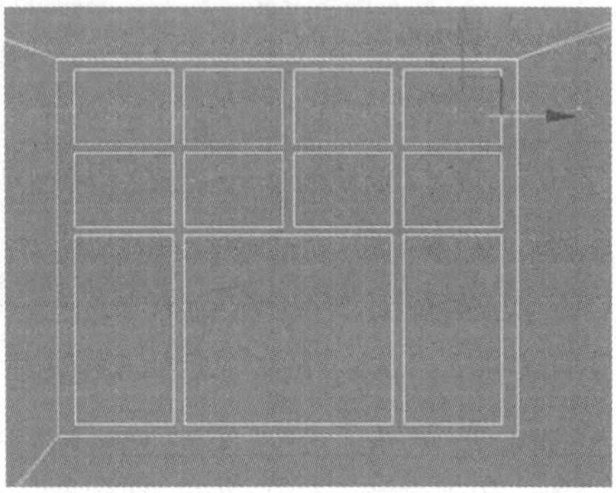

图 7－52　绘制窗框

（21）将线条移到墙体内合适位置，并将其转化为“可编辑多边形”，单击，选择内部所有线框，按住 <Shift> 键的同时，按住鼠标左键沿 Y 轴方向向后拖动鼠标，这样就得到了窗框的厚度。在顶视图中能够调整窗框的位置，通过改变顶点的位置调整窗框的厚度，如图 7－53 所示，这样一个单面的窗框就创建完成了。

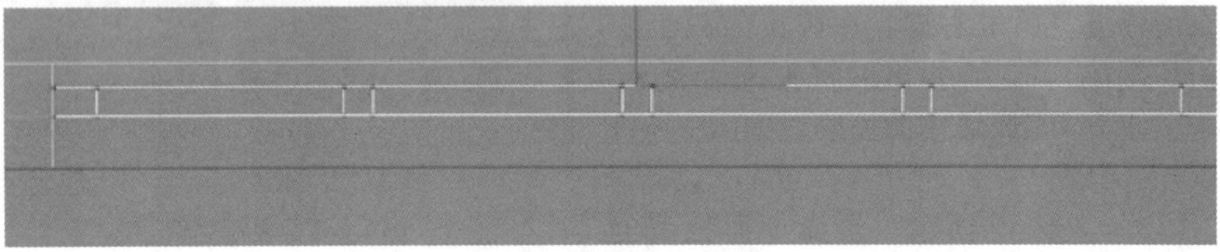

图 7－53　调整窗框厚度

（22）绘制一个与窗框大小基本相同的长方体，用来作为窗户的玻璃部分，并将其转化为“可编辑多边形”，选中其内部看不到的面，将其删除，这样能够减少空间冗余面，降低文件大小。

（23）附材质。在主工具栏内单击材质编辑器，或者按快捷键 < M > 弹出“材质编辑器”对话框，在“Blinn 基本参数”卷展栏内，单击“漫反射”的颜色块，为其添加一个颜色。如图 7－54 所示，分别调整“高光级别”、“光泽度”、“柔化”和“不透明度”参数，如图 7－55 所示。然后单击“将材质指定给选定对象”按钮将该调整好的材质附给刚创建的玻璃。

（24）依照同样的方法设置窗框和墙体的材质，将创建好的窗框和玻璃选中，并单击【组】＞【成组】，将二者组成一个完整的窗户。复制刚创建的窗户并调整其位置。

（25）创建墙体侧面白条部分。与上述玻璃的创建方法相同，绘制一长方体，将其转化为“可编辑多边形”，删除看不到的内面，对其附相应材质，然后复制多个，并将它们调整到墙体表面相应位置。

（26）选中首层墙体，在“修改”下拉列表中添加“UVW 贴图”，并设置贴图参数，如图 7－56 所示。依照同样的方法为其他楼层墙面添加“UVW 贴图”命令，贴图效果如图 7－57 所示。

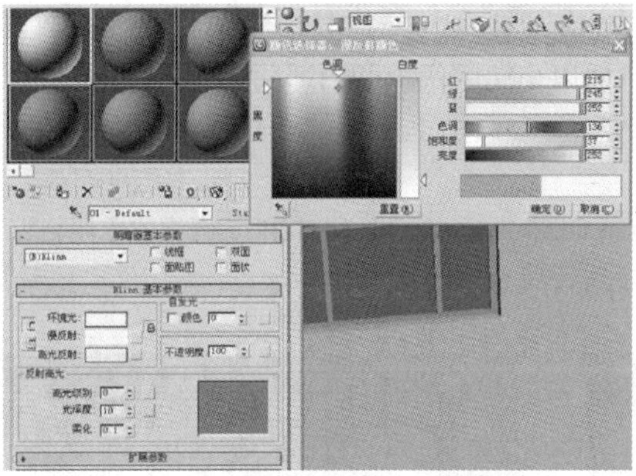

图 7－54　设置漫反射颜色

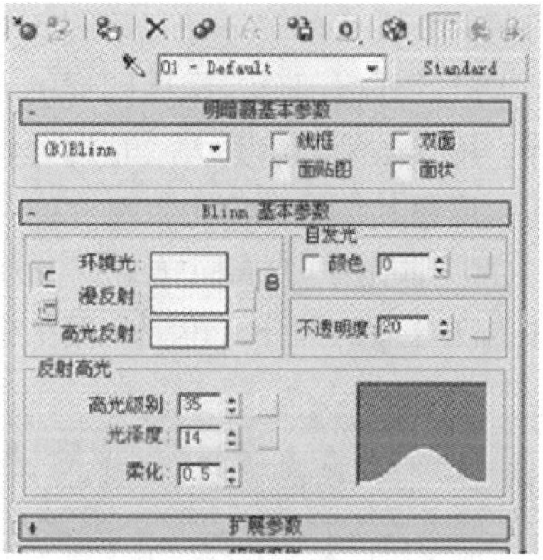

图 7－55　设置 Blinn 参数

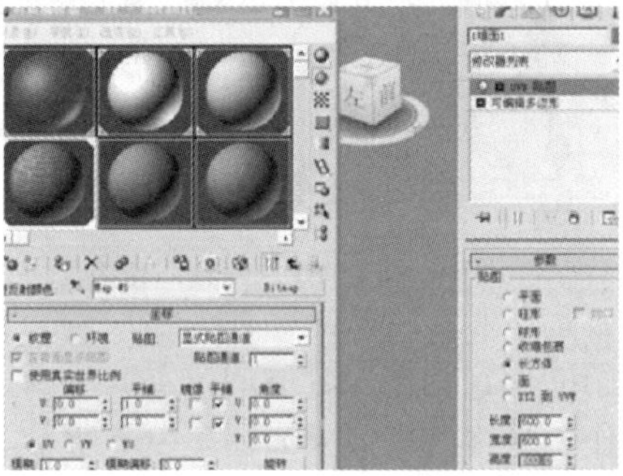

图 7－56　添加 UVW 贴图

图 7－57　贴图效果

（27）绘制栏杆。隐藏绘制的所有墙体，开始绘制栏杆。进入“创建”命令下的“几何体”子面板，在“标准基本体”卷展栏内单击长方体命令按钮，在顶视图中创建一长方体，作为栏杆的下围栏。单击“圆柱体”命令按钮，按同样的方法绘制上围栏。同样的方法绘制立柱，并分别附材质。最终组合得到栏杆，如图 7－58 所示。

（28）选中栏杆，按住 <Shift> 键，并单击鼠标左键，将栏杆分别移动复制到各楼层的相应位置，如图 7－59 所示。

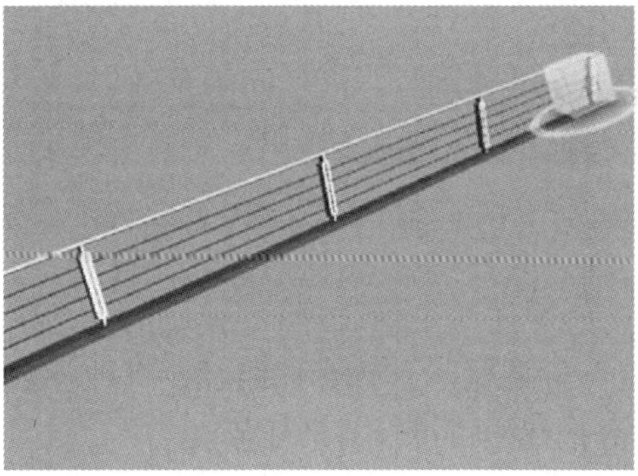

图 7－58　绘制栏杆

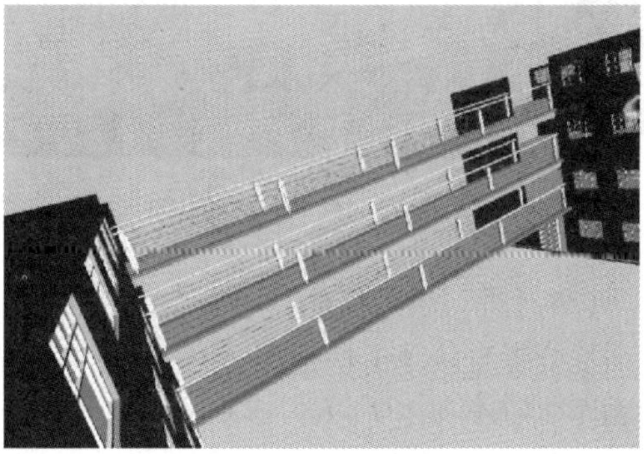

图 7－59　复制栏杆

（29）绘制大门。进入“图形”命令面板，在其卷展栏内单击矩形，绘制如图 7－60 所示的框，在“修改”下拉列表中添加“挤出”命令，并将其塌陷成“可编辑网格”，得到大门的外框部分，按照同样的方法绘制两扇小门的门框和内部门接合处的框。门把手部分，用线条绘制出其大致轮廓，在“修改”命令面板下添加“车削”和“松弛”命令按钮，调整其位置到门上。

（30）同窗户玻璃同样的方法为门添加玻璃部分，将门框和玻璃进行组合，调整门到墙体内部合适的部分，得到如图 7－61 所示的效果。

图 7－60　绘制门框

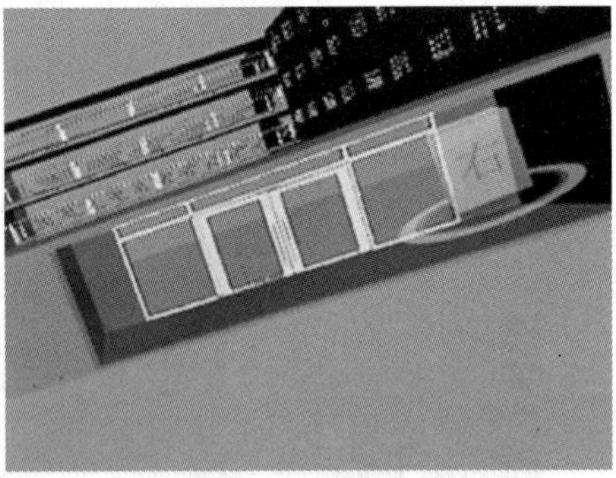

图 7－61　调整门位置

（31）依照同样的方法绘制小门，并调整小门的位置到楼层合适的位置。

（32）至此，完成了一号楼整个楼的创建工作，最终渲染效果如图 7－62 所示。

（33）检查下有没有重名的模型。进入“工具”主命令面板下，单击“VRPlatform”插件下的“工具”按钮，弹出的菜单下，单击【自动修改重名模型】，即完成了修改重名模型的工序，如图 7－63 所示。

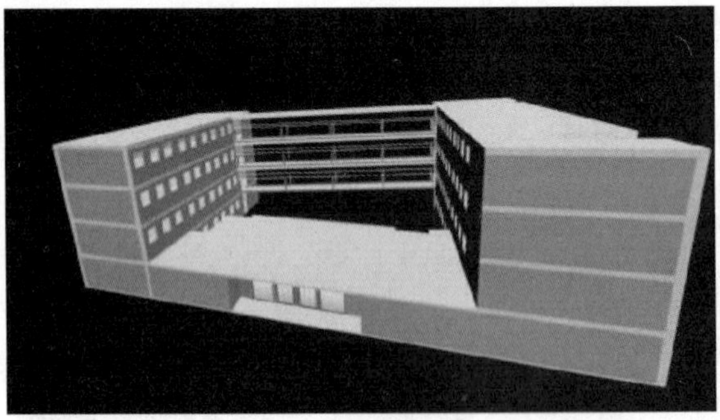

图 7－62　渲染效果图

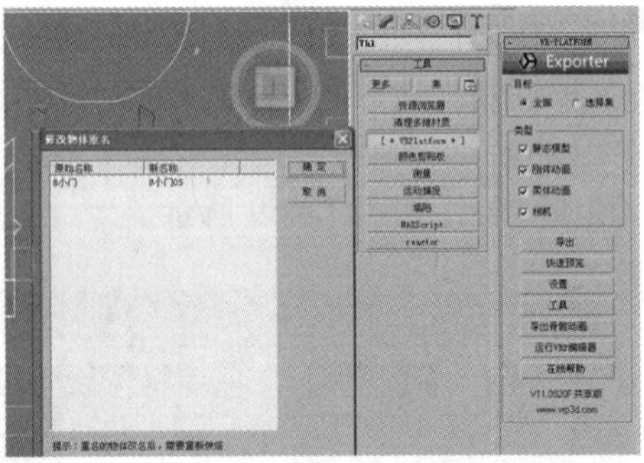

图 7－63　修改重名

（34）进行烘焙操作，单击菜单栏上的【渲染】＞【渲染到纹理】，弹出渲染到纹理对话框或者直接单击快捷键 <0>，在“常规设置”卷展览下选择存储路径，其他参数设置如图 7－64 和图 7－65 所示。单击“渲染”命令按钮便可进行渲染任务。

（35）单击“调入 VRP 编辑器”，将烘焙完的一号楼场景和其他场景一起导入到 VRP 中。

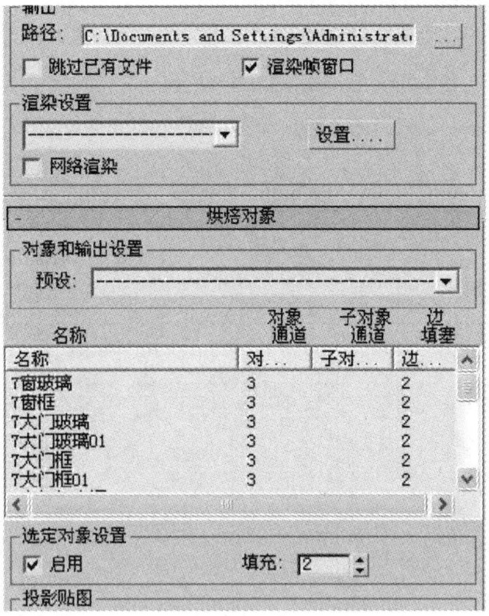

图 7－64　选择烘焙对象

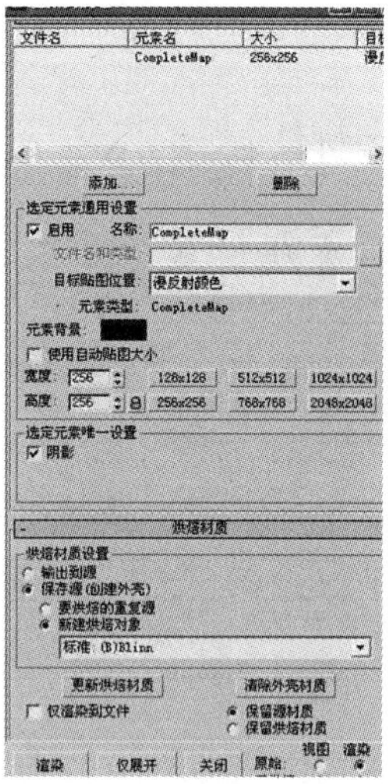

图 7－65　烘焙参数设置

（36）单击“相机”主工具栏下的“行走相机”创建一个行走相机，并设置其参数，如图 7－66 所示。并单击“形状、碰撞”卷展栏下的“相机自动落地”按钮。

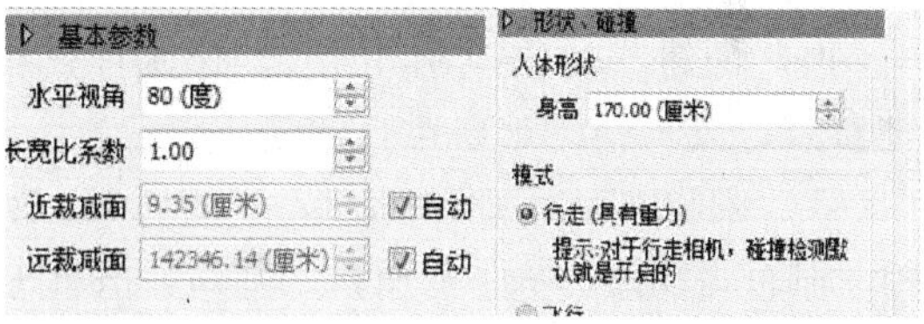

图 7－66　行走相机参数设置

（37）为相机进行碰撞设置。单击“物理碰撞”，对需要开启碰撞功能的物体，单击“开启”即可，如图 7－67 所示。

（38）创建角色控制相机。进入“骨骼动画”面板下，单击“角色库”弹出“角色库”对话框，鼠标置于“亚洲小男孩”上，右键单击选择“引用应用”如图 7－68 所示。在弹出的提示中选择“是”，便把骨骼模型引用到了场景中，并调整亚洲小男孩的位置和大小。

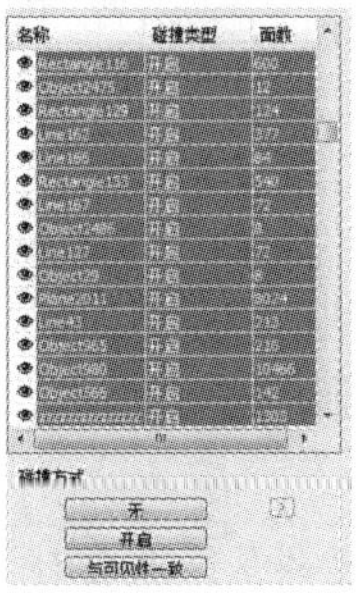

图 7－67　开启碰撞属性

图 7－68　引用骨骼模型

（39）在右侧属性栏的子面板“动作”下，进入“动作库”，选择类型为“小孩”，在右侧的动作库中，分别引用“行走原地”、“跑动原地”和“空闲站立”到场景中，如

图 7－69 所示。右键单击可以对角色动作分别进行预览，并将中文名称改成英文名称，如图 7－70 所示。

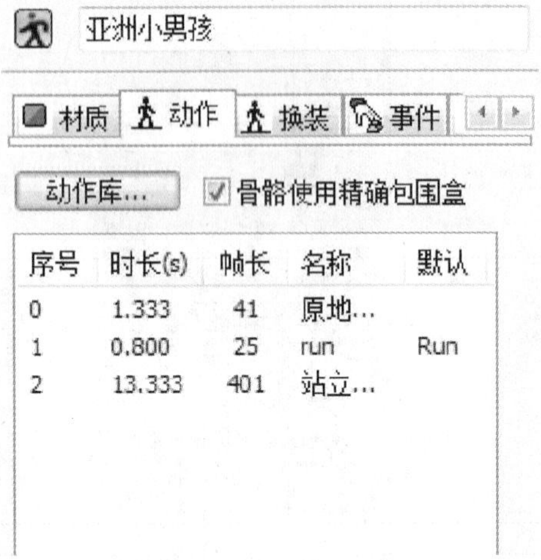

图 7－69　添加动作

图 7－70　修改动作名称

（40）创建“角色控制相机”，在属性栏中选择跟踪物体为“小男孩”，并适当调整其他参数，按 <F5> 观察运行效果。

（41）创建固定漫游路线，按 <F5> 运行场景，选中第一人称行走相机，按下 <F11> 进行录制行走线路，从学校主校门开始，沿着主干道进行游览，录制完毕后将其保存，如图 7－71 所示。

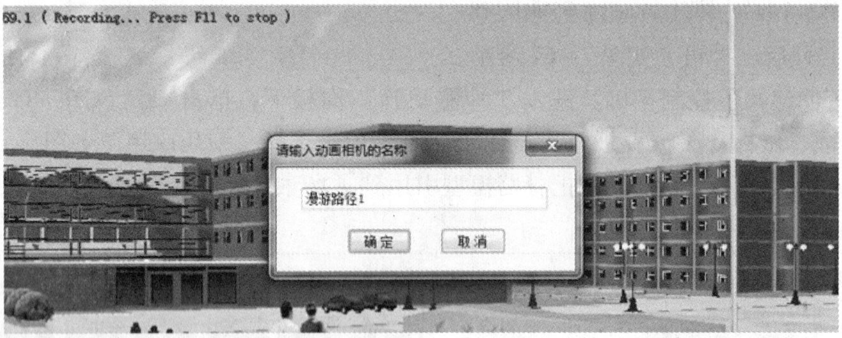

图 7－71　录制漫游路径

（42）将制作好的文件进行保存，保存场景时要注意选择“收集、复制所有外部资源文件到该 VRP 文件的默认资源目录”，这样将 VRP 文件复制到其他电脑，也可以照常打开。

（43）在“文件”下拉菜单下，单击“编译独立执行 EXE 文件”，在弹出的对话框中单击“开始编译”，编译完成后在弹出的提示对话框中单击“是”对编译好了的 EXE 文件进行测试。

（44）运行 EXE 文件，并对各个相机进行测试，如图 7－72 所示，基本完成了虚拟校园漫游系统。

图 7－72　测试虚拟校园系统

参 考 文 献

［1］王梅艳．虚拟现实技术的历史与未来［J］．中国现代教育装备，2007，（1）：108－110．

［2］郝谦．虚拟现实［J］．南昌职业技术师范学院学报，2001，(6)：31－35．

［3］百度百科：虚拟现实 http://baike.baidu.com/view/7299.htm．

［4］庄春华，王普．虚拟现实技术及其应用［M］．北京：电子工业出版社，2010．

［5］中视典数字科技：VRP－BUILDER 虚拟现实编辑器．
http://www.vrp3d.com/article/html/vrplatform_ 14.html．

［6］VTree 技术．
http://xdjyjx.lnnu.edu.cn/xstd/gdzp/015/document/vr　tech/vrmenu1/vtree.htm．

第八章 电子商务

第一节 电子商务的概念

一、电子商务的定义

电子商务（Electronic Commerce）引起人们的普遍关注，也就是最近几年的事情。电子商务作为一个新生事物，目前还没有形成一个统一的说法，以下是目前常见的电子商务的定义。

（1）联合国经济合作和发展组织（OECD）认为，电子商务是发生在开放网络上的包含企业之间（Business To Business）、企业和消费者之间（Business To Customer）的商业交易。

（2）全球信息基础设置委员会（GIIC）电子商务工作委员会认为，电子商务是运用电子通信作为手段的经营活动，通过这种方式人们可以对带有经济价值的产品和服务进行宣传、购买和结算。这种交易方式不受地理、资金多少或零售渠道的所有权影响，企业、政府组织、社会团体、一般公民都能自由地参加广泛的经济活动。

（3）世界电子商务会议在1997年从商业角度提出了电子商务的概念：电子商务是指交易双方以电子交易方式而不是通过当面交换或直接面谈方式进行的任何形式的商业交易；从技术方面可以定义为：电子商务是一种多技术的集合体，包括交换数据（如电子数据交换、电子邮件）、获得数据（如共享数据库、电子公告牌）以及自动获取数据（如条形码）等。

（4）IBM公司认为，电子业务包含内联网、外联网和电子商务三个部分，它所强调的是计算机网络环境下的商业化应用，不仅仅是硬件和软件的结合，也不仅仅是通常意义下的强调交易的狭义电子商务，而是把买方、卖方、厂商以及其合作伙伴在互联网、内联网、外联网结合起来的应用；同时强调这三部分是有层次的。

（5）美国惠普公司对电子商务的定义是：通过电子化手段来完成商业贸易活动的一种方式，电子商务使我们能够以电子交易为手段完成物品和服务等的交换，是商家和客户之间的电子商务及商界与最终消费者之间的电子商务。

（6）通用电气公司认为，电子商务是通过电子方式进行商业交易，分为企业与企业之间的电子商务和企业与消费者之间的电子商务。企业与企业间的电子商务以EDI（Electronic Data Interchange，电子数据交换）为核心技术，增值网（VAN）和互联网为主要手段，实现企业间业务流程的电子化，配合企业内部的电子化生产管理系统，提高企业从生产、库存到流通各个环节的效率。

以上定义分别出自中外专家、知名公司、电子商务协会等，这些定义是人们从不同角度各抒己见。从中不难看出，狭义的电子商务仅仅将通过互联网进行的商业活动归属于电子商务，而广义的电子商务是将利用互联网、内联网和LAN等各种不同形式网络在内的一切计算机的网络进行的所有商贸活动都归属于电子商务。

综合各方面不同看法，结合我国电子商务的实践，可将电子商务的概念作如下表述：电子商务是指在全球各地广泛的商业贸易活动中，在因特网开放的网络环境下，基于浏览器/服务器应用方式，买卖双方不谋面地进行各种商贸活动，实现消费者的网上购物、商户之间的网上交易和在线电子支付以及各种商务活动、交易活动、金融活动和相关的综合服务活动的一种新型的商业运营模式，如图 8－1 所示。

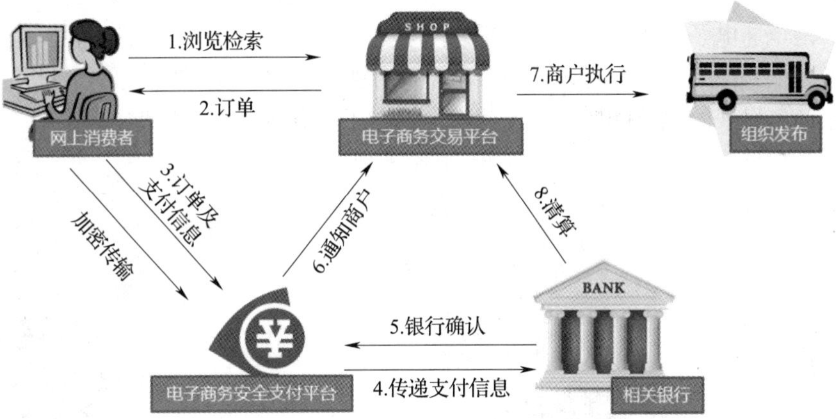

图 8－1　电子商务的实现

二、电子商务的发展阶段

1. 电子商务的发展阶段

（1）20 世纪 60～90 年代：基于 EDI 的电子商务

早在 20 世纪 60 年代，人们就开始用电报报文发送商务文件的工作；到 20 世纪 70 年代人们有普遍采用方便、快捷的传真机来替代电报。后来随着计算机技术的迅速发展，人们开始采用 EDI 作为企业间电子商务的应用技术。从技术上讲，EDI 包括硬件和软件两大部分。硬件主要是计算机网络，软件包括计算机软件和 EDI 标准。

EDI 电子商务存在一定的缺陷，例如它的解决方案都建立在大量功能单一的专用软硬件设施的基础上，同时，EDI 电子商务仅在发达国家的大型企业内应用，多数发展中国家和中小型企业难以开展。

（2）20 世纪 90 年代以来：基于国际互联网的电子商务

20 世纪 90 年代中期后，国际互联网迅速走向普及化，逐步地从大学、科研机构走向企业和百姓家庭，从 1991 年起，一直被排斥在互联网之外的商业贸易活动正式进入这个大家庭，电子商务成为了互联网应用的最大热点。电子商务不仅可以降低经营成本，而且可以提高服务水平，增强企业适应市场的能力。这种基于全球计算机信息网络的电子商务，又被称为第二代电子商务。

（3）现在的 E 概念电子商务阶段

自 2000 年年初以来，人们对于电子商务的认识逐渐扩展到 E 概念的高度，人们认识到电子商务实际上就是电子信息技术同商务应用的结合，还可以和医疗、教育、卫生、军事、政府等有关的应用领域结合。随着电子信息技术的发展和社会需求的不断提出，人们会不断地为电子信息技术找到新的应用。

2. 电子商务在国外的发展

美国是世界最早发展电子商务的国家，同时也是电子商务发展最为成熟的国家，一直引领全球电子商务的发展，是全球电子商务的成熟发达地区，如图 8－2 所示为亚马逊（Amazon）首页。欧盟电子商务的发展起步较美国晚，但发展速度快，成为全球电子商务较为领先的地区。亚洲作为电子商务发展的新秀，市场潜力较大，但是近年的发展速度和所占份额并不理想，是全球电子商务的持续发展地区。发展中国家也在积极探索如何缩小与发达国家在电子商务服务方面的差距。可以预言，电子商务服务将带动全球电子商务发展，成为新时期国际电子商务发展的焦点问题，这预示着全球电子商务进入新一轮增长期。

图 8－2　亚马逊首页

3. 电子商务在中国的发展

（1）我国电子商务的发展阶段

电子商务在我国的发展经历了三个阶段，即与 Internet 连接阶段、国内互联网建设阶段、电子商务发展阶段。

1990 年 10 月，钱天白教授代表中国在 DDN－NIC 注册登记中国顶级域名 CN，开通了使用中国顶级域名 CN 的国际 E－mail 通信服务。1994 年 4 月 20 日，NCFC（中关村地区教育与科研示范网络）工程上的路由协议开通，NCFC 与美国 NSFNet 首次直接连接，从此我国可以全功能地直接访问国外的 Internet。我国成功地与国际互联网实现了连接。

1995 年 1 月，电话线、DDN 专线和 X.25 等向国内用户提供服务，同月开通了北京、上海两条至美国的国际专线与 Internet 互联。1995 年 5 月，开始筹建 Chinanet 全国骨干网。Chinanet 采用分层体系结构，由核心层、区域层、接入层组成，全国设 8 个大区，共 32 个节点。1997 年年底国内 4 大网络实现互通互联。

1998 年开始的电子商务在我国蓬勃发展，继全国性的网络出现后，数据库得以上网提供服务。大量信息，如交通、旅游、医疗、娱乐等信息开始系统地、及时地大范围提供。现在，知名的信息站点如新浪、搜狐等都建立了电子商务频道，如图 8－3 和图 8－4 所示是不同电商频道首页。

图 8－3　新浪电商频道首页

图 8－4　搜狐电商——搜狐 IT 首页

网易也通过其最具优势的邮箱业务作为用户入口，通过网易优惠券承担嫁接电商企业和用户的平台功能，如图 8－5 所示。网易优惠券平台于 2011 年 12 月上线，用户可凭借邮箱积分换取电商企业的消费优惠券，获得邮箱增值功能，在写信、收信等基础上获得来自各种电商平台的一站式优惠，而电商企业则可以免费接入这个坐拥 4.5 亿庞大用户量的推广平台，获得近乎零成本的流量和用户。

图 8－5　网易邮箱用户俱乐部电商入口

（2）我国电子商务的发展趋势

① 电子商务的基础设施将日趋完善，电子商务的发展将具备良好的网络平台和运行环境。

② 电子商务的支撑环境将逐步规范和完善，网民的消费观念和行为将发生变化，对电子商务的接受程度将不断提高。企业对电子商务的认识更深化，实施电子商务的紧迫性和自觉性都会大大提高。

③ 电子商务的法律环境将更完善。随着电子商务的相关基本法律、法规的出台和实施，国内电子商务将得到有效的法律保障。

④ 电子商务的安全性将得到有力的提升。

⑤ 电子商务的物流体系逐步完善。随着电子商务的发展和需要，跨地区的专业性物流渠道将适时建立和完善，使得电子商务公司在配送体系的选择方面空间更大，成本将降低。

⑥ 要满足消费者个性化的要求，提供专业化的产品线和专业水准的服务至关重要，能够提供一条龙服务的“垂直型网站”以及某一类产品和服务的“专业网站”发展潜力更大。

总之，中国作为发展中国家，要顺利开展电子商务活动，还存在许多障碍。随着国家信息化的加强，企业信息化的提高，将会逐步缩短中国与发达国家的差距。应该说，中国电子商务的发展困难还不少，但前景非常光明。

三、电子商务的主要功能

电子商务可提供网上交易和管理等全过程的服务，因此它具有广告宣传、咨询洽谈、网上订购、网上支付、电子账户、服务传递、意见征询、交易管理等各项功能。

1. 广告宣传

电子商务可凭借企业的 Web 服务器和客户的浏览，在 Internet 上发布各类商业信息。客户可借助网上的检索工具迅速地找到所需商品信息，而商家可利用网上主页和电子邮件在全球范围内作广告宣传。

2. 咨询洽谈

电子商务可借助非实时的电子邮件，新闻组和实时的讨论来了解市场和商品信息、洽谈交易事务，如有进一步的需求，还可用网上的白板会议交流即时的图形信息。网上的咨询和洽谈能超越人们面对面洽谈的限制、提供多种方便的异地交谈形式。

3. 网上订购

电子商务可借助 Web 中的邮件交互传送实现网上的订购。网上的订购通常都是通过产品介绍的页面上提供的订购提示信息和订购交互格式框完成的。当客户填完订购单后，通常系统会回复确认信息单来保证订购信息的收悉。订购信息也可采用加密的方式使客户和商家的商业信息不会泄漏。

4. 网上支付

电子商务要成为一个完整的过程。网上支付是重要的环节。在网上直接采用电子支付手段将可省略交易中很多人员的开销。网上支付将需要更为可靠的信息传输安全性控制以防止欺骗、窃听、冒用等非法行为。

5. 电子账户

网上的支付必须要有电子金融来支持，即银行或信用卡公司及保险公司等金融单位要为金融服务提供网上操作的服务。而电子账户管理是其基本的组成部分。

信用卡或银行账号都是电子账户的一种标志，其可信度需以必要技术措施来保证，数字认证、数字签名、加密等手段的应用提供了电子账户操作的安全性。

6. 服务传递

对于已付了款的客户，应将其订购的货物尽快地传递到他们的手中，电子商务能在网络中进行物流的调配。而最适合在网上直接传递的货物是信息产品，如软件、电子读物、信息服务等，它能直接从电子仓库中将货物发到用户端。

7. 意见征询

电子商务十分方便地采用网页上的表单来收集用户对销售服务的反馈意见。这样使企业的市场运营能形成一个封闭的回路。客户的反馈意见不仅能提高售后服务的水平，更使企业获得改进产品、发现市场的商业机会。

8. 交易管理

对整个交易的管理将涉及人、财、物多个方面，企业和企业、企业和客户及企业内部等各方面的协调和管理。因此，交易管理是涉及商务活动全过程的管理。

四、电子商务的特点

电子商务与传统商务方式相比具有明显的特点，具体可归纳为以下几点：

1. 高效性

电子商务是提供给买卖双方进行交易的一种高效的服务方式：为消费者提供了一种方便、迅速的购物途径，为商家提供了一个良好的营销环境和遍布世界各地巨大的消费群体。无论是对大型企业还是中小型企业，以及个体经营者来讲，电子商务都是一种基于网络技术的新的交易方式。

2. 方便性

在电子商务环境中，客户足不出户即可享受到各种消费和服务，不用再像以前那样受到地域的限制。更为重要的是，企业将客户服务过程转移到互联网上之后，过去客户需要大费周章才能获得的服务，现在很方便就能得到，消费者和企业都能从中受益。

3. 安全性

目前，电子商务的安全性主要通过技术手段和安全电子交易协议标准来保证。安全技术包括加密技术、签名机制、分布式安全管理、存取控制、防火墙、安全万维网服务器、防病毒保护等；安全电子交易协议标准比较多，符合国际标准的主要有安全套接层SSL协议和安全电子交易SET协议。

4. 集成性

电子商务大量采用了计算机、网络通信等新技术，对原有的技术设备进行改造，充分利用企业已有的信息资源和技术，从而高效地完成企业的生产、销售和客户服务，它能规范事务处理的工作流程，将人工操作和电子信息处理集成为一个整体。这样，不仅能提高人员和设备的利用率，还可以提高系统运行的可靠性。

5. 可扩展性

要是电子商务能够正常运作，必须确保电子商务系统的可扩展性。因为网上的用户数量是不断增长的。资料表明，1998年全球上网人数约为2亿，到2010年年底，这一数字已突破20亿，占全球人口的将近三分之一。网络上的用户数量之大，增长速度之快，均要求电子商务系统能够有与其适应的可扩展性，以便在网络用户数增加及出现传播高峰时，系统仍能够正常工作。

第二节 电子商务的分类

一、B2B（Business to Business）模式

商家（泛指企业）对商家的电子商务，即企业与企业之间通过互联网进行产品、服务及信息的交换。通俗的说法是指进行电子商务交易的供需双方都是商家（或企业、

公司），他（她）们使用了Internet的技术或各种商务网络平台，完成商务交易的过程。这些过程包括：发布供求信息，订货及确认订货，支付过程及票据的签发、传送和接收，确定配送方案并监控配送过程等。如阿里巴巴、慧聪网等，如图8－6及图8－7所示。

图8－6　阿里巴巴网站首页

图8－7　慧聪网首页

二、B2C（Business to Customer）模式

B2C模式是我国最早产生的电子商务模式，即企业通过互联网为消费者提供一个新型的购物环境——网上商店，消费者通过网络在网上购物、在网上支付。

1．综合商城。代表：天猫（原淘宝商城）

综合商城类似现实生活中的大商场，有庞大的购物群体、稳定的网站平台、完备的支付体系、诚信安全体系（尽管目前仍然有很多不足）。

淘宝网是亚太最大的网络零售商圈，由阿里巴巴集团在2003年5月10日投资创立。淘宝网现在业务跨越B2C、C2C两大部分。拥有中国绝大多数网购用户，覆盖了中国绝大部分网购人群。天猫TMALL（原淘宝商城），如图8－8所示，整合数千家品牌商、生产商，为商家和消费者之间提供一站式解决方案。

2．专一整合型。代表：汇动天下

汇动天下，主要从事体育用品网上销售、导购、新闻资讯、赛事报道等，用网络营销和网站推广为主要手段，主要靠先进的营销理念，高效完善的配送方式，全新的经营模式，为消费者提供高品质的完美购物体验，最近已经成功改版成为乒乓球用品购物商城，如图8－9所示。

3．百货商店。代表：卓越亚马逊、京东商城、当当网、窝窝团

这种商店是有自有仓库，会库存系列产品以备更快的物流配送和客户服务。2004年8月美国亚马逊全资收购卓越亚马逊，使亚马逊全球领先的网上零售专长与卓越亚马逊深厚的中国市场经验相结合，进一步提升客户体验，并促进中国电子商务的成长，已经成为中国网上零售的领先者，如图8－10所示。

京东商城是中国电子商务领域最受消费者欢迎和最具有影响力的电子商务网站之一，在线销售家电、数码通信、电脑、家居百货、服装服饰、母婴、图书、食品等大类数万个品牌百万种优质商品，如图8－11所示。

图 8－8　天猫 TMALL 主页

图 8－9　汇动天下主页

图 8－10　亚马逊主页

图 8－11　京东网首页

当当网，如图 8－12 所示，是一家中文购物网站，以销售图书、音像制品为主，兼具发展小家电、玩具、网络游戏点卡等其他多种商品的销售，总部设在北京。

团购作为一种新兴的电子商务模式，通过消费者自行组团、专业团购网站、商家组织团购等形式，提升用户与商家的议价能力，并极大程度地获得商品让利。2010 年 3 月 15 日，窝窝团特意选择"消费者权益日"正式上线，目前已成为中国领先的团购网站，如图 8－13 所示。

图 8－12　当当网首页

图 8－13　窝窝团天津站首页

4. 垂直商店。代表：麦考林、乐友

垂直商店，服务于某些特定的人群或某种特定的需求，提供有关这个领域或需求的全面产品及更专业的服务体现。

麦考林拥有强大的供应商资源和物流体系，有自己独立的电子商务门户网站——M18

网，如图8－14所示，在国内B2C电子商务网站中名列前茅，已经开设了400多家零售店铺，到2011年年底在全国范围内已达到2000家左右。

乐友，如图8－15所示，是中国孕婴童行业领先的全国连锁零售企业，销售的商品包括奶粉、纸防尿用品、食品、喂养用品、洗护用品、洗护安全电器、玩具、图书音像、车床椅、婴童服装、孕妇装、婴童附属品、寝具等。

图8－14　麦考林网站主页

图8－15　乐友网站主页

5. 复合品牌店。代表：佐丹奴，优购

佐丹奴是一个传统的服装品牌，其网络购物及团体服务，也有不错的表现，如图8－16所示。

优购网以经营优质、名品鞋类为主，以优质、时尚为网站定位，依托投资方百丽国际的供应链、资金以及品牌优势，并涉足深层次供应链管理，参与货品研发、设计、生产、零售等各个环节，如图8－17所示。

图8－16　佐丹奴网站主页

图8－17　百丽购物网主页

6. 轻型品牌店。代表：VANCL（凡客诚品）

VANCL（凡客诚品）目前已经是根植中国互联网上，遥遥领先的领军服装品牌，如图8－18所示，其取得的成绩不但被视为电子商务行业的一个创新，更被传统服装业称为奇迹。

7. 服务型网店。代表：易美印象

服务型的网店越来越多，都是为了满足人们不同的个性需求。易美印象是中国最大的网上冲印（网络冲印）、定制、分享、存储一站式网络冲印商，如图8－19所示，用户只需要上传照片，并选择照片规格、装裱方式等就可以得到包括照片书、马克杯、拼图、台历、鼠标垫等个性化照片制品。

图 8－18　VANCL 网站主页

图 8－19　易美网站主页

三、C2C（Customer to Customer）模式

C2C 同 B2B、B2C 一样，都是电子商务的几种模式之一。不同的是 C2C 是用户对用户的模式，C2C 商务平台就是通过为买卖双方提供一个在线交易平台，使卖方可以主动提供商品上网拍卖，而买方可以自行选择商品进行竞价。C2C 的典型是淘宝网，如图 8－20 所示，以及拍拍网，如图 8－21 所示。

图 8－20　淘宝网主页

图 8－21　拍拍网首页

四、其 他 模 式

1. B2M（Business to Manager）

B2M 是相对于 B2B、B2C、C2C 的电子商务模式而言，是一种全新的电子商务模式。前三者的目标客户群都是作为一种消费者的身份出现，而 B2M 所针对的客户群是该企业或者该产品的销售者或者为其工作者，而不是最终消费者。

以拍鞋网为例，如图 8－22 所示，在拍鞋网上免费开设一个网店，然后自己将店铺地址推荐给朋友，朋友通过推荐的地址购得商品后，拍鞋网将 10% 左右的佣金返还给推荐人，于是，不停地有新推荐的会员加入，这些新会员也都加入到为其推广平台的行列。

2. 综合信息类电子商务

这类电子商务平台提供的各类信息，用户可以通过注册在网站上发布买卖、招聘、转让、培训、交友等信息，提供推送式服务。网站的人气和点击量很大程度上决定网站上发布信息的成功交易程度。

图 8 – 22　拍鞋网首页

赶集网，如图 8 – 23 所示，是中国目前最大的分类信息门户网站，为用户提供房屋租售、二手物品买卖、招聘求职、车辆买卖、宠物票务、教育培训、同城活动及交友、团购等众多本地生活及商务服务类信息，服务遍布人们日常生活的各个领域。

58 同城网，如图 8 – 24 所示，成立于 2005 年，总部设在北京，目前已经在全国 320 个主要城市开通分站。定位于本地社区及免费分类信息服务，帮助人们解决生活和工作所遇到的难题，同时也为商业合作伙伴提供最准确的目标消费群体、最直接的产品与服务展示平台、最有效的市场营销效果以及客户关系管理等多方面服务。

图 8 – 23　赶集网天津站首页

图 8 – 24　58 同城网天津站首页

3. B2M（Business to Marketing）

面向市场营销的电子商务企业（电子商务公司或电子商务是其重要营销渠道的公司）。B2M 电子商务公司根据客户需求为核心而建立起的营销型站点，并通过线上和线下多种渠道对站点进行广泛的推广和规范化的导购管理，从而使得站点作为企业的重要营销渠道，如图 8 – 25 和图 8 – 26 所示为携程网和艺龙网首页。

图 8 – 25　携程网首页

图 8 – 26　艺龙网首页

4. M2C（Manager to Customer）

M2C 是针对于 B2M 的电子商务模式而出现的延伸概念。B2M 环节中，企业通过网络平台发布该企业的产品或者服务，职业经理人通过网络获取该企业的产品或者服务信息，并且为该企业提供产品销售或者提供企业服务，企业通过经理人的服务达到销售产品或者获得服务的目的。而在 M2C 环节中，经理人将面对 Custorner，即最终消费者。

5. 移动类电子商务

移动电子商务作为一种新型的电子商务方式，利用了移动无线网络的特点，是对传统电子商务的有益补充，同时也是其他电子商务手段的有益改进。

（1）移动电子商务的定义

移动电子商务（M－commerce）是指通过手机、PDA（个人数字助理）、掌上计算机、笔记本计算机等移动通信设备与无线商务技术结合所构成的一个电子商务体系，可以真正使任何人在任何时间、任何地点得到整个网络的信息和服务。

（2）移动电子商务的基础

移动互联网应用技术和无线数据通信技术是移动电子商务的技术基础。目前，支持移动电子商务发展的技术主要包括无线应用协议（WAP）、通用分组无线业务（GPRS）、蓝牙（Bluetooth）、无线宽带（WiFi）、第三代移动通信系统（3G）等。

WAP（Wireless Application Protocol），即无线应用协议，是一种向移动终端提供互联网内容和先进增值服务的全球统一的开放式协议标准，是简化了的无线 Internet 协议。WAP 服务时一种手机直接上网，通过手机 WAP 浏览器浏览 WAP 站点的服务，可享受新闻浏览、股票查询、邮件收发、在线游戏、聊天等多种应用服务。

GPRS（General Packet Radio Service），即通用分组无线业务，是一项高速数据处理的信息技术，以分组交换的形式把数据传送到用户手中。

蓝牙（Bluetooth）技术是一种无线数据与语音通信的开放性全球规范，其实质内容是为固定设备或移动设备之间的通信环境建立通用的无线电空中接口，使各种数字设备在没有电线或电缆相互连接的情况下，能在近距离范围内实现相互通信或操作。

无线宽带（WiFi）是一种帮助用户访问电子邮件、Web 和流式媒体的技术。它为用户提供无线的宽带互联网访问。同时它也是在家里、办公室或在旅途中上网的快速、便捷的途径。能够访问 WiFi 网络的地方被称为热点。

第三代移动通信系统（3rd－generation，简称 3G），是指支持高速数据传输的蜂窝移动通信技术。3G 在传输声音和数据的速度上有所提升，能够在全球范围内更好地实现无线漫游并处理图像、音乐、视频流等多种媒体形式，提供包括网页浏览、电话会议、电子商务等多种信息。

目前，4G 通信的概念也正在开发中，它是继第三代以后的又一次无线通信技术演进，其开发更加具有明确的目标性：提高移动装置无线访问互联网的速度。4G 通信将是一种超高速无线网络，一种不需要电缆的信息超级高速公路，这种新网络可使电话用户以无线及三维空间虚拟实境连线。

6. 移动电子商务的应用

移动电子商务可以提供的服务包括移动银行服务、股票交易、接收实时财务新闻和信息，也可通过互联网预定机票、车票等，还能使用户通过其移动通信设备进行网上购物，进行交互式游戏、收听音乐等娱乐服务。

第三节 电子商务安全机制及电子支付

一、电子商务类的安全机制

1. 电子商务的安全协议

电子商务的主要特征是在线支持。为了保证在线支付的安全，需要采用数据加密和身份认证技术，以便营造一种可信赖的电子交易环境。目前有两种安全在线支付协议被广泛采用，即安全套接层 SSL（Secure Sockets Layer）协议和安全电子交易 SET（Secure Electronic Transaction）协议。

（1）SSL 协议

SSL 协议是一种传输层技术，由 Netscape 公司开发，可以实现浏览器与 Web 服务器之间的安全通信，用于保证安全传输文件，可提供加密、认证等服务，主要适用于点对点的信息传输，如图 8－27 所示。由于它是一个面向连接的协议，只能提供交易中客户与服务器间的双方认证，在涉及多方的电子交易中，SSL 协议并不能协调各方的安全传输和信任关系。

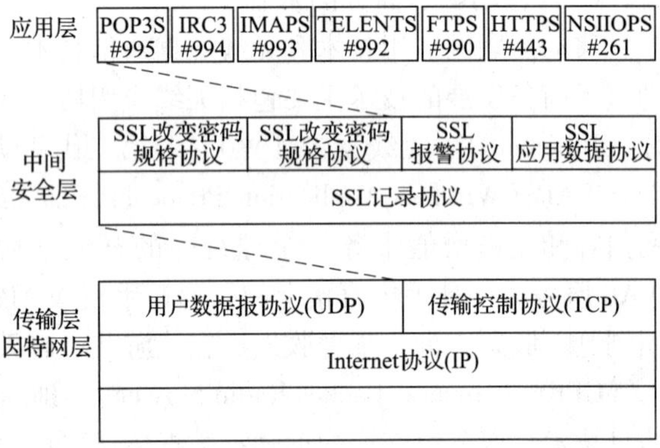

图 8－27 SSL 协议的传输过程

（2）SET 协议

SET 协议是针对基于信用卡进行电子商务交易所提供的实现安全措施的规则。其内容包括加密算法、证书信息及格式、购买信息及格式、认可信息及格式、划账信息及格式、实体之间信息的传输协议等。由于 SET 规定了交易各方进行安全交易的具体流程，比 SSL 复杂得多，这样客户和商家在遵循这些标准的基础上进行电子商务交易就有了安全保障。

SET 标准本质上是一个安全协议，确保了交易数据的安全性、完整性和交易的不可否认性，特别是持卡人的信用卡号不会被泄露出去。SET 被公认全球互联网的标准，它的交易形态成了电子商务交易的规范。SET 协议的工作原理如图 8－28 所示。

与 SSL 相比，SET 为商家提供了保护自己的手段，使商家能免受欺诈的困扰，降低运营成本；对消费者而言，SET 保证了商家的合法性，并保证了消费者的账户信息，使网上支付的安全性提高，所以银行发卡机构以及各种信用卡组织如 MasterCard、VISA 等都很推荐 SET。

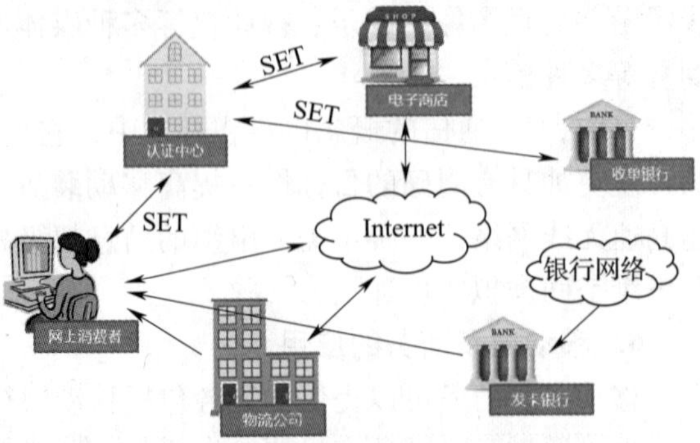

图 8－28 SET 协议的工作原理

2．安全认证技术

电子商务交易中会用到很多安全认证的手段，以实现交易中各方在交易往来中对交易对方身份的认证或信息传送的安全保证。安全认证的手段包括数字摘要、数字签名、数字证书、防火墙技术等，其中数字证书的使用最为广泛和有效。

数字证书，也称为数字凭证、数字标识。用于标识网上交易和网上作业参与者的身份。数字证书，如图 8－29 所示，是利用电子手段确认用户的身份和用户对网络资源的访问权限的一种最基本的方法，它是由专门的证书认证机构 CA 所签发并加以数字签名保护的、包含用户身份信息以及公共密钥信息的一个电子文档。目前，在个人消费者网上购物、企业网上采购、网上投标、远程办公、网上缴费、网上炒股、安全电子邮件、电子资金移动等活动中离不开数字证书作为其必不可少的安全认证保障。

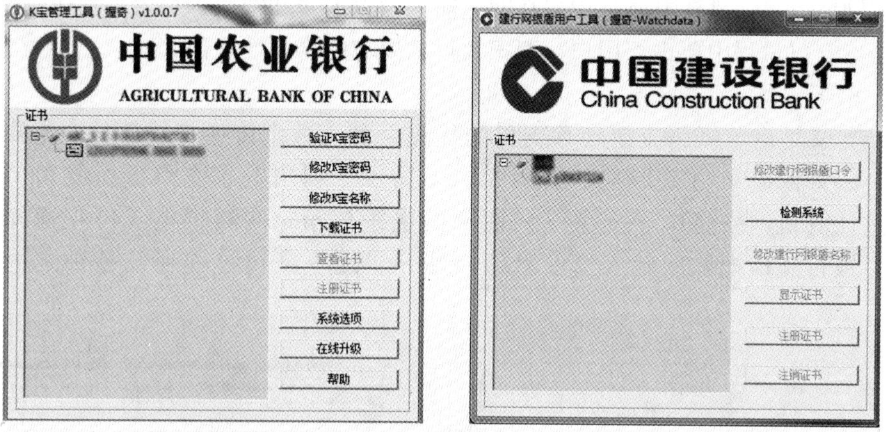

（a）中国农业银行网银证书　　（b）中国建设银行网银证书

图 8－29　银行网银证书

数字证书的内部格式已经成为国际标准，证书的内容包括数字证书的版本号和序号、数字证书所有者的姓名、其公共密钥以及该公共密钥的有效期、数字签名的算法、数字证书的发放单位及其数字签名等。

电子商务交易中的数字证书分为不同类型，在 SET 协议中，主要有：持卡人证书、商家证书、支付网关证书。

在实际使用中，为了达到更高的安全要求，数字证书及认证中心技术常常与信息加密技术、信息隐藏技术、密钥管理技术等结合起来使用。

二、电 子 支 付

随着电子商务的普及推广使用，要处理通过信息技术网络产生的成千上万笔交易流的支付问题，就要利用电子支付。

1．电子支付的概念

所谓电子支付，是指电子商务交易的当事人，包括消费者、厂家和金融机构使用安全电子手段通过网络进行的货币支付或资金流转。电子支付系统是电子商务活动的基础，人们只有在建立可行的电子支付系统的基础上，才能真正开展电子商务活动。电子支付目前也还存在一些需要解决的问题，主要是安全问题，如防止黑客入侵、防止内部作案、防止密码泄露等涉及资金安全的问题。

电子支付具有以下几方面的特征：

电子支付采用先进的技术通过数字流转换来完成信息传输，其各种支付方式都是采用数字化的方式进行款项支付的。

电子支付的工作环境是基于开放的系统平台（即 Internet）。

电子支付具有方便、快捷、高效、经济的优势。

2. 电子支付工具及其解决方案

（1）电子信用卡

信用卡支付是电子支付中最常用的工具，如图 8－30 所示。在互联网环境下通过 SET 协议进行网络支付，具体方式是用户在网上输入信息卡号和密码，加密后发送到银行进行支付。当然支付过程中要进行用户、商家及付款要求的合法性验证。

（2）电子支票

电子支票是借鉴纸张支票转移支付的优点，利用数字传递将钱款从一个账户转移到另一个账户的电子付款形式，如图 8－31 所示。利用电子支票进行支付，消费者可以通过计算机网络将电子支票发向商家的电子信箱，同时把电子付款通知单发送到银行，银行随即把款项转入商家的银行账户，这一支付过程在几秒钟之内就可以完成。

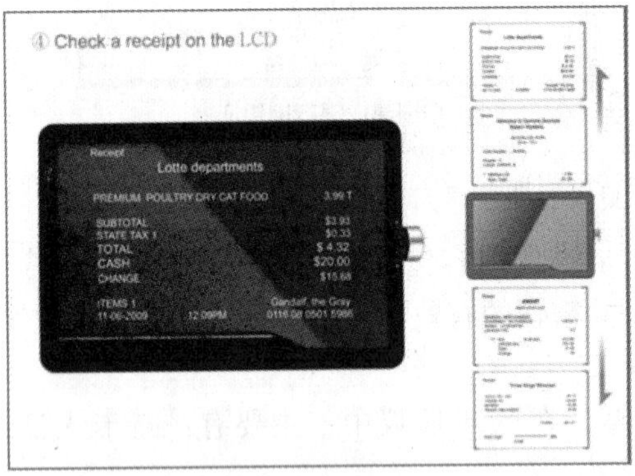

图 8－30　电子信用卡

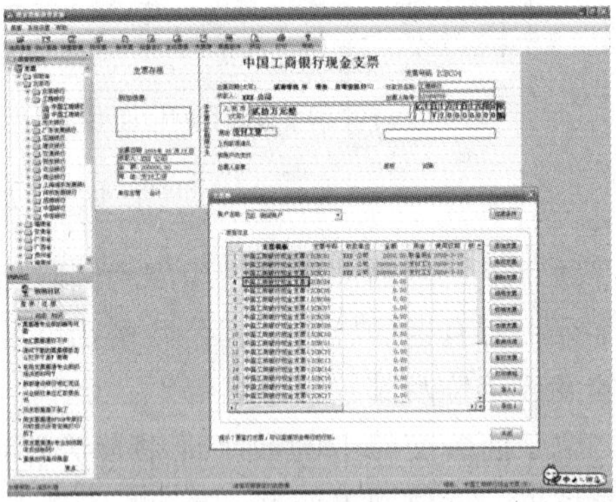

图 8－31　中国工商银行电子支票

尽管电子支票可以大大节省交易处理的费用，但是，对于在线支票的兑现，人们仍持谨慎的态度。电子支票的广泛普及还需要一个过程。

（3）电子现金

电子现金（E－cash）是一种以数据形式流通的货币，它把先进数据值转换成为一系列的加密序列数，通过这些序列数才表示现实中各种金额的币值，如图 8－32 所示。用户在开展电子现金业务的银行开设账户，并在账户内存钱后就可以在接受电子现金的商店购物了。当用户进入网上银行，使用一个口令和个人识别码来验证身份，直接从其账户中下载成包的低额电子“硬币”，此时电子现金开始发生作用。

（4）电子钱包

电子钱包（E－wallet）是SET协议客户端软件之一，它装有用户的信用卡（借记卡）账号，如图8－33所示。在使用电子钱包时，将有关的应用软件安装到电子商务服务器或终端上，利用电子钱包服务系统就可以把自己的各种数字货币或电子金融卡上的数据输入进去。当发生收付款时，如果顾客要用电子信用卡付款，只要单击一下相应项目或相应图标即可完成。

图8－32　万事达卡标识的电子现金

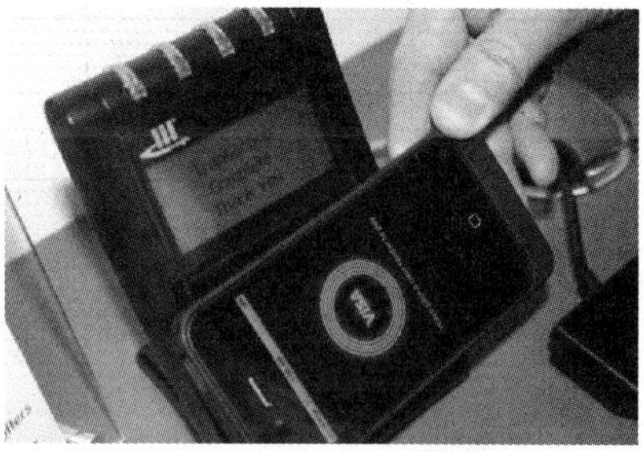

图8－33　电子钱包

3. 电子支付方式

目前主流的电子支付方式是采用第三方转账支付，其代表是支付宝和快钱，如图8－34和图8－35所示。

图8－34　支付宝主页

图8－35　快钱网首页

此类第三方转账支付的模式基本上为用户和卖家在同一个平台上，买家通过平台在银行的接口，将购买货物的货款转账到平台的账户上，平台程序在收到银行到款通知后，将信息发送给卖家，卖家在收到平台发送的确认信息后，按照买家的地址发货，买家确认货物后发送信息到平台，平台将买家的货款再转入卖家的账户，如图8－36所示。此类第三方转账方式，拥有较好的担保机制从而受到大多数用户的青睐。

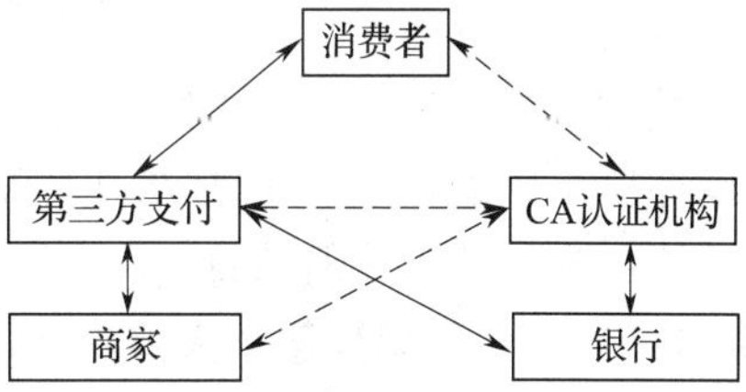

图8－36　第三方支付平台基本构成

通过网上银行直接转账是网上另外一种较为流行的方式。用户可以通过自己所拥有的借记卡、信用卡的银行，申请网上支付，从而可以直接使用网络银行。基本流程为，用户通过网站提供的接口，将购买物品的费用直接转入商家的对应银行的账户，在成功转入银行账户后，将确认信息通过E－mail或电话的方式与商家取得联系，确认信息正确后，商家将用户购买的商品发送给用户。此类方式没有担保机制，但如采用信用卡支付，在信用机制内，可对交易进行取消，适当地保证了用户的权益。

电子支付的集中方式比较如下表6－1所示。

表6－1　　电子支付方式比较

名称	有无担保	可否取消交易	安全性	备注
第三方转账支付	有	可	高	部分第三方转账服务对商户收取一定的服务费用，用户无需支付服务费
信用卡网上自助服务	无	可	中	商户在使用网上银行时需要在所在银行申请开户，开户后定期会收取一定的服务费用，用户在使用网上银行的时候不需要支付任何手续费
网络银行接口	无	不可	中	商户在使用时需要交纳一定的服务费用，用户不需交纳

所有的方式，商户都需要支付一定的费用，在多项因素考虑中，采用第三方转账支付和网络银行接口的支付方式对于商家较为合适。此类方式在用户使用和商户支付费用上比其他支付方式具有优势。而根据各地不同的情况，商户可选择不同的服务商。

电子支付方式是目前互联网交易的主要方式，慎重地选择支付方式，对于减少用户购买环节，加速用户消费具有非常重要的作用，也是商户增加财政收入的重要环节。

第四节　电子商务的实践与验证

本节通过国内的第三方支付平台双字线支付宝完成在淘宝网上进行购买商品的流程。

一、开通网上银行业务

用户开通网络银行业务，与支付宝无缝连接，使资金可以从网上银行账户转账至支付宝账户。为了网银安全，申请电子狗或者电子卡，建议到柜台办理网上银行的开通。

二、注册成为支付宝会员

在支付宝网站注册个人账户（供网上购物的个人使用），有以下两种方式：①用手机号码注册个人账户；②用邮箱注册个人账户，下面将分别说明两种方式的注册流程。

第一步：填写注册信息

1. 用手机号码注册个人账户

①打开www.alipay.com，点击【免费注册】，如图8－37所示。

②点击个人区域下方的【注册】，如图8－38所示。

图 8－37　支付宝首页免费注册

图 8－38　个人注册

③ 填入手机号码和页面校验码，点击【同意以下协议并提交】，如图 8－39 所示；（系统默认就是手机号码注册，填入的手机号如已注册过会提示“此手机号码已经被注册，请更换号码注册或登录”）。

④ 输入手机收到的校验码，如图 8－40 所示。

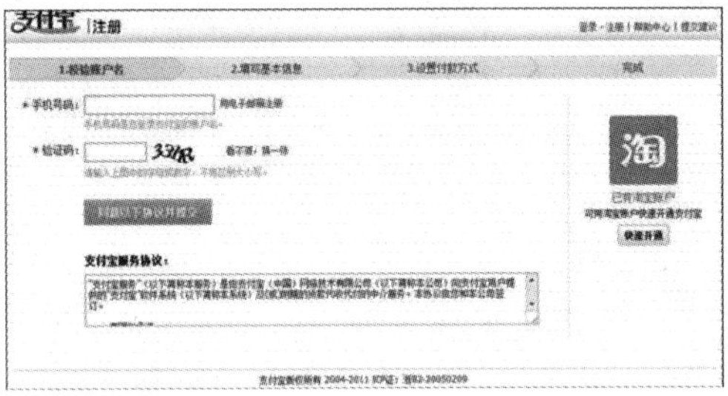

图 8－39　手机号码输入

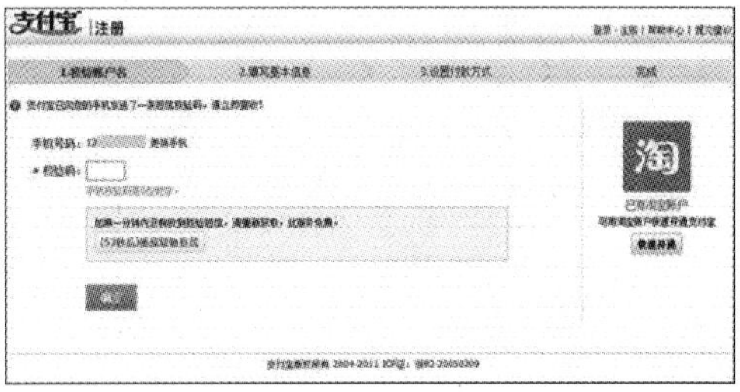

图 8－40　输入校验码

⑤ 填写账户基本信息，如图 8－41 所示；（账户注册成功则默认支付宝账户绑定手机）。

2．用邮箱注册个人账户

① 点击【用电子邮箱注册】，如图 8－42 所示。

② 填入邮箱和页面校验码，点击【同意以下协议并提交】，如图 8－43 所示。

③ 输入手机号码，点击【获取校验码】，如图 8－44 所示。（手机校验仅支持大陆地区手机）

④ 输入手机校验码，点击【立即校验】，如图 8－45 所示。

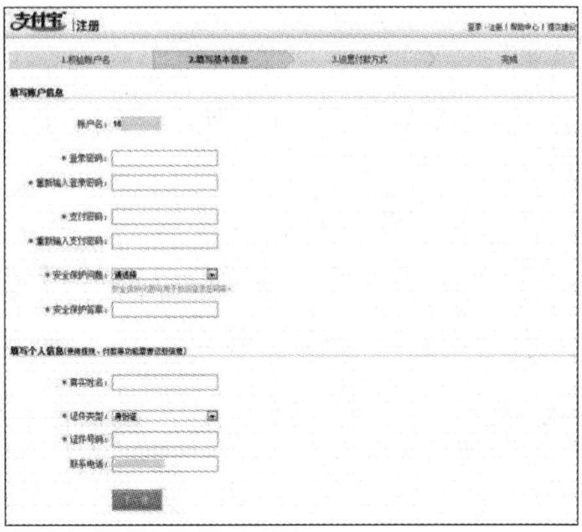

图 8－41　填写账户信息

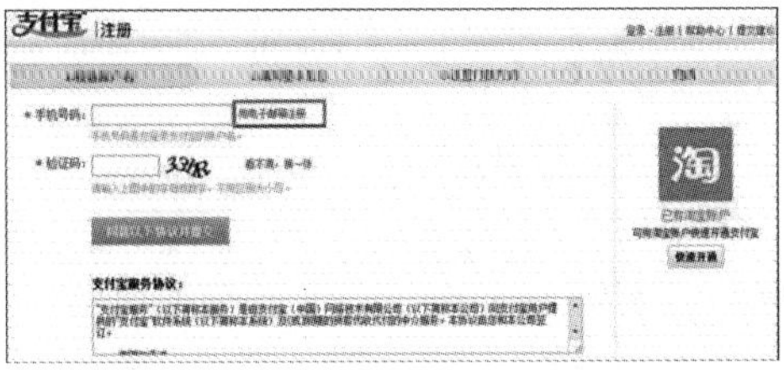

图 8－42　电子邮箱注册

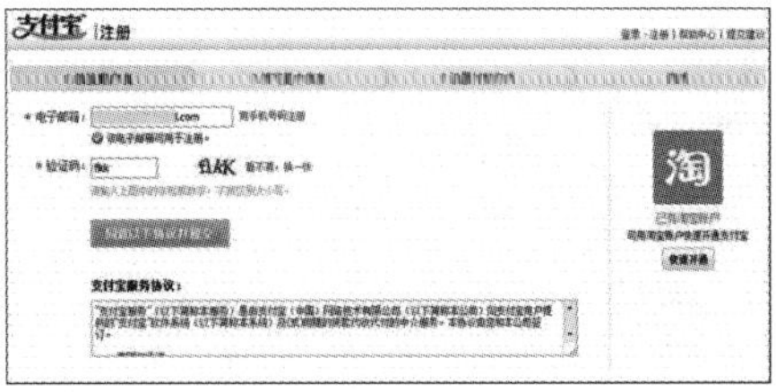

图 8－43　填入邮箱和校验码

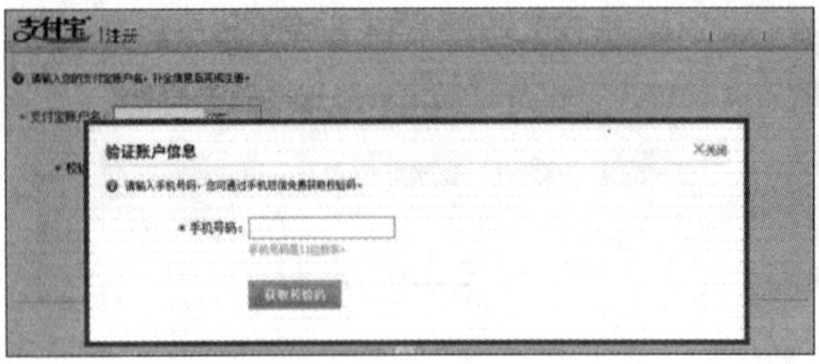

图 8－44　手机获取校验码

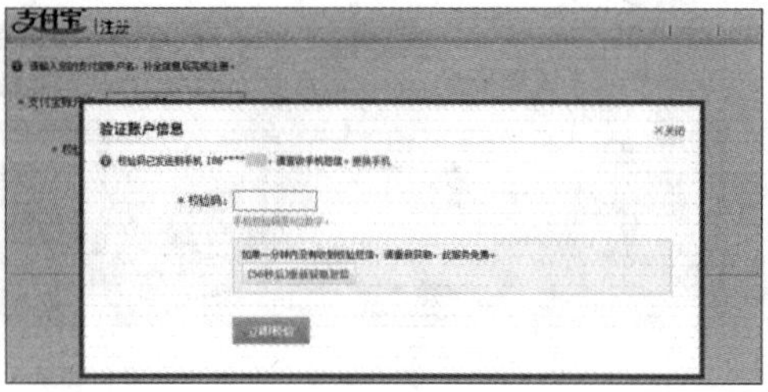

图 8－45　输入手机校验码

⑤ 系统向邮箱发送激活信，如图 8－46 所示。

⑥ 进入邮箱，点击激活信中的激活链接，如图 8－47 所示。

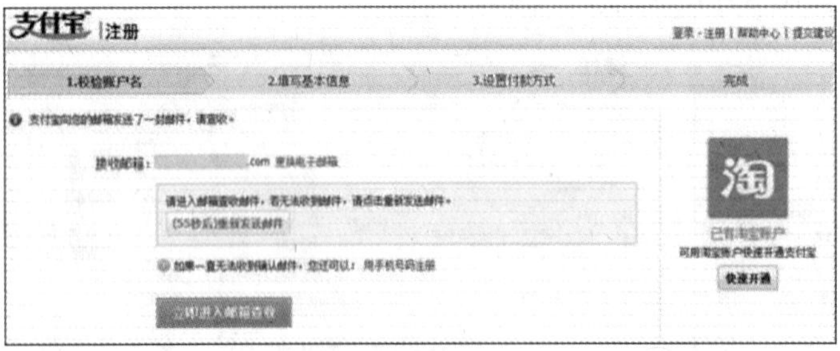

图 8－46　发送激活信

图 8－47　点击激活链接

⑦ 填写账户基本信息，如图 8－48 所示；（如手机校验时的手机号和信息填写页面中联系电话填写的是一致的手机号，则会出现绑定手机的选项；号码不一致则无该选项；系统默认勾选绑定所填写的手机，如不想绑定该手机需取消页面最下方的勾选项。）

第二步、设置付款方式

① 基本信息设置成功后，引导设置付款方式，选择银行，如图 8－49 所示；（可点击最下方“跳过，进入我的支付宝”跳过此步骤，直接查看第 7 步）

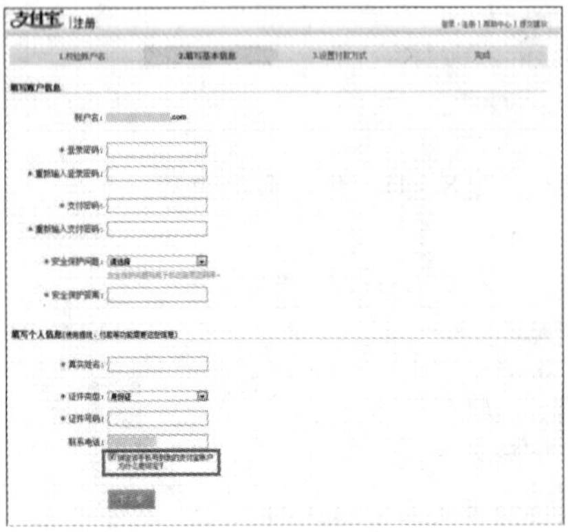

图 8－48　账户信息填写

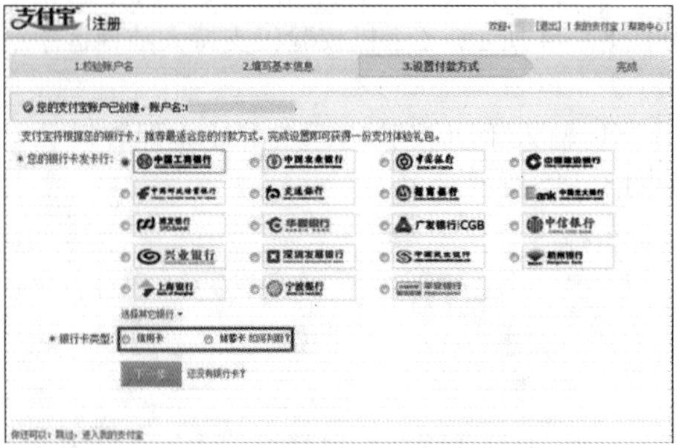

图 8－49　设置付款方式

如选择的银行只支持信用卡或储蓄卡一种，则不用选择；如选择的银行信用卡和储蓄卡都支持的，需您选择信用卡，也可以选择储蓄卡；如果选择储蓄卡，则还需要用户选择是否开通网上银行，如图 8－50 所示。

② 根据您选择的银行信息，系统会给出推荐结果，如下：

a. 办理快捷支付（含卡通），如图 8－51 所示，点击“立即开通”后，当前页面弹出弹窗，如图 8－52 所示，同时新开页面跳转至卡通频道进行开通设置。

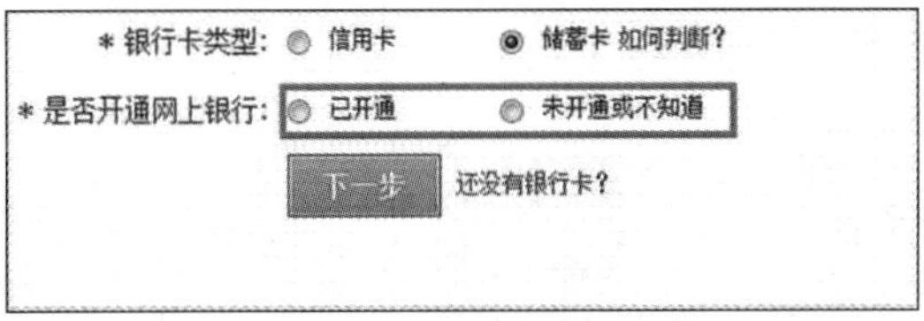

图 8－50　选择银行卡

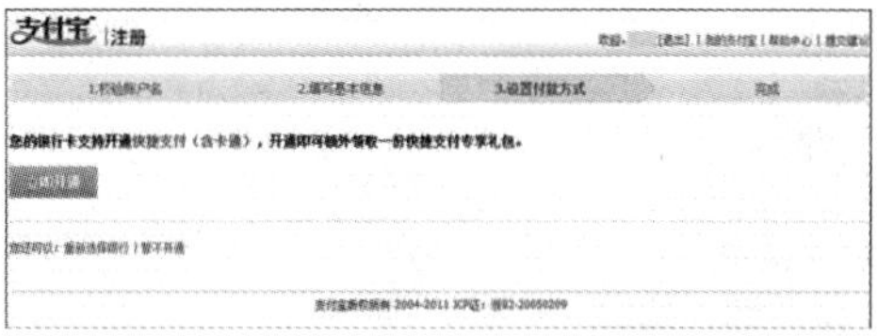

图 8－51　快捷支付

b. 如选择的银行支持信用卡快捷支付的，则直接进入开通信用卡快捷支付的页面，如图 8－53 所示。

③ 开通快捷支付（含卡通）成功后，进入账户成长频道，如图 8－54 所示，领取相应礼包。（未设置付款方式的，可在此页面点击设置）

图 8－52　开通快捷支付

图 8－53　开通信用卡快捷支付

图 8－54　开通快捷支付成功

三、在购物网站选购商品并交易

① 登录亚马逊网站，如图 8－55 所示。

② 选择“我是一个新客户”，点击“登录”，如图 8－56 所示。

③ 输入 E－mail 地址、姓名、密码及验证码后点击“完成”，如图 8－57 所示。

④ 在搜索栏中输入需要购买的商品，如图 8－58 所示。

⑤ 找到需要购买的商品，点击进入商品详细页面，如图 8－59 所示。

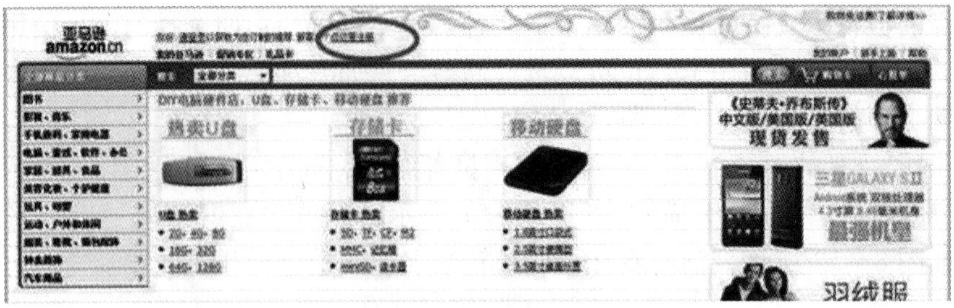

图 8－55　登录亚马逊

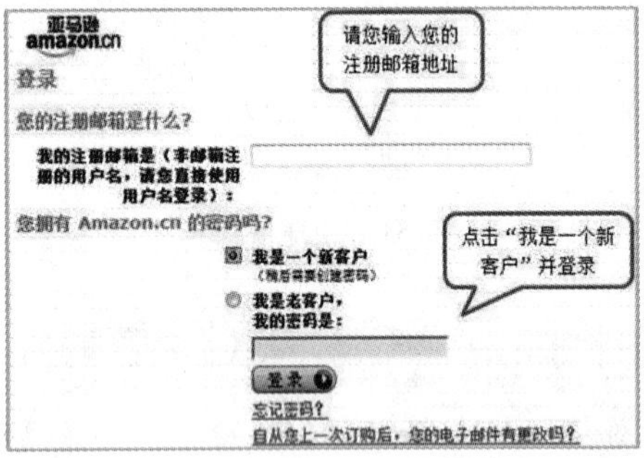

图 8－56　新客户注册

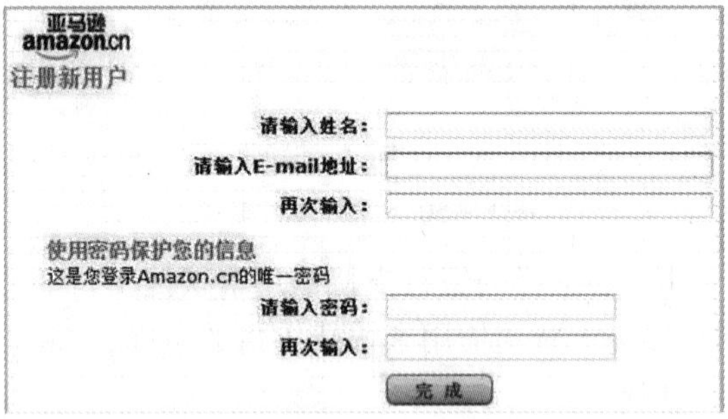

图 8－57　注册信息填写

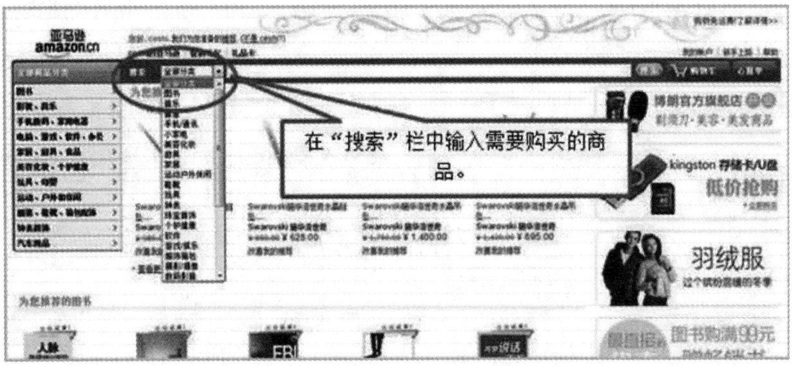

图 8－58　搜索购买商品

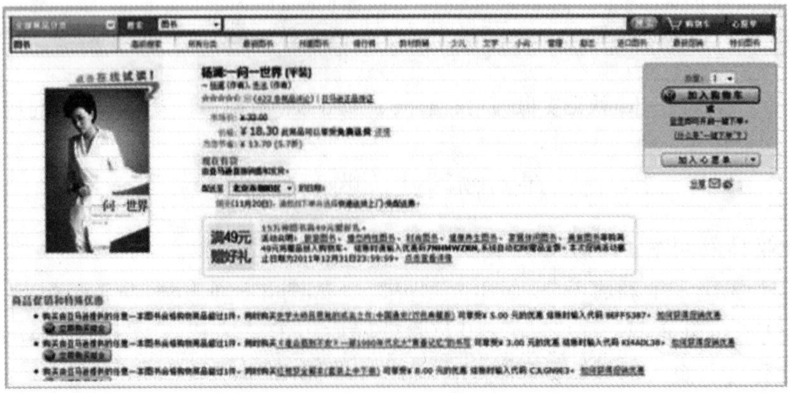

图 8－59　商品详细页面

⑥ 挑选商品后，在商品详细页面点击“购买”按钮，将商品放入购物车中，如图 8－60所示。

⑦ 查看或修改购物车中的商品，如图 8－61 所示。

图 8－60　确认购买

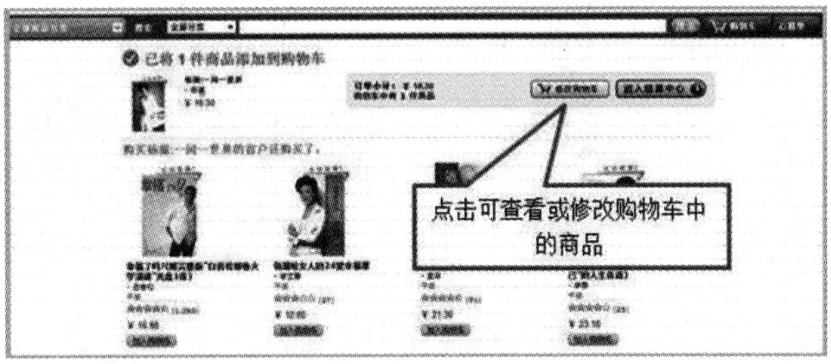

图 8－61　查看购物车

⑧ 确认购物车中的商品后点击“进入结算中心”进行购买，如图 8－62 所示。

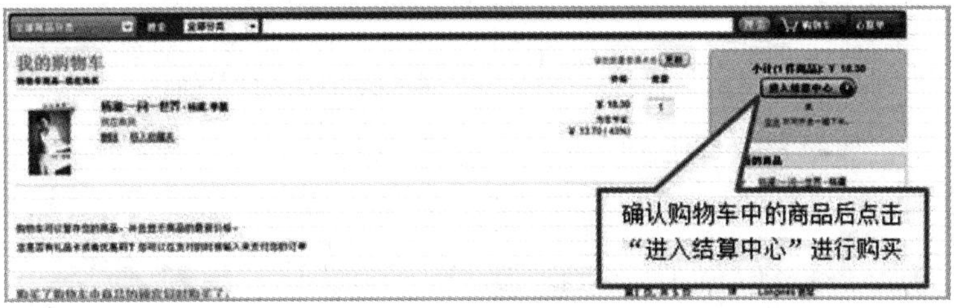

图 8－62　结算

⑨ 输入购买人信息和配送地址，如图 8－63 所示。

⑩ 选择送货方式，如图 8－64 所示。

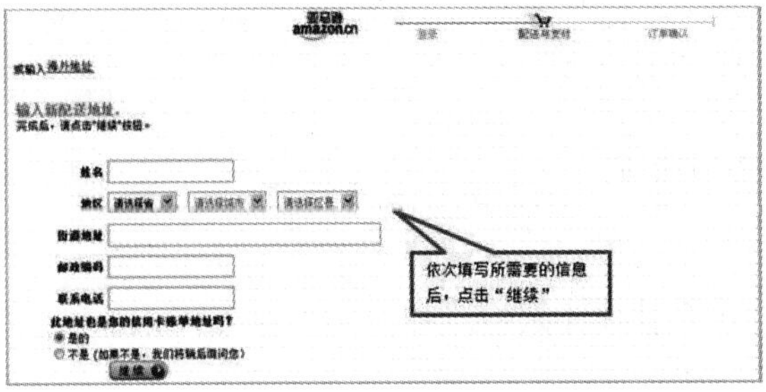

图 8－63　填写购买信息

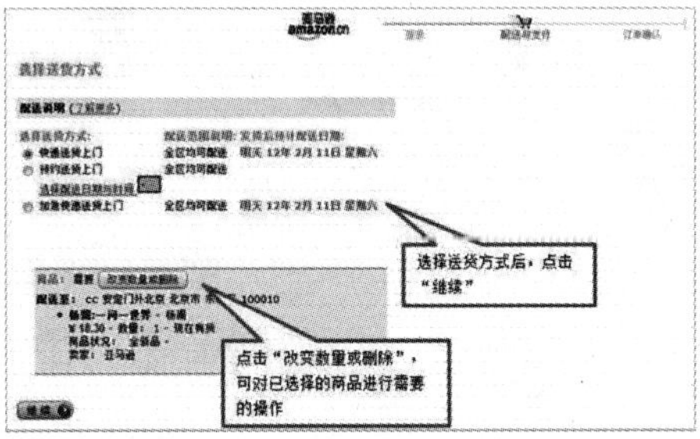

图 8－64　选择送货方式

⑪ 选择支付方式，如图 8－65 所示。

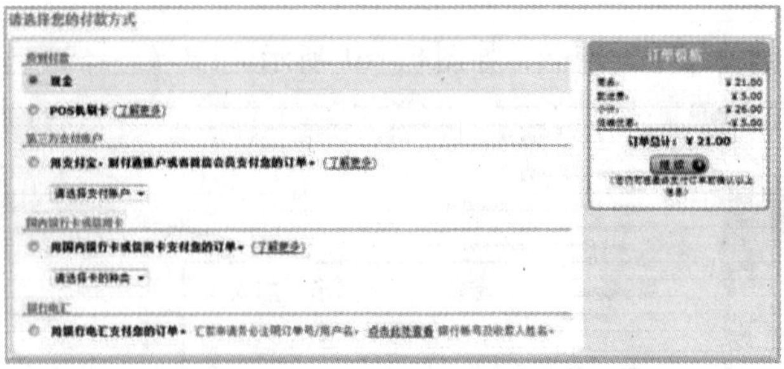

图 8－65　支付方式选择

⑫ 开具发票，如图 8－66 所示。

⑬ 核实订单信息，如图 8－67 所示。

图 8－66　发票开具

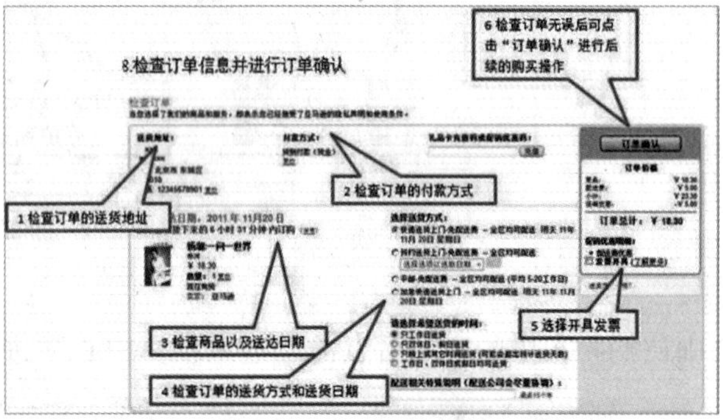

图 8－67　订单确认

⑭ 订购成功，如图 8－68 所示。

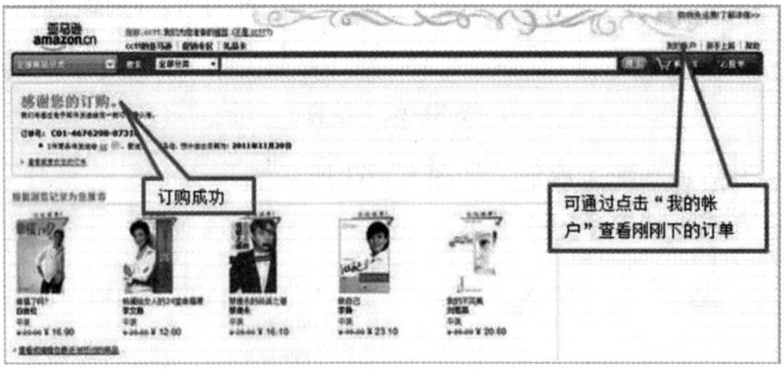

图 8－68　订购成功

附录　电子商务的相关法规

1. 电子商务类法规

（1）国务院办公厅：《关于加快电子商务发展的若干意见》（2005 年 1 月）

（2）商务部：《关于网上交易的指导意见（征求意见稿）》（2006 年 6 月）

（3）商务部：《关于网上交易的指导意见（暂行）》（2007 年 3 月）

（4）商务部：《关于促进电子商务规范发展的意见》（2007 年 12 月）

（5）商务部：《电子商务模式规范》（2008 年 4 月）

（6）商务部：《关于加快流通领域电子商务发展的意见》（2009 年 11 月）

（7）国家工商总局：《网络商品交易及有关服务行为管理暂行办法》（2010 年 6 月）

2. 网络购物类法规

（1）全国人民代表大会常务委员会：《中华人民共和国消费者权益保护法》（1993 年 10 月）

（2）全国人大常委：《中华人民共和国商标法》（2001 年 10 月）

（3）商务部商业改革司：《网络购物服务规范》（2008 年 4 月）

（4）国家工商行政管理总局：《网络商品交易及有关服务行为管理暂行办法》（2010 年 5 月）

3. 电子支付政策

（1）中国人民银行：《支付清算组织管理办法（征求意见稿）》（2005 年 6 月）

（2）中国人民银行：《电子支付指引（第一号）》（2005 年 10 月）

（3）中国人民银行：《关于加强银行卡安全管理预防和打击银行卡犯罪的通知》（2009 年 4 月）

（4）中国人民银行：《非金融机构支付服务管理办法》（2010 年 6 月）

参 考 文 献

［1］王忠诚，孙明凯. 电子商务概论第 2 版［M］. 北京：机械工业出版社，2010. 1.

［2］于樊鹏，王艳平，沈宏等. 电子商务基础教程［M］. 北京：清华大学出版社，2009. 7.

［3］纪琳. 网上支付与结算［M］. 北京：机械工业出版社，2009. 7.

［4］百度百科：电子商务 http://baike. baidu. com/view/757. htm.

［5］互动百科：电子商务.

http：//www. hudong. com/wiki/% E7% 94% B5% E5% AD% 90% E5% 95% 86% E5% 8A% A1&prd = button_ doc_ jinru.

［6］百度百科：亚马逊 http://baike. baidu. com/view/27780. htm.

［7］百度百科：淘宝网 http://baike. baidu. com/view/1590. htm.

［8］百度百科：汇动天下 http://baike. baidu. com/view/3800615. htm.

［9］百度百科：京东商城 http://baike. baidu. com/view/1241593. htm.

［10］百度百科：当当网 http://baike. baidu. com/view/126090. htm.

［11］百度百科：团购 http://baike. baidu. com/view/16979. htm.

［12］百度百科：窝窝团 http://baike. baidu. com/view/4370347. htm.

［13］百度百科：麦考林 http://baike. baidu. com/view/873872. htm.

[14] 百度百科：乐友 http://baike. baidu. com/view/1741572. htm.

[15] 百度百科：优购网 http://baike. baidu. com/view/3362703. htm.

[16] 百度百科：凡客诚品 http://baike. baidu. com/view/1278486. htm.

[17] 百度百科：拍鞋网 http://baike. baidu. com/view/2420869. htm.

[18] 百度百科：赶集网 http://baike. baidu. com/view/1062422. htm.

[19] 百度百科：58 同城 http://baike. baidu. com/view/1585257. htm.

[20] 支付宝个人帮助中心：在支付宝网站注册个人账户.

http://help. alipay. com/lab/help_ detail. htm? help_ id = 211703.

[21] 亚马逊帮助：新手上路.

http://www. amazon. cn/gp/help/customer/display. html/ref = topnav _ beginner? ie = UTF8&nodeId = 200345570#back.

第九章　数字版权保护

随着多媒体技术和 Internet 的迅猛发展，数字出版产品已成为一类日益重要的商品，数字出版融合并超越了传统出版，成为新兴的出版产业，无论从实践还是政策的角度，都已经成为新闻出版、音像、动漫等产业的发展方向。但是在产业发展过程中，也凸显出很多版权保护的问题，由于数字作品极易拷贝，计算机软件、音乐、VCD 和电影等数字产品因为盗版每年损失达上百亿美元。找出存在的问题，研究处理对策，是现阶段加强版权保护的重点。如何防止数字产品被非法复制与传播，保护版权所有者的合法权益，已经成为进入信息化社会急需解决的问题。

第一节　数字版权的定义

所谓数字版权，是出版物所有者对其内容信息数字化制作及传播依法所享有的权利。通俗地讲，数字版权也就是各类出版物、信息资料数字化后通过网络或其他新兴的数字媒体传播内容的权利，包括制作和发行各类电子书、电子杂志、手机出版物等的版权。目前，我国数字出版市场虽已取得巨大的进步，但是由传统的出版模式向数字化模式转型的道路并不平坦，版权问题随时可能影响该行业的健康发展。

事实证明，图书数字化以后，盗版极其容易，一些新出版的畅销图书很快被做成电子书在网上流传，而这往往是一些个人网站未经授权擅自制作的，是违反著作权法的行为。因此，很多出版社不愿意让自己出版社的图书数字化，最主要的原因就是对数字出版中盗版问题的恐惧。版权的法律保护问题解决不好，即使产业本身具有发展潜力，出版社对数字出版也只能是敬而远之。因此，数字出版领域的版权保护问题已经成为制约出版社进入数字出版领域的障碍之一，对此，除了加大相关法律、法规的执行力度外，也要在版权保护的技术方面有所突破和创新。

第二节　数字版权保护现状及问题

中国互联网信息中心于 2012 年 1 月发布的《中国互联网发展统计报告》表明，我国现有互联网用户 5.13 亿，其中网络文学的使用率近 40%，可以看出我国用户对电子图书等数字媒体资源的需求潜力是巨大的，然而我国对此类数字媒体资源的版权管理水平相对比较落后。早在 2010 年 6 月，由北京大学国家数字版权研究基地和中国人民大学国家版权贸易基地联合主办的“2010 新文化·新媒体·新版权峰会”在北京大学博雅国际会议中心召开，来自出版、传媒、文化、新媒体和投资领域的各界精英齐聚在一起，共同探讨新时期数字版权问题，提出要加快发展我国数字版权管理水平，改善当前数字版权管理发展比较缓慢、技术落后等问题。

而在国外，特别是数字化和网络技术比较发达的国家，数字出版已经发展到比较高的水平，对数字版权管理也相对比较重视，且较为体系化。开放移动联盟 OMA（Open Mobile Alliance）数字版权保护技术不仅可以根据版权对象和封装的内容进行发送，同时可实现客户端和内容认证中心的双向认证。而在2010 年年底，美国 Marlin Developer Community（MDC）组织发布的技术标准“OMArlin”，可以实现向便携式设备提供数字版权保护，且可与 OMA 数字版权保护兼容。IBM 公司的超级分发版权保护系统 Cryptolope（EMMS）、微软公司研发的 RMS（Right Management Service）和 Windows Media DRM 体系，可分别实现对 Office 文档、电子邮件、Web 内容和音视频信息的保护；欧洲的 Imprimatur 项目也研发了一个多媒体数字版权保护的模型和版权交换标准等，它们都是国际上不同领域或业界对数字版权保护的解决方案。

因此，数字版权市场的保护对整个社会来说有着深远的意义，它有利于整个社会的得失平衡，有利于尊重权利人的劳动成果，有利于数字产品市场的良性发展。目前中国的数字版权状况在司法保护、行政保护、社会保护和技术方面均全面开展，但在数字版权保护的进程中仍存在着一些问题。

（1）版权保护意识较为淡薄。我国数字出版从业者和经营者的知识产权保护观念淡薄，很多网站为了追求“高点击率”，未经授权随意转载他人作品。而大多数数字出版物的消费者，更是利用数字出版物易复制、易传播等特性随意传播和使用，全社会还未能形成有利于数字出版物知识产权保护的大气候。

（2）法律保护体系滞后。我国目前未出台专门的数字版权保护法，有关的数字版权保护法律条文只是在新修订的《中华人民共和国著作权法》中有所提及。虽然修改后的著作权法中增加了信息网络传播权，2006 年还颁布了《信息网络传播权保护条例》，但其中对侵权范围规定不够明确细致，对数字出版物的合理使用范围界定模糊。

（3）缺乏有效的数字版权保护技术。目前，已较广泛应用于数字出版版权保护的技术有：数字加密技术、数字水印技术、电子签名技术与认证技术、数字指纹技术和基于数字水印和内容加密之上的 DRM 技术，其中使用最多且比较成熟的是 DRM 技术。

第三节　数字版权管理技术

数字版权管理（Digital Rights Management，DRM）是随着音视频节目在互联网上的广泛传播而发展起来的一种新技术，是目前对网络中传播的数字作品进行版权保护的主要手段，美国出版商协会对其定义为：“在数字内容交易过程中对知识产权进行保护的技术、工具和处理过程。”其目的是保护数字媒体的版权，从技术上防止数字媒体的非法复制，或者在一定程度上使复制很困难，最终用户必须得到授权后才能使用数字媒体。

数字版权保护方法主要有两类：一类是以数据加密和防拷贝为核心的 DRM 技术，另一类是数字水印技术。

一、数据加密和防拷贝技术

1. 数据加密技术

数据加密技术是指将一个信息经过加密钥匙及加密函数转换，变成无意义的密文，而接收方则将此密文经过解密函数、解密钥匙还原成原始信息的技术。数据加密技术要求只有在指定的用户或网络下，才能解除密码而获得原来的数据，这就需要给数据发送方和接受方以一些特殊的信息用于加解密，这就是所谓的密钥。按加密算法分为对称密钥和非对称密钥两种。

① 对称密钥，是加密和解密时使用同一个密钥，即同一个算法。如 DES 和麻省理工学院的 Kerberos 算法。当一个信息要加密传送时，该信息用密钥加密构成密文，收到密文后用同一个密钥将密文解出来，形成原始信息供使用。这种密钥加密与解密方式是最简单的方式，通常加密方与解密方必须都具备此密钥，因此密钥的管理极为重要，一旦密钥丢失，密文将无密可保。

② 非对称密钥，又称公开密钥，加密与解密时使用不同的密钥，即不同的算法，虽然两者之间存在一定的关系，但不会轻易互相推导出。通常公开加密密钥对外公开，用于信息的加密，而解密密钥仅有自己保留。发送方只需使用接收方发布的公开密钥对信息进行加密，然后传送给接收方，其他人因为没有该加密方式的解密密钥，因此即使接收到，也无法解密原始信息，但这种方式难以鉴别发送方的身份，任何得到公开密钥的人都可以生成和发送信息。

数字签名就是一种非对称密钥技术机制，同时提供了鉴别发送方身份的方法，以解决伪造、冒充、抵赖和篡改等问题。使用公开密钥方法的数字签名是数据加密与传输常用的方法，是附加于信息传输过程中，或与之有逻辑联系的电子形式的数据，可用来证明数据签名者同意数据电讯中所包含的信息内容。数字签名通常使用个人身份密码或个人身份号码（PIC/PIN）的数字签名方式，一个比较完善的数字签名应满足三个条件：

① 签名者不能否认其签名的文件与事实。

② 任何其他人不能伪造该签名。

③ 接收方通过文件中的签名能认证发送方的身份，通过验证其签名来确认其真伪。

数字签名的过程如下：

在图 9－1 所示的数字签名的过程中，仅考虑从左到右的单方向加密、传送、解密过程。在发送端，发送方 A 使用 A 的私人密钥对信息数据加密，得到加密文件 D_A（P），然后再使用接收方 B 的公开密钥 E_B 加密 D_A（P），得到加密文件 E_BD_A（P），然后传输加密文件 E_BD_A（P）；在接收端，接收方 B 使用 B 的私人密钥解开 E_BD_A（P）获得加密文件 D_A（P），再通过 A 的公开密钥 E_A 解密获得最初的原始信息数据（P）。

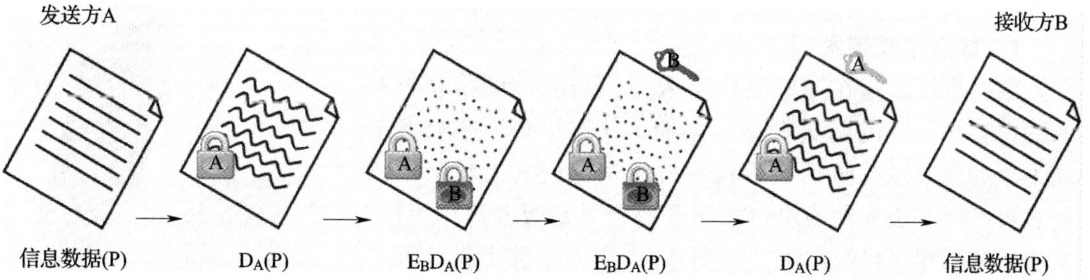

图 9－1　使用公开密钥的数字签名

其中的几个概念有：

A 的私人密钥 D_A：发送方 A 不曾公开的加密算法，但可通过 A 的公开密钥 E_A进行解密，由于采用非对称密钥算法，因此加密和解密算法不同，只有发送方 A 自己清楚该加密算法；

A 的公开密钥 E_A：发送方 A 公开的用于解密其采用私人密钥加密的文件 D_A；

B 的公开密钥 E_B：接收方 B 公开的用于文件加密的算法；

B 的私人密钥 D_B：接收方 B 用于解密其采用公开密钥 E_B加密的文件，仅接收方 B 自己清楚该解密算法。

通过该数字签名过程加密传输的信息数据，发送方 A 不能否认其发送的签名加密文件，因为 B 接收方通过 B 的私人密钥 D_B获得的解密数据 D_A是任何人都不能对原始文件加密实现的，只有 A 方才能进行加密得到 D_A；而除了 B 接收方能够使用私人密钥 D_B解密 E_BD_A获得 D_A以外，任何人都不能解密 E_BD_A而获得 D_A加密文件数据。

2. 防拷贝技术

防拷贝技术是指通过某种技术使得操作系统的拷贝方法甚至软件不能实现拷贝复制功能或复制后不能使用，是防止信息复制扩散的主要手段。主要的方法有硬件防拷贝、软件防拷贝和软硬件结合的方式，如图 9－2 所示，在 OMA DRM 框架中，授权用户即使复制受保护的内容给非授权用户，非授权用户也不能得到授权中心提供的许可证，从而起到了内容的防拷贝。

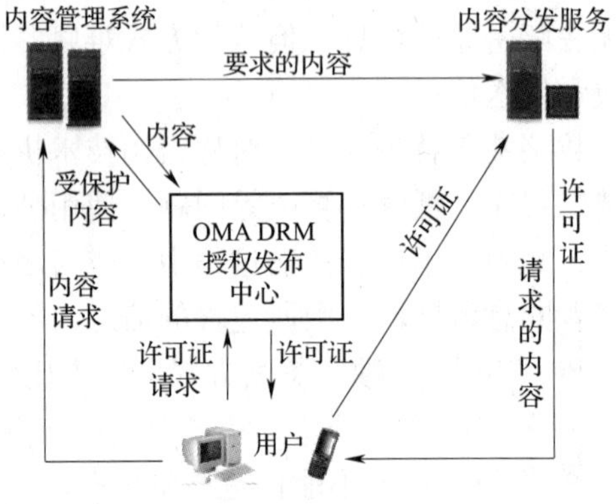

图 9－2　OMA DRM 防拷贝框架

二、数字指纹和数字水印技术

虽然采用数据加密技术的保密方法是保护数字作品的一种形式，但它只能够保护数字产品安全传输，却不能保证数字产品解密后的盗版问题。数字指纹技术和数字水印技术是近几年发展起来的新型数字版权保护技术，通过这两种技术，当发现非法拷贝后，发行者或版权所有者可以根据该信息对进行非法分发的用户实施跟踪，对其行为进行起诉或制止；对拷贝使用者进行追诉，保护数字产品的版权，从而抑制非法拷贝与传播。

1. 数字指纹技术

数字指纹是指在原产品中嵌入与用户有关的信息，嵌入的内容对不同的购买者是不同的。其作用是当版权者发现了非法分发或拷贝后，版权者可以根据嵌入的数字指纹信息对进行非法分发的用户实施跟踪，对盗版者进行指控，从而达到版权保护的作用，如图 9－3 所示。数字指纹具有隐形性、鲁棒性、确定性、数据量大和抗合谋攻击能力等特点。

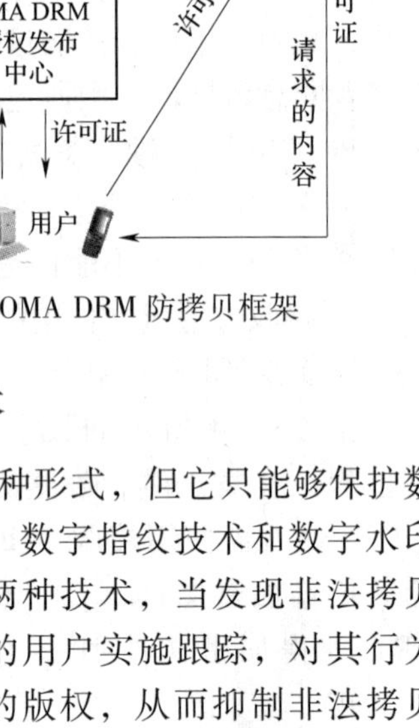

图 9－3　数字指纹防拷贝 U 盘

2. 数字水印技术

数字水印技术是通过利用人类感觉器官的不敏感性，以及数字信号本身的冗余，将标识信息嵌入到数字载体（包括电影、图像、音乐以及文档等多媒体数据）当中，且不影响原载体的感觉效果和使用价值。通过特殊的方式或专用的检测工具，可以从数字载体中提取出水印或是检测出它的存在。若他人擅自去除嵌入标识信息，将使多媒体信息质量受到严重影响甚至不能正常使用。如图9－4所示的数字水印的添加与检测框架：

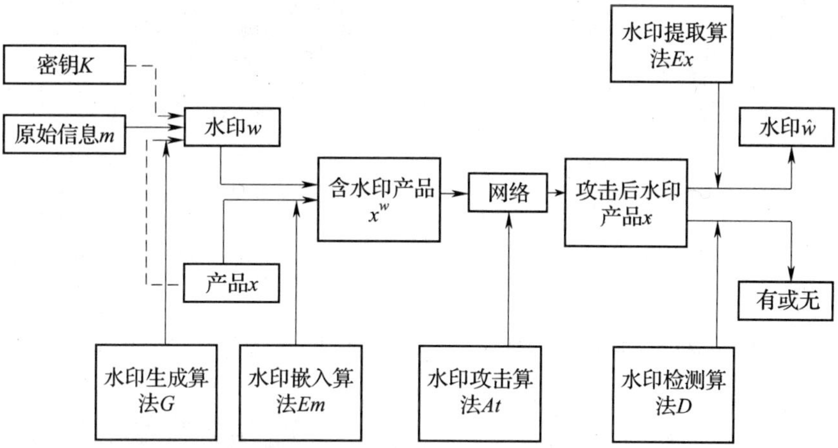

图9－4　数字水印添加与检测框架

数字水印技术的特征主要有：

① 不可感知性：数字水印是不易被感知或不可感知的，而且不影响被保护数据的正常使用，不会降低质量。

② 安全性：安全性表现为水印能抵抗恶意的攻击，难以篡改或伪造，同时，应当有较低的误检测率，当原内容发生变化时，数字水印应当发生变化，从而可以检测原始数据的变更。

③ 鲁棒性：是指在经历多种无意或有意的信号处理过程后，数字水印仍能保持部分完整性并能被准确鉴别。

④ 水印嵌入容量：是指载体在不发生形变的前提下可嵌入的水印信息量。理论上，在保证水印嵌入的有效性的前提下，水印嵌入容量越多越好。嵌入的水印信息必须足以表示多媒体内容的创建者或所有者的标志信息，这样有利于解决版权纠纷，保护数字产权合法拥有者的利益。

数字水印技术作为数字版权管理的关键技术，可以对数字媒体信息实时有效的版权保护，当该数字作品被盗版或出现版权纠纷时，所有者可从盗版作品或嵌入水印的作品中获取水印标识作为依据，从而保护所有者的权益。

水印信息载入的媒体形式主要有：文档、图像、音频和视频。本章将通过相应的软件对上述媒体形式的水印添加予以说明。

（1）文档水印的添加　这里以 Microsoft Word 2003 为例，说明添加水印的过程。

① 启动 Word 2003，选择菜单栏【格式】>【背景】>【水印】，打开“水印”对话框，如图 9－5 所示。

② 选择添加图片水印或是文字水印。

③ 勾选“图片水印”，打开“选择图片”，添加水印图片，如图 9－6、图 9－7 所示过程及添加后结果。

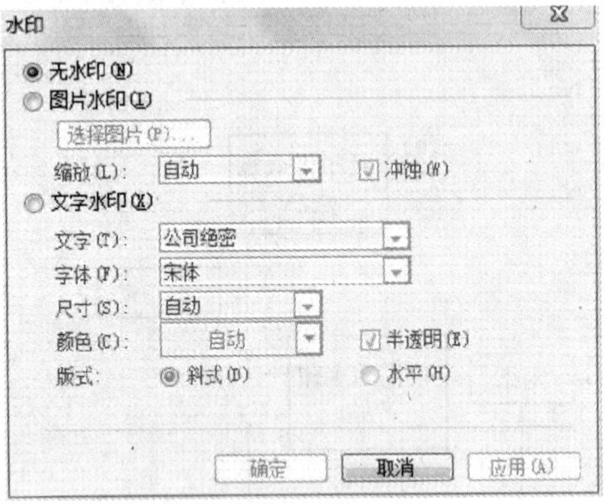

图 9－5　Word 2003“水印”对话框

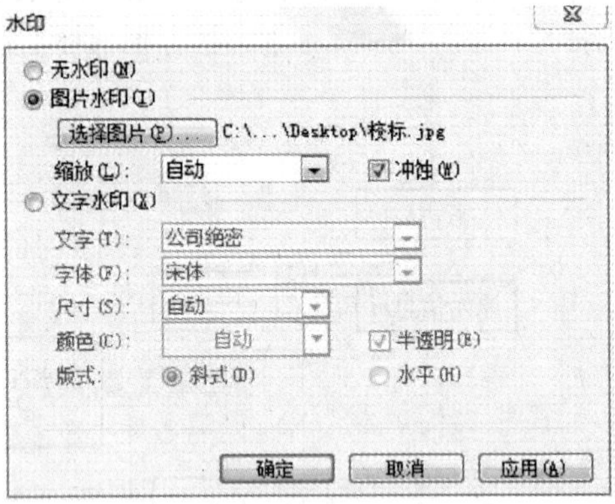

图 9－6　“水印”对话框图片水印参数设定

④ 也可以选择“文字水印”，添加过程及结果如图 9－8、图 9－9 所示，可以根据需要调整文字水印的样式。

（2）图像水印的添加　图像水印依据视觉效果可以分为可感知水印和不易感知水印。可感知水印是指水印信息可以被看见，且不易轻易擦除，与图像“共存亡”；不易感知水印通常隐藏在图像当中，表面上不易察觉。图像水印的添加可以通过高级程序语言编程实现，如 MATLAB，也可以通过一些免费软件进行添加（通常为可感知水印），如 TSR Watermark Image Software 以及 Photoshop 软件。

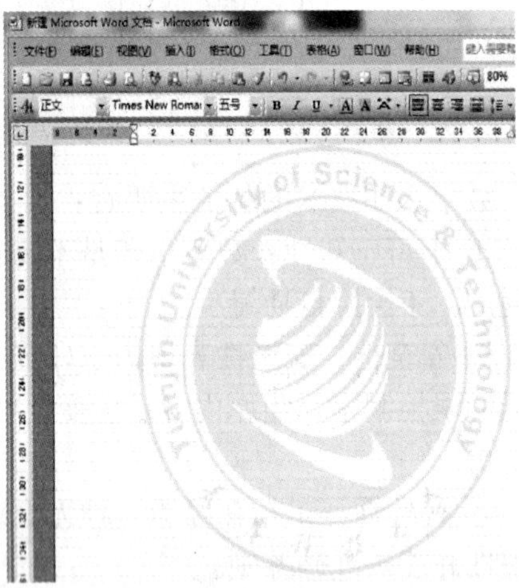

图 9－7　添加图片水印效果

（1）使用 MATLAB 编程实现图像数字水印，可以参考 MATLAB 关于数字图像处理与数字水印的函数、算法过程的参考书或是文章，这里仅给出使用 MATLAB 对图像进行不易感知水印的添加、提取水印以及水印抗攻击性的示例图。

① 原始测试图像与二值水印图，如图 9－10 和图 9－11 所示。

② 水印的嵌入：完全满足数字水印不可见性的要求，如图 9－12 所示。

③ 水印的提取：可以看出，对未经任何篡改的水印图像进行提取，虽然存在噪声，但可以清晰地见到校徽的主要图案，如图 9－13 所示。通过计算，提取的水印与原始水印的相似度值 Sim 是 0.9275，说明二者的相似度比较高。

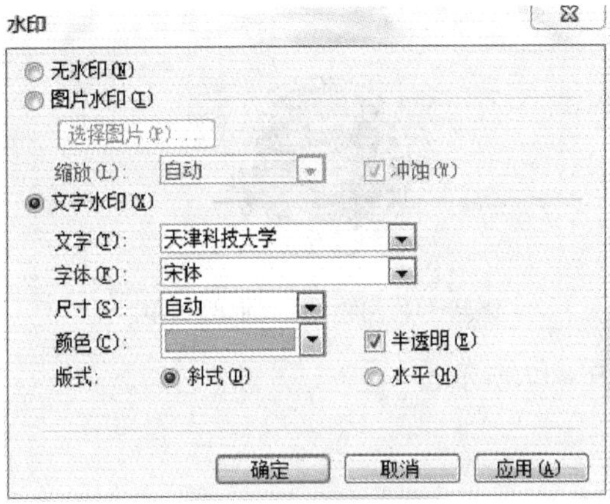

图 9-8　“水印”对话框文字水印参数设定

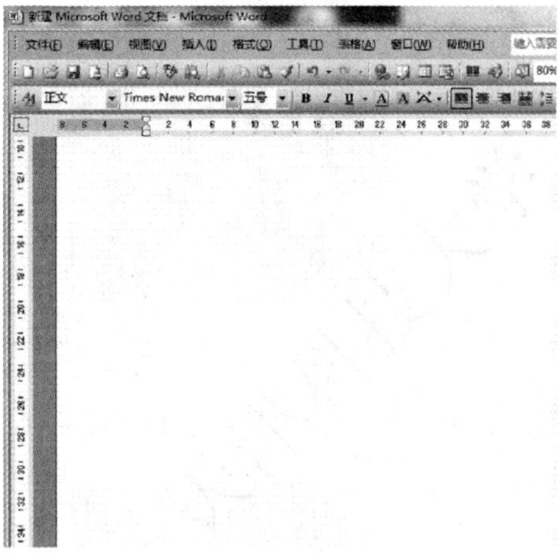

图 9-9　添加文字水印效果

图 9-10　测试图像（Lena. tif）

图 9-11　水印二值图（Bmp）

图 9-12　嵌入水印后的图像

图 9-13　提取的水印

④ 鲁棒性检测实验：数字原稿在打印前的变换、处理阶段可能会受到多种攻击，如剪切、污损、涂改、格式转换、模/数转换等。对嵌入水印后的图像进行以上攻击篡改的实验，再提取各种攻击后的水印信息，可以验证算法的鲁棒性。

a. 水印的抗涂改实验，如图 9-14 和图 9-15 所示。

图 9－14　经涂改的水印图像

图 9－15　涂改后提取的水印

b. 水印的抗剪切实验，如图 9－16 和图 9－17 所示。

图 9－16　剪切后的水印图像

图 9－17　剪切后提取的水印

c. 水印的抗格式修改实验，如图 9－18 和图 9－19 所示。

图 9－18　修改为 Bmp 格式的水印图像

图 9－19　格式修改后提取的水印

e. 水印的抗印刷扫描实验，如图 9－20 和图 9－21 所示。

图 9－20　印刷扫描后的水印图像

图 9－21　印刷扫描后提取的水印

（2）使用 TSR Watermark Image Software 软件添加图像水印。

① 启动图像水印软件 TSR Watermark Image Software，首先进入的是“Files to Watermark”子页面，点击“文件”按钮，打开想要添加水印的图像，如图 9 - 22 所示。

图 9 - 22 “Files to watermark”页面

② 单击右下角“Next”按钮，进入“Watermark（s）configuration”子页面，单击“Add”按钮，为本次水印添加过程建立描述文件“校标”，如图 9 - 23 所示。

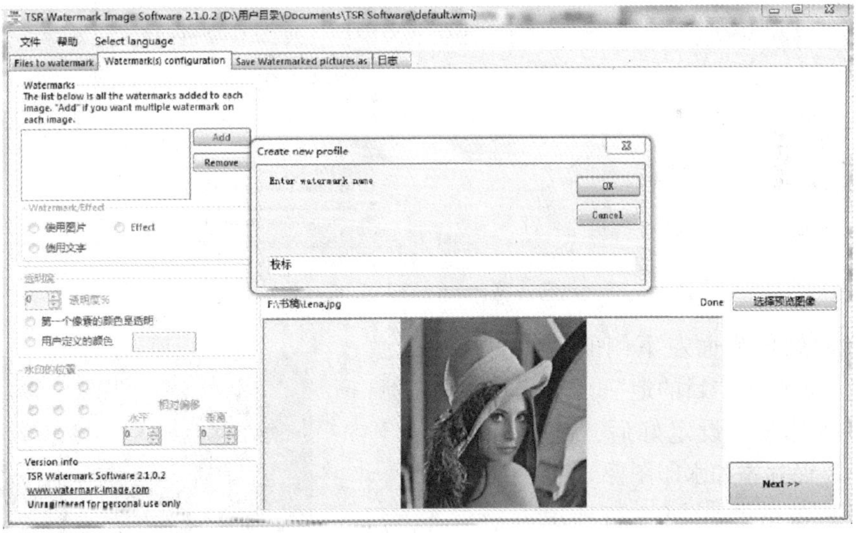

图 9 - 23 “Watermark（s）configuration”页面

③ 在软件左侧，选择“Watermark/Effect”选项中“使用图片”选项，在右侧“选择用于水印的图像”处打开水印图像，效果如图 9 - 24 所示。

④ 选定水印图像后，可以设定“水印的位置”，水印的“透明度”，水印图像的大小百分比，如图 9 - 24 所示。若想建立不易感知水印，可以将“透明度”设置为 100%，图中校标水印的透明度为 50%。

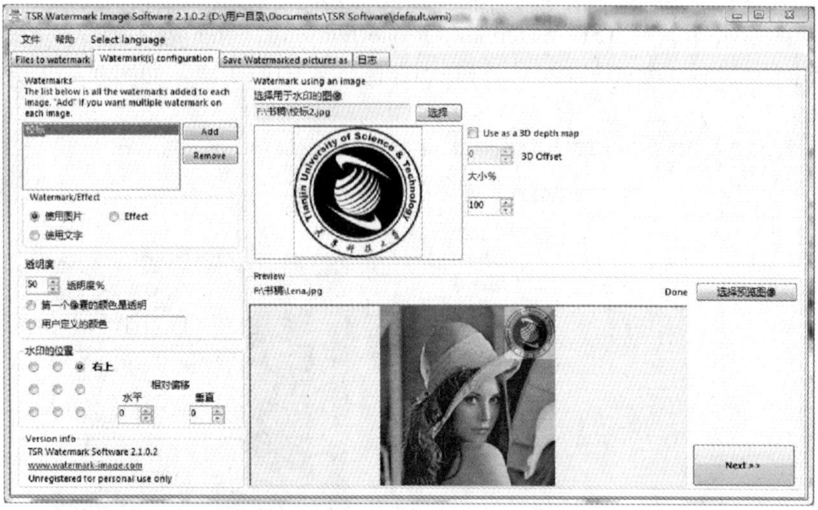

图 9 – 24　加入水印图像效果图

⑤ 设定好后，单击右下角“Next”按钮，进入“Save Watermarked pictures as”子页面，单击左侧“Add”按钮，填入刚刚建立的描述文件“校标”，如图 9 – 25 所示。

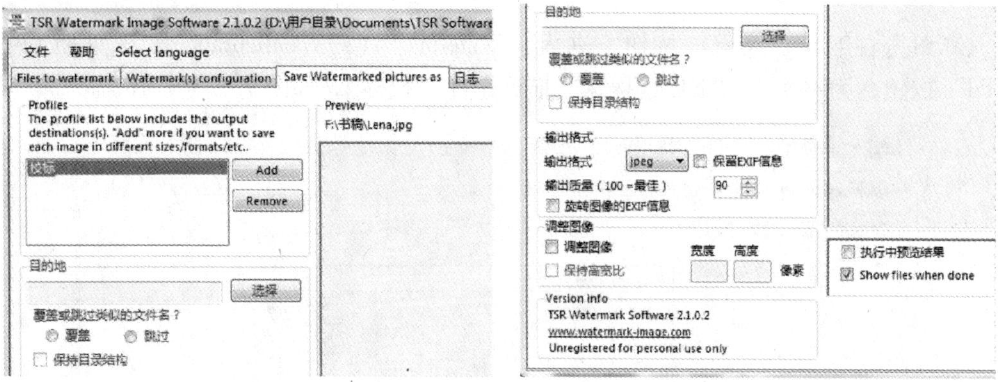

图 9 – 25　“Save Watermarked pictures as”部分页面

⑥ 此时软件界面左下侧的各保存选项被激活，这里可以选择“目的地”、“输出格式”、“调整图像”等选项。设定好后，单击右下角“开始”按钮，保存添加水印图像。

⑦ 保存的结果如图 9 – 26 所示。

图 9 – 26　添加“校标”水印的效果图

利用此软件还可以为图像添加文字水印和效果水印，可以根据需要调节各种水印的效果，并可以实现批量图像添加水印，操作简单方便。

3. 音频水印的添加

数字音频水印是指将具有特定意义的信息嵌入到原始音频中而不显著地影响其质量。根据不同的应用，嵌入的水印数据可以是版权信息、序列号、文本（如音乐或艺术家的名字等）、一个小的图像甚至是一小段音频。水印隐藏在宿主音频数据中通常不为人所感知，此外还能够抵抗常规音频信号处理以及某些恶意的攻击。

由于数字音频文件为非可视性文件，音频嵌入数字水印通常是通过特定算法，将弱信号水印信息嵌入到强背景数字音频上，主要有时域算法、变换域算法以及压缩域算法等，可通过 MATLAB 或其他程序设计实现。

4. 视频水印的添加

为视频添加水印，实际上就是把作为水印的文字、图像、动画或视频叠加到影片素材上，目前有多款专用软件能为视频添加水印，如 Video Watermark、Watermark Master 等，如图 9－27 所示 Watermark Master 软件。这些软件的优势在于支持的视频格式多、水印的种类和样式丰富、操作简便直观。另外还可以通过专门的视频编辑软件来实现水印的叠加，如会声会影、Premiere 等，只要是含有两个以上视频编辑轨道的视频处理软件都可以实现叠加水印。

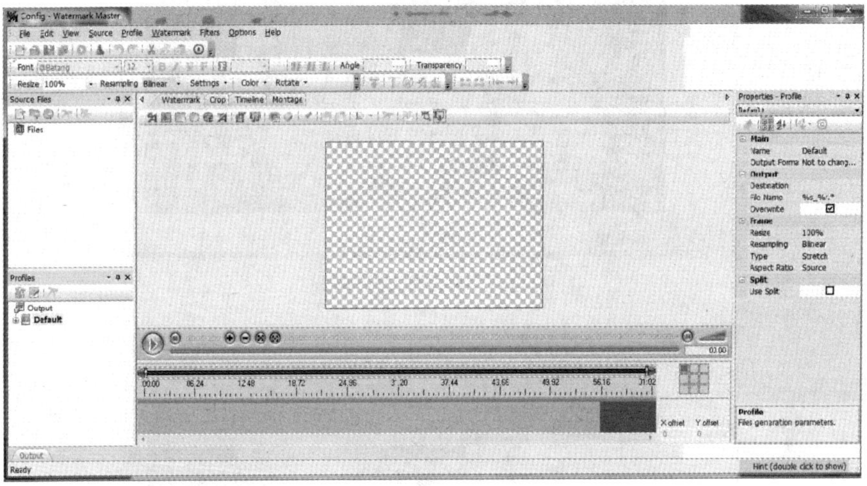

图 9－27　“Watermark Master”软件界面

Watermark Master 添加水印操作过程：

① 启动 Watermark Master 软件，选择默认的“Create a new config File”，进入程序主界面，如图 9－27 所示，根据预导入的视频分辨率设定画面尺寸，在软件右侧的“Properties－Profile”中调节“Frame \ Resize”为 720 像素 ×576 像素。

② 单击左侧“Source Files”下的“”图标，添加视频文件，支持的格式包括 AVI、MOV、MPEG、RM、WMV、VOB 等。单击选中该视频文件，使其在预览窗口中看到视频的画面，如图 9－28 所示。

③ 此时看到在视频的两边有黑色边框，为使画面美观，去掉黑色边框，选择视频上方“Crop”分栏菜单，拖拽视频两侧控制线，使其与视频大小吻合，如图 9－29 所示。

④ 返回“Watermark”分栏菜单，看到视频与第①步中设定的分辨率画面尺寸相同，如图 9－30 所示。

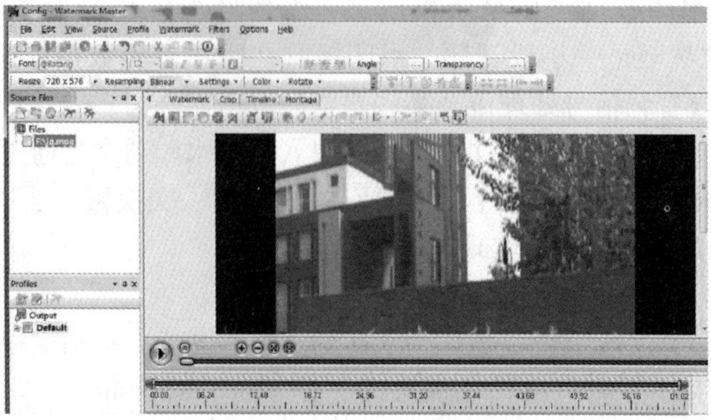

图 9－28　添加视频画面

图 9－29　视频画面编辑窗口

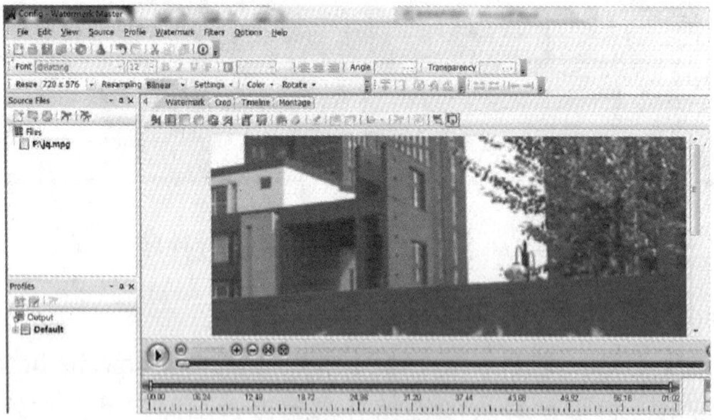

图 9－30　视频画面编辑后效果

⑤ 添加文字水印或图片水印。选择视频上方图标添加文字水印，选择图标添加图片水印，本例中以文字水印为例。选择添加文字水印，出现“www. YourSite. com”网址，如图 9－31，此时可以在右侧“Properties”中更改文字水印的属性，如图 9－32 所示，这里更改网址为“www. tust.

图 9－31　添加文字水印页面

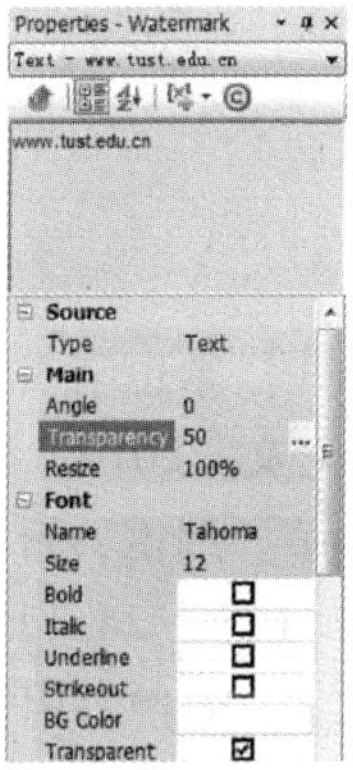

图 9－32　“文字水印”属性对话框

edu. cn”。

⑥ 属性设定。如图 9－32 所示，在“Properties \ Main \ Transparency”中设定透明度为 50%，根据需要，还可以设定位置、旋转、大小、字体相关设置等。此外，通过编辑时间线（拖拽时间线蓝色水印两边可设定）还可以设定水印显示时间的范围。如图 9－33 所示。

⑦ 输出设置及视频输出。添加调整好水印，单击【File】>【Run with Profile】选项，启动“Profile Settings”对话框，如图 9－34 所示。

⑧ 在“Output Format”中选定输出格式为“AVI”格式，如图 9－34 所示，然后单击确定，保存视频文件。

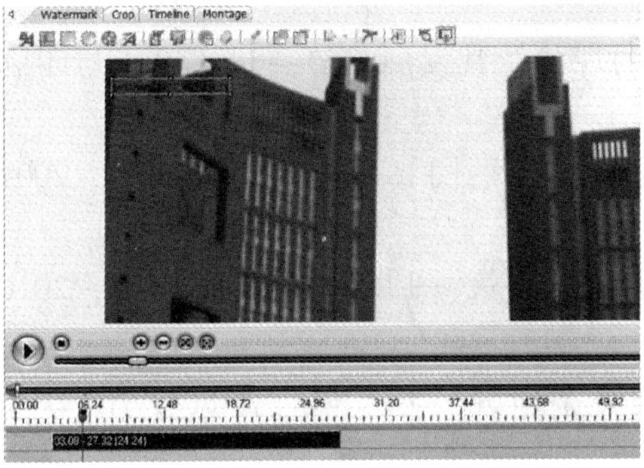

图 9－33　控制水印显示时间效果画面

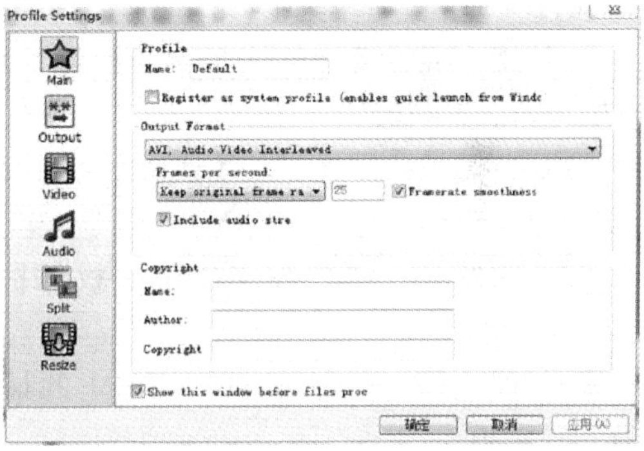

图 9－34　“Profile Settings”对话框

第四节　数字版权保护的发展趋势

近些年，随着电子出版物的高速发展，各种非法网络出版，数字产品版权的侵权行为层出不穷，针对目前的形式，各国在立法、电子监控、刑事侦查等方面对数字出版物版权进行严格的管理和控制，数字版权保护的发展趋势主要体现在以下几个方面：

（1）加大版权立法范围。对开放环境下的数据库、软件、多媒体、电子出版物等信息加大版权保护，同时根据互联网上不同种类信息各自的特点，界定各种信息的合理使用范围，此外对信息产品在互联网中的发行是否属于出版行为加以确定。同时对非法的解密与复制传播谋取盈利所构成的侵权进行严厉的打击，以保护数字版权的合法使用。我国在加强数字版权司法保护方面取得了新进展，2012 年 1 月 13 日，《中华人民共和国著作权法》第三次修订草案稿修订完成，向社会公开征求意见。

（2）完善数字版权集体管理制度，建立数字版权保护集体管理组织。建立组织机构，可为版权所有者同数字媒体服务商商谈授权事宜，一方面可避免数字媒体服务商与大量单个版权主体分别进行商谈，浪费人力物力，另一方面可以提高版权主体在商谈中的谈判地位与实力。

（3）加大技术研发，加强版权保护的技术手段。通过技术研发与实施加强数字版权的保护，建立授权、发行（传输分发）、管理一套完整的管理机制。

参考文献

[1] 廖也晴. 鲁棒数字水印算法研究及其在 DRM 中的应用 [D]. 武汉理工大学硕士学位论文，2010，3.

[2] 荆雷，曹程. IPTV 业务中数字版权管理技术的应用前景 [J]. 邮电设计技术，2011. (2)：24 - 26.

[3] 顾翀. 用于印刷图像的水印算法研究 [J]. 包装工程，2009. (8)：31 - 33.

[4] 百度文库. 浅析数字版权管理现状与发展.

http：//wenku. baidu. com/view/55c1bee8f8c75fbfc77db2e1. html.

[5] 郝振省.《2011 - 2012 中国数字出版产业年度报告》[M]. 北京：中国书籍出版社，2012，7.

[6] 楼文高，孟祥辉. 数字版权保护技术的现状及其发展趋势 [J]. 出版与印刷，2007. (4)：7 - 10.

[7] 贾英霞，简艳英. 浅谈数字版权保护与信息隐藏 [J]. 电脑知识与技术，2007. (7)：564 - 565.

[8] 张博等. 浅析数字出版版权保护现状及其对策 [J]. 出版发行研究，2010. (4)：58 - 60.

[9] 脱立恒等. 基于 OMA DRM 的域管理方案研究 [J]. 微计算机应用，2010. (3)：22 - 29.

[10] 王美华等. OMA DRM 技术体系结构分析 [J]. 网络安全技术与应用，2006. (5)：76 - 79.

[11] 郝振省等. 我国数字版权保护 [J]. 出版发行研究，2007，(1)：18 - 20.